अन्तर्राष्ट्रीय सम्बन्ध सिद्धान्त एवं संरचना

आर. एस. जिन्दल

गौरव बुक सेंटर प्रा. लि.
दिल्ली

प्रकाशक

गौरव बुक सेंटर प्रा. लि.

4832/24 प्रहलाद लेन, एस–207

अंसारी रोड़, दरिया गंज, नई दिल्ली–110002

फोन नं॰ – 011–43570976, 23278261

संस्करण: 2025

ISBN: 978–93–83316–44–1

रुपये: 850/–

लेजर टाइपसैटिंग

JEE-VEE Graphics # 9911902109

मुद्रक

नीता प्रेस, दिल्ली

प्रास्तवना

Preface

ऋग्वेद एवं अथर्ववेद की संहिताओं, पूर्ववर्ती ब्राह्मणों एवं उपनिषदों से विभिन्न जनों के जीवन एवं संगठन के विषय में जानकारी प्राप्त होती है। इन साहित्यों से जन से जनपद के विकास की प्रक्रिया एवं प्रारंभिक अवस्थाओं में जनपदीय जीवन की झांकी मिलती है। बौद्ध साहित्य में भी जनपद काल की स्थितियों का अच्छा चित्रण मिलता है। अंगुत्तर निकाय में सोलह महाजनपदों एवं क्षेत्रविस्तार के निमित्त काशी, कोशल एवं मगध जनपदों के कूटनीतिक संघर्षों का वर्णन है, जो जनपदीय जीवन में ऐसी नवीन प्रवृत्तियों के उदय का परिचायक है इस समय मगध का प्रभाव बहुत अधिक था। आखिल भारतीय साम्राज्य की स्थापना भी इसी महाजनपद के नेत्रत्व में हुई। इसके अतिरिक्त पुरातात्विक सामग्री भी इस विषय पर कुछ प्रकाश निक्षेप करती है। आधुनिक उत्तर प्रदेश में अतरंजीखेड़ा एवं अन्य स्थानों पर की गई खुदाइयों से ज्ञात होता है कि भारत में लोहे का उपयोग लगभग ईसा पूर्व 1000 ई. के आस-पास शुरू हुआ और वैदिक कबीलों के विस्तार-कार्य में लोहे के बने अस्त्र आदि लाभदायक सिद्ध हुए।

इसके अतिरिक्त गंगा के मैदान में कई स्थलों पर ताँबे की बनी हुई चीजों के ढेर मिले हैं, इनका काल भी ईसा पूर्व 1000 के लगभग माना जाता है। इन्हीं स्थानों पर हमें चित्रित धूसर मृद्भांडों के कुछ नमूने प्राप्त हुए हैं जिनसे यह स्पष्ट हो जाता है कि गंगा-घाटी में रहने वाले आर्य लोग अब पशुचारण के स्थान पर कृषि में संलग्न थे और पहले की अपेक्षा अधिक सुव्यवस्थित जीवन व्यतीत कर रहे थे। इसके साथ ही पुरातात्त्विक सामग्री से हमें आर्यों की आर्थिक स्थिति के बारे में पर्याप्त ज्ञान होता है। उत्तर वैदिक युग में हुए आर्थिक परिवर्तनों के कारण ऋग्वेदीय कबायली जनजीवन में दरार का पड़ना और क्षेत्रीयता की भावना का जागरण होना स्वभाविक था। पशुचारण से कृषि की ओर अग्रसर होना, जिसके पर्याप्त प्रमाण उत्तर वैदिक साहित्य और कतिपय पुरातात्त्विक अवशेषों में मिलते हैं, अपने आप में एक ऐसी प्रक्रिया थी,

जिसके परिणाम स्वरूप गंगा घाटी के निवासियों के जीवन के स्थायित्व का पुट आ गया। छोटे-छोटे कबीले 'राज्य' बनते जा रहे थे और 'साम्राज्य' का लक्ष्य भी कुछ दूर नहीं था। बुद्ध के समय तक पहुँचते-पहुँचते 'जन' का काफ ी रूपांतरण हो चुका था और जनपदों का जन्म हो गया था। भारत वर्ष में मौर्य वंश का शासन काल काफी समय तक व कुशलता पूर्वक चला। इतिहासकार इस वंश के उदय को लेकर असमंजस में है। इस सन्दर्भ में उनके विचार काफी अलग-अलग हैं। कुछ इतिहासकार इन्हें पारसी मानते हैं।

वे इसका प्रमाण इस रूप में देते हैं कि मौर्यों के कुछ राजनैतिक और सामाजिक रीति-रिवाज पारसियों के देश से मिलते-जुलते हैं। कुछ अन्य इतिहासकार उन्हें शूद्र मानते हैं। अपने कथन के समथर्न में वे तर्क देते हैं कि विष्णु पुराण, मुद्रा राक्षस और कथा सरित सागर में ऐसे प्रमाण उपस्थित हैं। इनसे अलग कुछ विद्वानों का विचार है कि मौर्य क्षत्रिय थे। जैन परम्परायें और कौटिल्य के अर्थशास्त्र में उन्हें क्षत्रिय कहा गया है। मौर्य शासक वीर, साहसी और बहादुर थे और उन्होंने विशाल साम्राज्य की स्थापना की थी इससे यह कहा जा सकता है कि सही मायने में वे क्षत्रिय थे। मौर्य वंश के बारे में स्पष्ट रूप से तभी समझा जा सकता है जब हम नन्द वंश के बारे में कुछ जानेगें। अतः इनका संक्षिप्त विवरण आगे दिया गया है। नन्द वंश का शासन मगध (बिहार, उत्तरी भारत) पर था जो लगभग 343-321 ई.पू. के बीच नंद शासक मौर्य वंश के पूर्ववर्ती राजा थे। मौर्य से पहले के वंशों की तरह इस वंश के बारे में भी जो जानकारी है, वह तथ्यों और किंवदंतियों का मिश्रण है। स्थानीय ब्राह्मणवादी और जैन परंपराओं से पता चलता है कि इस वंश के संस्थापक महापद्म (जिन्हें महापद्मपति या उग्रसेन भी कहा जाता है) समाज के निचले तबक े के थे। यूनानी लेखकों ने भी इसकी पुष्टि की है। महापद्म ने अपने पूर्ववर्ती शिशुनाग राजाओं से मगध की बागडोर और सुव्यवस्थित विस्तार की नीति भी हासिल की। उनके साहसपूर्ण प्रारंभिक कार्यकाल ने उन्हें निर्मम विजयों के माध्यम से साम्राज्य को संगठित करने में मदद की। पुराणों में उन्हें सभी क्षत्रियों का संहारक बताया गया है। उन्होंने उत्तरी, पूर्वी और मध्य भारत स्थित इक्ष्वाकु, पांचाल, काशी, हैहय, कलिंग, अश्मक, कौरव, मैथिल, शूरसेन और वितिहोत्र शासक वंशों को उखाड़ फेंका। इसका प्रमाण स्वतंत्र अभिलेखों से भी मिलता है, जो नंद वंश के द्वारा गोदावरी घाटी (आंध्र प्रदेश), कलिंग (उड़ीसा) तथा कर्नाटक के कुछ हिस्सों पर नियंत्रण करने की ओर संकेत करते हैं।

लेखक

अनुक्रम

1

आरंभिक राज्यों का निर्माण
(Early State Formation)

आरंभ में मानव खानाबदोश था। वह जंगलों से कंदमूल जमा कर खाता था या जंगली जानवरों का शिकार करता था। आरंभ में कोई राजनीतिक इकाई नहीं थी। लेकिन धीरे-धीरे मानव जीवन में स्थिरता आई। मानव फिर समूहों में रहने लगा। सुरक्षा, सम्पति, नैतिक आचरण आदि के मुद्दों को सुलझाने के लिए उसे एक आदर्श नेतृत्व की आवश्यकता हुई। नेतृत्व के साथ ही साथ छोटी छोटी राजनीतिक संस्थाओं का गठन होने लगा। फिर छोटी संस्थाओं से बड़े राज्यों का गठन होने लगा।

राज्य स्थापना की ओर

वैदिक साहित्य महा जनपद काल से सम्बन्धित जानकारी के प्रमुख स्रोत हैं। इन साहित्यों में इससमय की सामाजिक संरचना, धार्मिक जीवन, कृषि तथा तत्कालीन आर्थिक स्थिति के विषय में पर्याप्त जानकारी मिलती है। ऋग्वेद एवं अथर्ववेद की संहिताओं, पूर्ववर्ती ब्राह्मणों एवं उपनिषदों से विभिन्न जनों के जीवन एवं संगठन के विषय में जानकारी प्राप्त होती है। इन साहित्यों से जन से जनपद के विकास की प्रक्रिया एवं प्रारंभिक अवस्थाओं में जनपदीय जीवन की झांकी मिलती है। बौद्ध साहित्य में भी जनपद काल की स्थितियों का अच्छा चित्रण मिलता है। अंगुत्तर निकाय में सोलह महाजनपदों एवं क्षेत्रविस्तार के निमित्त काशी, कोशल एवं मगध जनपदों के कूटनीतिक संघर्षों का वर्णन है, जो जनपदीय जीवन में ऐसी नवीन प्रवृत्तियों के उदय का परिचायक है इस समय मगध का प्रभाव बहुत अधिक था। आखिल भारतीय साम्राज्य की स्थापना भी इसी महाजनपद के नेत्रत्व में हुई।

इसके अतिरिक्त पुरातात्विक सामग्री भी इस विषय पर कुछ प्रकाश निक्षेप करती है। आधुनिक उत्तर प्रदेश में अतरंजीखेड़ा एवं अन्य स्थानों पर की गई खुदाइयों से ज्ञात होता है कि

भारत में लोहे का उपयोग लगभग ईसा पूर्व 1000 ई. के आस-पास शुरू हुआ और वैदिक कबीलों के विस्तार-कार्य में लोहे के बने अस्त्र आदि लाभदायक सिद्ध हुए। इसके अतिरिक्त गंगा के मैदान में कई स्थलों पर ताँबे की बनी हुई चीजों के ढेर मिले हैं, इनका काल भी ईसा पूर्व 1000 के लगभग माना जाता है। इन्हीं स्थानों पर हमें चित्रित धूसर मृद्‌भांडों के कुछ नमूने प्राप्त हुए हैं जिनसे यह स्पष्ट हो जाता है कि गंगा-घाटी में रहने वाले आर्य लोग अब पशुचारण के स्थान पर कृषि में संलग्न थे और पहले की अपेक्षा अधिक सुव्यवस्थित जीवन व्यतीत कर रहे थे। इसके साथ ही पुरातात्त्विक सामग्री से हमें आर्यों की आर्थिक स्थिति के बारे में पर्याप्त ज्ञान होता है।

उत्तर वैदिक युग में हुए आर्थिक परिवर्तनों के कारण ऋग्वेदीय कबायली जनजीवन में दरार का पड़ना और क्षेत्रीयता की भावना का जागरण होना स्वभाविक था। पशुचारण से कृषि की ओर अग्रसर होना, जिसके पर्याप्त प्रमाण उत्तर वैदिक साहित्य और कतिपय पुरातात्त्विक अवशेषों में मिलते हैं, अपने आप में एक ऐसी प्रक्रिया थी, जिसके परिणाम स्वरूप गंगा घाटी के निवासियों के जीवन के स्थायित्व का पुट आ गया। छोटे-छोटे कबीले 'राज्य' बनते जा रहे थे और 'साम्राज्य' का लक्ष्य भी कुछ दूर नहीं था। बुद्ध के समय तक पहुँचते-पहुँचते 'जन' का काफ ी रूपांतरण हो चुका था और जनपदों का जन्म हो गया था। महा जनपदों के विषय में जानकारी के प्रमुख स्रोतों के रूप में बौद्ध तथा जैन साहित्य की भी महत्त्वपूर्ण भूमिका है। इस समय के महा जनपद मुख्यतय तीन प्रकार के थे

1. कुछ जनों में पहले संयोग हुआ और उसके बाद उसका जनपद के रूप में विकास हुआ। जैसे पांचाल।
2. कई जन अधिक शक्तिशाली जनों के द्वारा विजित होने के बाद, उन्हीं में मिला लिए गए। जैसे अज।
3. कुछ जनों अथवा कबीलों ने अकेले ही जनपद की अवस्था प्राप्त कर ली। जैसे मत्स्य, चेदि, काशी, कोसल आदि।

इन जनपदों का स्वतंत्र न होकर कई संस्थाओं के विकास का परिणाम था। लगभग ईसा पूर्व 700 तक लोहे का इस्तेमाल पहले से अधिक होने लगा था और इससे बनाए जाने वाले औजारों से कृषि एवं अन्य उत्पादन के साधनों में प्रगति हुई थी। एक बात स्पष्ट है कि दलदली इलाका होने के बावजूद 600 ईसा पूर्व के सभी प्रसिद्ध नगर गंगा-यमुना नदियों के आस-पास ही बस गए। इसके काई कारण थे। जैसे गंगा स्वयं ही एक महत्त्वपूर्ण व्यापारिक मार्ग थी और इसके द्वारा समुद्र तक आसानी से पहुँचना जा सकता था। बिहार में मगध और अंग में कच्चा लोहा का पर्याप्त भंडार था और गंगा ऐसे स्थानों से होकर गुजरती थी। एक बार इन खानों का मार्ग मालूम होने पर आर्यों के लिए हिमालय की नीचे की श्रेणियों से मगध की ओर जंगल साफ करते हुए मुड़ना सरल हो गया।

प्रमुख महाजनपद

छठी शताब्दी ईसा पूर्व बौद्ध तथा जैन धर्म ग्रन्थों में जिन महाजनपदों का वर्णन मिलता है उन पर नीचे प्रकाश निक्षेप कियाजा रहा है

1. मगध मगध का उदय सम्प्रति बिहार के नालन्दा व उसके आसपास की भूमि में हुआ। इसकी राजधानी राजगृह थी बाद में इसकी राजधानी पाटलीपुत्र को बनाया गया। इस राज्य का संस्थापक बृहद्रथ था। उस समय का यह सबसे शक्तिशाली राज्य के रूप में उभरा, क्योंकि इसका भौगोलिक वातावरण, यहाँ की भूमि, खनिज सम्पदा आदि सभी इसके अनुकूल थे। बिम्बिसार ने मगध को शक्तिशाली बनाने के लिए कई राज्यों को विजीत किया।

2. अंग यह महा जनपद जिसकी राजधानी चंपा थी, उल्लेख पालि साहित्य में मिलता है। आधुनिक भांगलपुर व मुंगेर का इलाका प्राचीन अंगदेश में शामिल था। गौतम बुद्ध के समय में अंग और मगध जनपदों में सदा युद्ध की हालत बनी रहती थी। कुछ समय के लिए मगध अंगदेश का भाग बन गया किन्तु शीघ्र ही अंग का पतन हो गया।

3. वत्स वत्स जनपद आधुनिक इलाहाबाद का क्षेत्र था। कौशांबी इसकी राजधानी थी। संस्कृत साहित्य में प्रसिद्ध उदयन, जो बुद्ध का समकालीन माना जाता है, इस जनपद से संबंधित था। अवन्ति के राजा प्रद्योत के साथ उसकी शत्रुता के विषय पर अनेक मनोरंजक कथानक प्राप्त हैं, जिनमें वासवदत्ता और उदयन के प्रणय-प्रसंग खास रूप से उल्लेखनीय है।

4. काशी काशी जनपद की राजधानी वाराणसी थी। समय-समय पर इसके नरेशों का कोसल के साथ युद्ध हुआ। कभी विजय काशी की होती थी और कभी कोसल की। गौतम बुद्ध के समय में काशी का कूटनीतिक पराभव हो गया। यह कुछ समय तक कोसल देश का अंग था। मगध और कोसल में भी काशी को लेकर संघर्ष शुरू हो गया। अजातशत्रु के समय से काशी मगध का अंग बन गया।

5. कोसल यह उत्तरी भारत का प्राचीन राज्य था। अवध के ऐतिहासिक क्षेत्र के लगभग समरूप, वर्तमान उत्तर प्रदेश राज्य के दक्षिणी मध्य क्षेत्र में स्थित कोसल राज्य सरयू (आधुनिक घाघरा) नदी के दोनों तट पर और उत्तर दिशा में वर्तमान नेपाल तक फैला हुआ था। महाकाव्य *रामायण* के अनुसार, कोसल पर सूर्यवंशी राजाओं का शासन था; राम इन राजाओं में से एक थे, उनकी राजधानी आधुनिक फ ैज ाबाद के पास अयोध्या में स्थित थी। कोसल और मगध के बीच वैवाहिक संबंध थे, लेकिन लगभग 490 ई.पू. में दोनों के बीच युद्ध छिड़ गया। परिणामस्वरूप संभवतः कोसल कमज ोर हो गया और फिर कभी महत्त्वपूर्ण स्थिति प्राप्त नहीं कर सका। मगध के राजा अजातशत्रु (लगभग 491-459 ई.पू.) के शासनकाल में किसी समय कोसल का मगध में विलय हो गया। बाद में कोसल को उत्तरी कोसल के नाम से जाना जाने लगा, ताकि इसे दक्षिण में महानदी के ऊपरी भाग में स्थित (अब पूर्वी मध्य प्रदेश राज्य) कोसल, दक्षिणी कोसल या महाकोसल राज्य से अलग पहचाना जा सके। *रामायण* के अनुसार, दक्षिणी कोसल, जिसकी राजधानी श्रीपुर (रायपुर) थी, की स्थापना राम के पुत्र कुश ने की थी और 12वीं शताब्दी तक इसे इसी नाम से जाना जाता था।

16 प्रमुख महा जनपदों में इसका प्रमुख स्थान रहा। इसका विकास काल छठी शताब्दी ईसा पूर्व रहा। इसने काशी के शक्तिशाली राज्य को अपने राज्य में मिला लिया; और लगभग 500 ई. पू. में, राजा प्रसेनजित (पसेंदि) के शासनकाल में इसे उत्तर की चार शक्तियों में से एक (शायद सबसे शक्तिशाली) माना जाता था। कोसल उस समय गंगा नदी के मैदान के

व्यापार मार्गों पर नियंत्रण रखता था। उत्तरी कोसल के वाक्य जनजाति में जन्मे बुद्ध (लगभग 563 ई. पू.) अक्सर राजधानी श्रावस्ती में उपदेश देते थे, जहां उन्होंने जीवन के अंतिम 25 वर्षों में वर्षा ऋतु का समय व्यतीत किया।

6. शूरसेन इसकी राजधानी मथुरा थी। शूरसेन राजा अवंतिपुत्र, महात्मा बुद्ध का अनुयायी था और उसने ही अपने राज्य में बौद्ध धर्म का प्रचार करवाया। राजा के नाम से ऐसा प्रतीत होता है कि मथुरा एवं अवंति के मध्य वैवाहिक संबंध थे। पाणिनि के समय में अंधक एवं वृष्टिजन का वास-स्थान मथुरा में था। कालांतर में इन जातियों का एक पारस्परिक संघ स्थापित हुआ।

7. कुरु पंचाल के समान कुरु भी उत्तर वैदिक साहित्य में पर्याप्त ख्याति प्राप्त राज्य था। सही मायने में ब्राह्मण ग्रंथों में तो कुरु-पंचाल का जोड़ा अत्यधिक शक्तिशाली माना जाता था, जिन्होंने अनेक अश्वमेध यज्ञों का अनुष्ठान किया था। कुरु जनपद आधुनिक जिला और दक्षिण-पूर्व हरियाणा का प्रदेश था। जातकों के विचार में इसकी राजधानी इंद्रप्रस्थ थी। यादवों, भोजों पंचालों के साथ कुरु राजाओं ने वैवाहिक संबंध स्थापित किए थे। वत्स प्रदेश में जिस राजतंत्र की स्थापना हुई वह संभवतः कुरु की ही शाखा थी। यह संभवतः उस समय हुआ होगा जब कि कुरु प्रदेश का महत्वपूर्ण नगर हस्तिनापुर बाढ़ में विनष्ट हो गया होगा। इसका उल्लेख पौराणिक ग्रंथों में भी मिलता है इसके साथ ही साथ इसकी पुष्टि हस्तिनापुर के उत्खननों से भी होती है।

8. पंचाल पंचाल जनपद उत्तर वैदिक काल से ही प्रसिद्ध था। इसके दो भाग थे उत्तर पंचाल जिसकी राजधानी अहिच्छत्र थी तथा दक्षिण पंचाल जिसकी राजधानी काम्पिल्य थी। कन्नौज का प्रसिद्ध नगर उन दिनों पंचाल प्रदेश में ही स्थित था। अधिकांशत आधुनिक पश्चिमी उत्तर प्रदेश इसी जनपद के अंतर्गत आता था। हिमालय की तलहटी से लेकर दक्षिण में चंबल नदी तक एवं पूर्व में कोसल और पश्चिम कुरु जनपद इसकी सीमाएँ थीं। पंचाल मूलतः एक राजतंत्र था किंतु ऐसा प्रतीत होता है कि कौटिल्य के समय तक वह एक गणराज्य हो गया था।

9. चेदि प्राचीन काल में चेदि महाजनपद यमुना नदी के किनारे स्थित था। इसकी सीमा कुरु महाजनपद के साथ जुड़ी हुई थी। आधुनिक बुंदेलखंड का इलाका ही प्राचीन महाजनपद था। कलिंग (उड़ीसा) में जिस चेदि वंश का राजा खारवेल था, वह संभवतः इसी चेदि प्रदेश की शाखा ने ही स्थापित किया होगा।

10. मत्स्य मत्स्य जनपद आधुनिक जयपुर क्षेत्र के आस-पास था। विराट नामक संस्थापक नाम पर इसकी राजधानी विराटनगर थी। साहित्यिक स्रोतों में 'अपर मत्स्य', 'वीर मत्स्य' आदि जो उल्लेख आए हैं, वे संभवतः मूल राज्य की शाखाएँ हों। मत्स्य प्रदेश कभी चेदि जनपद के अधीन था।

11. अवन्ति पश्चिमी भारत में अवंति जनपद प्रमुख था। आधुनिक मालवा व मध्य प्रदेश के कुछ भागों से मिलकर अवंति जनपद बना था। प्राचीन समय में अवंति के दो भाग थे उत्तरी अवंति जिसकी राजधानी उज्जैन थी और दक्षिणी अवंति जिसका प्रमुख नगर महिष्मती था। वर्धमान महावीर एवं गौतम बुद्ध के समय में, महाराज चंड प्रद्योत अवंति के राजा थे। अवंति बौद्ध धर्म का प्रसिद्ध केंद्र था। अनेक बौद्ध थेर तथ थेरी यहाँ बौद्ध धर्म का पालन व प्रचार करने में रत थे। पुराणों के अनुरूप चंड प्रद्योत शक्तिशाली राजा था। उसके समय में अवंति

का वत्स, मगध एवं कोसल के साथ युद्ध हुआ था। मगध सम्राट शिशुनाग ने अवंति को जीतकर अपने राज्य में मिला लिया। अवंति राज्य का पर्याप्त आर्थिक महत्व रहा हे क्योंकि अनेक व्यापार मार्ग इस प्रदेश से होकर गुजरते थे।

12. कम्बोज काम्बोज प्रदेश उत्तरपथ में ही स्थित था। आधुनिक काल के राजोरी और हजारा के जिलों में प्राचीन काम्बोज सीमित था। काम्बोज में पहले तो शासन की बागडोर राजा के हाथ में होती थी किन्तु कौटिल्य के समय यह एक संघराज्य बन गया था।

13. अश्मक अंगुत्तर निकास में अश्मक जनपद का भी वर्णन है। इसकी राजधानी पोतना थी। यह जनपद गोदावरी नदी के किनारे स्थित था। अश्मक और मूलक प्रदेश एक दूसरे के पड़ौसी थे। दोनों की इक्ष्वाकु वंश के क्षत्रिय थे। दीघ निकाय के 'महागोविंद सुन' में इस बात का उल्लेख है। कि रेणु नामक सम्राट के ब्राह्मण पुरोहित महागोविंद ने अपने साम्राज्य को सात अलग-अलग राज्यों में बाँटाा था। इनमें से एक अश्मक भी था। अश्मक की पहचान के संबंध में एक संभावना यह भी हो सकती है कि वह सिंधु नदी की निम्न घाटी या मुहाने पर सिति ऐस्सकेलॉय ही हो, जिसका उल्लेख यूनानी लेखकों ने किया है और जो सिकंदर के हमला के समय भी मौजूद थे। इस संबंध में एक और तथ्य द्रष्टव्य है बौद्ध साहित्य में अश्मक सहित जिन 16 महाजनपदों का उल्लेख है, उनमें से सभी 15 उत्तरी भारत के हैं।

14. गांधार गांधार महाजनपद आधुनिक पेशावर एवं रावलपिंडी के इलाके में स्थित था। इसकी राजधानी तक्षशिला प्राचीन काल में विद्या तथा व्यापार का प्रसिद्ध केंद्र थी। ईसा पूर्व छठी शताब्दी में गांधार में पुष्कर सारिन राज्य करता था। उसने अवंति के साथ युद्ध किया और चंड प्रद्योत को हराया। मगध के साथ उसके संबंध अच्छे थे। वहाँ उसने अपना राजदूत एवं बिंबिसार के नाम पत्र भी भेजा था।

15. मल्ल सोलह महाजनपदों का विवरण देते हुए अंगुतर निकाय में मल्ल राष्ट्र का उल्लेख आया है। इसके दो भाग थे जिसमें एक की राजधानी कुशीनर और दूसरे की पावा थी। कुशीनर में ही महात्मा बुद्ध ने र्विाण प्राप्त किया था। मल्ल राज्य में पहले शासन की बागडोर राजा के हाथ में होती थी किंतु कालांतर में वहां गणराज्य की स्थापना हुई। मल्ल राष्ट्र में भी जैन एवं बौद्ध धर्म बड़े व्यापक रूप से फैला। महात्मा बुद्ध के महापरिनिर्वाण के उपरांत ही मल्ल राष्ट्र ने अपनी स्वतंत्रता खो दी। मगध इस पर विजय प्राप्त करके अपने राज्य में मिला लिया।

16. बज्जि मगध के उत्तर की ओर वज्जि संघ स्थित था। यह संघ आठ कुलों के संयोग से बना और इनमें तीन कुल प्रमुख थे विदेह, वज्जि एवं लिच्छवि। विदेह कुल की राजधानी वैशाली थी। इसमें तीन जिलों का उल्लेख है जो कदाचित तीन कुलों के प्रमुख क्षेत्र थे। इन संघ में लिच्छवि कुल का खास उल्लेख है जो कदाचित तीन कुलों के प्रमुख क्षेत्र थे। उस संघ में लिच्छवि कुल का खास उल्लेख है। महावस्तु से ज्ञात होता है कि गौतम बुद्ध लिच्छवियों के निमंत्रण पर वैशाली गए थे। बौद्ध साहित्य लिच्छवियों के सामाजिक व कूटनीतिक जीवन पर प्रकाश डालता है। लिच्छवियों का आंतरिक संगठन अच्छा था और गौतम बुद्ध के विचार में लिच्छवि गण इसी कारण अजेय था। इस एकता के भंग होने पर लिच्छवि राज्य को मगध अथवा अन्य कोई राज्य विजय कर सकता था।

अधिशासित राज्य से साम्राज्य की ओर

अंग और मगध एक-दूसरे के पड़ोसी थे। इन दोनों के बीच लगातार मुठभेड़ जारी थी और मगध की आँखें अंग पर लगी थीं। दोनों के बीच **चम्पा** नदी पड़ती थी। दोनों के बीच बराबर संघर्ष होता ही रहता था। कभी अंग मगध पर और कभी मगध अंग पर कब्जा कर लिया करता थां इसी प्रकार, उधर **काशी** और **कोशल** के बीच भी बराबर संघर्ष चलता रहता था। जिस प्रकार मगध ने अंग पर कब्जा कर लिया था, उसी प्रकार महाकोशल ने सदा के लिये काशी को कोशलराज्य में मिला लिया था। इ0 पू0 छठी शताब्दी में समस्त उत्तरभारत के राज्यों में आधिपत्य के लिये संघर्ष चल रहा था, उसमें मुख्य रूप से **कोशल, वत्स, अवंती** और **मगध** के शासकगण सक्रिय रूप से भाग ले रहे थे। सब-के-सब अपने-अपने अस्तित्व को मजबूत करने में लगे हुए थे और अपने-अपने राज्य के नेतृत्व में एक संगठित साम्राज्य की स्थापना करना चाहते थे। **बिम्बिसार, पसेनदि, चण्ड प्रद्योत** और **वत्सराज उदयन** प्रबल शासक थे और अपने-अपने क्षेत्रों के विस्तार में संलग्न थे। इस लंबे संघर्ष से ही भारत के इतिहास का एक नया अध्याय शुरू होता है, जिसे 'मगध के उत्कर्ष' के नाम से जानते हैं।

ये चारों बड़े राज्य भारतवर्ष के केन्द्रभाग में थे। उसी काल में जबकि बुद्धदेव ने अपना धर्मचक्र चलाकर चातुर्दिश सार्वभौम धर्मसंघ की नींव डाली थी, भारतवर्ष के राज्यों में भी अपने को चातुरानन सार्वभौम (समस्त भारत का) राज्य बनाने की होड़ चल रही थी। सार्वभौम आदर्श से धार्मिक और राजनीतिक वर्ग बहुत प्रभावित न थे, ऐसा मालूम पड़ता था।

अवंती ने सर्वप्रथम अपना हाथ बढ़ाना शुरू किया। भास के **स्वप्रवासवदत्तम्** नाटक में वर्णित राजा **प्रद्योत** उस समय अवंती का शासक था। उसके सभी पड़ोसी उससे डरते थे और उसके आगे झुकते थे। उसने उत्तर की ओर मथुरा को जीत लिया था और वहाँ शासन **अवंतीपुत्र** को दे दिया था। अवंती की राजधानी **उज्जयिनी** बड़े महत्त्व की नगरी थी। अवंती के राज्य को फैलाने के लए एक ओर मथुरा का मार्ग था और दूसरी ओर कौशाम्बी का। कौशाम्बी वत्सराज **उदयन** का केन्द्र था। वह बड़ा ही वीर, रसिक और सुंदर था। प्रद्योत ने एक षड्यंत्र कर उदयन को गिरफ्तार कर लिया, किन्तु बाद में उदयन प्रद्योत की लड़की वासवदत्ता को लेकर भाग गया। जब यह सब अवंती और कौशाम्बी के बीच हो रहा था, ठीक इसी समय **कोशल** और **मगध** के बीच भी संघर्ष बढ़ता जा रहा था।

बिम्बिसार ने अंग को जीतकर मगध-साम्राज्य में मिला लिया था, जिससे उसकी प्रतिष्ठा काफी बढ़ गई थी। कोशलनरेश **पसेनदि** का वह बहनोई था और उसे काशी दहेज में प्राप्त हुई थी। इसके फलस्वरूप मगध-साम्राज्य की सीमा काफी बढ़ गई। बिम्बिसार के पुत्र **अजातशत्रु** के गद्दी पर बैठते ही कोशल और मगध में अनबन हो गई और **पसेनदि** ने काशी जब्त कर ली। अजातशत्रु ने युद्ध की घोषणा कर दी। कई बार लड़ाइयाँ हुईं और अंत में जो समझौता हुआ, उसके अनुसार काशी पुनः मगध को मिली और पसेनदि की लड़की वजिरा का विवाह भी अजातशत्रु के साथ हुआ।

पाली-साहित्य से विदित होता है कि शाक्यों ने कोशल का आधिपत्य स्वीकार कर लिया था और **संभवतः** इसी कारण **पसेनदि** को 'पाँच राजाओं के दल का प्रधान' कहा गया है। पसेनदि बड़ा ही सफल और विद्वान शासक था। वह ब्राह्मणों और बौद्धों को समान रूप से दान देता था। बुद्ध के साथ उसका घनिष्ठ संपर्क था। अपने पुत्र **विडुडाभ** के विद्रोह के कारण उसे गद्‌दी छोड़नी पड़ी और इस विद्रोह में उसके मंत्री दीर्घनारायण का भी पूर्ण सहयोग था। मगध-राजधानी में अपने दामाद से सहायता की माँ करने के लिये वह पहुँचा ही था कि उसकी मृत्यु हो गई। विडुडाभ ने शाक्यों पर बहुत अत्याचार किया। इसके परिणामस्वरूप ही शाक्यों का देश बरबाद हो गया। उसने शाक्यों की स्वतंत्रता को सदा के लिये नष्ट करने के विचार से ऐसा किया था। विडुडाभ की शाक्यविरोधी नीति के पीछे एक व्यक्तिगत कहानी भीर है। पसेनदि शाक्य-कनया से विवाह करना चाहता था; परन्तु शाक्यों ने धोखा देकर एक दासी-पुत्री से उसका विवाह करवा दिया। पसेनदि ने बुद्ध से शाक्यों की शिकायत की। विडुडाभ को यह बात मालूम हो गई और राजा होने के बाद उसने शाक्यों पर आक्रमण कर इसका बदला लिया।

कोशल ने जब से काशी को अपने राज्य में मिला लिया, तब से वत्स और मगध की सीमाएँ परस्पर मिलती थीं। वत्स और अवंती के मिल जाने के बाद मगध की सीमा अवंती को छूने लगी। साथ ही, कोशल की हार के बाद **मगध** और **अवंती** ही भारतवर्ष के दो बड़े राज्य रह गये। अवंती का राजा **चण्ड प्रद्योत** और मगध का राजा **अजातशत्रु** दोनों ही महत्त्वाकांशी और साम्राज्य के भूखे थे। पड़ोस के कारण दोनों की प्रतिद्वंद्विता बढ़ती ही गई और प्रद्योत की मृत्यु के बाद ही इस प्रतिद्वंद्विता का अंत हुआ।

वत्सराज **उदयन** ने **वासवदत्ता** को भगाकर उससे विवाह कर लिया था। एक जनश्रुति के अनुसार उसने दृढ़वर्मन की कन्या और मगध राज दर्शक की भंगिनी **पद्‌मावती** से विवाह कर लिया था। **दृढ़वर्मन** अंग का राजा था। संभव है कि उदयन के साथ वैवाहिक संबंध स्थापित कर उसने अपना राज्य फिर से वापस ले लिया हो। 'कथासरित्सागर' और 'प्रियदर्शिका' में उदयन की साम्राज्यवादी नीति की चर्चा है। अवंती, मगध और अंग के राजवंशों के साथ वैवाहिक संबंध सीापित कर उसने अपना अस्तित्व मजबूत किया। उसनें प्रद्योत के पुत्र पालक वत्सराज को जीतकर उसके राज्य को अवंती में मिला लिया। कौशाम्बी बौद्धधर्म का भी प्रमुख केन्द्र थी। **अवंती** के चण्ड प्रद्योत की शक्ति इतनी बढ़ गई थी कि अजातशत्रु को अपनी राजधानी के प्राचीर मजबूत करने पड़े। अवंती भी बौद्धधर्म का प्रधान केन्द्र थी। चण्ड प्रद्योत के बाद अवंती की शक्ति कम हो गई।

मगध को वैदिक साहित्य में अपवित्र स्थान माना गया है। इसका कारण संभवतः यह था कि आर्यों के सांस्कृतिक प्रभाव से मगध काफी दिनों तक बाहर रहा और मगध के निवासियों को लोग **व्रात्य** (पतित) कहा करते थे। ये लोग आर्य थे या अनार्य, यह कहना संभव नहीं है; परन्तु इतना निश्चित है कि ये लोग वेदसम्मत सभ्यता को स्वीकार नहीं करते थे। ई0 पू0 छठी शताब्दी के पूर्व मगध में **बार्हद्रथवंश** का शासन था और इसकी राजधानी **राजगृह** या **गिरिव्रज** में थी। इस वंश के तत्त्वावधान में ही मगध की राजनीति सत्ता प्रतिष्ठित हुई। बृहद्रथ का पुत्र **जरासंध** शक्तिशाली शासक था। इस वंश का अंत कब और कैसे हुआ, यह हम निश्चित रूप से नहीं कह सकते हैं। ई0 पू0 छठी शताब्दी में हम मगध में **हर्यककुल** का शासन देखते हैं।

बुद्ध के समय इसी वंश का शासक **बिम्बिसार** मगध में राज्य कर रहा था।[1] इसके वंश और समय को लेकर इतिहासकारों में काफी मतभेद है। पुराण में बिम्बिसार को **शिशुनागवंश** का माना गया है, परन्तु बौद्ध-साहित्य में बिम्बिसार को शिशुनागवंश से कोई संबंध नहीं है और वहाँ से उसे हर्यक कुल का माना गया है। इस वंश के शासक के बाद ही शिशुनागवंश की स्थापना हुई।

मौर्य साम्राज्य

भारत वर्ष में मौर्य वंश का शासन काल काफी समय तक व कुशलता पूर्वक चला। इतिहासकार इस वंश के उदय को लेकर असमंजस में है। इस सन्दर्भ में उनके विचार काफी अलग-अलग हैं। कुछ इतिहासकार इन्हें पारसी मानते हैं। वे इसका प्रमाण इस रूप में देते हैं कि मौर्यों के कुछ राजनैतिक और सामाजिक रीति-रिवाज पारसियों के देश से मिलते-जुलते हैं। कुछ अन्य इतिहासकार उन्हें शूद्र मानते हैं। अपने कथन के समथर्न में वे तर्क देते हैं कि विष्णु पुराण, मुद्रा राक्षस और कथा सरित सागर में ऐसे प्रमाण उपस्थित हैं। इनसे अलग कुछ विद्वानों का विचार है कि मौर्य क्षत्रिय थे। जैन परम्परायें और कौटिल्य के अर्थशास्त्र में उन्हें क्षत्रिय कहा गया है। मौर्य शासक वीर, साहसी और बहादुर थे और उन्होंने विशाल साम्राज्य की स्थापना की थी इससे यह कहा जा सकता है कि सही मायने में वे क्षत्रिय थे। मौर्य वंश के बारे में स्पष्ट रूप से तभी समझा जा सकता है जब हम नन्द वंश के बारे में कुछ जानेगें। अतः इनका संक्षिप्त विवरण आगे दिया गया है।

नन्द वंश का शासन मगध (बिहार, उत्तरी भारत) पर था जो लगभग 343-321 ई.पू. के बीच नंद शासक मौर्य वंश के पूर्ववर्ती राजा थे। मौर्य से पहले के वंशों की तरह इस वंश के बारे में भी जो जानकारी है, वह तथ्यों और किंवदंतियों का मिश्रण है। स्थानीय ब्राह्मणवादी और जैन परंपराओं से पता चलता है कि इस वंश के संस्थापक महापद्म (जिन्हें महापद्मपति या उग्रसेन भी कहा जाता है) समाज के निचले तबक ` के थे। यूनानी लेखकों ने भी इसकी पुष्टि की है। महापद्म ने अपने पूर्ववर्ती शिशुनाग राजाओं से मगध की बागडोर और सुव्यवस्थित विस्तार की नीति भी हासिल की। उनके साहसपूर्ण प्रारंभिक कार्यकाल ने उन्हें निर्मम विजयों के माध्यम से साम्राज्य को संगठित करने में मदद की। पुराणों में उन्हें सभी क्षत्रियों का संहारक बताया गया है। उन्होंने उत्तरी, पूर्वी और मध्य भारत स्थित इक्ष्वाकु, पांचाल, काशी, हैहय, कलिंग, अश्मक, कौरव, मैथिल, शूरसेन और वितिहोत्र शासक वंशों को उखाड़ फेंका। इसका प्रमाण स्वतंत्र अभिलेखों से भी मिलता है, जो नंद वंश के द्वारा गोदावरी घाटी (आंध्र प्रदेश), कलिंग (उड़ीसा) तथा कर्नाटक के कुछ हिस्सों पर नियंत्रण करने की ओर संकेत करते हैं।

नंद वंश का संक्षिप्त शासनकाल मौर्य वंश के लंबे शासन के साथ प्रारंभिक भारतीय इतिहास में महत्त्वपूर्ण संक्रमण काल को दर्शाता है। गंगा घाटी में (छठी से पांचवीं शताब्दी ई.पू.) कृषि व लौह तकनीक के बढ़ते प्रभाव के कारण काफी भौतिक व सांस्कृतिक परिवर्तन हुये। इससे कृषि उत्पादन में उपयोग से अधिक वृद्धि हुई और वाणिज्यक और शहरी केंद्रों के विकास को बढ़ावा मिला। इस परिप्रेक्ष्य में यह बात महत्त्वपूर्ण है कि कई स्थानीय और विदेशी स्रोतों में नंद राजाओं को बहुत समृद्ध और विभिन्न प्रकार के करों की वसूली में निर्दयी के रूप में चित्रित किया गया

है। सिकंदर के काल में नंद की सेना में लगभग 20,000 घुड़सवार, 2,00,000 पैदल सैनिक, 2,000 रथ और 3,000 हाथी थे। प्रशासन में नंद राज्य द्वारा उठाये गए क दम कलिंग (उड़ीसा) में सिंचाई परियोजनाओं के निर्माण और एक मंत्रिमंडलीय परिषद् के गठन से स्पष्ट होते हैं।

महापद्म के बाद पुराणों में नंद वंश का उल्लेख नाममात्र का है, जिसमें सिर्फ सुकल्प (सहल्य, सुमाल्य) का जि क्र है, जबकि बौद्ध *महाबोधिवंश* में आठ नामों का उल्लेख है। इस सूची में अंतिम शासक धनानंद का उल्लेख संभवतः अग्रामी या जेन्ड्रामी के रूप में है और इन्हें यूनानी स्रोतों में सिकंदर महान् का शक्तिशाली समकालीन बताया गया है। इस शासक के साथ ही 321 ई.पू. में नंद वंश समाप्त हो गया और चंद्रगुप्त ने मौर्य साम्राज्य की स्थापना की।

लगभग 321-185 ई.पू. मौर्य साम्राज्य की राजधानी पाटलिपुत्र भी जो इस समय पटना नाम से बिहार की राजधानी है। पाटलिपुत्र गंगा व सोन नदी के संगम के पास बसा था इसलिए यह काफी महत्त्व रखता था। सिकंदर महान् की मृत्यु के बाद इस वंश के संस्थापक चंद्रगुप्त ने एक साम्राज्य की स्थापना की, जो दक्षिणी हिस्से को छोड़कर लगभग समूचे उपमहाद्वीप में फैला हुआ था। मौर्य साम्राज्य एक सक्षम और सुसंगठित राजतंत्र था, जिसके पास स्थायी सेना व नौकरशाह थे। पारंपरिक रूप से प्रशासन की संरचना *अर्थशास्त्र* पर आधारित थी, जिसकी रचना चंद्रगुप्त के महामंत्री और सलाहकार कौटिल्य ने की थी।

मौर्य वंश के तीसरे शासक अशोक (273-232 ई.पू.) हुये जो अपनी दूरदर्शिता व कुशल शासन व्यवस्था के चलते एक महान शासक कहलाये कलिंग युद्ध के दौरान कुछ ऐसी घटनायें हुयी जिससे इन्होंने अहिंसा का मार्ग अपना लिया और बौद्ध धर्म की शिक्षा ली उन्होंने अपने राज्य में पत्थर की कई राजाज्ञाएं खुदवाईं। ये भारत के उन प्राचीनतम अभिलेखों में से हैं, जिनकी व्याख्या की जा सकी है। अशोक ने कलिंग (उड़ीसा) पर विजय प्राप्त की। उसके बाद उन्होंने धर्मपरायणता का अभियान छेड़ने का निर्णय लिया और अपने राज्य और राज्य से बाहर पश्चिम एशिया और श्रीलंका में भी दूत भेजे। भारत की आरंभिक कला के कुछ श्रेष्ठ नमूने अशोक द्वारा ही बनवाए गए थे।

अशोक की मृत्यु के बाद यह साम्राज्य आक्रमणों, दक्षिण के राजकुमारों द्वारा दूसरे पक्ष में शामिल हो जाने और उत्तराधिकार के लिए संघर्ष के कारण छोटा हो गया। इसके अंतिम शासक बृहद्रथ की 185 ई.पू. में उनके ब्राह्मण सेनापति पुष्यमित्र ने हत्या करके शुंग वंश की स्थापना की, जिसने लगभग एक शताब्दी तक मध्य भारत में शासन किया।

ई.पू. दूसरी शताब्दी से ई. सन् तीसरी सदी तक

शुङ्गवंश

मौर्य वंश का अंतिम शासक बृहद्रथ था। बृहद्रथ की हत्या करके पुश्यमित्र ने शुंगवंश की स्थापना की। इस घटना का वर्णन पुराणों से भी प्राप्त होता है इसका वर्णन हर्ष चरित में भी किया गया है। पुष्य मित्र, बृहद्रथ की सेना में सेनानी था। बृहद्रथ जब सेना का निरीक्षण कर रहा था। उसी समय पुष्यमित्र ने उसे मार दिया। साहित्यिक कृतियों से शुङ्गवंश पर विशेष

प्रकाश पड़ता है। मौर्य-साम्राज्य के बाद केन्द्रीय सत्ता के अभाव में देश में विकेन्द्रीकरण की प्रवृत्ति प्रबल हो चुकी थी। पुष्यमित्र ने जिस क्रांति का नेतृत्व किया, उसे हम लोग ब्राह्मण पुनः स्थापन-काल नाम से जानते हैं। बृहद्रथ की हत्या के पीछे बौद्धधर्म के विरुद्ध ब्राह्मणधर्म का विद्रोह काम कर रहा था। उस समय देश के ऊपर विदेशियों से आक्रमण का खतरा था। और देश के अंदर विकेन्द्रीकरण की प्रवृत्ति तो थी ही। कालिदास के नाटक **मालविकाग्निमित्र** का नायक अग्निमित्र है। उसके साले वीरसेन ने विदर्भ से मौर्य-अधिकारी यज्ञसेन को निकाल बाहर किया।

कण्व (काण्व)-वंश

विष्णुपुराण के अनुसार शुंग वंश का अंतिम शासक देवभूति अपने मंत्री **कण्व वसुदेव** द्वारा मारा गया। **विष्णुपुराण** और **हर्षचरित** के अनुसार **देवभूति** व्यसनी था। कण्व वसुदेव ही कण्व वंश का संस्थापक था। कण्व वंश के राजा धर्मानुकूल शासन करते थे। ब्राह्मण-पुनरुद्धार-नीति का कण्व वंश ने भी अक्षरशः अनुसरण किया। यह भी ब्राह्मण वंश था। इस वंश का शासन ई. पू. 72 से ई. पू. 27 तक रहा। पुराणों से स्पष्ट होता है कि कण्व वंश मात्र 45 वर्ष तक ही शासन किये।

मगध में कण्व वंश के पतन से गुप्त वंश के उत्थान तक के इतिहास का निर्माण अपने-आप में एक कठिन कार्य है। सातवाहनों का मगध पर शासन था कि नहीं यह भी विवादों के घेरे में है उसका सही उल्लेख नहीं मिलता है। गया में महाराज त्रिकमल का शासन था। लिच्छवियों और पाटलिपुत्र के बीच भी कुछ संबंधों का उल्लेख मिलता है। गया से प्राप्त एक मुहर पर मौर्यकालीन ब्राह्मी में मौखरी-सामंतों का उल्लेख मिलता है। ये लोग शायद मौर्य, शुंग या कण्व राजवंश के अधीनस्थ शाक रहे होंगे। कुछ क्षेत्रों में मित्र वंश के शासन का उल्लेख मिलता है। मित्रवंश की ऐतिहासिकता स्पष्ट नहीं है।

आंध्र-सातवाहन वंश

शुंग वंश और कण्व वंश को समाप्त करने का श्रेय **वायुपुराण** में किसी आंध्रजातीय व्यक्ति को दिया गया है। उसमें कहा गया है कि आंध्रजातीय शिशुक या **शिमुक** ही शुंग और कण्व की शक्तियों का नाश करेगा। इस आधार पर यह कह सकते है कि आंध्रो के द्वारा ही कश्व वंश को समाप्त किया गया। रामकृष्ण गोपाल भंडारकार का मत है कि कण्व के वंश के शासन-काल में भी शुंग लोगों का कुछ-न-कुछ अधिकार बचा हुआ था, परंतु आधुनिक शोधों के आधार पर यह निर्विवाद रूप से कहा जा सकता है कि कण्व शासक पूर्णरूपेण स्वतंत्र थे और उस समय शुंगों की शासन व्यवस्था नहीं थी।

कण्व वंश के शासन का अंत ई. पू. 27 में हुआ और उसके बाद ही सातवाहनों का प्रारंभ हुआ, यही मत आज सर्वमान्य है। **मत्स्यपुराण** में कहा गया है कि आंध्रों ने 450 वर्ष तक राज्य किया और इस आधार पर कुछ विद्वान सातवाहनों का प्रारंभ ई. पू. तीसरी शती से मानते हैं। **वायुपुराण** में सातवाहनों की शासन करने की समय सीमा 300 वर्ष माना गया है।

भंडारकर के अनुसार सातवाहनों का प्रारंभ ई. पू. 72-73 में हुआ। **वायुपुराण** के अनुसार उस वंश में 19 राजा हुए और **मत्स्यपुराण** के अनुसार 30 राजा। कुछ विद्वानों का मत है कि सातवाहनों की दो शाखाएँ थीं एक मूलशाखा और एक उपशाखा। मूल में 19 शासक हुए और उपशाखा में 11। **काव्यमीमांसा** और कुछ अभिलेखों में कुंतल के सातवाहनों का वर्णन मिलता है और हो सकता है कि वे लोग उपशाखा के ही रहे हों।

सुदूर दक्षिण : तमिल राज्य

सातवाहनों के शासन काल की समाप्ति के पश्चात दक्षिण में **आभीर, वाकाटक, इक्ष्वाकु, शालंकायन, पल्लव** और **कदंब** वंशों के तत्त्वावधान में विभिन्न छोटे-छोटे राज्यों का उत्थान हुआ और उन लोगों ने इतिहास में अपना नाम किया। वेंकट-पहाड़ियों के बाद भारत का वह हिस्सा शुरू होता है जिसे तमिल या **सुदूर दक्षिण** नाम से हम जानते हैं। तमिलप्रदेश उस समय कई राज्यों में बंटा हुआ था। उनमें चोल, पांड्य और **केरल** प्रख्यात राज्य थे। वर्तमान तंजौर और त्रिचनापल्ली के कुछ जिलों के साथ-साथ अन्य समीपवर्ती भूभागों पर **चोलों का प्रभुत्व** ई. पू. दूसरी शताब्दी में जमा। एक चोल-शासक एडर का उल्लेख मिलता है, जिसने लंका पर विजय प्राप्त की थी। उसके संबंध में बहुत-सी कथाएँ दक्षिण भारत की परंपरा में सुरक्षित हैं और उन परंपराओं के आधार पर हम कह सकते हैं कि वह बड़ा ही न्यायप्रिय शासक था। बाह्य लोग विद्या और व्यापार में काफी बढ़े-चढ़े थे। मदुरई और तिरुन्नलवलि के अतिरिक्त उन लोगों ने दक्षिणी ट्रावनकोर के कुछ भागों में भी विजय प्राप्त की थी। ई.पू. पहली शती में एक पांड्य-शासक ने रोमन सम्राट् ऑगस्टस के पास अपना राजदूत भेजा था। पांड्यों के उत्तर और पश्चिम में केरल राज्य था। इस राज्य में मालाबार, कोचीन और उत्तरी ट्रावनकोर सम्मिलित थे। दक्षिण राज्यों का पश्चिमी जगत् से बहुत संपर्क था। हमारे देश में ईसाईधर्म का प्रचार प्रसार सबसे पहले केरल से हुआ था और वहाँ का सेंट टामस एपोस्ट्ल अब भी बहुत प्रसिद्ध और प्रतिष्ठित है। दक्षिण भारत में रोमन सिक्के भी प्रचुर मात्रा में मिले हैं। पश्चिम के साथ इन लोगों का व्यापार चलता था।

कलिंगराज खरवेल

ऐसा प्रतीत होता है कि अशोक के बाद कलिंग पुनः स्वतंत्र हो गया। उड़ीसा में भुवनेश्वर से तीन मील की दूरी पर उदयगिरि पर एक हाथीगुंफा-अभिलेख प्राप्त हुआ है, जिसमें **महामेघवाहन वंश के महाराज बावेल** का उल्लेख है। वह अपने समय कलिंग में सर्वशक्तिमान स्वतंत्र शासक के रूप में शासन कर रहा था। इस अभिलेख के अनुसार वह **चेति** (चेदि)-वंश का था। वह सूर्यवंशी राजर्षि वसु का वंशज था। इस वंश का सबसे ऐतिहासिक राजा महामेघवाहन था। डॉ. बरुआ इसका समीकरण पुराणों में वर्णित **मेघवंश** से करते हैं। उसका मत सर्वमान्य नहीं है। कलिंग के चेदिवंश के मात्र तीन नाम का अभी तक उल्लेख मिलता है **महामेघवाहन, खरवेल** और **महाराज कदेप,** जिसका उल्लेख पातालपुर-गुहालेख में प्राप्त होता है।

इंडो-ग्रीक

ई. पू. 250 में, जब **अंटिओकस द्वितीय** सीरिया का राजा था, उसी समय बैक्ट्रिया में उसका राज्यपाल **डायोडोटस प्रथम** था। डायोडोटस प्रथम ने कालक्रम में वहाँ अपनी स्वतंत्र सत्ता कायम कर ली। अंटिओकस की मृत्यु के बाद उसके पुत्र **सेल्यूकस द्वितीय** ने अपनी बहन का विवाह डायोडोटस प्रथम के साथ कर दिया और इन सबके परिणामस्वरूप उन्होंने अपनी राजनीति स्थिति मजबूत की। सेल्यूकस की इस नीति के पीछे उद्देश्य यह था कि वह बैक्ट्रिया को अपना मित्र बनाकर पार्थिया के विरुद्ध अपने को मजबूत करना चाहता था। ई. पू. 230 में डायोडोटस प्रथम का पुत्र **डायोडोटस** द्वितीय राजा हुआ। उसने सीरिया के खिलाफ पार्थिव से मित्रता कर ली और इसका परिणाम यह हुआ कि उसकी विमाता (अटिओस की पुत्री) ने यूथीडेमस नामक एक सरदार से पुनर्विवाह कर लिया। यूथीडेमस ने डायोडोटस द्वितीय की हत्या बैक्ट्रिया में अपने राजवंश को स्थापित किया। तब तक सीरिया में सेल्यूकस द्वितीय की मृत्यु हो गई थी। अंटिओकस तृतीय वहाँ का सम्राट् बन चुका था। वह महत्त्वाकांक्षी शासक था और सीरिया की खोई हुई शक्ति फिर से वापस लेना चाहता था। ई. पू. 208 में उसने यूथीडेमस को बैक्ट्रिया नगर में घेर लिया फिर, दोनों में समझौता हो गया और अंटिओकस ने अपनी पुत्री का विवाह यूथिडेमस के पुत्र डेमेट्रियस के साथ कर दिया। पालिबिअस के अनुसार इस समझौते के बाद अंटिओकस ने हिंदूकुश पार कर भारत के राजा सोफागसेनस से समझौता कर लिया। यह संभवतः उत्तर-पश्चिमी भारत के किसी प्रदोश का स्वतंत्र शासक था।

यूथीडेमस यूथीडेमस को एक पराक्रमी एवं महत्वाकांक्षी शासक के रूप में जाना जाता है। उसने बैक्ट्रिया के राज्य का विस्तार किया। चूंकि बैक्ट्रिया में धातु की कमी थी, इसलिये उसने फर्गाना प्रदेश को जीतकर अपने राज्य में मिला लिया; उत्तर-पश्चिमी में उसकी मुद्राएँ बुखारा में मिली हैं। पश्चिम में उसने पार्थिया पर आक्रमण किया। दक्षिण और दक्षिण पूर्व में उसने पैरोपेनिसेडाइ, अराकोशिया और सीसतान के विस्तृत भूखंड पर भी अपना आधिपत्य स्थापित किया था। इस प्रकार बहुत बड़े क्षेत्र पर उसका प्रभाव हो कगया और बैक्ट्रिया एक संगठित राज्य का केन्द्र हो गया है। पू. 190 में यूथीडेमस की मृत्यु हो गई कनिंघम आदि विद्वानों का मत है कि भारत पर उसका शासन था और इसका प्रमाण वे लोग रावलपिंडी से प्राप्त यूथीडेमस की कुछ मुद्राओं से देते हैं। टालेमी का कथन है कि स्यालकोट का नाम 'यूथीडेमिज' था। परंतु, यहाँ स्मरण रखना चाहिए कि यूथीडेमस के शासन का कोई ठोस प्रमाण भारत में नहीं मिलता। मात्र मुद्राओं से उसके शासन का अर्थ नहीं निकाला जा सकता। उसके पुत्र डेमेट्रियस ने सर्वप्रथम भारत पर चढ़ाई की थी।

डेमेट्रियस डेमेट्रियस की मुद्राओं से उसकी महत्त्वाकांक्षा, अध्यवसायशालिता और साम्राज्य-विस्तार की नीति का आभास मिलता है। डेमेट्रियस सिकंदर को वह अपना आदर्श मानता था। उसने 'अजेय' उपाधि धारण की थी। डेमेट्रियस ने भारत के कुछ खंडों को जीतकर अपने राज्य में मिला लिया था और यहाँ उसका राज्य-विस्तार सिकंदर के विस्तार से अधिक था। उसे 'रेक्स इंडोरम' (भारत का राजा) 'ग्रेटे डेमेट्रियस' (डेमेट्रियस महान) इत्यादि नामों से

सम्बोधित किया गया है। यूनानी वृत्ताकार मुद्राओं को उसने भारतीय परंपरा के अनुसार वर्गाकार बनाया। उसकी मुद्राएँ द्विलिपिक हैं। ऐसा अनुमान किया जाता है कि पुष्यमित्र शुंग के समय हुए यवन-आक्रमण का नेता डेमेट्रियस ही था। **युगपुराण** में **धर्ममीत** नाम का उल्लेख है। स्ट्रैबो के अनुसार भारत-विजय का श्रेय आंशिक रूप से डेमेट्रियस और मिनांडर को ही है। वेसनगर से प्राप्त एक 'सील' पर त्रिमित्र लिखा हुआ है, जिसे कुछ लोग डेमेट्रियस मानते हैं।

युक्रेटाइडिज भारत में जब डेमेट्रियस बढ़ रहा था, उसी समय बैक्ट्रिया में युक्रेटाइडिज का विद्रोह हुआ। वह सम्राट् अंटिओकस चतुर्थ का सेनापति था। बैक्ट्रिया में उसकी मुद्राएँ मिली हैं, जिन पर ई. पू. 165 अंकित है। युक्रेटाइडिज को एशिया के संरक्षण के रूप में जाना जाता है। वह निश्चित रूप से एक शक्तिशाली शासक था। उसका संभावित काल ई. पू. दूसरी शताब्दी ही है। बैक्ट्रिया से ई. पू. 165 की उसकी मुद्राएँ मिली हैं। वचह एक कुशल रणनीतिज्ञ था और उसने सागुयाना, बैक्ट्रिया, एरिआना, आरकोशिया, सीस्तान और ईरान के प्रदेश जीतकर, सीरिया-साम्राज्य में मिलाया। इन विजित प्रदेशों की सूची जस्टिन से प्राप्त होती है। उसके आक्रमण और सफलताओं का समाचार सुनते ही डेमेट्रियस बैक्ट्रिया वापस लौटा। दोनों में युद्ध हुआ और इस युद्ध में डेमेट्रियस पराजित हुआ। उसके बाद ही इंडो-ग्रीक्स का विघटन प्रारंभ हुआ। पुराणों में कहा है "भविष्यंति यवनः धर्मतः, नैवमूधीभिषिक्तास्ते भविष्यंति नराधिपाः। युगदोषदुराचारा भविष्यंति नृपास्तु ते क्षीणां बालधनैवच हत्वचा चैव परस्परम्।" **गार्गीसंहिता** में कहा गया है "मध्यदेशेन स्थास्यंति यवना युद्धधर्मदाः। तेषान्योन्यसम्भावना (?) भविष्यन्ति न संशयः।आत्मा चक्रोत्थितं घोर युद्धं परमदारुणम्।" जस्टिन ने इस युद्ध का भी उल्लेख किया है। इस युद्ध का समय अनुमानतः ई. पू. 167 था। इस युद्ध के पश्चात डेमेट्रियस का देहान्त हो गया। युक्रेटाइडिज की मुद्राएँ गांधार प्रदेश तक मिली हैं, जिससे हम यह अनुमान लगा सकते हैं कि उसने अपने अधिकार का काफी विस्तार किया था। डेमेट्रियस की मृत्यु के बाद यूक्रेटाइडिज सर्वसत्ताधारी शासक बन गया। पश्चिमी पंजाब में भी युक्रेटाइडिज की कुछ मुद्राएँ मिली हैं। उसके आधार पर अनुमान लगाया गया है, उसने पश्चिमी पंजाब को अपने साम्राज्य में मिला लिया होगा। चूँकि झेलम से मथुरा तक मिनांडर का राज्य था, इसलिये संभव है कि वह आगे न बढ़ सका हो। भारत से प्राप्त उसकी मुद्राएँ द्विलिपिक हैं। भारत की ओर बढ़ने के समय युक्रेटाइडिज ने **हेलिओक्लीज** को बैक्ट्रिया का शासक बना दिया था। हेलिओक्लीज उसका पुत्र था। धीरे-धीरे उसके साम्राज्य का अन्त होना प्रारम्भ हो गया तथा पूर्वी प्रदेशों में मिनांडर उसकी बगावत करनी प्रारम्भ कर दी। अंत में उसे बैक्ट्रिया लेकर ही संतोष करना पड़ा। ई. पू. 159-8 में उसकी मृत्यु हो गई।

मिनांडर मिनांडर इस कुल का सबसे प्रसिद्ध शासक था। डेमेट्रियस ने उसे भारत में **युद्धप्रयाण** पर भेजा था। उसने डेमेट्रियस की पुत्री एगाथोल्किया से विवाह कर लिया। मिनांडर डेमेट्रियस का कनिष्ठ समकालीन था, अतः उसे भी हम ई. पू. दूसरी शताब्दी में रख सकते हैं। वह एक विशाल राज्य का शासक था। कहा जाता है कि पाटलिपुत्र से जाने के बाद उसने मथुरा को अपने राज्य की पूर्वी सीमा बनाया था। मथुरा में उसकी तथा उसके पुत्र **स्ट्रेटो प्रथम** की मुद्राएँ मिली हैं। टालेमी के अनुसार मथुरा पर मिनांडर का अधिकार था। युक्रेटाइडिज की

विपत्तियों से लाभ उठाकर मिनांडर ने भी उसे राज्य के पूर्वी भाग पर आक्रमण करके गांधार प्रदेश तक अपने कब्जे में कर लिया। स्वात और जाजौर के प्रदेशों में भी मिनांडर की मुद्राएँ मिली हैं। पश्चिमी में उसके साम्राज्य की सीमा गांधार तक थी। पेरीपलस के कथनानुसार बेरीगाजा में भी उसकी मुद्राओं का प्रचलन था। उसकी मुद्राओं पर ऊँट का चित्र भी मिला है, जिसके आधार पर कुछ लोग उसके राज्य की सीमा राजपूताना तक मानना चाहते हैं। सिंधुप्रदेश, सोनपत तथा बुंदेलखंड से भी उसकी मुद्राएँ मिली हैं। इन साक्ष्यों के आधार पर हम कह सकते हैं कि उसके राज्य का विस्तार उत्तर-पश्चिम में कपिशा तक, पश्चिम में सिंध तक, दक्षिण-पश्चिम में बेरीगाजा तक, दक्षिण में बुंदेलखंड तक और पूर्व में मथुरा तक विस्तृत था। **मिलिंदपन्हो** के अनुसार इस विशाल राज्य की राजधानी **शाकल** (स्यालकोट) थी। भारत पर आक्रमण का श्रेय डेमेट्रियस तथा मिनांडर दोनों को दिया जाता है।

शक-पह्लव

भारत में इंडो ग्रीक्स के पश्चात शक पह्लवों का राजनीतिक क्षेत्र में विस्तार हुआ तथा इसके महत्व में भी वृद्धि हुई। प्रभाव बढ़ा। इसका प्रमाण हमें कई साधनों से मिलता है। **रामायण** और **महाभारत** में यवनों और शकों का उल्लेख मिलता है। कात्यायन, पतंजलि और मनु भी शकों से परिचित थे। हमारे प्राचीन ग्रन्थ पुराणों में भी शक मुरुंडो का वर्णन मिलता है। **गार्गीसंहिता** में भी शकों के मथुरा आक्रमण का उल्लेख है। बाद के **देवीचंद्रगुप्तम्, हर्षचरित् और काव्यमीमांसा** नामक ग्रंथों में भी शकों का वर्णन मिलता है। जैनग्रंथ **कालकाचार्य-कथानक** में शकनरेश को 'शाहि' कहा गया है। जिनसेन ने **हरिवंश** में इस बात का उल्लख किया है कि वे लोग अपने आधे शीश को मुड़वाते थे। जिसने नहपान का उल्लेख भी करता है। **मिलिंदपन्हो** में शकजाति का उल्लेख मिलता है और **सामंत-पासादिका** में रुद्रदामन का भी। यूनानी लेखक टालेमी और चीनी लेखक भी शकों का वर्णन करते हैं। शकों के अध्ययन के लिये अभिलेख और मुद्राएँ भी महत्त्वपूर्ण साधन हैं। ग्रीक ग्रंथकारों ने उन्हें 'सकाई' कहा है। चीनी साधनों से भी शकों के प्रारंभिक इतिहास पर प्रकाश पड़ता है।

क्षत्रपवंश

क्षत्रप वंश की शुरुआत शक शासकों द्वारा की गयी। यह प्रणाली 'पारसीक' थी। फारस के बेहिस्तुन-अभिलेख में 'क्षत्रपावन' शब्द का उल्लेख मिलता है, जिससे बाद में 'क्षत्रप' शब्द निकला। इसका प्रयोग भारत में शकों ने किया। इन लोगों को एक शक्तिशाली शासक के रूप में जाना जाता था। उन्होंने अपने शासन को सुचारू रूप से चलाने के लिये क्षत्रप नियुक्त किये थे। क्षत्रप को गवर्नर कह सकते हैं। लिआक, पतिक, दमिजद, अश्पवर्मन्, मुनिगुल, जिहोणिक आदि क्षत्रपों के नाम हमें विभिन्न साधनों से मिलते हैं। उत्तर भारत में निम्नलिखित क्षत्रप वंशों का उल्लेख मिलता है

1. **कापिश वंश** इसमें क्षत्रप **ग्रणव्हयक** का नाम प्रमुख है।

2. **पुष्पपुर वंश** इसें क्षत्रप **तिरव्हर्ण** का नाम प्रमुख है।

3. **अभिसारप्रस्थ वंश** इसमें क्षत्रप **शिवसेन** का नाम मिलता है।

पंजाब के क्षत्रपों में

4. **कुसुलक वंश** इसें **लियाक** (यह संभवतः राजा भोग का **क्षत्रप** था), **कुसुलक** और **पतिक** का वर्णन मिलता है।

5. **एजेज द्वितीय** की अधीनता में **मुनिगुल** और **जिहोणिक** का उल्लेख है।

6. **इंदरवर्मन वंश में अस्पवर्मन** का उल्लेख मिलता है।

मथुरा के क्षत्रपों में

प्रारंभ में मथुरा के क्षत्रप तक्षशिला की अधीनता में राज्य करते थे, परन्तु बाद में वे स्वतंत्र हो गये।

7. **हगाम और हगामश** ये मथुरा के सर्वप्रथम क्षत्रप थे, जिन्होंने सम्मिलित रूप से राज्य किया था।

8. **राजुवुल** राजुवुल को मथुरा का शासक कहते हैं। इसने पूर्वी पंजाब पर अपना आधिपत्य कायम किया। मथुरा के 'लायन कैपिटल-अभिलेख' में इसी शासक के साथ 'महाक्षत्रप' का प्रयोग किया गया है।

9. **खरोष्ठ** यह संभवतः **राजुवुल** का पुत्र था। कुछ दिनों तक क्षत्रप रहने के बाद इसकी मृत्यु हो गई और तब **सोडास** क्रमशः क्षत्रप और महाक्षत्रप बना।

10. **सोडास** यह पहले क्षत्रप था, बाद में महाक्षत्रप हुआ। इसकी मुद्राएँ पूर्वी पंजाब में मिली हैं।

कुषाणों के उत्थान के परिणामस्वरूप मथुरा के क्षत्रपों का अन्त हो गया। राजुवुल के वंशज क्षत्रप खरपल्लान और एनष्फर कनिष्क के अधीन थे।

पश्चिमी भारत के क्षहरात

पश्चिमी भारत में जिस क्षत्रप वंश का विकास हुआ, वह **क्षहरात वंश** के नाम से विख्यात है। कुछ लोग इन्हें पह्लव मानते हैं और कुछ लोग शक। इस प्रश्न पर अभी तक विद्वानों में एकमत नहीं है। इसी वंश के राजा **नहपान** के दामाद **उषवदात** ने अपने को शक कहा है। **पेरिप्लस** में भी **नहपान** को शक कहा गया है और उसमें पह्लव नरेशों के युद्धों का भी उल्लेख है। अतः, उन्हें शक मानना ही युक्तिसंगत मालूम पड़ता है। पह्लवों के आक्रमण ओर विजयों के परिणामस्वरूप ही शक-क्षत्रपों को दक्षिण की ओर आना पड़ा था।

सैसेनियन वंश

प्रसिद्ध इतिहासकार अल्तेकर का मानना है कि 225 ई. के आसपास **वाकाटक विंध्य शक्ति** का उदय हुआ और उसने शकों से मालवा राज्य छीन लिया। 224 कई 0 से 340 ई. तक का समय शक वंश के पतन का काल है। इस समय भारत में सैसेनियनों ने शकस्थान और

पश्चिमी भारत के कुछ हिस्सों पर आक्रमण कर उन्हें अपने अधिकार में कर लिया। 293 ई. के सैसेनियन-नरेश **बहराम द्वितीय** और 309-379 ई. के बीच सैसेनियन शासक **शापुर** द्वितीय के शासनकाल तक उन लोगों का प्रभाव बना रहा। गुप्तों का प्रभाव ज्यादा बढ़ जाने के बाद सैसेनियन का प्रभाव घटने लगा। 'प्रयाग-प्रशस्ति' से इसका प्रमाण मिलता है। शकों का अंतिम शासक रुद्रसिंह तृतीय हुआ, जो चंद्रगुप्त द्वितीय विक्रमादित्य द्वारा पराजित हुआ। इसके बाद शकराज्य का अस्तित्व समाप्त हो गया।

कुषाण वंश

कुषाण ने इस वंश की नींव इसी ने डाली थी। हिंदूकुश के पार उसने अपने राज्य का विस्तार करना आरंभ किया। उसने दक्षिणी अफगानिस्तान, काबुल, कंधार, किपिन और पार्थिया के एक भाग को अपने राज्य में मिला लिया और अंत में यवन, शक और पह्लव राज्यों को आत्मसात कर अपने साम्राज्य का निर्माण किया।

कनिष्क प्रथम

भारतीय इतिहास में कनिष्क प्रथम जैसा शासक नाम मात्र के हैं। शासन सम्बन्धी उसमें सभी गुण थे। कनिष्क के संबंध में जानकारी के साधन कम हैं, फिर भी विभिन्न साधनों के वैज्ञानिक विश्लेषण और अनुसंधान से उसके शासनकाल का शृंखलाबद्ध इतिहास निर्मित किया गया है। विम कैडफिसिज और कनिष्क में क्या संबंध था, यह निश्चित रूप से नहीं कहा जा सकता। दोनों के बीच एक अल्पकालीन अंतर की संभावना वर्जित नहीं है। कहीं दोनों के सिक्के साथ भी मिले हैं वे अनुकोणिक समान लक्षण प्रस्तुत करते हैं और उनमें सामने के मुद्रित लक्षणों में भी अद्‍भुत समता है।

गणराज्यों का पुनरुत्थान

गणराज्य जो काफी हद तक प्रभावहीन हो चुके थे, अवसर पाते ही पुनः उभरने लगे। ऐसा माना जाता है कि इन्होंने पहले कुषाण-साम्राज्य पर प्रहार किया होगा। इनमें सबसे प्रबल शक्ति **यौधेगण** की थी। ई. पू. 200 में यौधेय लोगों ने अपनी स्वतंत्रता घोषित की। यौधेय ने गण के नाम से अपने सिक्के चलाए। तीसरी शताब्दी के यौधेयगण के सिक्के उनकी मूलभूमि सतलज-यमुना के बीच के प्रदेश काँगड़ा, देहरादून, दिल्ली, सहारनपुर आदि स्थानों में पाए जाते हैं। 'यौधेयगणस्य जयः' इन सिक्कों पर अंकित है। इससे पता चलता है कि इस भूभाग पर कुषाणों की सत्ता का विनाशकर यौधेयों ने अपनी सत्ता स्थापित की। सतलज-घाटी का सारा प्रदेश भावलपुर राज्य तक इन्हीं यौधेयों के नाम पर योहियावार कहलाता है। यौधेय-गणराज्य बहुत ही पुराना था; इसमें सच्चाई इस बात से भी लगती है, क्योंकि पाणिनि को भी इसका पता था। यौधेयों ने अपनी मुद्राएँ ई. पू. प्रथम शताब्दी में ही चालू की थीं और उन मुद्राओं पर 'बहुधाञका योधेनम्' अंकित है। उनकी मुद्राओं के साँचे रोहतक जिले में मिले हैं। चौथी शताब्दी में उनकी ताँबे की मुद्राएँ कुषाण-मुद्राओं के नमूने की हैं।

तीसरी सदी से छठी सदी तक की राजनीति

मौर्य युग के पतन के पश्चात् हमारे देश में एक लम्बे समय तक बीच में किसी का शासन नहीं था। इस अन्तराल के बाद गुप्त काल का उदय हुआ। मौर्योत्तरकालीन विदेशी आक्रमणकारियों से संबंधित महत्त्वपूर्ण कृषाण है। उत्तरी भारत का एक विशाल अंध उनकी अधीनता में जा चुका था। इन कूटनीतिक विघटन का सामना करने के लिए शती ई. में भारत के तीन कोनों के तीन नए राजवंशों का उदय होता है। मध्य देश के पश्चिमी भागों में नाग शक्ति ने कुषाणों का नाम मर्दन करने की चेष्टा की। दक्कन में वाकोटकों का उदय हुआ और पूर्वी भारत के गुष्त वंश के शासक उदित हुए। इसके अतिरिक्त आधुनिक राजस्थान, हिमाचल, पंजाब के क्षेत्रों में मालव, यौधेय, आर्जुनायन आदि अनेक गणराज्यों ने भी शक-कुषाण जैसी विदेश शक्तियों की नींव हिलाने से पर्याप्त ने करके इन्होंने भारत को गुप्तों की अधीनता में एक शक्तिशाली शासन प्रदान किया। इस प्रणाली का नाम गुप्तकाल रखा गया।

गुप्त काल

गुप्त काल को इतिहासकारों ने स्वर्ण युग के नाम से सम्बोधित किया। गुप्त काल (लगभग 320-540 ई.) के दौरान भारतीय साहित्य, कला, वास्तुकला और दर्शन के नियमों की स्थापना हुई। इसे भौतिक समृद्धि, विशेषकर शहरी अभिजात्य वर्ग में और हिंदू धर्म की पुनर्स्थापना का काल भी माना जाता है। मौर्य काल और गुप्त काल से पहले के समय के व्यापक अध्ययन से इनमें से कुछ अवधारणाओं पर प्रश्न चिह्न लगाया गया है।

अल्पज्ञात गुप्त वंश मगध (दक्षिण बिहार या पूर्वी उत्तर प्रदेश) का था। इस वंश के तीसरे शासक चंद्रगुप्त I ने महाराजाधिराज की उपाधि ग्रहण की। उन्होंने लिच्छवि (उत्तरी बिहार का एक जनजातीय गणतंत्र या कुलतंत्र) राजकुमारी से विवाह किया यह समारोह सोने के कई सिक्कों में दर्ज है। यह भी कहा जाता है कि अगर गुप्त वंश का शासन प्रयाग (पूर्वी उत्तर प्रदेश का आधुनिक इलाहाबाद) पर था, तो इस वैवाहिक संबंध से उनके क्षेत्र में मगध भी शामिल हो गया होगा।

गुप्त काल 320 से शुरू होता है, लेकिन यह स्पष्ट नहीं है कि यह तिथि चंद्रगुप्त द्वारा गद्दी पर बैठने की है या स्वयं को स्वतंत्र मान लेने की। इलाहाबाद में एक स्तंभ पर लिखी गई समुद्रगुप्त की लंबी प्रशस्ति के अनुसार, चंद्रगुप्त ने अपने बेटे समुद्रगुप्त को अपना उत्तराधिकारी (लगभग 330 ई.) नियुक्त किया। राजकुमार कच के सिक्खों से संकेत मिलता है कि संभवतः गद्दी के अन्य दावेदार भी थे। समुद्रगुप्त ने विभिन्न दिशाओं में आक्रमण किए और परिणामस्वरूप उन्होंने कई विजय हासिल कीं। सभी जीते हुए क्षेत्रों का विलय नहीं किया गया, लेकिन इस कार्यवाही की व्यापकता ने गुप्त वंश के सैनिक कौशल को स्थापित कर दिया।

समुद्रगुप्त ने पाटलिपुत्र (आधुनिक पटना, बिहार) पर भी क बज । कर लिया, जो गुप्त राज्य की राजधानी बना। पूर्वी तट पर नीचे की ओर बढ़ने हुए उन्होंने दक्कन और दक्षिण भारत के राज्यों पर भी विजय प्राप्त की, लेकिन उन्होंने सत्ताच्युत शासकों को फिर से गद्दी सौंप दी।

समुद्रगुप्त ने जिन लोगों को अपने अधीन किया था, उनमें आर्यावर्त (उत्तर भारत) के शासक कई जंगली सरदार, उत्तरी क्षेत्र के जनजातीय छोटे-छोटे राज्य या गणतंत्र, पूर्व के सीमावर्ती राज्यों के साथ-साथ नेपाल भी शामिल था। जो क्षेत्र समुद्रगुप्त के अन्तर्गत आ रहे थे उन सुदूर क्षेत्रों को अधीनस्थ के नाम से सम्बोधित किया जाता था। इसमें पश्चिमोत्तर के 'राजाओं के राजा', शक, मुरुंड और सिंहल (श्रीलंका) समेत सभी द्वीपों के राज्य शामिल थे, जिनके नाम इलाहाबाद के अभिलेख में सूचीबद्ध हैं। इन अभिलेखों से पता चलता है कि गुप्त राज्य का प्रचार-प्रसार उत्तर और पूर्वी भारत में अधिक था। मध्य भारत तथा गंगा घाटी के छोटे राजाओं व अल्पतंत्रीय राज्यों को वस्तुतः समाप्त कर दिया गया। द्वीपों की पहचान कर पाना कठिन है और ये या तो भारत के आसपास या दक्षिण-पूर्व एशिया के हो सकते हैं, जिनके साथ संचार बढ़ चुका था। गंगा घाटी और मध्य भारत सीधे प्रशासनिक नियंत्रण वाले क्षेत्र थे। पूर्वी तटीय क्षेत्रों के अभियान संभवतः इन द्वीपों में मौजूद व्यापर से अर्जित धन को प्राप्त करने की इच्छा से प्रेरित थे।

समुद्रगुप्त के सैनिक विजेता की छवि को कविता-प्रेम के उनके उल्लेखों और सिक्कों पर उनके वीणा बजाते चित्रांकन के संदर्भों से पूर्णता मिलती है। गुप्त राज्य विभिन्न प्रांतों में विभाजित था, जिन्हें देश या *भुक्ति* कहते थे और ये भी छोटी इकाइयों में विभक्त थे, जिन्हें *प्रदेश* या *विषय* कहा जाता था। प्रांतों पर *कुमारामात्यों* के माध्यम से शासन किया जाता था, जो साम्राज्य के बड़े अधिकारी या राजपरिवार के सदस्य होते थे। नगरपालिका समिति (अधिष्ठान- अधिकरण) के गठन से सत्ता के विकेंद्रीकरण का प्रमाण मिलता है।

इस समिति में व्यापारिक जगत के अध्यक्ष (नगर-श्रेष्ठि), प्रमुख व्यापारी (सार्थवाह) और कलाकारों व लेखकों के प्रतिनिधि शामिल होते थे। इस काल में सामंत शब्द, जिसका मूल अर्थ पड़ोसी है, को जीते गए सामंती शासकों या मध्यम स्तर के अधिकारियों के लिए प्रयुक्त किया जाने लगा, जिन्हें जायदाद दी जाती थी। कुछ उच्च प्रशासनिक पदों को वंशगत बनाए जाने की भी प्रवृत्ति थी। विजित क्षेत्रों पर मज बूत नियंत्रण के अभाव में वे फिर से स्वतंत्र होने लगे। इससे बार-बार सैनिक कार्यवाहियां अनिवार्य हो गईं, जिनका राज्य के संसाधनों पर बुरा प्रभाव पड़ा।

समुद्रगुप्त के पश्चात् उनकी कुर्सी संभालने वाले उनके पुत्र चन्द्रगुप्त II थे। इनके कार्य काल का समय लगभग 380 ई. था, हालांकि इनके बीच में भी किसी शासक के अस्तित्व के कुछ प्रमाण हैं। चंद्रगुप्त II का प्रमुख अभियान उज्जैन (मध्य भारत) के शक शासकों के ख़िलाफ था और इसमें प्राप्त विजय को चांदी के कई प्रकार के सिक्कों में दर्ज किया गया। गुप्तों की रुचि न सिफ र्क्षेत्रीय नियंत्रण में थी, बल्कि पश्चिम व दक्षिण-पूर्वी एशिया से व्यापार द्वारा प्राप्त होने वाले धन में भी थी। गुप्त राज्य की उत्तरी दक्कन से लगने वाली सीमा को वाकाटक वंश, जो उस क्षेत्र में सातवाहन वंश के परवर्ती शासक थे, के साथ एक वैवाहिक संबंध के माध्यम से सुरक्षित किया गया। हालांकि चंद्रगुप्त II ने विक्रमादित्य (पराक्रम का सूर्य) की उपाधि ग्रहण की, लेकिन उनका शासनकाल सैनिक अभियानों के मुक ाबले सांस्कृतिक और बौद्धिक उपलब्धियों से ज यादा जुड़ा रहा। चन्द्रगुप्त के शासनकाल में चीनी बौद्ध यात्री फाह्यान आये जिन्होंने भारत के विभिन्न क्षेत्रों का दौरा किया तथा अपने विचारों का उल्लेख किया।

पश्चिमोत्तर दिशा से नए आक्रमण का संकेत चंद्रगुप्त के पुत्र और उत्तराधिकारी कुमारगुप्त (लगभग 415 455 ई.) के शासनकाल में मिलता है। यह खतरा हूणों से था, जो श्वेत हूणों (हेफ्थलाइटों) की एक शाखा थे। कुमारगुप्त के बाद गद्दी पर बैठे स्कंदगुप्त (लगभग 455 467) और उनके उत्तराधिकारियों को हूणों के व्यापक आक्रमणों का सामना करना पड़ा। स्कंदगुप्त कुछ समय तक गुप्त शक्ति के प्रदर्शन में सफल रहे, लेकिन उनकी मृत्यु के बाद स्थिति और बिगड़ गई। आज परिवार के मतभेदों ने समस्या को और विकराल बना दिया।

इस काल की गुप्त वंशावली में उत्तराधिकारियों की सूची में व्यापक भिन्नता नज र आती है। छठी शताब्दी के मध्य तक, जब यह वंश लगभग समाप्ति पर था, उनका राज्य काफ ी छोटा हो चुका था। उत्तर भारत तथा मध्य भारत के कुछ हिस्से हूणों के नियंत्रण में थे। प्रारंभिक कुषाण काल के पुरातात्विक प्रमाणों से अपेक्षाकृत इतनी भौतिक समृद्धि का संकेत मिलता है कि कुछ इतिहासकार गुप्त काल के दौरान शहरी जीवन में गिरावट का तर्क प्रस्तुत करते हैं। गुप्त साहित्य और कला का अधिकांश पूर्ववर्ती काल से लिया गया है और हिंदू धर्म की पुनःस्थापना का सही समय संभवतः गुप्त काल के बाद का युग है। गुप्त राज्य हालांकि मौर्य राज्य से कहीं कम व्यापक था, लेकिन यह उपमहाद्वीप के उत्तरी अर्द्धांश और मध्यवर्ती क्षेत्र में फैला हुआ था।

गुप्तकाल को एक अन्य दूसरे नाम साम्राज्य युग से सम्बोधित किया जाता है, लेकिन साम्राज्य प्रणाली की विशेषता, प्रशासनिक केंद्रीकरण, मौर्य काल के मुक ाबले इस काल में कम दिखाई देती है। गुप्त काल में महत्त्वपूर्ण सांस्कृतिक विकास हुए। संस्कृत के सर्वश्रेष्ठ कवि कालिदास संभवतः चंद्रगुप्त II के समकालीन थे। इस काल से ही कुछ सबसे पुराने एकल मंदिरों, उदाहरणार्थ देवगढ़ (उत्तर प्रदेश) में स्थित मंदिर, के प्रमाण मिलते हैं। गुप्त काल मूर्ति शिल्प, मानव आकृतियों के संवेदनशील चित्रण के लिए उल्लेखनीय है इसी काल में निर्मित महरौली (दिल्ली) स्थित लौह स्तंभ, जो 1500 वर्षों से अधिक समय से बिना ज़ंग लगे मौजूद है, तत्कालीन कारीगरों की तकनीकी निपुणता का प्रमाण है गुप्त काल में ही महरौली कुतुबमीनार के पास लौह स्तम्भ का निर्माण किया गया था।

हूणों का आक्रमण

पाँचवी शती के अंतिम चरण से हूण शक्ति, जो अब तक काबुल तुखारिस्तान और जाबूलिस्तान तक फैल चुकी थी। भारत के उत्तर-पश्चिमी सीमाप्रांत में भारत के मध्यवर्ती भागों में फैलने लगी थी। चीनी यात्री सुगयून (जिन्होंने 515-520 ई. में भारत की यात्रा की) समसामयिक हूण शासक के विषय में लिखा है कि उनका वंश दो पीढ़ियों से गांधार पर शासन कर रहा था। सूगयून के विचार में उनके सर्वप्रथम शासक तिगिन थे जिन्होंने गांधार पर अपनी सत्ता स्थापित की। इस प्रारम्भिक हूण शासकों के सिक्के हमें भारत के उत्तर-पश्चिमी भागों से प्राप्त हुए हैं।

कुवलयमाला नामक जैन प्रथा में तोरमाण नामक शासक द्वारा चंद्रभागा नदी के तटा पर पव्वैया नामक स्थान पर शासन करने का उल्लेख है। तोरमाण का शासनकाल मालवा में 508-599 ई. के आसपास माना जाता है। ऐसा प्रतीत होता है कि हूण शासक तोरमाण के मालवा तक

अभियान के परिणामस्वरूप गुप्तों के पतन की प्रक्रिया की और बल मिला होगा। तोरमाण के बाद गुप्त शक्ति की दुर्बलता का लाभ उठाते हुए उसके पुत्र मिहिरकुल ने भी भारत के आंतरकि भागों पर हमला किए जिनके प्रमाण हमें ग्वालियर प्रशस्ति **ह्वेनत्सांग** के वर्णन में प्राप्त होते हैं। ग्वालियर तक हूणों के बढ़ जाने से चिंतत हो मध्य भारत के नवोदित यशोधर्मन विष्णुवर्धन ने भारत की रक्षा का भार सँभाला। मंदसौर में प्राप्त अभिलेख के अनुरूप 532 ई. के आसपास यशोधर्मन ने मिहिरकुल को पराजित किया। ह्वेनत्सांग के विचार में मगध के शासक नरसिंह गुप्त बालादित्य ने भी मिहिरकुल को पराजित करने में सफलता प्राप्त की। यह संभवतः गुप्त वंश के शासक थे उत्तर-पश्चिमी भारत पर हूणों के अधिपत्य, पश्चिमी भारत में मैत्रकों और मध्य भारत पर वर्मन् वंश के शासकों का अधिकार हो जाने के उपरांत गुप्त सिर्फ पूर्वी भारत में शासक रह गए थे।

गुप्त काल के पश्चात् नये-नये वंशों का उदय होने लगा। वल्लभी के मैत्रकों ने स्वतंत्र वंश की स्थापना की। थानेश्वर में पुष्यभूमि वंश के वर्धन शासकों का राज्य उठ खढ़ा था, कन्नौज में मोखरी, बंगाल में चंद्र शासक और मगध में परवर्ती गुप्तों की एक शाखा शासन करने लगी। पाँचवी शती के अंतिम चरण से लेकर छठी शती के अंत तक उत्तरी भारत इस तरह कई राज्यवंशों के आपसी द्वन्द्व का इतिहास बन गया।

परवर्ती गुप्त

कुछ अभिलेखों से पता चला है कि गुप्त राजाओं का एक नया राजकुल था। उनका पहले गुप्त राजाओं से कोई पारिवारिक सम्बन्ध न था। वे मगध में राज्य करते थे। उन्हें इतिहासकार परवर्ती गुप्त कहते हैं।

(1) **कृष्णगुप्त** (490—505)—परवर्ती गुप्त वंश की स्थापना कृष्णगुप्त ने ही की थी। अफसाद (गया जिला) अभिलेख से ज्ञात होता है कि उससे संभवतः हूणों के आक्रमण को रोका।

(2) **हर्षगुप्त** (505—525)—कृष्णगुप्त का उत्तराधिकारी हर्षगुप्त हुआ जिसकी बहन हर्षगुप्ता का विवाह मौखरि राजा आदित्यवर्मा से हुआ।

(3) **जीवितगुप्त प्रथम** (535—545)—ऐसा माना जाता है कि जीवित गुप्त ने अपने अधिपति गुप्त सम्राट कुमारगुप्त तृतीय की ओर से हिमालय प्रदेश और दक्षिण-पश्चिमी बंगाल पर आक्रमण किये। परवर्ती गुप्तवंश के राजा जीवितगुप्त प्रथम और मौखरि वंश के ईश्वरवर्मा ने गुप्त साम्राज्य की स्थिति ठीक करने में सम्भवतः गुप्त सम्राट् विष्णुगुप्त को भी सहायता दी।

(4) **कुमारगुप्त** (540—560)—जीवित गुप्त के बाद कुमारगुप्त ने सत्ता संभाली उसके समय में परवर्ती गुप्त राजाओं का कन्नौज के मौखरि राजाओं से युद्ध छिड़ गया क्योंकि दोनों ही गुप्त साम्राज्य के उत्तराधिकारी होना चाहते थे। अनेक राज्यों पर विजय प्राप्त करने के बाद मौखरि वंश के राजा ईशानवर्मा ने महाराजाधिराज का विरुद्ध धारण किया किन्तु कुमारगुप्त के विरुद्ध युद्ध में ईशानवर्मा की पराजय हुई और कुमारगुप्त का राज्य प्रयाग तक फैल गया।

(5) **दामोदरगुप्त** —ऐसा माना जाता है कि दामोदरगुप्त मौखरि राजा शर्ववर्मा के विरुद्ध लड़ा। परवर्ती गुप्तों की इस युद्ध में विजय हुई किन्तु दामोदर गुप्त उसी युद्ध में मारा गया। इस कारण इस विजय से परवर्ती गुप्त विशेष लाभ न उठा सके।

(6) **महासेनगुप्त**—परवर्ती गुप्त शासकों को मौखहि राजाओं से बार-बार युद्ध करना पड़ता था जिसके कारण महासेनगुप्त ने मौखरि राजाओं के विरुद्ध अपनी स्थिति दृढ़ करने के लिये थानेश्वर के राजा आदित्यवर्धन से सन्धि की और उसके साथ अपनी बहन महासेनगुप्ता का विवाह कर दिया। महासेनगुप्त ने कामरूप के राजा सुस्थितवर्मा को परास्त किया। इस प्रकार उसका राज्य ब्रह्मपुत्र तक फैले गया। किन्तु कुछ समय के बाद स्थिति बदली। देववर्णार्क (आरा जिला) के अभिलेख से अनुमान हाता है कि मौखरि शर्ववर्मा ने महासेनगुप्त को हराकर मगध के कुछ भाग पर अधिकार कर लिया। गौड़ राजाओं का भी उसी समय अभ्युत्थान हुआ और महासेन गुप्त को दक्षिण से भी युद्ध का सामना करना पड़ा।

इस प्रकार, अपने शत्रुओं से चारों ओर से घिरकर सम्भवतः महासेनगुप्त को मगध छोड़कर मालवा जाना पड़ा। किन्तु यहाँ भी वह आराम से न रह सका।

कलचुरि राजा शंकरगण के अभोन अभिलेख से ज्ञात होता है कि उसने 595 ई. के करीब महासेनगुप्त को हराया। कुछ दिन पश्चात् चालुक्य राजाओं ने कलचुरि राजा बुद्धराजा को परास्त किया किन्तु महासेनगुप्त इस अवसर का लाभ नहीं उठा सका। उसी के एक सम्बन्धी देवगुप्त ने अपने को मालवा का स्वतंत्र शासक घोषित किया और महासेनगुप्त के पुत्र कुमारगुप्त और माधवगुप्त को मालवचा छोड़ना पड़ा और उन्हें थानेश्वर के राजा प्रभाकरवर्धन के दरबार में शरण लेनी पड़ी। उसने इन दोनों राजकुमारों को अपने पुत्र राज्यवर्धन का साथी बनाया। शशांक की मृत्यु के बाद हर्षवर्धन ने माधवगुप्त को मगध का शासक नियुक्त किया।

थानेश्वर के वर्धन राजा

छठी शताब्दी के अन्त में हूणों ने सिन्धु नदी की घाटी के उत्तरी प्रदेश में अपना साम्राज्य स्थापित किये। वाण द्वारा लिखित पुस्तक हर्षचरित में इस बात का उल्लेख मिलता है कि पुण्यभूति थानेश्वर राज्य का संस्थापक था। वाण ने पुण्यभूति को शैव और तंत्रशास्त्र में विश्वास रखने वाला व्यक्ति माना था। मधुबन ताम्रपत्र अभिलेख से प्रतीत होता है कि वर्धनों के हाथ में शक्ति सम्भवतः गुप्त साम्राज्य की अवनति होने पर ही आई। मधुबन अभिलेख में प्रभाकरवर्धन के केवल तीन पूर्ववर्ती राजाओं के नाम हैं जिनका समय 525 से 600 ई0 के बीच में रखा जा सकता है। इसमें तीसरे राजा आदित्यवर्धन का विवाह परवर्ती गुप्त राजा महासेनगुप्त की बहन से हुआ। आदित्यवर्धन का लड़का प्रभाकर वर्धन था। इस वंश का अंतिम राजा हर्षवर्धन था। उसकी मृत्यु के पश्चात समस्त उत्तर भारत में अराजकता फैल गई।

2

पूर्व मध्यकाल के राज्य

(State in Early Medieval India)

हर्ष वर्धन के मृत्यु के पश्चात् उत्तरी भारत के राज्यों में अस्थिरता एवं अराजकता का बोलबाला हो गया। उसके साम्राज्य अवशेष पर अनेक छोटे-छोटे राज्यों का विकास हुआ। उत्तर भारत में अनेक राजपूत वंशों जैसे पाल, प्रतिहार, चाहमान, राष्ट्रकूट आदि ने अपना राज्य स्थापित किया। इन राजवशों ने उत्तर भारत को एक सूत्र में बांधकर फिर से भारतीय संस्कृति के सर्वोच्च गौरव प्रदान करने का प्रयत्न किया, लेकिन विक्रेन्द्रीकरण की शक्ति ने ऐसा नहीं करने दिया तथा भारत विदेशी आक्रमणकारियों से अरबों के हमला का शिकार हो गया।

आरंभिक मध्यकाल में उत्तरी भारत की राजनीति (सातवीं सदी से बारहवीं सदी तक)

भारत में आठवीं से बारहवीं शताब्दी के मध्य कई जातियों का उद्भव हुआ। इनमें राजपूत जाति सबसे अधिक शक्तिशाली सिद्ध हुई। आज भी उनकी वीरता, साहस तथा स्वामिभक्ति के गीत गाये जाते हैं। लेकिन खेद का विषय है की उनकी उत्पत्ति को लेकर कई विचारधारायें प्रचलित है। 'राजपूत कौन थे' और प्राचीनकाल के क्षेत्रियों से उनका क्या सम्बन्ध था। इस सम्बन्ध में निश्चित रूप से कुछ नहीं कहा जा सकता।

राष्ट्रकूट वंश

उत्तर भारत के राजवंशों में राष्ट्रकूट भी बहुत अधिक प्रसिद्ध थे। राष्ट्रकूटों के उत्थान में दन्तिवर्मन, इन्द्र प्रथम, पृच्छकराज, गोविन्द प्रथम, कर्क प्रथम और इन्द्र राज द्वितीय शासकों ने महत्त्वपूर्ण योगदान दिया है, परन्तु इनकी कोई खास उपलब्धियाँ नहीं थीं। डॉ. अल्तेकर के विचार में ये लोग सम्भवतः बरार में शासन कर रहे थे। राष्ट्रकूट लोग अपनी मूल भूमि कर्नाटक

से चले आये थे। अल्तेकर के विचार में सातवीं शताब्दी के शासक नन्नराज, युधासुर आदि सीधे या किसी एक राष्ट्रकूट के वंशज हैं।

महत्त्व उत्तर भारत के इतिहास में राष्ट्रकूटों का महत्त्व निम्न प्रकार से है

(i) अपने राज्य की सुरक्षा के लिए राष्ट्रकूटों ने दक्षिण भारत पर हमला किया।

(ii) प्राचीनकाल में यातायात के साधनों की कठिनाई थी, फिर भी राष्ट्रकूटों ने दक्षिणी भारत पर धावा बोला।

(iii) राष्ट्रकूट विजेता के साथ कला और साहित्य के प्रेमी भी थे कृष्ण तृतीय ने ही रामेश्वरम् के पास दो मन्दिरों का निर्माण कराया।

(iv) उत्तरी और दक्षिणी दोनों भागों पर राष्ट्रकूटों ने सफलतापूर्वक शासन किया।

(v) राष्ट्रकूट शासक धार्मिक दृष्टि से सहनशील भी थे। उन्होंने मुसलिम प्रजा के साथ भी अच्छा व्यवहार किया। किसी भी मुसलमान शासक ने उनकी आलोचन नहीं की है।

(vi) त्रिराज्य युद्ध में भी राष्ट्रकूट सफल हुए।

(vii) उसके काल में व्यापार की उन्नति हुई। भारत का व्यापार विदेशों में होता था।

गुर्जर प्रतिहार वंश

उत्तर भारत के अनेक राजवंशों में गुर्जर प्रतिहार वंशों का खासा महत्त्व है। उन्होंने चन्देलों, पालों और राष्ट्रकूटों के साथ सफलतापूर्वक युद्ध किया। वे कला और साहित्य के प्रेमी थे। मुसलिम शासन के आवागमन से पूर्व गुर्जर-प्रतिहारों ने ही उत्तर भारत में धाक जमाई थी। मिहिरभोज प्रतिहार वंश के सर्वाधिक शक्तिशाली नरेशों में गिना जाता है। उसके समय में प्रतिहारों की शक्ति उन्नति के शिखर पर पहुँच गयी थी। उसने कालिंजर के चंदेल राजपूतों को हराकर कालिंजर पर अधिकार कर लिया था। उसने बंगाल के राजा नारायण पाल को भी हराया। उसने नर्वदा नदी के किनारे राष्ट्रकूट राजा कृष्ण द्वितीय को हरा दिया और उसके कई भागों पर अधिकार कर लिया। उसकी राजधानी कन्नौज थी। मिहिरभोज का विद्या के प्रति विशेष लगाव था। उसके राजदरवार में अनेकों विद्वान थे। वह एक योग्य प्रशासक भी था। मिहिरभोज के शासन में आने वाले अरब यात्री सुलेमान ने उसके शासन प्रबन्ध की खूब प्रशंसा की है। उसने लिखा है कि राजा के पास एक बड़ी सेना है। किसी भी भारतीय राजा के पास इतनी अच्छी अश्व सेना नहीं है। वह अरब लोगों से अच्छा सम्बन्ध नहीं रखता था, परन्तु वह यह स्वीकार करता है कि अरब का राजा सबसे महान राजा है। उसके पास बहुत अधिक धन और असंख्य घोड़े और हाथी है। वस्तुओं का विनियम सोने-चाँदी के द्वारा होता है। इन धातुओं की इस देश में अनेक खाने हैं। इस प्रदेश में अधिक डाकुओं से सुरक्षित और कोई प्रदेश भारत में नहीं है।

पाल वंश

हर्ष वर्धन के मृत्यु के पश्चात् पाल वंश का शक्तिशाली राज्य कायम हुआ। हर्ष वर्धन के शासन काल में जब शंशाक की मृत्यु हुई तब उसके बाद बंगाल में अराजकता फैल गयी। अतः बंगाल की जनता ने विचार किया कि शान्ति स्थापित करने के लिए एक व्यक्ति के नेतृत्व का होना

जरूरी है। इसलिए उन्होंने गोपाल नामक व्यक्ति को अपना नेता चुना। यह क्षत्रियवंश से सम्बन्धित था। गोपाल को पाल वंश का संस्थापक माना जाता है। गोपाल की मृत्यु के पश्चात् उसका पुत्र धर्मपाल गद्दी पर बैठा। यह पराक्रमी और महत्त्वाकांक्षी राजा था। अपने पिता की मृत्यु के पश्चात् देवपाल पाल वंश का सबसे शक्तिशाली नरेश साबित हुआ। उसने 40 वर्ष तक शासन किया। वह एक महान् विजेता था। उसने उड़ीसा और असम को जीता और हूणों को पराजित किया। उसने प्रतिहार शासक मिहिरभोज को हराया और द्रविड़ों पर भी धावा बोला। इस तरह देवपाल के शासन काल में पाल शक्ति अपने चरमोत्कर्ष पर पहुँच गयी थी। देवपाल भी अपने पूर्वजों के समान बौद्ध धर्म का अनुयायी था। उसके शासनकाल में सवर्ण द्वीप के शैलेन्द्र राजा बालपुत्र देव ने नालन्दा में अपने देश के छात्रों के लिए एक छात्रावास बनवाया था। देवपाल ने इसके खर्च के लिए नालन्दा विश्वविद्यालय को पाँच गाँव दान में दिए। वह विद्वानों का महान् संरक्षक था।

त्रि-राज्य संघर्ष

हर्ष के पश्चात भारत की महान् राजनैतिक घटनाओं में एक त्रिभुजाकार युद्ध भी है। यह युद्ध गुर्जर-प्रतिहार, राष्ट्रकूट एवं पाल शासकों में मध्य हुआ। तीनों राजवंशों के शासकों ने उत्तरी भारत में अपना आधिपत्य स्थापित करने के लिए प्रयास किया। यह युद्ध लगभग 100 वर्ष तक चलता रहा। तीनों राजवंशों में से किसी को भी सफलता प्राप्त हो जाती थी।

महीपाल के शासन काल में राष्ट्रकूट शासकों ने हमला तेज कर दिया था। वास्तव में इस संघर्ष का त्रिभुज रूप बदल गया। देवपाल के पश्चात् पालों की शक्ति खत्म हो गयी। प्रतिहारों की शक्ति राष्ट्रकूट शासकों के निरन्तर हमलों से विनष्ट हो गयी। इस तरह दक्षिण भारत के शासकों ने पहली बार उत्तरी भारत के इतिहास में महत्त्वपूर्ण हस्तक्षेप किया और कई बार उत्तरी भारत पर अपना आधिपत्य जमाया।

पूर्व मध्यकाल में दक्कन भारत की राजनीति (छठी सदी से आठवीं सदी तक)

चोल वंश

चोल वंश के इतिहास के बारे में जानकारी का अभाव है। ये दक्षिण भारत को शक्तिशाली वंशों में से एक है, लेकिन यह प्राचीन संगम कविताओं के समय (लगभग 200 ई.) विद्यमान था। चोल वंश के बारे में नौवी शताब्दी के बाद विस्तृत जानकारी मिलती है। उस समय वे अपने अन्य समकालीनों, जैसे पल्लवों व पांड्यों के साथ होने वाले संघर्षों में विजयी होकर उभरे। उनका कालानुक्रम तय करना कुछ कठिन है। विजयालय (शासनकाल, 850 870) ने पल्लवों, जो संभवतः पहले उनके अधिपति थे, को हराकर उनके क्षेत्रों पर क ब्ज ा करना शुरू किया और आदित्य I (शासनकाल, 870-907) ने इसका और विस्तार किया। आदत्यि I के उत्तराधिकारी परांतक (शासनकाल, 907-953) ने मदुरै (पांड्य वंश की राजधानी) पर क ब्ज ा किया व श्रीलंका

(सीलोन) पर चढ़ाई की। पश्चिमी दक्कन के राष्ट्रकूटों के ख़िलाफ उनके अभियानों को मिश्रित सफलता ही प्राप्त हुई।

चोल वंश के सर्वाधिक शक्तिशाली राजाओं में राजराज प्रथम का नाम उल्लेखनीय है। यह एक कुशल प्रशासक था। उन्होंने वेंगी (आंध्र प्रदेश) की रक्षा की और पश्चिमी गंगों का दमन करके गंगवाडी क्षेत्र (कर्नाटक राज्य) पर क ब्ज़ा कर लिया। 996 तक उन्होंने केरल (चेर देश) को जीत लिया और उत्तरी श्रीलंका पर भी क ब्ज ा कर लिया। अपनी विजय के उपलक्ष्य में उन्होंने तंजावुर (तंजौर) में महान् बृहदीश्वर मंदिर का निर्माण करवाया। 1014 तक राजराज ने लक्कदीव (वर्तमान लक्षद्वीप) और मालदीव के द्वीपों पर भी क ब्ज ा कर लिया।

उनके पुत्र व उत्तराधिकारी राजेंद्र चोल देव I (शासनकाल 1014 44) ने मदुरै की गद्दी पर अपने एक पुत्र को बैठा दिया, सीलोन का अभियान पूरा किया, दक्कन पर क ब्ज ा किया (1021), उत्तर भारत की ओर एक अभियान दल भेजा और पूर्वी भारत के शासक महिपाल को पराजित किया तथा गंगा जल लेकर आए। अपनी उपलब्धि के उपलक्ष्य में उन्होंने एक नया शहर गंगैकोंडचोलपुरम बनवाया। उन्होंने मलय प्रायद्वीप और द्वीपसमूह के कुछ हिस्सों पर भी विजय प्राप्त की। इसने अपने शासन काल में राज्य का विस्तार दक्षिण पूर्वी एशियाई देशों तक किया था।

उनके पुत्र राजाधिराज (शासनकाल, 1044 54) ने पांड्यों, चेरों और चालुक्यों से लोहा लिया, लेकिन चालुक्यों के ख़िलाफ कोप्पम की लड़ाई में वह मारे गए। चोल शासक वीरराजेंद्र (शासनकाल, 1063 69) ने स्थिति संभालने की कोशिश की, किंतु उनकी मृत्यु ने चोल शक्ति को क्षीण कर दिया।

इसके पश्चात् गद्दी पर कुलोत्तुंग I (शासनकाल, 1070 1122) बैठे, जिन्हें चोल और पूर्वी चालुक्य, दोनों के राज्य उत्तराधिकार में मिले थे। उन्होंने अपना ध्यान पूर्वी तट को संगठित करने में लगाया। कुलोत्तुंग ने राज्य की आर्थिक खुशहाली सुनिश्चित की और सीमा शुल्क को समाप्त करने के कारण वह शंङ्गम तविर्त् (करों को हटाने वाला) के नाम से जाने गए। लेकिन पांड्यों के मामलों में हस्तक्षेप के प्रयासों के कारण चोल कमज ोर पड़े। 1216 से होयसलों ने चोल शक्ति को उत्तरोत्तर क्षीण करना शुरू कर दिया, जिनकी शुरुआत चोलों के सामंतों के रूप में हुई थी, लेकिन उन्होंने धीरे-धीरे स्वतंत्रता प्राप्त कर ली थी। पांड्यों का 1257 ई. तक चोल वंश के अधिकांश भू-भागों पर कब्जा हो गया। इस प्रकार 1279 ई. तक चोलवंश का नामोनिशान मिट गया अथवा उसके इतिहास पर धूल जम गया।

पौराणिक राजा कारैकाल एक ऐसे पूर्वज थे, जिनके माध्यम से चोलों ने उरैयूर परिवार से संबंधित होने का दावा किया। चोल देश (कोरोमंडल) दक्षिण में वैगई नदी से उत्तर में तोंडईमंडलम तक फैला हुआ था, जिसकी राजधानी कांची (कांचीपुरम) में अवस्थित थी।

चोल शासकों ने कृषि क्षेत्र पर विशेष ध्यान दिया। इनके साम्राज्य में कृषि क्षेत्र का अत्यधिक विस्तार हुआ। यह विस्तार अक्सर शासकों व उनके सामंतों द्वारा संरक्षित मंदिरों के आसपास केंद्रित था। वहां स्थानीय प्रशासनिक निकायों के होने का भी प्रमाण मिलता है। राज्य विभिन्न जि लों (नाड़ु) में बंटा हुआ था और उन्हें छः प्रांतों या मंडलों में वर्गीकृत किया गया

था। चोल मंदिर अपने आकार व विस्तृत वास्तुकला अलंकरण के लिए विख्यात हैं। यह धर्म के भक्ति मार्ग, विशेषकर शैव और वैष्णव मतों के विकास का काल था, जिसका प्रमाण धार्मिक साहित्य के पदों में मिलता है।

राष्ट्रकूट वंश

राष्ट्रकूटों ने काफी दिनों तक दक्षिणी भारत में अपना प्रभुत्व रखा था। **दंतिदुर्ग** और उसके चाचा **कृष्ण प्रथम** ने कीर्तिवर्मा **द्वितीय** के राज्यपाल में चालुक्यों को परास्त कर अपने अधिकार का विस्तारकिया था। इन साम्राज्यवादी राष्ट्रकूटों की उत्पत्ति के संबंध में विभिन्न इतिहासकारों के मत अलग-अलग हैं। अपने बाद के अभिलेखों में ये लोग अपने को यदु का वंशज मानते हैं और रट्ट को अपना पूर्वज। फ्लीट के अनुसार ये लोग उत्तर के राठौरों क वंशज थे। मान्यखेट के राष्ट्रकूटों का संबंध राष्ट्रिकों अथवचा रठों से भी जोड़ा जाता है, जिसका उल्लेख भोजकों और अपरांतकों के साथ अशोक के अभिलेखों में हुआ है। अल्तेकर के अनुसाररठिक और महारठी-कुल महाराष्ट्र तथा कर्णाटक के भागों पर सामंतों के रूप में शासन करते थे। अल्तेकर के अनुसार वे लोग कर्णाटक के मूल निवासी थे। कुछ लोग उन्हें प्राचीन यादवों का वंशज भी मानते हैं। उनके अभिलेखों में उन्हें 'लट्टलूरपुरवराधीश' कहा गया है, जिससे स्पष्ट होता है कि वे लोग लाटुर (कन्नड़भाषी) के रहने वाले थे। चन्नराज पहला व्यक्ति था, जिसने सामंत पद पाया था और हमे उसे ही राष्ट्रकूट वंश का संस्थापक मानते हैं। उसने बाज पक्षी को अपने वंश का राजचिन्ह बनाया था। उसका शासन 630 से 650 ई0 के बीच है।

दंतिदुर्ग (735.55 ई0) दंतिदुर्ग के राज्यकाल में ही ये लोग प्रबल हुए। आठवीं शताब्दी में दंतिदुर्ग ने एक स्वतंत्र राज्य की स्थापना की। वह एक कुशल सेनापति, चतुर कूटनीतिज्ञ और महान प्रशासक था। उसको चालुक्यों को उखाड़ फेंकने का पूरा श्रेय दिया गया है। वही राष्ट्रकूट साम्राज्य का वास्तविक संस्थापक था। उसने चालुक्य सेना को पराजित कर कीर्तिवर्मन ि,तीय से वातापी छीन लिया। उसने दक्षिण के और राजाओं को जीतकर दक्षिणापथ पर अपना आधिपत्य स्थापित किया और मालवा के गुर्जर-प्रतिहार राज्य पर चढ़ाई की। उसने जिन समसामयिक नरेशों को परास्त किया, उनके नाम इस प्रकार हैं **कांची का पल्लवराज,** कलिंग का नृपति, कोशल का नृपति, मालवा का राजा, तंक का स्वमी और श्री शैल (कर्नूल जिला) का अधिपति। उसने अपनी पुत्री रेखा को पल्लवमल्ल से ब्याह दिया। उसे कोई पुत्र नहीं था, इसलिये उसके बाद उसका चाचा **कृष्ण प्रथम** शासक हुआ।

कृष्ण प्रथम (756.772 ई0) वह एक महत्त्वाकांखी शासक था और विजिगिषु भी। विन्ध्य के दक्षिण की कोई भी शक्ति अब उसका मुकाबला नहीं कर सती थी। कृष्ण ने कोंकण को जीतकर वहाँ शिलाहारा सामंतों को नियुक्त किया और 768 ई0ें गंगराज श्रीपुरुष को जतीकर अपनी शक्ति को और बढ़ाया। उसने चालुक्यों को बची हुई शक्ति को नष्ट किया और राष्ट्रकूटों के भीषण शत्रु राहप्प को हराया। उसने 'राजाधिराजपरमेश्वर' का विरुद धारा किया। उसने वेंगी के पूर्वी चालुक्य राजा विष्णुवर्धन चतुर्थ को भी परास्त किया। वह एक महान निर्माता भी था। उसने **एलोरा** का प्रसिद्ध कैलाशमंदिर बनाया, जो भारतीय स्थापत्यकला का एक अद्भुत

उदाहरण है। उसके बाद कसे ही राष्ट्रकूट-साम्राज्य-विस्तार का इतिहास शुरू होता है। कृष्णसा की सफलता के विस्तार का आधार है। वह एक महान निर्माता भी था।

गोविन्द द्वितीय (772.80 ई0) कृष्ण प्रथम के बाद उसका पुत्र गोविन्द द्वितीय गद्दी पर बैठा (772 ई0)। युवराज के रूप में उसने अपने पिता के समय वेंगी-जिय में हाथ बंटाया था। उसने नंदिवर्मा, पल्लवमल और उसके मित्र गंगराजा शिवमार द्वितीय की, उसके भाई को गंगवंश की राजगद्दी से उतारने में सहायता की और इस प्रकार दखण की राजनीति में हाथ डाला। वह एक दुर्बल शासक था और साथ ही बड़ा विलासी और असावधान भी था। इसलिये उसका भाई ध्रुवधारावर्ष उसे गद्दी से हटाकर स्वयं राजा बन बैठा।

ध्रुवधारावर्ष (780.793 ई0) ध्रुवधारावर्ष बड़ा ही शक्तिशाली शासक था। उसने गंग राज्य (मैसूर में) को अपने राज्य में मिला लिया और पल्लवों को अपने अधीन किया। उसने पल्लव, गंग, पूर्वी, चालुक्य और मालवा के राजाओं के एक संघ को परास्त किया। उसने अपने सब प्रतिपक्षियों से बदला लिया गंग राजाओं को बंदी किया, पल्लवराज से हाथियों का कर लिया, मालवा के राजा वत्सराज को मरुभूमि में धकेल दिया, बंगाल के राजा धर्मपाल को हराकर अपना कार्य पूरा किया और पूर्वी चालुक्य राजा विष्णुवर्द्धन चतुर्थ को उसे अपने राज्य का कुछ भाग देने तथा उसके साथ अपनी पुत्री शीलमहादेवी का विवाह करने के लिये विवश किया। उसने उत्तर भारत की राजनीति में सक्रिय रूप से भाग लिया और इंद्रायुध के समय गंग के दोआब पर भी आक्रमण किया। उसने अपने झंडे पर गंगराज यमुना का चिन्ह ग्रहण किया। इससे उत्तर भारत में उसका राज्य तो स्थापित नहीं हुआ, परन्तु उसका आतंक सारे देश में छा गया। वह कलि, श्रीवल्लभ और निरुपम नाम से प्रसिद्ध है। अल्तेकर के अनुसार ध्रुव सुयोगयतम राष्ट्रकूट नरेशों में एक था, जिसने न केवल दक्षिण में राष्ट्रकूट-प्रभुता की स्थापना की, बल्कि राष्ट्रकूटको अखिल भारतीय शक्ति के रूप में प्रतिष्ठित किया। अल्पसमय में ही उसने अपूर्व प्रतिष्ठा और यश अर्जित किया और उत्तर भारत के अपने दोनों प्रतिद्वंद्वियों (प्रतिहार ओरपाल) को पराजित कर एक नया कीर्तिमान स्थापित किया। 793 ई0 में समूचे भारत में ऐसी कोई शक्ति नहीं थी, जो राष्ट्रकूटों का मुकाबला कर सकती।

गोविन्द तृतीय (783.814) वह बसे योग्य राजा था ओर कन्नौज से कन्याकुमारी और भड़ौंच से काशी-गया तक उसकी सेना गई थी। ध्रुवधारावर्ष के बाद गोविन्द तृतीय जगतुंग शासक हुआ। उसने दक्षिण में कांची से लेकर उत्तर में मालवा तक अपने राज्य का प्रसार किया। उसने लाट में अपने भाई इंद्रराज को राजा बनाकर वहाँ एक राष्ट्रकूटवंश की स्थापना की। उसने कान्यकुज के राजा चक्रायुध और बंगाल के राजा धर्मपाल को भी पराजित किया और दोनों ने उसके सामने आत्मसमर्पण कर दिया। प्रतिहार नागभट्ट द्वितीय भी उसके सामने हार गया और रेगिस्तान में भाग गया। इससे धर्मपाल खुश हुआ और कृतज्ञ भी। संभव है कि वह इस क्रम में हिमालय की उपत्यका तक गया हो। यह उसका एक प्रकार का यश विस्तार का दिग्विजय था। उसने वेंगी के पूर्वी चालुक्य विजयादित्य पर आक्रमण कर उसे पराभूत किया। उसने नागभट्ट द्वितीय को परास्त किया। चूँकि गोविन्द तृतीय पिता द्वारा राजा मनोनीत हुआ था, इसलिए उसके बड़े भाई स्तंभ (खंभ) ने उसके विरोध में 12 राजाओं का एक सवंघ बनाया। गोविन्द ने इस

संघ को परास्त किया। अपने प्रभुत्व के रूप में उसने लंका से एक दूतमंडल बुलवाया। वेंगी के प्रतिपक्षी भीम सलूकी की सहायता कर उसने वहाँ अपना सिक्का जमाया। दक्षिण की राजशक्तियों के विरुद्ध उसको इतनी अधिक सफलता मिली कि दक्षिण के लोग उससे आतंकित हो गये। अभिलेखों के अनुसार वह एक महान् सम्राट् था ओर उसे समय राष्ट्रकूट-शक्ति अपने चरमोत्कर्ष पर थी। उसने अपने आंतरिक शासन को भी सुव्यवस्थित किया। वह अपने वंश का सर्वश्रेष्ठ शासक माना जा सकता है। उसकी तुलना पार्थ से की गई है। उसके बाद राष्ट्रकूटों को इतनी प्रतिष्ठा कभी नहीं मिली।

अमोघवर्ष प्रथम (814.880ई0) गोविन्द तृतीय के बाद उसका पुत्र अमोघवर्ष प्रथम 814 ई0 में शासक हुआ। वह 'नृपतुंग' भी कहलाता था, उसके युवा होने के कारण दक्षिण के कर्मचारियों ने चालुक्य विजयादित्य और गंगराजमल्ल की सहायता से विद्रोह कर दिया। 821 ई0 में कर्क की सहायता से अमोघवर्ष ने उन सबको परास्त किया। उसने 66 वर्षों तक राज्य किया, परन्तु उसके शासनकाल में शांति का अभाव था। पूर्वी चाुक्य विजयदित्य तृतीय ने विद्रोह किया, किन्तु वह पराजित हो गया। गंग राजमल्ल के पुत्र ने भी विद्रोही राजाओं का साथ दिया। गृहयुद्ध भी शुरू हो गया और अराजकता इतनी बढ़ गई कि उसे सिंहासन से हटा दिया गया। परंतु, उसने फिर सिंहासन पर अपना अधिकार किया और अंग, बंग तथा मगध के राजाओं पर अपना प्रभाव स्थापित किया। फिर भी, किसी प्रकार की विजय का श्रेय उसे नहीं दिया जाता है। मिहिरभोज ने उसके समय अपना प्रभावक्षेत्र बढ़ा लिया ओर उसके आक्रमण को रोकन का श्रेय उसे नहीं, वरन् उसके गुजराती बंधु ध्रुव द्वितीय को है। अमोघवर्ष की प्रवृत्ति जैनधर्म की ओर थी। उसके परमगुरु आदिपुराण के रचयिता जिनसेन थे और वह जैनसिद्धांत 'स्यादूवाद' का पूर्ण भक्त था। जैन गणितज्ञ महावीराचार्य ने **गणित**-सारसंग्रह में लिखा है कि अमोघवर्ष जैन था। **कर्णाट शबदानुशासन** में भट्टकलंक ने उसकी तुलना शिव और दधीचि से की है। प्रजा को विपत्ति से बचाने के लिये उसने देवी को अपने बायें हाथ की अंगुली चढ़ा दी थी। वह लक्ष्मी का पुजारी था। वह स्वयं एक कवि भी था और **कविराजमार्ग** तथा **प्रश्नोत्तरमालिका** का रचयिता था। शासन के अंतिम दिनों में उसने अपना कार्यभार युवराज और मंत्रिपरिषद पर छोड़ दिया। उसने अपनी राजधानी मान्यखेट में बनाई। अरब सुलेमान (551 ई0) उसकी गणना संसार के बड़े राजाओं में करता है ;1द्ध बगदाद का खलीफा, ;2द्ध चीन का राजा, और ;3द्ध राष्ट्रकूट। वह बड़ा दानी और उदार था।

कृष्ण द्वितीय (880.914ई0) अमोघवर्ष प्रथम के बाद उसका पुत्र कृष्ण शासक हुआ। उस समय राष्ट्रकूट-शक्ति दुर्बल हो गई थी। प्रतिहार भोज ने मालवा और गुजरात की ओर राष्ट्रकूटों को दबा दिया था। गुजरात से राष्ट्रकूट-शक्ति जाती रही। कृष्ण ने त्रिपुरी के कलचुरी कोक्कल प्रथम की कन्या से विवाह किया। इस संबंध के फलस्वरूप उसे काफी सहायता मिली। उसके समय पूर्वी चालुक्य के विजयादित्य तृतीय और भीम प्रथम के द्वारा राष्ट्रकूट पराभूत हुए। 914 ई0 में उसकी मृत्यु हो गई। उसके बाद उसका पौत्र **इंद्र तृतीय** गद्दी पर बैठा वह बहुत बड़ा योद्धा था उसने कन्नौज का विध्वंस किया। यह घटना 916 ई0 की है। वह अपने सामंत चालुक्य नरसिंह के साथ उज्जैन को लाँघता हुआ यमुना की घाटी के पार तक गया और प्रतिहार महिपाल को परास्त किया।

उसके बाद उसका पुत्र **अमोघवर्ष द्वितीय** गद्दी पर बैठा (917 ई0)। उसे उसके भाई **गोविन्द चतुर्थ** ने गद्दी से हटा दियां लेकिन, **अमोघवर्ष तृतीय** ने **गोविन्द** को गद्दी से हटाया। 939 ई0 में उसके पुत्र **कृष्ण तृतीय** का राज्याभिषेक हुआ। उसने अपने बहनोई बुटुंग को गंग राज्य की प्राप्ति में सहायता दी और उसके साथ मिलकर चोल राजा परांतक को हराया, परांतक मारा गया ओर उसे राज्य के बहुत बड़े भाग को उसने अपने राज्य में मिलाकर अपने को 'वेंगी और काँची का विजेता' कहा। वह बड़ा विजयी ओर प्रतापी था। उसने प्रतिहार राजा महिपाल पर आक्रमण किया और सुराष्ट्र प्रतिहारों के हाथ से निकल गया। उसके समय राष्ट्रकूटों का आतंक उत्तर में गंगा से लेकर दक्षिण में कन्याकुमारी तक फैला हुआ था। उसने 'परममाहेश्वर' की उपाधि धारण की, जिससे ज्ञात होता है कि वह शैव था। काँची ओर तंजौर की विजय पर उसने 'तंजैयस्कोंड' का विरुद धारण किया। अपने बहनोई बुटुंग की सहायता से उसने 949 ई0 में चोल राजादित्य को परास्त किया और वह तोडमंडलम् का स्वामी हो गया। पांडय और केरलों पर भी विजय हुई और कहा जाता है कि सिंहल के राजा को भी उसने परासत कर दिया। उसने वेंगी की गद्दी से अम्म द्वितीय को हटाकर युद्धमंत्र के पुत्र और अपने मित्र बाडप को उस पर प्रतिष्ठित किया। 968 ई0 में उसकी मृत्यु हुई उसने अपने सामंतों का संगठन नए तरीके से किया और सामंतों ने उसके सम्मुख आत्मसमर्पण किए। उसने विरोधी सरदारों से भूमि छीनकर अपने समर्थक सामंतों को दी। सामंतों की शक्ति संकुचित कर उसने अपनी शक्ति दृढ़ की। विजित स्थानों पर उसने अपने विश्वासी सामंतों को बैठाकर अपनी कूटनीतिज्ञता का परिचय किदया। उसका अपने शासन पर पूरा नियंत्रण था।

उसकी मृत्यु के बाद राष्ट्रकूटवंश का पतन शुरू हो गया। 963 ई0 में उसने तारवाड़ी का महत्त्वपूर्ण प्रांत अपने होनेवाले प्रतिपक्षी चालुक्य तैलप द्वितीय को पुरस्कार के रूप में दिया था और उसके परिणाम पर विचार नहीं किया। कृष्ण के बाद उसका भाई खोटिण्ण (खोहिग्ग) गद्दी पर बैठा। परमार शासक सियक की सेनाओं का विरोध करने में वह असमर्थ रहा। परमार शासक ने राजधानी मान्यखेट को ध्वस्त किया। उसके बाद कर्क गद्दी पर आया, जिसे चालुक्य तैलप द्वितीय ने शीघ्र ही गद्दी से उतार दिया और उसने कल्याणी के नए चालुक्य साम्राज्य की नींव रखी। 973.74 ई0 में राष्ट्रकूट-सत्ता नष्ट हो गई। कृष्ण द्वितीय के बाद राजाओं का कालक्रम इस प्रकार भी रखा जा सकता है इंद्र तृतीय (914.928 ई0) अमोघवर्ष द्वितीय (928.29 ई0) गोविन्द चतुर्थ (930.36ई0) अमोघवर्ष तृतीय (936.39ई0) कृष्ण तृतीय (939.67ई) खोहिग (967. 97 ई0) कर्क द्वितीय (972.93 ई0)।

चालुक्य वंश

आंध्र साम्राज्य के पतन के बाद दक्षिण भारत की राजनीतिक एकता भंग हो गई थी और छोटे-छोटे राज्यों का उदय हो गया था। वाकाटकों ने मध्यभारत और दक्षिणी भारत के अधिकांश क्षेत्रें पर अपना आधिपत्य जमाकर दक्षिण में एक प्रकार की एकता स्थापित की। गुप्त साम्राज्य और वाकाटकों के बाद दक्षिण भारत फिर कई भागों में विभक्त हो गया। दक्षिण भारत

के संबंध में हमारा ज्ञान अब भी अपूर्ण है। छठी शताब्दी से लगभग 300 वर्षों तक दक्षिण भारत का इतिहास मुख्यतः तीन प्रमुख शक्तियों के संघर्ष का इतिहास है। ये थे

वातापी के चालुक्य,
कांची के पल्लव, और
मदुरा के पांड्य।

आठवीं शताब्दी में चालुक्यों का स्थान राष्ट्रकूटों ने ले लिया। वातापी के राजवंश के अतिरिक्त चालुक्यों की और शाखाएँ थीं लाटक चालुक्य तथा बंगाल के पूर्वी चालुक्य। ये लोग मुख्य शाखा से स्वतंत्र थे। मैसूर के गंग राजाओं के साथ पूर्वी चालुक्यों ने भी तीन राजाओं के संघर्ष में भाग लिया था। इसके परिणाम कभी-कभी बहुत निर्णायक सिद्ध हुए।

पूर्व मध्यकाल में दक्कन भारत की राजनीति (आठवीं सदी से बारहवीं सदी तक)

कोंकण का शिलाहार वंश

शिलाहार लोग अपने को विद्याधरों के राजा जीमूतवाहन का वंशज मानते है। वे संभवतः क्षत्रिय थे। इस वंश की तीन शाखाएँ थीं। वे राष्ट्रकूट, चालुक्य और यादवों के सामंत बने रहे और कभी अपना स्वतंत्र राज्य नहीं स्थापित कर सके। आठवी से बारहवीं शताब्दी तक उनका प्रभुत्व कोंकण में रहा। पहले उनकी राजधानी गोआ में थी और बाद में खरेपत्तन में। वे लोग दक्षिणी कोंकण के शासक थे। दूसरी शाखा उत्तरी कोंकण में थी। वे लोग नवीं शताब्दी से तेरहवीं शताब्दी तक राज्य करते रहे। थाना और रत्नागिरि जिलों में उनका अधिकार था। उनका मुख्य नगर थाना था। तीसरी शाखा का शासन ग्यारहवीं शताब्दी में शुरू हुआ। वे लोग कोल्हापुर, सतारा और बेलगाँव के जिलों में राज्य करते थे। तीसरी शाखा अधिक स्वतंत्र थी और उसके एक शासक **विजयार्क** ने चालुक्य-शाखा का नाश करने में विज्जन की सहायता की थी। राजा भोज (1175-1210 ई.) के समय यादवनरेश सिंहण ने इसे जीत लिया।

देवगिरि का यादव वंश

यादव लोग अपने को कृष्ण का वंशज कहते हैं। ये द्वारका के दक्कन आए हुए प्रवासी थे। ये लोग महाभारतकालीन यदु के वंशज हैं, परंतु इनका प्रारंभिक इतिहास संदिग्ध है। राष्ट्रकूट और कल्याणी के चालुक्यों के समय ये लोग उनके सामंत थे। चालुक्यों के पतन के बाद यादवों का उत्कर्ष हुआ। नवीं शताब्दी के धारवाड़ जिले के अभिलेखों में यादव सामंतों का उल्लेख मिलता है। इस वंश का संस्थापक दृढ़पहार था (860 ई.) और उसके पुत्र **सेउणचंद्र** ने पहली बार सामंतीय स्थान प्राप्त किया। उसने (880-900 ई.) सेउणपुर नामक शहर की स्थापना की। उसे राजधानी का स्तर दिया। यही नासिक जिले का आधुनिक सिन्नर है। 900 से 950 ई. तक कई शासक हुए। 950 से 1050 ई. तक और भी कई शासक हुए। इनका प्रथम शासक, जो ऐतिहासिक रूप से महत्त्वपूर्ण

हुआ, पंचम भिल्लम था, जिसने चालुक्यों की दयनीय स्थिति से लाभ उठाकर और सोमेश्वर चतुर्थ को परास्त कर कृष्णा के उत्तर संपूर्ण चालुक्य राज्य पर अधिकार कर लिया तथा देवगिरि में अपनी राजधानी बनाई। ये लोग वीर ओर युद्धप्रिय थे। भिल्लम ने सम्राट् का विरुद्ध धारण किया। उसके पुत्र **सेउणचंद्र द्वितीय** (1069 ई.) के समय यादव प्रशासनिक व्यवस्था में सुधार हुआ। उसके बाद उसका बड़ा पुत्र 1105 ई. तक शासन करता रहा। उसके बाद उसका भाई **सिंहराज** गद्दी पर बैठा। उसकी मृत्यु के बाद 50 वर्षों तक (1142 ई. तक) यादव इतिहास अंधकाराच्छन्न रहा। 1145 ई. में मल्लगी राजा बना और उसका शासन 1160 ई. में समाप्त हुआ। 1175 ई. में भिल्लम अपने परिवार के लिए यादव साम्राज्य प्राप्त करने में सफल हुआ। **भिल्लम पंचम** ने मालवा और लाट को पददलित किया था। वह एक स्वनिर्मित व्यक्ति था। उसने न केवल महाराष्ट्र में, अपितु मालवा और गुजरात में भी सफल अभियान किया तथा चालुक्यों एवं होयसलों को खदेड़ने में सफल रहा। उसने यादव साम्राज्य की स्थापना की। वह एक कुशल सैनिक, सफल राजनीतिज्ञ तथा चतुर एवं दूरदर्शी व्यक्ति था। 1181 ई. में द्वारसमुद्र के होयसलों के साथ उसका संघर्ष हुआ, जिसमें संभवतः वह वीर बल्लाल के द्वार पराजित हुआ और मारा गया।

भिल्लम का उत्तराधिकारी जैतुंगी अथवा जैत्रपाल (1191-1210 ई.) था। उसने तैलंगों के राजा रुद्रदेव को मारकर काकतिय सिंहासन पर उसके भतीजे गणपति को बैठाया और इस प्रकार अपने प्रभाव का विस्तार किया। उसके बाद सिंहण (1210-47 ई.) राजा हुआ। वह इस वंश का सबसे प्रसिद्ध राजा था। उसने कोल्हापुर के शिलाहारों को हराया, होयसल राज्य के उत्तरी भाग पर अधिकार किया, परमारों और चेदियों को युद्ध में परास्त किया तथा गुजरात के बघेलों पर कई बार चढ़ाई की। बल्लाल द्वितीय से उसने अपने पितामह के अपमान का बदला लिया और मालवा के अर्जुनवर्मन तथा छत्तीसगढ़ के चेदिराज जाजल्ल को भी परास्त किया। उसकी विजयनीति से यादव राज्य की सीमा काफी बढ़ गई। वह विद्या, कला और संस्कृति का संरक्षक था। उसी के दरबार में ज्योतिषी चांगदेव भी रहता था। उसने ज्योतिष के अध्ययन के लिए खानदेश में पाटन नामक स्थान पर एक ज्योतिष-महाविद्यालय की स्थापना की। उसने काकतिय राजा गणपति और मालवराज अर्जुनवर्मन को पराजित किया, परंतु इसके बावजूद वह अपनी राज्य सीमा का विस्तार न कर सका। उसने अपने राज्य में 84 दुर्ग बनवाए और संगीतरत्नाकर पर एक टीका लिखी। वह एक कुशल शासक था। सिंहण का पुत्र कृष्ण (1247-60 ई.) भी अपने धर्म और विद्याप्रेम के लिए प्रसिद्ध था। उसी के समय कश्मीरी पंडित जल्हण ने सूक्तिमुक्ताबाली नामक ग्रंथ की रचना की। अमलानंद ने वास्पति मिश्र की भामती पर वेदांतकल्पतरु नामक टीका लिखी। कृष्ण का भाई महादेव (1260-70) विजय शासक था। उसने शिलाहारों से कोंकण छीन लिया, कर्णाटक और लाट की शक्ति क्षीण कर दी और काकतिय रानी रुद्राम्बा को भयभीत किया। वह चतुर्वर्गचिंतामणि के लेखक हेमाद्रि का संरक्षक था। गीता की प्रसिद्ध टीका ज्ञानेश्वरी के रचयिता मराठी संत ज्ञानेश्वर और मुग्धबोध नामक व्याकरणग्रंथ के प्रणेता बोपदेव उसी के दरबार में रहते थे। वह मंदिर-निर्माण की एक नई शैली का प्रवर्तक था। और मोडी-लिपि का सुधारक भी। उसके बाद अम्मन राजा हुआ। वह बहुत कम दिनों तक शासक रहा और उसके बाद रामचन्द्र शासक हुआ।

रामचन्द्र (1271-1311 ई.) 1294 ई. में यादव रामचन्द्र के समय में सर्वप्रथम दक्षिण भारत पर मुसलमानी आक्रमण हुआ। अलाउद्दीन खिलजी ने निश्चिंत और असावधान रामचन्द्र पर दुर्ग के भीतर ही आक्रमण कर दिया। उस समय यादव सेवना उसके पुत्र शंकरदेव के नेतृत्व में दक्षिण की ओर गई हुई थी, इसलिए विवश होकर रामचन्द्र को संधि की प्रार्थना करनी पड़ी। इसी बीच शंकरदेव सेना लेकर देवगिरि लौटा, परंतु अलाउद्दीन के झूठी अफवाह फैला देने के कारण रामचन्द्र को संधि करनी पड़ी। इसके अनुसार अलाउद्दीन को काफी धन और बहुमूल्य पदार्थ मिले। रामचन्द्र ने वार्षिक कर देने का वचन दिया और इलिचपुर का प्रदेश भी उसे दे दिया। अलाउद्दीन के सेनापति मलिक काफूर ने 1312 ई. में शंकरदेव को जान से मार डाला। रामचन्द्र के दामाद हरपाल ने फिर से स्वतंत्र होने का प्रयास किया, किंतु उसे भी मार दिया गया। इस प्रकार यादव राज्य का दुःखद अंत हुआ।

वारंगल के काकतिय

ये लोग सूर्यवंशीय क्षत्रिय थे, किंतु नेलोर जिले के अभिलेख में इन्हें शूद्र कहा गया है। इन्हें आंध्रप्रदेश के इक्ष्वाकुओं का वंशज भी माना जाता है। पहले ये चालुक्यों के सामंत थे। उनके वतन पर तेलंगाना में इन लोगों ने अपना स्वतंत्र राज्य स्थापित किया और वारंगल को राजधानी बनाया। इनके राजाओं में **प्रोलराज, रुद्र** और **महादेव** के नाम उल्लेखनीय हैं। महादेव का पुत्र **गणपति** 1199 ई. में राजा हुआ और उसने लगभग 62 वर्षों तक शासन किया। उसने चोल, कलिंग, यादव, कर्णाट, लाट और बलनाडु पर सफलापूर्वक आक्रमण किया। उसके बाद उसकी पुत्री **रुद्रांबा** गद्दी पर **बैठी** (1261 ई.)। उसने बड़ी बुद्धिमानी और योग्यता से शासन किया। उसके बाद उसका पोता **प्रतापरुद्र** शासक हुआ। उसके राजकवि वैद्यनाथ ने रीतिशास्त्र पर **प्रतापरुद्रीय** नामक ग्रंथ लिखा। मलिक काफूर के समय उसे मुसलमानों की अधीनता स्वीकार करनी पड़ी। बहमनी सुलतान अहमदशाह ने 1424 ई. में तेलंगाना को अपने राज्य में मिला लिया।

प्रोल द्वितीय वीर योद्धा था और उसने अपनी सैनिक शक्ति द्वारा अपनी पैतृक सामंतीय जागीर को प्रभुत्वशाली राज्य में परिणत कर दिया। उसने स्वतंत्र राज्य की, स्थापना की जो संपूर्ण आंध्रप्रदेश में फैल गया और एक शक्तिशाली साम्राज्य बन गया। वेन प्रथम पोल प्रथम वेन द्वितीय पोल प्रथम काकतिय रुद्रदेव रुद्रदेव (1150-96 ई.) बहुत बड़ा योद्धा था। उसने अपने शत्रुओं को पराजित कर अपने प्रदेश को विस्तृत साम्राज्य में परिणत कर दिया। वह एक शक्तिशाली शासक था। उसका साम्राज्य गोदावरी से कृष्ण तक फैला हुआ था। युद्धों में उसे अनेक सामंतों से सहायता मिली थी। उसने गंगाधर को राज्य का मंत्री बनाया। राजा का दूसरा मंत्री मल्लनायक था। उसके बाद महादेव राजा हुआ।

तलकाड का गंगवंश

यह वंश भी इक्ष्वाकुवंश से उत्पन्न हुआ था। चौथी शताब्दी में **डिदिग कोंगनिवर्मन** ने आधुनिक मैसूर के दक्षिणी भाग में गंग राज्य की स्थापना की। **हरिवर्मा** ने कोलार को छोड़कर

तलकाड को राजधानी बनाया। इस वंश का विख्यात राजा **दुर्विनीत** था, जिसने पल्लवों से युद्ध कर प्रसिद्धि प्राप्त की। वह संस्कृत का विद्वान था और गुणाढ्य-रचित **प्राकृत बृहत्कथा** का संस्कृत में भषांतर किया। दूसरा प्रसिद्ध राजा **श्रीपुरुष** था। उसने राष्ट्रकूटों और पल्लवों का सफल विरोध किया। इसके बाद चालुक्यों और राष्ट्रकूट के आक्रमणों से गंगवश की स्वधीनता नष्ट हुई। राजमहल गंग ने इस वंश की प्रतिष्ठा का पुनःस्थापन किया। 1004 ई. में चोलों ने तलकाड को जीत लिया और उसके बाद गंगों के वंशज चोल होयसलों के सामंत बन गए। राजमहल के मंत्री चामुंडराय ने श्रवण वेलगोला में 983 ई. में गोमतश्वर की विशाल मूर्ति की स्थापना की थी।

द्वारसमुद्र के होयसल

होयसलवंश यादवों की एक शाखा थी। उत्कीर्ण लेखों में इस वंश के राजा को 'यादवकुलतिलक' कहा गया है। ये काँची के चोल राज्य और चालुक्य राज्य के सामंत थे। इनकी राजधानी वेलापुर (वेलूर) भी थी। ग्यारहवीं शताब्दी के मध्य इस वंश के **विनायादित्य** और उसके पुत्र **एरभंग** ने चोल-चालुक्या-संघर्ष से लाभ उठाकर अपना राज्य कुछ और बढ़ाया। फिर भी, चालुक्यों के सामंत ही रहे। **विष्णुवर्धन** इस वंश का प्रथम शासक था। उसने अपने राज्य की सीमा का विस्तार किया और अपना गौरव बढ़ाया। बेलापुर से हटकर उसने द्वारसमुद्र (हालेविड) को अपनी राजधानी बनाया। उसने चालुक्य विक्रमादित्य षृष्ठ पर आक्रमण कर अपने को प्रायः पूर्ण स्वतंत्र कर लिया। उसने चोल, पांड्य, केरल, तुलुब (दक्षिण कर्णाटक), कदंब और गंग राजाओं को हराया और सारे मैसूर पर अपना आधिपत्य कायम कर लिया। वह जैनधर्म का अनुयायी था और बाद में रामानुज के प्रभाव से वैष्णव हो गया। उसने कई सुंदर प्रासादों और मंदिरों का निर्माण करवाया।

इस वंश का सबसे प्रसिद्ध राजा **वीर बल्लाल** (1172-1225 ई.) था। उसने अपनी स्वतंत्रता घोषित की और 'महाराजाधिराज' की उपाधि धारण की। इस समय यादवों की शक्ति क्षीण हो रही थी। उसने चालुक्य राजा सोमेश्वर चतुर्थ को हराया और अपने प्रतिद्वंद्वी यादव राजा पंचम भिल्लम से भी संघर्ष किया। उसके शासनकाल में होयसल वंश की गणना दक्षिण भारत के प्रबल राजाओं में होती थी। उसके पुत्र नरसिंह के समय यादव सिंहण ने होयसल-शक्ति को धक्का दिया। नरसिंह के उत्तराधिकारी दुर्बल थे। इस वंश का अंतिम राजा **वीर बल्लाल तृतीय था।** मलिक काफूर ने 1320 ई. में द्वारसमुद्र पर आक्रमण किया और इसके बाद होयसल राज्य की स्वतंत्र सत्ता नष्ट हो गई।

3

प्रशासकीय एवं संस्थागत संरचना

(Administrative and Institutional Structures)

दक्कखन भारत में प्रशासन एवं संस्थागत संरचना

शासन में राजा वंशानुगत होता था। पिता की तरह वह अपनी प्रजा की देखरेख करता था। वह प्रतिदिन दरबार करता था ओर वहीं न्याय भी प्रदान करता था। दैनिक कार्यकलाप में राजा ब्राह्मण से सलाह लेते थे। चूँकि कृषि ही समाज का मुख्य आधर थी, अतः अच्छा शासक वही समझा जाता था जो कृषि के लिये मौसमों का क्रम-नियंत्रण कर सकता था। साता राजाओं पर विजय प्राप्त करके एक विशेष स्थिति उत्पन्न होती थी और लगता है कि कौटिल्य के विजिगिषु की भावना से यह भाव प्रेरित था। दिग्विजय की कल्पना भी थी। राजा की सभा सबसे बड़ा न्यायालय थी। सभाका उपयोग राजा सलाह लेने के लिये भी करता था 'कुड़ाल' (उत्तर संगमकालीन साहित्य) में कहा गया है कि सभा सभी मामलों का निबटारा करती थी। राजस्व के प्रमुख साधन 'भूमि' और 'व्यपार' थे। राजधानी में सड़कों पर गश्त देने वाले पहरेदार भी होते थे। सेना में रथ, हाथी, घोड़ और पैदल सिपाही होते थे। तलववार, धनुष, तीर, व्याघ्रचर्म के कवच, वर्दी, ढाल और भाले का व्यवहार था। महत्त्वपूर्ण स्थलों में दुर्ग अथवा मीनारें रहती थीं। योद्धाओं की पाषाणमूर्तियाँ स्मारकस्वरूप बनती थीं। राजा स्वयं भी युद्ध में जाते थे। समाज-नेता के साथ-ही-साथ राजा युद्ध-नेता भी होता था।

राष्ट्रकूट शासन-प्रणाली सीधे प्रबंधवाले क्षेत्र 'राष्ट्र' अथवा 'विषयों' में विभाजित थे। एक विषयम एक हजार से चार हजार तक गाँव होते थे (करहाटक = करोड़)। विषयम ें अनेक 'भुक्तियाँ' होती थीं। एक भुकक्त में पचास से सत्तर गाँव होते थे। गाँव शासन की सबसे छोटी इकाई थी। साम्राज्य के कुछ इलाकों का प्रबंध सामंत करते थे। प्रमुख सामंतों (जैसे गुजरात

में) को पूर्ण स्वायत्तता प्राप्त थी। वे राजा की आज्ञा के बिना भी गाँवों का हस्तांरण कर सकते थे। सामंतों के अधीन उपसामंत होते थे और यद्यपि इनके अधिकार बहुत सीमित होते थे, फिर भी ये लोग 'राजा' कहलाते थे। सामंतों को सम्राट् की आज्ञा का पालन करना होता था और राजभक्ति दर्शाने के लिये दरबार में उपस्थित होना पड़ता था। समय-समय पर निश्चित संख्या में सैनिक भी भेजने पड़ते थे और उनके यहाँ सम्राट् के प्रतिनिधि भी रहा करते थे।

'राष्ट्र' के अधिकारी को 'राष्ट्रपति' (राजस्व-प्रबंध के प्रधान) जिला के अधिकारी को 'विषयपति' और तहसील के अधिकारी को 'भोगपति' कहा जाता था। **विषयपति** और **भोगपति** राजस्व संबंधी काम ग्रामकूटों की सहायता से करते थे। गाँवों का प्रशासन मुखिया और पटवारी के अधीन होता था।

अभिलेखों में 'विषय-महत्तर' और 'राष्ट्र-महत्तर' का भी उल्लेख मिलता है। उनका सैनिक ढंग शक्तिशाली और कुशल था। सैनिक जातियों को गांवों में सैनिक प्रशिक्षण मिलता था। सेना में सभी जातियों के लोग होते थे ब्राह्मण और जैन भी। प्रसिद्ध सेनापति बंकेय, श्रीविजय, नरसिंह आदि जैन थे। सामंतों के सैनिक भी समय पर बुलाए जाते थे। अनेक शूद्र भी सेना ें 'नायक' होते थे।

सरकारी आय का मुख्य साधन कृषि, खनिज और व्यापार था। वस्त्र उद्योग प्रसिद्ध था। अधिकांश लेन-देन विनिमय के जरिए होता था।

उत्तर भारत में प्रशासन एवं संस्थागत प्रणालियाँ

प्राचीन काल में हमारे देश में बहुत से शासक हुए जिन्होंने शासन किया। 300-650 ई. के बीच भारत में कई महान शासक हुए जिन्होंने अपने सैन्य बल से उत्तरी भारत को एक ही केंद्रीय शासन के अधीन रखा। इस कूटनीतिक एकाता का प्रभाव तत्कालीन कूटनीतिक एवं आर्थिक व्यवस्था पर पड़ना स्वाभाविक था। अब हम इस युग की शासन प्रणाली और धार्मिक विशेषताओं पर प्रकाश डालेंगे। भारतीय राजतंत्र में गणतंत्र और राजतंत्र प्रणालियाँ बहुत प्राचीन काल से चली आ रही थी। मौर्यों के साम्राज्यवाद की लपेट में आकर गणतंत्रों की क्षति और हार का सामना करना पड़ा था, परन्तु अब अशोक के बाद जब केन्द्रीय शक्ति का ह्रास शुरू हुआ तब ये गणतंत्र पुनः स्वतंत्र होने लगे। गुप्तों के उदय से पर्वू भी कई गणंतत्रीय राज्यों के अस्तित्व का पता चलता है। समुद्रगुप्त के प्रयाग स्तंभलेख में हमे अनेक ऐसे गणतंत्रों की सूची मिलती है। जिन्होंने समुद्र गुप्त की अधीनता स्वीकार कर ली थी। उनके प्रमुख थे मालव, आर्जुनायन, यौधेय, भद्र, आभीर, समकालीक, कार्क, खापेरिक इत्यादि। मालव, यौधेय और आर्जुनायनों के सिक्के भी प्राप्त हुए हैं।

समुद्रगुप्त, चंद्रगुप्त द्वितीय कुमारगुप्त और स्कंदगुप्त इत्यादि ने महाराजाधिराज, परमभट्टारक जैसी भारी भकरम उपाधियां धारण की। और अश्वमेध यज्ञ के द्वारा अन्य छोटे शासकों पर अपनी श्रेष्ठता स्थापित की। प्रशस्तिकारों ने गुप्त सम्राटों की महानता का प्रदर्शित करने के लिए उनकी तुलना यम, कुबेर इत्यादि देवताओं के साथ की है। यद्यपि इसका आशय यह नहीं लगाना

चाहिए कि गुप्तकालीन शासकों को जनात (राजा की दैवी उत्पत्ति के सिद्धांत के आधार पर) ईश्वर का प्रतिनिधि माने लगी थी। उनके साथ देवी देवताओं की तुलना सिर्फ उनके प्रशस्तिकारों ने की है।

राजा को धर्म के अुनसार वर्णाश्रम धर्म का रक्षक बताया गया है। यहाँ विचारधारा पुराणों और महाभारत में स्पष्ट होती हैं और वास्तव में पुराणों तथा महाभारत को अंतिम स्वरूप गुप्त युग में ही प्राप्त हुआ था। अभिलेखों के प्रमाणस्वरूप यशोवर्मन का 532 ई. का अभिलेख प्रस्तुत किया जा सकता है, जहाँ शासक को चारों वर्णों के हितों का रक्षक बताते हुए एक स्थानीय शासक अभसदत्त का नामोल्लेख किया गया है।

हर्ष के राज्यकाल में हर्ष शासक को जनता के अधिक निकट संपर्क में आता हुआ पाते हैं हर्ष ने अपनी विजयों के दौरान राजकीय दौरे को भी अपना कर्तव्य समझा तत्कालीन चीनी यात्री ह्वनत्सांग ने उसके राजकीय दौरों का विवरण देते हुए कहते हैं राजा अपने साम्राज्य के हर क्षेत्र को दौरा करता है। यहाँ पर भी वह अधिक दिनों तक नहीं टिकता था। जहाँ वह जाता था वहाँ वह और उसके और उनके साथियों के निवास के लिए अल्पकालीन आवास-स्थान बना दिए जाते थे। जहाँ वह जाता वहाँ उसके बहुमूल्य पादस्थान की बहस करने वाले, जल और थूकदान उठाकर ले चलने वाले उसके पीछे-पीछे जाते थे। पूरा शाही रसोईघर जाता था। गाँव वाले दूध, दही, मीठा और फल-फूल का उपहार लेकर राजा को बढ़ावा देने आते थे। पड़ोस के अधीनस्थ शासक और सामंत उसकी सेवा में उपस्थित रहते थे। विदेशी शासकों के राजदूत, विद्वान और अन्य व्यक्ति, जो राजा के दर्शनार्थ आना चाहते थे, इन अस्थायी निवास स्थानों में आकर राजा से मिलते थे।

राजकार्य ने सम्राट की मदद करने वाले मंत्री और आमात्य होते थे। कामंदक नीतिसार में मंत्रियों और आमात्यों के बीच के अंतर को स्पष्ट किया गया है। मंत्री का मुख्य कार्य राजा को मंत्रणा देना और किसी गूढ़ विषय के दौरान विभिन्न पहलुओं पर विचार करते हुए किसी निर्णय पर पहुँचना था। कामदेव और कालिदास दोनों ने मंत्रिमंडल अथवा मंत्रिपरिषद् का उल्लेख भी किया है जिससे ऐसा प्रतीत होता हैं कि गुप्त युग में मंत्रिपरिषद् नामक संस्था मौजूद थी।

बाण ने अपनी कृति हर्षचरित में मंत्रिपरिषद् के बारे में विस्तार से उल्लेख किया है। मंत्रिपरिषद् जरूरत पड़ने पर बड़ा प्रभावशाली उत्तरदायित्व निभाती थी। राज्य वर्धन की मुत्यु के उपरांत हर्ष को सिंहासन पर आरूढ करते समय मंत्रिपरिषद् ने बड़ी महत्त्वपूर्ण भूमिका अदा की थी।

पी. एल. गुप्ता ने 'आमात्य' शब्द का आर्थ आधुनिक काल की 'ब्यूरोक्रेसी' (शासनतंत्र) से लगाया है। कामंदक नीतिसार में भी आमात्य सामान्य रूप से राजा की सिफारिशों का पर्यायवाची माना गया है। कात्यायन स्मृति में इस बात पर और जोर दिया गया है कि आमात्यों की नियुक्ति ब्राह्मण वर्ग से होनी चाहिए। गुप्तकालीन शासकों ने काफी हद तक इस नीति का पालन भी किया। करमदंडा अभिलेखों से विदित होता है कि चंद्रगुप्त क्षितीय और कुमारगुप्त प्रथम के आमात्य ब्राह्मण थे, लेकिन यह धारणा भ्रामक है कि गुप्त शासकों ने ब्राह्मण अमात्यों की ही नियुक्ति की हो, क्योंकि इन आमात्यों और पदाधिकारियों की नियुक्ति सम्राट स्वयं करता

था। कभी-कभी सम्राट एक ही व्यक्ति को कई प्रमुख पदों पर नियुक्त कर देता था, जैसा कि प्रयाग स्तंभ लेख से पाता चलता हैं। हरीषेण कुराममात्य, संन्धिविग्रहिक और महादंडनायक नामक तीन पदों को धारण करने थे। गुप्तकाल में ये उच्च पद वंशानुगत भी किए जाने लगे।

मध्य भारत से प्राप्त कुछ अभिलेखीय प्रमाणों के आधार पर हम देखते हैं कि एक ही परिवार की पाँच पीढ़ियों तक उच्च पदस्थ राज्याधिकारी नियुक्त किए गए। करमदंडा अभिलेख के अनुरूप पिता-पुत्र दोनों ने गुप्त साम्राज्य के अंतर्गत मंत्री व कुमारामात्य का पद धारण किया। इसी प्रकार पर्णदत्त और चक्रपालित पिता और पुत्र दानों ही स्कंदगुप्त के अधीन अध्किारी थे। गुपत काल के राज्याधिकारियों को वेतन दिया जाता था परन्तु कुछ विद्वानों का विचार है कि वेतन के बदले में भूमिदान की प्रथा भी चल पड़ी थी। इस भूमि से जो उत्पादन होता था वही कर्मचारी का वेतन माना जाता था। ह्वेनत्सांग के विचार में राज्य के प्रमुख कर्मचारियों की कभी तो वेतन मिलता था और कभी भूमिगत दिया जाता था।

प्राचीन काल के महाकाव्यों और पुराणों में भूदान के प्रथा के बारे में उल्लेख मिलता है। महाभारत के भूमिदान के महत्त्व को बताते हुए भूमिदान प्रशंसा नामक अध्याय की रचना की गई। महाभारत और पुराणों को अंतिम रूप गुप्त युग के आस-पास दिया गया, जिससे स्पष्ट है कि भूमिदान गुप्त युग में राजा का कर्तव्य समझा जाने गला। भूमिदान का सबसे प्राचीन अभिलेखीय प्रमाण पहली शती के एक सातवाहन अभिलेख में मिलता हैं, जिसमें अश्वमेध यज्ञ में एक गाँव दान करने की चर्चा है। भू-दान की प्रथा पांचवी शती के आते-आते बहुत ज्यादा लोकप्रिय हो गई। भूमिदान के फायदा की दो चीजें जुड़ी थीं एक तो राजस्व के सम्पूर्ण साधनों का ग्रहीता के नाम पर हस्तांरित कर दिया जाता था और दूसरे ग्रहीता को उस भूमिखंड की आंतरिक सुरक्षा और प्रशासनिक उत्तरदायित्वों को निभाना पड़ता था। इस तरह राजा ने अपने निमंत्रण को उन स्थानों पर से हटा दिया, जो स्थान भूमिदान के रूप में दे दिए जाते थे।

अब तक राजा का उत्तरदायित्व सुरक्षा, शांति, व्यवस्था आदि का प्रबंध करना माना जाता था और इसके बदले में कई कर प्राप्त करने वाला होता था। अब वे दोनों अधिकार जिस धर्म के हाथ में आ गए उन्हें 'सामंत वर्ग' कहा जा सकता है। पाँचवी शती तक के अभलेखों से ज्ञात होता है कि राजा चोरों को दंडित करने का अधिकार नहीं त्यागता था। परन्तु आगे चलकर चोरों को दंडित करना अथवा परिवार की संपत्ति इत्यादि के झगड़ों पर नयाय देने का अधिकार भी भूमिदान के साथ ब्राह्मणों को हस्तांतरित किया जाने लगा।

गुप्त काल के प्रारंभिक दिनों में गुप्त साम्राज्य के केन्द्रीय प्रांतों का कोई भी सामंत सम्राट की स्वीकृति लिए बिना स्वयं भूदान नहीं कर सकता था, परन्तु छठी शती तक हमें ऐसे प्रमाण मिलने आरंभ हो गए जहाँ कुमारामात्य महाराज अपने जैसे सामंत भी बिना सम्राट के आदेश के भूमिदान करने लगे। इससे प्रतीत होता है कि छठ शती तक विकेन्द्रीयकरण की प्रवृत्ति पूर्णतया प्राप्त कर चुकी थी और अब सामंत अपनी-अपनी भूमि के वास्तविक शासक बन बैठे थे। उनके साथ केन्द्रीय सम्राट का सिर्फ इतना ही संपर्क था कि वे समय-समय पर सम्राट को उपहार, भेंट इत्यादि देकर उनके प्रति अपनी निष्ठा व्यक्त करते रहे और उनकी सभा में प्रस्तुत होकर उनके प्रति अपनी अधीनता का प्रदर्शन करें। सामंतों के बारे में हर्ष चरित में यह उल्लेख किया

गया है कि महासामंत और सामंत लोग हर्ष के दरबार में उपस्थित होकर कभी पंखा झलते थे, कभी अपनी गर्दनों में तलवार बाँधकर अपने प्राणों की भीख माँगते थे, तो कभी अपने सिर की माला उतार हर्ष के पाँवों पर रख देते थे। परन्तु इस भक्ति के प्रदर्शन के अलावा, जहाँ तक प्रशासन का सवाल था वे स्वतंत्र थे।

यह विकेन्द्रीयकरण की प्रवृत्ति न सिर्फ ब्रह्मदेव भूमि पर ब्राह्मणों के भूमिपति बन जाने में पैदा हुई, अपितु जब गुप्त शासकों ने उपरिक, कुमारामात्य इत्यादि भी जैसे अपने प्रमुख कर्मचारियों को वेतन के बदले में भूमिदान देना आरंभ किया और उनका पद क्रमशः परंपरागत बनने लगा, तब वे उपरिक, कुमारामात्य इत्यादि सामंतों की तरह स्वतंत्र होने लगे। प्रोफ़ेसर राम शरण शर्मा का विचार है कि इस तरह आमात्य और कुमारामात्य सामंत विरुद्ध बनते गए। हर्षचरित ने कम-से-कम दो स्थानों पर ऐसे आमात्यों का उललेख आया है, जहाँ कई 'मूर्धाभिषिक्ताश्चामात्या राजन' के रूप में अभिषिक्त किया गया है। सातवीं शती में सामंतवादी बड़े-बड़े पदाधिकारियों को भी प्रदान की गई। उदाहरण के लिए, भास्कर वर्मन के कोषाध्यक्ष (भंछारागाराधिकृति) दिवाकर प्रभु को महासांमत की उपाधि से विभूषित किया गया था।

प्रायः यह देखा जाने लगा था कि सामंत जब भी कठिन परिस्थितियों में पड़ जाता था तब ये उन्हें सैनिक सहायता देते थे। ऐहोल अभिलेख के अंतर्गत हर्ष के विषय में बताया गया हैं कि उसी सेवा में सामंतों द्वारा जुटाई सेवा ही अधिक थी। इस प्रवृत्ति का कुप्रभाव भी पड़ा। सम्राट सामंतों पर अधिक-से अधिक निर्भर हो गया क्योंकि वे सामंत सिर्फ जनता से कर ही नहीं वसूल करते थे वरन वे ही स्थायी सेवा भी रखते थे। सम्राट जरूरत पड़ने पर इनसे नैतिक मदद लिया करता था जिससे केन्द्रीय शक्ति और भी क्षीण हो गई थी और सामंतों पर निर्भर हो गए।

प्रादेशिक शासन के विषय में भी गुप्त अभिलेखों में थोड़ा-बहुत ज्ञान प्राप्त होता है। सम्राट द्वारा जो क्षेत्र सम्मिलित होता था उसकी सबसे बड़ी प्रादेशिक इकाई संभवतः देश थी। 'जूनागढ़' अभिलेख में सौराष्ट्र को एक 'देश' कहा गया है। इसी प्रकार चंद्रगुप्त द्वितीय के एक अभिलेख में मध्यभारत में सकुली नामक देश का उल्लेख मिलता है। देश के प्रशासन को 'गोप्ना' कहा जाता था। जूनागढ़ अभिलेख से ज्ञात होता है कि सूराष्ट्र व गोप्ना पर्णदल की नियुक्ति स्वयं गुप्त सम्राट ने की थी।

एक दूसरी प्रादेशिक इकाई 'भूक्ति' थी। भारत के लेखों में 'भूक्ति' का उल्लेख मिलता है, जैसे 'पुण्ड्रवर्धन भुक्ति'। नालंदा और बसाढ़ में प्राप्त झीलों में तिर, नगर मगध भूक्तियों का उल्लेख आया है। भूक्त का शासक 'उपरिक' कहलाता था।

'भूक्ति' के नीचे 'विषय' नामक प्रशासनिक इकाई होती थी। कुमारगुप्त प्रथम के सयम में मंदसौर अभिलेख में लाट विषय का नामोल्लेख हुआ है। हूण शासक तोरमाण के समय के एरण वराह अभिलेख में एरिकिण विषय का उल्लेख मिलता है। विषय का प्रशासनिक प्रमुख अधिकारी 'विषयपति' कहलाता था। दीक्षित महोदय का विचार है कि 'विषयपति' की नियुक्ति राजा स्वयं करता था। अंतर्वेद्वी विषय के विषयपति शर्वनाग की नियुक्ति स्वयं स्कंदगुप्त नें की थी। विषयपति को मदद व सलाह देने के लिए विषय परिषद् होती थी, जो प्रमुख नगर राज

के समान रही होगी। इसके सदस्य नगर-श्रेष्ठि, सार्थवाह, प्रथम कुलिक व प्रथम कायस्थ होते थे।

गुप्त काल में साम्राज्य ग्राम समूह की छोटी-छोटी इकाइयों में बंटा हुआ था, जिन्हें पेठ कहा जाता था। इसका उल्लेख संक्षेप के खोह अभिलेख में मिलता है, जहाँ ओपनी नामक ग्राम को मणिनाग पेठ के अंतर्गत बताया गया है।

प्रशासन की सबसे छोटी इकाई ग्राम होती थी। स्कंदगुप्त के होम स्तंभ लेख में कुकुम ग्राम का नाम आया है। ग्राम का शासन वह ग्रामिक, ग्रामजनपद और ग्राम परिषद् की मदद से करता था।

प्राचीन परंपरा के अनुसार, जैसा कि अर्थशास्त्र से विदित होता है राजा भूमि का मालिक माना जाता था और वह भूमि से पैदा उत्पादन के एक भाग (साधरणतया छठे भाग) का अधिकारी था। इस कर को 'भाग' के नाम से पुकारा जाता था। इसी प्रकार दूसरे भूमिकर 'भोग' का उल्लेख मनुस्मृति में हुआ है, जो सालेतोर और सरकार के अनुरूप संभवतः राजा को प्रतिदिन दी जाने वाली फल-फूल, तरकारी इत्यादि की भेंट के रूप में थी।

भेंट के सम्बन्ध में हर्षचरित में विस्तार से उल्लेख किया गया है। जिससे यहाँ अनुमान लगाया है, कि राजा अपने दल-बदल के साथ किसी गाँव के आसपास से गुजरता था, तो गाँव की जनता राजा और राजकर्मचारियों को भेंट स्वरूप अपनी उपज का एक हिस्सा देने आती थी। राजा के उपभोग में लगान की वजह से ही यह हिस्सा 'भोग' कहलाता था। गुप्तकालीन कुछ सामंतों के अभिलेखों में 'भाग' और 'भोग' का संयुक्त रूप से उल्लेख हुआ है। फ्लीट महोदय इन्हें साधारण रूप से इन्हें भूमिकर का पर्यायवाची मानते हैं।

'भाग' व 'भोग' के अतिरिक्त गुप्त अभिलेखों में 'उद्रंग' और 'उपरिकर' करों का उल्लेख मिलता है। व्यूहलर का मत है कि 'उद्रंग' राजा को दिया जाने वाला भूमिकर था। पी. एल. गुप्ता ने भी 'उद्रंग' को 'भोग' का पर्यायवाची माना है। भूकिर कृषक 'हिरण्य' (अर्थात नकद) अथवा 'मेय' (अर्थात् अन्न के तोल) दोनों रूपों में दे सकते थे। फाह्यान ने भी इस बात का उल्लेख किया है कि राजा की भूमि जोतने वाले अपनी उपज का एक अंश राजा को कर के रूप में देते थे। छठी शती तक मुद्राओं का प्रचलन काफी कम हो चला था। वल्लभी के मैत्रकों के अतिरिक्त अन्य शासकों के अपने विशेष सिक्के न होना इस बात का द्योतक है कि छठी शती के उपरांत के क्रमशः कृषक 'हिरण्य' के रूप में न देकर अनाज के अंश के रूप में देने लगे थे।

सामंतवादियों का शासन में हस्तक्षेप गुप्त युग से ही प्रारम्भ हो गया था। गुप्त लेखों में जिन भूमिदानों का उल्लेख किया गया है, उससे यह स्पष्ट हैं कि भूमिदान के साथ-साथ गाँव की भूमि से पैदा होने वाली आय भी ग्रहीता को सौंप दी जाती थी। दानपत्रों में कृषकों को यही उल्लेख किया गया हैं कि वे कर अपने भूपति को दें। भूपति कृषकों और कृषकों की स्त्रियों से बेगार भी ले सकता था।

1557 ई. में बल्लभी के मौत्रक शासक धरसेन के एक दानपत्र द्वारा ग्रहीता को बेगार लेने का अधिकार दिया गया है। इसी प्रकार का प्रमाण शिलादित्य प्रथम के 605 ई. के दानपत्र

में मिलता है, जिसमें यह कहा गया है कि दान से प्राप्त भूमि के साथ-साथ ग्रहीता बेगार भी ले सकता था। भूमिदान की प्रवृत्ति ब्राह्मणों को भूमिदान से आरंभ हुई थी पर हर्ष के समय तक राज्याधिकारियों को भी भूमिदान दिया जाने लगा था। ह्यूनत्सांग के विवरण से ज्ञात होता है कि राज्याधिकारियों को नकद वेतन नहीं मिलता था, अपितु राजस्व का 1/4 भाग बड़े-बड़े अधिकारियों की वृत्ति के रूप में सुरक्षित रखा जाता था।

दान में दिए गए क्षेत्रों से जब भूमिकर राजा को प्रत्यक्ष रूप से न मिलकर सामंतो, ब्राह्मणों, भूपतियों और राज्य के उच्च पदाधिकारियों के माध्यम से मिलने लगा तो उसका केंद्रीय कोष पर बुरा प्रभाव पड़ा। संभवतः इसी का यह परिणाम हुआ कि अब राजा स्थायी विशाल सेना नहीं रख सकता था जिसकी वजह से वह सामंतीय सेना पर अधिक-से-अधिक निर्भर रहने लगा।

गुप्तों के शासन काल में वणिकों और शिल्पियों की स्थिति ठीक नहीं थी। उन पर राजकर लगाया जाता था। शक्कर और नील तैयार करने वाले पर राजकर लगा हुआ था। पूर्वकालीन स्मृतियों में कहा गया है कि राजा शिल्पियों के कर के बदले में एक दिन बेगार लेने का हकदार था। 1592 ई. के पश्चिमी भारत के एक शिलालेख में इसी प्रकार वणिकों और शिल्पियों के राजा द्वारा बेगार लेने की बात कही गई है।

राजस्व का एक अन्य स्रोत भूमिरत्न, गढ़ा हुआ गुप्त धन, खानें, नमक इत्यादि थे। साधारणतया, जैसा कि नारद स्मृति में कहा गया है, इस तरह की सारी संपत्ति पर राजा का एकाधिकार माना जाता था, परन्तु कभी दान में दी जाने वाली भूमि पर से राजा अपने इस विशेषाधिकार भी परित्याग कर देता था। दूसरे शब्दों में यदि गुप्त धन या खान किसी ऐसी भूमि से निकल आए जो जमीन दान में दी गई हो तो इस धन पर ग्रहीता का अधिकार माना जाता था।

कानून एवं न्यायव्यवस्था

प्राचीन भारत में न्याय-प्रक्रिया न्यायसंगत और सामुदायिक थी। सामुदायिक रीति-रिवाज और आचार-विचार के मानदण्डों का विरोध करने पर अपराध-माना जाता था। और इसके दण्डस्वरूप आर्थिक दण्ड या मृत्युदण्ड तक की व्यवस्था थी। सामाजिक न्याय प्रधानों द्वारा प्रदान किया जाता था। कहीं-कहीं इस कार्य का सम्पादन वृद्ध लोग करते थे। अनेक प्रारम्भिक समाजों की न्याय प्रणालियाँ अलग-अलग थी, किन्तु सामान्य रूप से गम्भीर अपराधों पर पीड़ित व्यक्ति स्वयं ही प्रतिशोध लेता था। इस तरह प्रारम्भिक काल में प्रधान और वृद्ध सब न्यायिक प्रशासन को चलाते रहे। साथ ही व्यक्तिगत प्रतिशोध की परम्पराएँ भी चलीं। धीरे-धीरे इन प्रधानों की शक्ति का विकास हुआ। प्रारम्भिक प्रधानों को न्यायाधिशों की अपेक्षा मध्यस्थ कहना उपयुक्त है। निर्णय देते समय प्रधान अपने समाज की परम्पराओं को ध्यान में रखता था। प्रधान के द्वारा दोनों पक्षों की बात सुनने के बाद निर्णय दिया जाता था। शपथ दिलाने की परम्पराएँ थी। प्रारम्भिक न्याय की यह व्यवस्था आगे चलकर राज्य शक्ति के रूप में बदल गई। वृद्ध सभा को राज्य सभा बना दिया गया और उसके प्रधान को राज्यिक शक्तियाँ दी गई। इस प्रकार राजा न्यायिक प्रशासन का प्रधान बन गया।

'प्रधान' ने राजा का रूप किस प्रकार धारण किया, यह स्पष्ट नहीं है। प्राचीन ग्रन्थों से यह पता चलता है कि राजा प्राचीन भारत में पीड़ित व्यक्ति को बल प्रयोग द्वारा या अन्य किसी साधन से क्षतिपूर्ति करने का अधिकारी था। धर्मशास्त्रों में किसी व्यक्ति की हत्या कर देने पर मृत व्यक्ति की जाति के अनुसार दण्ड देने की व्यवस्था की गई है। वैदिक साहित्य में न्यायालय, न्यायाधीश आदि का विवरण नहीं है। उसमें हत्या, चोरी, व्याभिचार आदि अनेक अपराधों का विवरण है, किन्तु इन अपराधों के लिए दण्ड देने वाले न्यायालय का वर्णन नहीं मिलता। उत्तर वैदिक काल के साहित्य में मध्यम या माध्यम शब्द आता है, जिससे किसी मध्यस्थता अथवा समझौता कराने वाले व्यक्ति के अस्तित्व को बोध होता है। धर्मसूत्र एवं अर्थशास्त्र के कार्य में एक विकसित न्याय प्रणाली का आभास मिलता है।

प्राचीन भारत में न्यायपालिका का संगठन केन्द्रीकृत था। उस समय राजा द्वारा ही कानून और न्याय दोनों का प्रशासन किया जाता था। धीरे-धीरे जब सामाजिक व्यवस्था में स्थिरता आ गई तो न्यायपालिका के कार्य इतने अधिक विस्तृत हो गये कि अकेले राजा के लिये उनको सम्पन्न करना कठिन हो गया। राजा की सहायता के लिये एक परिषद् काम करने लगी। प्राचीन भारत में नियमित एवं स्थायी न्यायालयों के उदाहरण नहीं मिलते हैं। वैदिक साहित्य में इनका कहीं उल्लेख नहीं है। अर्थशास्त्र एवं धर्मशास्त्र में न्याय प्रशासन की स्थायी संस्थाओं का वर्णन अवश्य मिलता है। वैदिक काल में ग्राम्य न्यायालयों के अस्तित्व का आभास मिलता है। इसके अतिरिक्त श्रेणी, कुल एवं निगम के रूप में भी न्यायालय कार्य करते थे। मौर्यकाल में आकर न्यायालय प्रशासन के सभी महत्त्वपूर्ण केन्द्रों में स्थित हो गये। अर्थशास्त्र में जिन अमात्यों का उल्लेख किया गया है, उनका स्थान बाद में प्राड्विवाक द्वारा ले लिया गया। राजा को अपील सुनने का अधिकार होता था।

दिल्ली सल्तनत के अधीन राज्य

भारत में आकर स्थापित हुए मुसलमानी राज्य कुलीनतांत्रिक और सैन्यवादी थे। शुरुआती दौर में तुर्क रईसों ने राज्य के उच्च पदों से ताजिकों, अफगानों तथा अन्य गैरतकी आप्रवासियों को अलग रखकर उन पर अपना एकाधिकार कायम करने की कोशिश की। यद्यपि तुगलकों के अधीन कुलीनवर्ग का आधार विस्तृत हो गया तथापि कुलीनता अब भी उच्च पद प्राप्त करने का महत्त्वपूर्ण पैमाना बना रहा। इसलिए मुसलमानों और हिंदुओं के विशाल आम वर्ग को ऊँचे पद प्राप्त करने का कोई अवसर उपलब्ध नहीं था। बेशक शहरों में निवास करने वाले मुसलमानों की सेना में भरती होने और राज्य की नौकरी पाने के बेहतर मौके हासिल थे। लेकिन व्यापार पर हिंदुओं का वर्चस्व था और ग्रामीण कुलीन वर्ग में वही लोग शामिल थे। इसके अलावा प्रशासन के निचले स्तर, जिनके सहयोग के बिना राज्य काम नहीं कर सकता था, हिंदुओं के हाथों में थी। निस्संदेह इन अलग-अलग वर्गों के बीच विशेष रूप से, उच्च वर्गों में बराबर झगड़े होते रहते थे। यद्यपि इन झगड़ों को अक्सर धार्मिक रूप दे दिया जाता था तथापि इनके बीच संघर्ष का बुनियादी कारण दुनियावी था जैसे सत्ता या जमीन के लिए संघर्ष या जमीन से की

पैदावार के अधिशेष में हिस्सेदारी के लिए जोर-आजमाई। इन उद्देश्यों से मुसलमान आपस में भी झगड़ते रहते थे।

यदि औपचारिक नजरिए से देखा जाय तो सल्तनत काल इस्लामी था। इसका मतलब यह था कि सुल्तान इस्लामी कानून के खुल्लमखुल्ला उल्लंघन की इजाजत नहीं देते थे ओर उलेमाओं (इस्लाम के धर्मतत्वज्ञों) को राज्य के लाभदायक पदों पर नियुक्त करते थे एवं उनमें से बहुतों को राजस्व-मुक्त भूमि दान में देते थे। तथापि सुल्तान उलेमाओं को राज्य की नीति निर्धारित करने की छूट नहीं देते थे। हमें ऐसी जानकारी मिलती है कि इल्तुतमिश के दल ने सुल्तान के पास जाकर अर्ज किया कि वह मुस्लिम कानून पर सख्ती से अमल करे और हिंदुओं के सामने इस्लाम या मृत्यु में से किसी एक को चुनने का विकल्प रखे। सुल्तान की ओर से वजीर ने उन्हें उत्तर दिया कि यह अव्यावहारिक और अराजनीतिक होगा क्योंकि मुसलमानों की संख्या यहाँ दाल में नमक के बराबर है।

राजकाज चलाने के लिए सुल्तान को मुस्लिम कानून के अलावा अपनी ओर से जरूरी विनियम भी बनाने पड़ते थे, जिन्हें "जवाबित" कहा जाता था। अलाउद्दीन खुलजी ने दिल्ली के आला काजी से कहा था कि मुझे नहीं मालूम कि क्या कानूनी है और क्या गैर-कानूनी (अथवा शरीयत के अनुसार है या नहीं)। मैं तो राज्य की जरूरतों के मुताबिक नियम बनाता हूँ। यही कारण है कि इतिहासकार बरनी ने दिल्ली सल्तनत को सच्चा इस्लामी राज्य मानने से इनकार कर दिया। इसकी बजाय उसने उसे "जहाँदारी" या दुनियावी बातों को ध्यान में रखकर चलने वाला राज्य बताया।

सल्तनत काल में हिन्दू नागरिकों को सिंध-विजय के साथ ही ''जिम्मियों'' का दर्जा दिया गया था, अर्थात् वे मुस्लिम शासन को कबूल लेने वाले और जजिया अदा करने पर सहमत संरक्षित लोग थे। जजिया वस्तुतः सैनिक सेवा के एवज में अदा किया जाने वाला कर था। अपनी-अपनी औकात और साधनों के मुताबिक अलग-अलग लोगों को यह कर अलग-अलग परिमाणों में देना पड़ता था लेकिन स्त्रियाँ, बच्चे तथा साधनहीन और विपन्न लोग इससे बरी थे। ब्राह्मण भी इससे मुक्त रखे गए, यद्यपि मुस्लिम कानून में ऐसी कोई व्यवस्था नहीं थी। आरंभ में जजिया की उगाही भूराजस्व के साथ की जाती थी। चूँकि सभी किसान हिंदू थे, इसलिए जजिया और भूराजस्व में भेद कर पाना मुश्किल था। बाद में फिरोज ने कई गैरकानूनी उसूलों को समाप्त करते हुए जजिया को एक अलग कर का रूप दे दिया। उसने ब्राह्मणों पर भी यह कर लगा दिया। इसकी उगाही के लिए जिम्मेदार उलेमाओं ने कभी-कभी हिंदुओं को परेशान करने के लिए इसका इस्तेमाल करने की कोशिश की। परंतु जजिया अपने-आप में हिंदुओं को इस्लाम कबूल करने को मजबूर करने का उपकरण नहीं हो सकता था।

सामान्य रूप से यह कहना उचित होगा कि सल्तनत काल समानता पर आधारित न होकर विशेष अधिकारों पर आधारित था। तुर्कों के पूर्व राजपूत और किसी हद तक ब्राह्मण विशेषाधिकारों का उपभोग करने वाले वर्ग थे। उनका स्थान अब तुर्कों ने ले लिया था। बाद में तुर्कों के अलावा, ईरानी, अफगान और भारतीय मुसलमानों का एक छोटा-सा समूह, ये सब विशेषाधिकार-प्राप्त वर्गों में शामिल हो गए। मुसलमान धर्माधिकारी या उलेमा भी इन वर्गों के

सदस्य थे। हिंदुओं का जो विशाल वर्ग पहले इस तरह के विशेषाधिकारों का उपभोग नहीं कर रहा था, उसकी रोजमर्रा की जिंदगी में इस परिवर्तन से कोई बदलाव नहीं आया, बल्कि वह अपनी पहले वाली शक्ल में ही कायम रही। इस प्रकार यद्यपि राज्य इस्लामी होने का दावा करता था तथापि वास्तव में वह सैन्यवादी और कुलीनतांत्रिक था। सल्तनत के अधीन धार्मिक स्वतंत्रता इसी संदर्भ में हम इस बात का भी जायजा ले सकते हैं कि दिल्ली सल्तनत के अधीन गैर-मुसलमानों को कितनी धार्मिक स्वतंत्रता दी गई थी। विजय के आरंभिक दौर में कई नगरों को तहस-नहस कर दिया गया था। मंदिर आक्रमणकारियों के खास लक्ष्य होते थे जिसका कुछ कारण तो यह था कि वे अपने लोगों की निगाह में अपने हमलों को औचित्य साबित करना चाहते थे और कुछ मंदिरों की अकूत संपत्ति पर अधिकार करना होता था। सल्तनत काल के दौरान अनेक हिन्दू मंदिर को तोड़कर वहां पर मस्जिद बना दिया गया। इसका सबसे उल्लेखनीय उदाहरण कुतुबमीनार के निकट कुव्वत-उल-इस्लाम मस्जिद है जो पहले विष्णु मंदिर था। इसे मस्जिद का रूप देने के लिए गर्भगृह को, जिसमें देवी-देवताओं की प्रतिमाएँ प्रतिष्ठित थी, गिरा दिया गया और उसके सामने मेहराबों का एक आवरण खड़ा कर दिया गया तथा इन मेहराबों पर कुरान की आयतें उत्कीर्ण कर दी गई। अहाते को घेरने के लिए कई मंदिरों से लाए गए स्तंभों का इस्तेमाल किया गया। बाकी अहाते को कमोबेश ज्यों-का-त्यों छोड़ दिया गया। कई और जगहों में भी, जैसे अजमेरे में, ऐसा ही किया गया। लेकिन जब इस देश में तुर्कों ने अपने पैर जमा लिए तो शीघ्र ही उन्होंने अलग से मस्जिदें बनवाना शुरू कर दिया।

मंदिरों तथा हिंदुओं, जैनों आदि के पूजा-स्थलों के प्रति नीति इस्लामी कानून (शरीअत) पर आधारित थी जो "इस्लाम के बरखिलाफ" नए पूजा-स्थलों के निर्माण का निषेध करता था। लेकिन शरीअत में पुराने मंदिरों की मरम्मत की छूट थी "क्योंकि इमारतें हमेशा के लिए कायम नहीं रह सकती।" इसका तात्पर्य यह भी था कि ग्रामीण क्षेत्र में मन्दिर निर्माण पर किसी भी प्रकार का कोई प्रतिबन्ध नहीं था, जिसका कारण अब तक वहाँ मुसलमानों की आबादी कायम नहीं हो पाई थी। इसी प्रकार घरों के एकांत में मंदिर बनवाए जा सकते थे। परंतु युद्ध-काल में इस उदार नीति का पालन नहीं किया जाता था। युद्ध के समय में तो इस्लाम के शत्रुओं के खिलाफ, चाहे वे मनुष्य हों या देवी-देवता, लड़ना और उनका विनाश करना था। मगर शांतिकाल में तुर्कों के प्रदेशों में तथा जिन क्षेत्रों में राजाओं ने तुर्कों की अधीनता स्वीकार कर ली थी उन क्षेत्रों में हिंदू अपने धर्म का आचरण और उत्सव-आडंबर खुल्लमखुल्ला करते थे। बरनी के अनुसार जलालुद्दीन खलजी ने देखा कि राजधानी और सूबाई केंद्रों में भी खुलेआम मूर्तिपूजा की जाती थी और हिंदू धर्मग्रंथों के पाठों का प्रचार किया जाता था। उसने कहा, "हिंदू लोग मूर्तियां का यमुना में विसर्जन करने के लिए नाचते-गाते, ढोल बजाते हुए, जलूसों में शाही महल की दीवारों के पास से गुजरते हैं और मैं चुपचाप देखता रह जाता हूँ।"

धार्मिक संकीर्णिताओं और उलेमाओं की कट्टरता के वाबजूद भी अल्प मात्रा में धार्मिक सहिष्णुता के दर्शन होते है। सल्लनत काल में इस नीति में समय-समय पर अवरोध उत्पन्न होते रहे। कभी-कभी युद्ध-बंदियों को मुसलमान बना लिया जाता था या इस्लाम कबूल कर लेने पर अपराधियों को माफ कर दिया जाता था। फिरोज ने इस्लाम के रसूल के लिए अपशब्दों का प्रयोग

करने के अपराध पर एक ब्राह्मण को प्राणदंड दे दिया था। दूसरी ओर मुसलमानों को हिंदू बनाने के भी कुछ उदाहरण मिलते हैं। महान वैष्णव सुधारक चैतन्य ने बहुत से मुसलमानों को हिंदू बना लिया था अलबत्ता उलेमा लोग इस्लाम के त्याग को मृत्युदंड के योग्य अपराध मानते थे।

इस प्रकार यह कहा जा सकता है कि मुसलमान बनाने के लिए तलवार का जोर नहीं अपनाया जाता था। यदि ऐसा किया जाता तो सबसे पहले दिल्ली और उसके आसपास की हिंदू आबादी को मुसलमान बनाया गया होता। मुसलमान शासकों को यह एहसास था कि हिंदू धर्म इतना प्रबल है कि उसे तलवार के जोर पर मिटाया नहीं जा सकता। दिल्ली के प्रसिद्ध सूफी संत निजामुद्दीन औलिया ने एक बार कहा था "कुछ हिंदू जानते हैं कि इस्लाम एक सच्चा धर्म है, लेकिन वे इस्लाम को कबूल नहीं करते।" बरनी भी कहता है कि हिंदुओं के खिलाफ बल-प्रयोग का उन पर असर नहीं होता।

इस्लाम में धर्मांतरण का कारण राजनीतिक या आर्थिक लाभ का लोभ या अपनी सामाजिक स्थिति में सुधार की संभावना थी। कभी-कभी जब कोई महत्वपूर्ण शासक या जनजातीय नेता मुसलमान बन जाता था तब उसकी प्रजा भी वैसा ही करती थी। सूफी संतों ने भी धर्मांतरण में कुछ भूमिका निभाई, यद्यपि आमतौर पर उनका इससे कोई सरोकार नहीं होता था और अपनी संगत में हिंदुओं एवं मुसलमानों दोनों का ही वे स्वागत करते थे। अलबत्ता कुछ सूफी संतों के संत स्वभाव के कारण इस्लाम के लिए अनुकूल वातावरण तैयार हुआ। लेकिन इस बात का कोई सबूत नहीं मिलता कि निचली जातियों के लोगों के खिलाफ हिंदू समाज में जो दुर्व्यवहार किया जाता था, उसके कारण अथवा सूफी संतों के प्रभाव की वजह से हिंदुओं ने बड़ी संख्या में इस्लाम को कबूल कर लिया। इस प्रकार धर्मांतरण के कारण व्यक्तिगत, राजनीतिक और कुछ मामलों में (जैसे पंजाब, पूर्वी बंगाल आदि के संबंध में) क्षेत्रीय थे। कुछ क्षेत्रों जैसे कि पश्चिमी पंजाब और पूर्वी बंगाल में अनेक जनजातियों जिनके अपने देवी-देवता थे, ने नियमित कृषि को अपनाया और कुछ समय के बाद मुसलमान बन गए।

अत्यधिक मुसलमान पश्चिम एशिया पर मंगोलों के आक्रमण के पश्चात भारत में आकर बस गये। भारत में अफगान के लोग भी आ-आकर बसते चले गये। उनमें से काफी सारे लोग तुर्क सेना में भरती हो गए या व्यापार में लग गए। लोदी शासन के अधीन पंद्रहवीं सदी में और भी अफगान भारत आए। इस सबके बावजूद भारत में मुसलमानों की संख्या अपेक्षाकृत कम ही रहीं। हिंदू-मुस्लिम संबंधों के स्वरूप तथा दोनों की सांस्कृतिक प्रवृतियाँ, जिन पर हम आगे के एक अध्याय में विचार करेंगे, परिस्थितियों के तकाजों से तय हुई।

विजनय नगर, बहमनी एवं अन्य राज्य

विजय नगर

सारा साम्राज्य लगभग 200 प्रांतों में विभक्त था। प्रांतों का शासन राजवंश वालों, बड़े सामंतों तथा विजित राजवंशों के लोगों को दिया जाता था। प्रांत की आय का 1/3 राज-कोष

में जमा किया जाता था और शेष 2/3 से प्रांतपति प्रांतीय शासन चलाते थे। प्रांतों के आंतरिक शासन में उनको विस्तृत अधिकार प्राप्त थे। परंतु यदि वे राजद्रोह अथवा अत्याचार के दोषी होते थे तो उनको कड़ा दण्ड दिया जाता था। इसलिए प्रांतीय शासक साधारणतः विद्रोह नहीं करते थे।

प्रांतों को कई जिलों में विभक्त किया जाता था जिनको नाडू या कोट्टम कहते थे। जिले परगनों में विभक्त थे और शासन की सबसे छोटी इकाई ग्राम होता था जिसका प्रबंध ग्राम पंचायत तथा वंशानुगत कर्मचारी करते थे। ग्राम-पंचायतें कर उगाहने न्याय करने तथा शान्ति रखने में बहुत उपयोगी सिद्ध होती थी।

भूमिकर के अतिरिक्त अनेक अन्य कर तथा चुंगियाँ ली जाती थी। परंतु यह ठीक पता नहीं है कि जनता का सचमुच भार क्या था। कर संभवतः हल्के नहीं थे। परंतु वह इतने भारी भी नहीं थे कि जनता बिलकुल पिस जाय। सामंतों तथा बड़े राज-कर्मचारियों की तुलना में उनकी आर्थिक स्थिति अवश्य बहुत खराब थी परन्तु यही दशा अन्य पड़ोसी राज्यों की प्रजा की भी थीं।

शासन का स्वरूप सैनिक सामंतशाही था। इसलिए प्रायः न्याय का कार्य स्थानीय अधिकारी करते थे। परंतु क्रमागत न्यायालयों की व्यवस्था का स्पष्ट प्रमाण नहीं मिलता। यह दशा सेना की भी थी। राजा के कुछ निजी सैनिक होते थे जिनमें सर्वाधिक संख्या पैदलों की होती थी। राज्य की अधिकांश सेना प्रांत-पतियों एवं स्थानीय अधिकारियों के अधीन रहती थी और इस कारण उसमें सामंतशाही सेना के सभी दुर्गुण विद्यमान थे। उनकी सेनायें संख्या में अधिक होने पर भी उत्तर की मुस्लिम सेनाओं से इसलिए बारबार हार जाती थीं क्योंकि उनमें अश्वारोहियों की संख्या कम थी। सेनाओं के सैनिकों में राजा के प्रति वैसी स्वामि-भक्ति की भावना भी नहीं रहती थी जैसी स्थायी केन्द्रीय सेना के सैनिकों में होना स्वाभावित है।

इस भाँति विदित होता है कि विजयनगर राज्य का आंतरिक शासन कई दृष्टियों से दोषपूर्ण था और न उसमें जनहित की रक्षा का प्रबंध था न सबल केन्द्रीय शक्ति के विकास के लिये स्थान था। मुसलमानों के आने के पूर्व जो दोष हिन्दू सामंतशाही शासन में थे वे ही इस समय भी चलते रहे। विजयनगर के पतन का यह एक प्रमुख कारण बना।

विजयनगर के शासकों ने तेलगू तथा संस्कृत साहित्य की उन्नति में बहुत योग दिया और उन्होंने साहित्यकारों, कवियों, पण्डितों का सदा सम्मान किया तथा उनके लिए जागीरें नियत की। उन्होंने विशाल मंदिर, भव्य राजमहल एवं सुदृढ़ गढ़ों का भी निर्माण किया। परंतु उस समय की अधिकांश इमारतें नष्ट हो गई है और हमें उनका विवरण केवल तत्कालीन लेखकों की पुस्तकों से कला तथा साहित्य मिलता है। सब बातों को सामूहिक दृष्टि से देखते हुए विजय नगर का राज्य अपने वैभव तथा हिन्दू संस्कृति के रक्षण के लिये भारतीय इतिहास में चिर-स्मरणीय रहेगा।

बहमनी वंश

मुहम्मद बिन तुगलक के शासन काल के अन्तिम दिनों में दक्कन में अमीरान-ए-सादाह के विद्रोह के परिणामस्वरूप 1347 ई. में बहमनी साम्राज्य की स्थापना हुई। दक्कन के सरदारों

ने दौलताबाद के कष्लि पर अधिकार करश इस्माइलश अफगान कोश नासिरूद्दीन शाहश के नाम से दक्कन का राजा घोषित किया। इस्माइल बूढ़ा और आराम तलब होने के कारण इस पद के अयोग्य सिद्ध हुआ। शीघ्र ही उसे अधिक योग्य नेता हसन, जिसकी उपाधि जफर खाँ थी, के पक्ष में गद्दी छोड़नी पड़ी। जफर खाँ को सरदारों ने 3 अगस्त, 1347 को अलाउद्दीन बहमनशाह के नाम से सुल्तान घोषित किया। उसने अपने को ईरान के इस्फन्दियार के वीर पुत्र बहमनशाह का वंशज बताया, जबकि फरिश्ता के अनुसार- वह प्रारंभ में एक ब्राह्मण गंगू का नौकर था। उसके प्रति सम्मान प्रकट करने के उद्देश्य से शासक बनने के बाद बहमनशाह की उपाधि ली। अलाउद्दीन हसन ने गुलबर्गा को अपनी राजधानी बनाया तथा उसका नाम बदलकर अहसानाबाद कर दिया। उसने साम्राज्य को चार प्रान्तों गुलबर्गा, दौलताबाद, बरार और बीदर में बांटा। 4 फरवरी, 1358 को उसकी मृत्यु हो गयी। इसके उपरान्त सिंहासनारूढ़ होने वाले शासको में फिरोज शाह बहमनी ही सबसे योग्य शासक था।

बहमनी सल्तनत की अपने पड़ोसी विजयनगर के हिन्दू राज्य से लगातार अनबन चलती रही। विजयनगर राज्य उस समय तुंगभद्रा नदी के दक्षिण और कृष्णा नदी के उत्तरी क्षेत्र में फैला हुआ था और उसकी पश्चिमी सीमा बहमनी राज्य से मिली हुई थी। विजयनगर राज्य के दो मजबूत कष्लि मुदगल और रायचूर बहमनी सीमा के निकट स्थित थे। इन कष्लिों पर बहमनी सल्तनत और विजयनगर राज्य दोनों दाँत लगाये हुए थे। इन दोनों राज्यों में धर्म का अन्तर भी था। बहमनी राज्य इस्लामी और विजयनगर राज्य हिन्दू था। बहमनी सल्तनत की स्थापना के बाद ही उन दोनों राज्यों में लड़ाइयाँ शुरू हो गईं और वे तब तक चलती रहीं जब तक बहमनी सल्तनत कायम रही। बहमनी सुल्तानों के द्वारा पड़ोसी हिन्दू राज्य को नष्ट करने के सभी प्रयास निष्फल सिद्ध हुए, यद्यपि इन युद्धों में अनेक बार बहमनी सुल्तानों की विजय हुई और रायचूर के दोआब पर विजयनगर के राजाओं के मुकाबले में बहमनी सुल्तानों का अधिकार अधिक समय तक रहा।

बहमनी सुल्तानों में तख्त के लिए प्रायः रक्तपात होता रहा। चार सुल्तानों को कत्ल कर दिया गया। दो अन्य को गद्दी से जबरन उतार कर अंधा कर दिया गया। चौदह सुल्तानों में से केवल पाँच सुल्तान ही अपनी मौत से मरे। नवें सुल्तान अहमद ने राजधानी गुलबर्ग से हटाकर बीदर बनायी, जहाँ उसने अनेक आलीशान इमारतों का निर्माण कराया।

बहमनी राज्य की आबादी में मुसलमान अल्पसंख्यक थे, इसलिए सुल्तान ने राज्य के बाहर के मुसलमानों को वहाँ आकर बसने के लिए प्रोत्साहित किया। परिणामस्वरूप बहुत से विदेशी मुसलमान वहाँ आकर बस गये जो अधिकतर शिया थे। उनमें से बहुत से लोगों को राज्य के महत्त्वपूर्ण पदों पर नियुक्त किया गया। विदेशी मुसलमानों के बढ़ते हुए प्रभाव से खिन्न होकर दक्खिनी औ अबीसीनियाई मुसलमान, जो जूयादातर सुन्नी थे, उनसे शत्रुता रखने लगे।

दसवें सुल्तान अलाउद्दीन द्वितीय (1435-57 ई.) के शासनकाल में दक्खिनी और विदेशी मुसलमानों के संघर्ष ने अत्यन्त उग्र रूप धारण कर लिया। 1481 ई. में 13वें सुल्तान मुहम्मद तृतीय के राज्य काल में महमूद गवाँ को फाँसी दे दी गई, जो ग्यारहवें सुल्तान हमायूँ के समय से बहमनी सल्तनत का बड़ा वजीर था और उसने राज्य की बड़ी सेवा की थी। मुहम्मद गवाँ की मौत के बाद बहमनी सल्तनत का पतन शुरू हो गया।

जौनपुर का शर्की वंश

दिल्ली की सल्तनत की दुर्बलता के कारण जिन स्वाधीन राज्यों की स्थापना हुई उनमें से जौनपुर उसका निकटतम पड़ोसी था। इस राज्य की नींव सन् 1314 ई. में मलिक सरवर ने डाली थी। उसने मलिक उस्शर्क की उपाधि प्राप्त की थी और अपने बाहुबल से उसने पश्चिम में कोयला से पूरब में बिहार और तिरहुत तक अपना अधिकार जमा लिया था। उसकी बढ़ती हुई शक्ति से प्रभावित होकर बंगल के शासक ने उसे प्रति वर्ष हाथी भेजने का वचन दिया था। मलिक सरवर के अतिरिक्त इस वंश में पाँच अन्य शासक हुए मुबारकशाह, (1311-1402 ई.), इब्राहीमशाह (1402-1436 ई.), महमूदशाह (1436-1457 ई.), मुहम्मदशाह (1457-1458 ई.) और हुसेनशाह (1458-1500 ई.), जिनमें इब्राहीमशाह, महमूदशाह तथा हुसेनशाह अधिक प्रभावशाली सिद्ध हुए।

मुगल राज्य

मुगलकालीन शासन व्यवस्था के बारे में कुछ महत्त्वपूर्ण कृतियों से जानकारी मिलती है। ये कृतियाँ हैं आईना-ए-अकबरी, दस्तूर-उल-अमल, अकबरनामा, इकबालनामा, तबकाते अकबरी, पादशाहनामा, बहादुरशाहनामा, तुजुक-ए-जहाँगीरी, मुन्तखब-उत-तवारीख आदि। इसके अतिरिक्त कुछ विदेशी पर्यटक जैसे टामस रो, हॉकिन्स, फ्रेंसिस बर्नियर, डाउंटन एवं टैरी से भी मुगलकालीन शासन व्यवस्था के बारे में जानकारी मिलती है। इन विदेशी पर्यटकों और ऐतिहासिक साक्ष्यों के आधार पर मुगलकालीन सैन्य व्यवस्था की भी जानकारी हमें प्राप्त होती है।

प्रशासन-स्वरूप

मुगलकालीन शासन व्यवस्था अत्यधिक केन्द्रीकृत नौकरशाही व्यवस्था थी। इसमें भारतीय तथा विदेशी (फारस व अरब) तत्वों का सम्मिश्रण था। मुगल साम्राज्य के संस्थापक बाबर ने दिल्ली सल्तनत के सुल्तानों से अलग 'पादशह' की उपाधि ग्रहण की। पादशाह शब्द के 'पाद' का शाब्दिक अर्थ है स्थायित्व एवं स्वामित्व तथा शाह का अर्थ है मूल एवं स्वामी। इस तरह पूरे शब्द 'पादशाह' का शाब्दिक अर्थ है 'ऐसा स्वामी या शक्तिशाली राजा, जिसे उपदस्थ न किया जा सके।' मुगल साम्राज्य चूँकि पूर्ण रूप से केन्द्रीकृत था, इसलिए 'पादशाह' की शक्ति असीम थी। नियम बनाना, उसको लागू करना, न्याय करना आदि उसके सर्वोच्च अधिकार थे। मुगल बादशाहों ने नाममात्र के लिए भी खलीफा का अधिपत्य स्वीकार नहीं किया। हुमायूँ बादशह को पृथ्वी पर खुदा का प्रतिनिधि मानता था। मुगलकालीन शासकों में बाबर, हुमायूँ, औरंगजेब ने अपना शासन आधार कुरान को बनाया, परन्तु इस परम्परा का विरोंध करते हुए अकबर ने अपने को साम्राज्य की समस्त जनता का शासक बताया। मुगल बादशाह भी शासन की सम्पूर्ण शक्तियों को अपने में समेटे हुए पूर्णरूप से निरकुंश थे, परन्तु स्वेच्छाचारी नहीं थे। इन्हें 'उदार निरंकुश' शासक भी कहा जाता था।

मंत्रिपरिषद

सम्राट को प्रशासन की गतिविधियों को भली-भाँति संचालित करने के लिए एक मंत्रिपरिषद की आवश्यकता होती थी। बाबर के शासन काल में वजीर का पद काफी महत्त्वपूर्ण था, परन्तु कालान्तर में यह पद महत्वहीन हो गया। वजीर राज्य का प्रधानमंत्री होता था। अकबर के समय प्रधानमंत्री को 'वकील' और वितमंत्री को 'वजीर' कहते थे। आरंभ में वजीर मुगलकालीन राजस्व प्रणाली का सर्वोच्च अधिकारी था, किन्तु कालान्तर में अन्य विभागों पर भी उसका अधिकार हो गया।

वकील (वकील-ए-मुतलक)

सम्राट के बाद शासन के कार्यों को संचालित करने वाला सबसे महत्त्वपूर्ण अधिकारी वकील था। अकबर का वकील बैरम खाँ चूँकि अपने अधिकारों का दुरुपयोग करने लगा था, इसलिए अकबर ने इस पद के महत्व को कम करने के लिए अपने शासनकाल के आठवें वर्ष में एक नया पद 'दीवान-ए-वजीरात-ए-कुल' की स्थापना की, जिसका मुख्य कार्य था- 'राजस्व एवं वित्तीय' मामलों का प्रबन्ध देखना। बैरम खाँ के पतन के बाद अकबर ने मुनअम खाँ को वकील के पद पर नियुक्त किया। परन्तु वह नाम मात्र का ही वकील था।

दीवान या वजीर

फारसी मूल के शब्द दीवान का नियंत्रण राजस्व एवं वित्तीय विभाग पर होता था। अकबर के समय में उसका वित्त विभाग दीवान मुजफ्फर खान, राजा टोडरमल एवं ख्वाजाशाह मंसूर के अधीन 23 वर्षों तक रहा। जहाँगीर अफजल खाँ, इस्लाम खान एवं सादुल्ला खाँ के अधीन राजस्व विभाग लगभग 32 वर्षों तक रहा। औरंगजेब के समय में 'असंद खान' सर्वाधि ाक 31 वर्षों तक दीवान या वजीर के निरीक्षण में कार्य करने वाले मुख्य विभाग दीवान-ए-खालसा (खालसा भूमि के लिए), दीवान-ए-तन (नकद तनखूवाहों के लिए), दीवान-ए-तबजिह (सैन्य लेखा-जोखा के लिए), दीवान-ए-जागीर (राजस्व के कार्यों के लिए दिया जाने वाला वेतन), दीवान-ए-बयूतात (मीर समान विभाग के लिए), दीवान-ए-सादात (ध ार्मिक मामलों का लेखा-जोखा) आदि थे।

मीर बख्शी

इसके पास 'दीवान आजिर' के समस्त अधिकार होते थे। मुगलों की मनसबदारी व्यवस्था के कारण यह पद और भी महत्त्वपूर्ण हो गया था। मीर बख्शी द्वारा 'सरखत' नाम के पत्र पर हस्ताक्षर के बाद ही सेना को हर महीने का वेतन मिला पाता था। मीर बख्शी के दो अन्य सहायक 'बख्शी-ए-हुजूरश व बख्शी-ए-शहगिर्द थे। मनसबदारों की नियुक्ति, सैनिकों की नियुक्ति, उनके वेतन, प्रशिक्षण एवं अनुशासन की जिम्मेदारी व घोड़ों को दागने एवं मनसबदारों के नियंत्रण में

रहने वाले सैनिकों की संख्या का निरीक्षण आदि जिम्मेदारी का निर्वाह मीर बख्शी को करना होता था। प्रान्तों में नियुक्त 'वकियानवीस' मीर बख्शी को सीधे संन्देश देता था।

सद्र-उस-सद्र या सुदूर- यह धार्मिक मामलों, धार्मिक धन -सम्पति वं दान विभाग का प्रध ाान होता था। 'शरीयत' की रक्षा करना इसका मुख्य कर्तव्य था। इसके अतिरिक्त उलेमा की कड़ी निगरानी, शिक्षा, दान एवं न्याय विभाग का निरीक्षण करना भी उसके कर्तव्यों में शामिल था। साम्राज्य के प्रमुख सद्र को सद्र-उस-सुदूर, शेख-उल-इस्लाम एवं सद्र-ए-कुल कहा जाता था। जब कभी सद्र न्याय विभाग के प्रमुख का कार्य करता था तब उसे 'काजी' (काजी-उल-कुजात) कहा जाता था। सद्र दान में दी जाने वाली लगानहीन भूमि का भी निरीक्षण करता था। इस भूमि को 'सयूरगल' या 'मदद-ए-माश' कहा जाता था।

मीर-ए-समां

यह सम्राट के घरेलू विभागों का प्रधान होता था। यह सम्राट के दैनिक व्यय, भोजन एवं भण्डार का निरीक्षण करता था। मुगल साम्राज्य के अन्तर्गत आने वाले कारखानों (बयूतात) का भी संगठन एवं प्रबन्धन मीर समां को करना पड़ता था। मीर समां के अधीन दीवान-ए-बयूतात, मुशरिफ, दारोगा एवं तहसीलदार (कारखानों के लिए आवश्यक नकदी एवं माल का प्रभारी) आदि कार्य करते थे। इस प्रकार वकील या वजीर की शक्तियाँ इन चार मंत्रियों के मध्य विभाजित थीं।

बयूतात

यह उपाधि उस मनुष्य को दी जाती थी, जिसका कार्य मृत पुरुषों के धन और सम्पत्ति को रखना, राज्य का हिस्सा काटकर उस सम्पत्ति को उसके उत्तराधिकारी को सौंपना, वस्तुओं के दाम निर्धारित करना, शाही कारखानों के लिए माल लाना तथा इनके द्वारा निर्मित वस्तुओं और खर्चे का हिसाब रखना था।

प्रधान काजी

इसके काजी-उल-कुज्जात भी कहा जाता था। यह प्रान्त, जिला एवं नगरों में काजियों की नियुक्ति करता था। वैसे तो सम्राट न्याय का सर्वोच्च अधिकारी होता था और प्रत्येक बुधवार को अपनी कचहरी लगाता था, किन्तु समयाभाव और उसके राजधानी में न रहने पर सम्राट की जगह प्रधान काजी कार्य करता था। प्रधान काजी की सहायता के लिए प्रधान श्मुफ्तीश होता था। मुफ्ती अरबी न्यायशास्त्र के विद्वान होते थे।

मुहतसिब

'शरियत' के प्रतिकूल कार्य करने वालों को रोकना, आम जनता को दुश्चरित्रता से बचाना, सार्वजनिक सदाचार की देखभाल करना, शराब, भांग के उपयोग पर रोक लगाना, जुए के खेल को प्रतिबन्धत करना, मंदिरों को तुड़वाना (औरंगजेब के समय में) आदि इसके महत्त्वपूर्ण कार्य थे। इस पद की स्थापना औरंगजेब ने की थी।

मीर-ए-आतिश या दरोगा-ए-तोपखाना

यह बन्दूकचियों एवं शाही तोपखाने का प्रधान होता था। युद्ध के समय तोपखाने के महत्व के कारण इसे मंत्री का स्थान मिलता था।

दरोगा-ए-डाक चौकी

यह सूचना एवं गुप्तचर विभाग का प्रधान होता था। यह राज्य की हर सूचना बादशाह तक पहुँचाता था।

मुगल काल में शासन के समस्त कार्य चूँकि कागजों में किया जाते थे, इसलिए मुगल सरकार को कभी-कभी 'कागजी सरकार' भी कहा जाता था।

प्रान्तीय प्रशासन

अकबर के शासन काल में सर्वप्रथम प्रान्तीय प्रशासन हेतु नया आधार प्रस्तुत किया गया। सर्वप्रथम 1580 ई. में अकबर ने अपने साम्राज्य को 12 सूबों में विभाजित किया। बाद में सूबों की संख्या 15 हो गई, जिसमें इलाहाबाद, आगरा, अवध, अजमेर, बंगाल, बिहार, अहमदाबाद, दिल्ली, मुल्तान, लाहौर, काबुल, मालवा, खानदेश एवं अहमदनगर शामिल थे। जहाँगीर ने कांगड़ा को जीत कर लाहौर में मिलाया, शाहजहाँ ने कश्मीर, थट्टा एवं उड़ीसा को जीत कर सूबों की संख्या 18 की। औरंगजेब ने शाहजहाँ के 18 सूबों में गोलकुण्डा एवं बीजापुर को जोड़कर 20 कर ली। 1707 ई. में औरंगजेब की मृत्यु के समय मुगल साम्राज्य में कुल 21 प्रान्त थे। इनमें से 14 उत्तरी भारत में, 6 दक्षिणी भारत में और एक प्रान्त भारत के बाहर अफगानिस्तान था। इन प्रान्तों के नाम है- आगरा, अजमेर, इलाहाबाद, अवध, बंगाल, बिहार, दिल्ली, गुजरात, कश्मीर, लाहौर, मालवा, मुल्तान, उड़ीसा, थट्टा, काबुल (अफगानिस्तान), औरंगाबाद महाराष्ट्र, बरार, बीदर, बीजापुर, हैदराबाद (गोलकुण्डा) और खानदेश।

प्रशासन की दृष्टि से मुगल साम्राज्य का विभाजन सूबों में, सूबे 'सरकार में', सरकार परगना या महाल में बंटे थे, परगने से जिले या दस्तूर बने थे, जिसके अन्तर्गत ग्राम होते थे, जो प्रशासन की सबसे छोटी इकाई होती थी। गाँवों को 'मवदा' या 'दीह' भी कहते थे। मवदा के अन्तर्गत स्थित छोटी-छोटी बस्तियों को 'नागला' कहा जाता था। शाहजहाँ ने अपने शासन काल में सरकार एवं परगना के मध्य 'चकला' नाम की एक नई ईकाई की स्थापना की थी।

सूबेदार

मुगल काल में इस पद पर कार्य करने वाला व्यक्ति गर्वनर, सिपहसालार (अकबर के समय में), साहिब सूबा या सूबेदार कहा जाता था। सूबेदार की सरकारी उपाधि 'नाजिम' थी। इसकी नियुक्ति सम्राट द्वारा की जाती थी। इसका प्रमुख कार्य होता था प्रान्तों में शान्ति स्थापित करना, सम्राट की आज्ञाओं का पालन करवाना, राज्य करों की वसूली में सहायता करना आदि। इस तरह कहा जा सकता है कि, सूबेदार प्रान्तों में सैनिक एवं असैनिक दोनों तरह के कार्यों का संचालन करता था। मुगल काल में सूबेदारों को किसी राज्य से संधि करना या सरदारों को मनसब

प्रदान करने का अधिकार नहीं था। अपवाद स्वरूप गुजरात के सूबेदार टोडरमल को अकबर ने ये सुविधाएँ दे रखी थीं। उसके प्रमुख सहायक दीवान, बख्शी, फौजदार, कोतवाल, काजी, सद्र, आमिल वितिकची, पोतदार, वाकियानवीस आदि होते थे।

दीवान

यह गर्वनर के अधीन न होकर सीधे शाही दीवान के प्रति जवाबदेह होता था। शाही दीवान के अनुरोध पर ही प्रांतीय दीवान की नियुक्ति की जाती थी। प्रांत का राजस्व विभाग इसके एकाधिकार में होता था। दीवान प्रायः सूबेदार का प्रतिद्वन्द्वी होता था। प्रत्येक को यह आशा थी कि, वह दूसरे पर कड़ी नजर रखे, ताकि दोनों में कोई शक्तिशाली न बन सके। वस्तुतः सूबे में विद्रोह की आशंका को समाप्त करने के लिए ऐसी व्यवस्था की गयी थी। उत्तरकालीन मुगल बादशाह इस व्यवस्था को स्थापित न कर सके, बल्कि कुछ अवसरों पर निजाम (सूबेदार) और दीवान के पद एक ही व्यक्ति को दे दिये गये। बहादुरशाह के समय में बंगाल, बिहार और उड़ीसा के सूबेदार मुर्शिद कुली खाँ को दीवान के अधिकार भी दिये गये थे।

बख्शी

प्रांतीय बख्शी की नियुक्ति शाही मीर बख्शी के अनुरोध पर की जाती थी। इसका मुख्य कार्य सैनिकों की भर्ती करना, सैनिक टुकड़ी को अनुशासित रखना, घोड़ों को दागने की प्रथा के नियमों को लागू करवाना आदि होता था। इसके अतिरिक्त बख्शी 'वाकियानिगार' के रूप में प्रांत में घटने वाली सभी घटनाओं की जानकारी बादशाह को देता था।

सद्र-ए-काजी

प्रांतीय स्तर के विवादों में न्याय करने वाले सद्र-ए-काजी की नियुक्ति शाही काजी के अनुराध पर की जाती थी। संवाददाताओं के समूह को 'सवानी नवीस' या 'खुफिया नवीस' कहा जाता था। इसकी नियुक्ति 'दरोगा-ए-डाक' करता था।

जिले का प्रशासन

प्रशासन की सुविधा के लिए सूबों को जिलों व सरकारों में विभाजित किया गया था। जिला स्तर पर कार्य करने वाले मुख्य अधिकारी निम्नलिखित थे

फौजदार जिले के प्रधान सैनिक अधिकारी के रूप में कार्य करने वाले फौजदार के पास सेना की एक टुकड़ी रहती थी। इसका मुख्य कार्य कानून एवं व्यवस्था को बनाये रखना होता था।

आमिल या अमलगुजार जिले के प्रमुख राजस्व अधिकारी के रूप में कार्य करने वाला आमिल 'खालसा भूमि' से लगान एकत्र करता था। अमलगुजार को आय-व्यय की वार्षिक रिपोर्ट शाही दरबार में भेजनी पड़ती थी। कोतवाल की अनुपस्थिति पर इसे न्यायिक कर्तव्यों का भी निर्वाह करना पड़ता था। वितिकची इसके सहयोगी के रूप में कार्य करता था जिसका प्रमुख कार्य था- कृषि से जुड़े हुए कागजात एवं आंकड़े एकत्र करना।

खजानदार यह सरकार का खजांची था, जो अमलगुजार की अधीनता में कार्य करता था। सरकारी खजाने की सुरक्षा इसका मुख्य उत्तरादायित्व था।

प्रत्येक सरकार में एक काजी होता था, जिसकी नियुक्ति श्सद्र-उस-सुदूर द्वारा की जाती थी। इसकी सहायता के लिए एक मुफ्ती होता था।

वितिकची यह सरकार में राजस्व प्रणाली का दूसरा अधिकारी होता था। यह भूमि की पैमाइश, उपज का निर्धारण, उसकी श्रेणी आदि तय करने में अमलगुजार की सहायता करता था।

कोतवाल कोतवाल की नियुक्ति श्मीर आतिशश के अनुरोध पर केन्द्रीय सरकार करती थी। यह नगर में घटने वाली समस्त घटनाओं के प्रति उत्तरादायी होता था। अपराधियों को दण्ड देने में असमर्थ होने पर कोतवाल को हर्जाना भरना पड़ता था।

परगना का प्रशासन

मुगल काल में परगने अथवा महाल के अंतर्गत प्रशासन में निम्नलिखित अधिकारी शामिल थे

शिकदार यह परगने का प्रमुख अधिकारी होता था। परगने में शान्ति व्यवस्था के साथ अपराधियों को दण्डित करना इसके प्रमुख कार्य था। राजस्व की वसूली में यह आमिल को सहयोग करता था।

आमिल इसका मुख्य कार्य राजस्व को निर्धारित करना एव वसूलना होता था। इसके लिए इसे गाँव के कृषकों से प्रत्यक्ष सम्बन्ध बनाना होता था। इसे 'मुन्सिफ' के नाम से भी जाना जाता था।

कानूनगो यह परगने के पटवारियों का अधिकारी होता था। इसका मुख्य कार्य भूमि का सर्वेक्षण एवं राजस्व वसूली करना था।

फोतदार परगने के खजांची को फोतदार कहते थे।

कारकून क्लर्क (लिपिक) के रूप में कार्य करता था।

मुगलकालीन गाँवों को प्रशासन में काफी स्वयत्ता प्राप्त थी। गाँव का मुख्य अधिकारी प्रधान होता था। इसे 'खूत', 'मुकद्दम', 'चौधरी' आदि कहा जाता था। इसके प्रमुख सहयोगी के रूप में पटवारी कार्य करता था।

18वीं सदी के उतराधिकार राज्य

भारत के अधिकांश भाग पर वह अब भी अपनी विधिसम्मत सत्ता का दावा करता था, खिताब देता था और नियुक्तियों की पुष्टि करता था। मुगलों के वंशज अब भारतीय साम्राज्य के लिए संघर्ष में सक्रिय रूप से भाग तो नहीं लेते थे, लेकिन अन्य महत्वाकांक्षी दावेदार उनकी आड़ में शक्ति हथियाने की अवश्य कोशिश कर रहे थे।

अठारहवीं शताब्दी उत्तराधिकार-युद्ध का परिणाम यह रहा कि हजारों प्रशिक्षित सैनिक, योग्य सेनापति और अधिकारी मारे गये। सामन्त वर्ग, जो मुगल साम्राज्य की आधारशिला था,

संघर्ष में व्यस्त रहा। इसका लाभ उठाकर स्थानीय शासकों तथा कर्मचारियों ने अपना पद पैतृक बनाया। अधिकतर सामन्त राज्य और समाज के हित के लिए संघर्ष करने के बदले अपने स्वार्थों की पूर्त्ति में लगे थे। अपनी स्थार्थ पूर्ति के लिये सामंतों ने मुगल साम्राज्य की एकता को नष्ट किया। मुगल शासकों की अदूर दर्शिता इसके लिये विशेष उत्तरदायी थी। यही कमजोरियाँ मराठा सरदारों, राजपूत राजाओं, जाट, सिख, बुन्देला और नव-स्थापित स्वतंत्र शासकों में मौजूद थीं तथा इनकी कमजोरियों से ईस्ट इण्डिया कम्पनी ने पूरा लाभ उठाया। जागीरों की अल्पसंख्या, विद्यमान जागीरों से प्राप्त आमदनी में कटौती होने एवं सामन्तों के खर्च में वृद्धि होने से सामन्तों ने सिपाहियों के कोटे में कमी कर दी जिससे साम्राज्य की सैनिक शक्ति क्षीण हो गई मुगल साम्राज्य का आधार सेना थी। लेकिन प्रशासनिक अव्यवस्था से अठारहवीं सदी में मुगल साम्राज्य की सैनिक शक्ति में ह्रास हुआ। मुगल सेना इस समय अनुशासनहीनता की भावना से प्रभावित थी। वित्तीय साधनों की कमी के कारण विशाल सेना रखना असम्भव हो गया था। मुगल सैनिक वेतन नहीं मिलने के कारण असन्तुष्ट थे। समर्थ सेना के बिना मुगल सम्राट असहाय हो गया था क्योंकि मुगल सेना न तो महत्वाकांक्षी सामन्तों का दमन कर सकी और न ही विदेशी आक्रमणों का मुकाबला। यूरोपीय राष्ट्रों के प्रतिनिधियों का भारतीय मामलों में हस्तक्षेप भी कम दुष्प्रभावी नहीं था।

देशी शक्तियों ने मुगल साम्राज्य को जर्जर तो कर दिया, परंतु वे अंग्रेजी आक्रमणों से सजग नहीं थे। परिणामतः मुगल साम्राज्य के लिये समस्याएँ और बढ़ गयीं। देशी शक्तियाँ कोई ऐसी सामाजिक व्यवस्था स्थापित नहीं कर सकीं। जो विदेशी शक्तियों का सामना कर सकें। देशी शक्तियों में भी वही कमजोरियाँ थीं जो मुगल साम्राज्य की विशेषताएँ थीं। इसलिए भारतीय राज्य भी यूरोपीय लोगों की उच्च आर्थिक व्यवस्था और प्रौद्योगिकी का सामना नहीं कर सके।

मुगल साम्राज्य के अवशेषों पर जो स्वतंत्र और अर्द्ध-स्वतंत्र राज्य स्थपित किये गये थे। उनमें बंगाल, अवध, हैदराबाद, मैसूर और मराठा राज्य प्रमुख थे। इन्हीं राज्यों ने अठारहवीं सदी के उत्तरार्द्ध में भारत पर आधिपत्य कायम करने की अंग्रेजी शक्ति का विरोध किया क्योंकि मुगल साम्राज्य की सत्ता अब लगभग समाप्त थी। इन राज्यों के शासकों ने कानून और व्यवस्था की स्थापना की तथा अर्थिक और प्रशासनिक दृष्टि से चलने लायक राज्य कायम किए। लेकिन कोई भी राज्य बढ़ते हुए आर्थिक संकट पर काबू पाने में सफल नहीं हो सका, यद्यपि इन राज्यों का प्रयास व्यापार को बढ़ावा देने का रहा। उन्होंने इस दिशा में विदेशी व्यापार को बढ़ावा भी दिया वस्तु स्वदेशी विक्रय व उद्योगों के किसी भी प्रकार के आधुनिकीकरण का प्रयास नहीं किया।

4

उपनिवेशन प्रथम भाग

(Colonisation Part I)

अठारहवीं सदी की राजनीति

अठारहवीं सदी में भारत में व्यवस्थित संगठन के अभाव में भारत का राजनीतिक ढ़ाँचा भी अस्थिर बना रहा जिसके भारत की राजनीतिक, सामाजिक और आर्थिक दशा उत्तरदायी थी। अठारहवीं सदी में भारत में अनेक क्षेत्रीय राज्यों का विकास हुआ जिनमें बंगाल, अवध, मैसूर, हैदराबाद और मराठा राज्य प्रमुख थे। हैदराबाद राज्य की स्थापना निजाम-उल-मुल्क आसफ जाह ने 1724 ई. में की थी। उसने केन्द्रीय सरकार से अपनी स्वतंत्रता की घोषणा कभी भी खुलेआम नहीं की लेकिन व्यावहारिक स्तर पर उसके द्वारा किया जाने वाला स्वतंत्र शासक जैसा ही था। कर्नाटक का नवाब भी लगभग स्वतंत्र ही था। 1740 ई. के बाद कर्नाटक की स्थिति नवाबी के लिए निरन्तर संघर्षों के कारण बिगड़ी और इससे यूरोपीय व्यापारिक कम्पनियों को भारतीय राजनीति में हस्तक्षेप करने का मौका मिला। मुर्शिद कुली खाँ ने बंगाल में जिस स्वतंत्र सत्ता की स्थापना की वह केन्द्रीय सत्ता की कमजोरी का परिणाम था। बंगाल के नवाबों ने विदेशी व्यापारिक कम्पनियों और उनके नौकरों पर कड़ा नियंत्रण रखा तथा उन्हें अपने विशेषाधिकारों का दुरुपयोग नहीं करने दिया। उन्होंने अंग्रेजी ईस्ट इण्डिया कम्पनी के नौकरों को देश के कानूनों का पालन करने और अन्य व्यापारियों के बराबर सीमाशुल्क देने के लिए विवश कर दिया। अलीवर्दी खाँ ने अंग्रेजों और फ्रांसीसियों को कलकत्ता एवं चन्दननगर के कारखानों को किलाबन्दी करने की इजाजत नहीं दी। लेकिन बंगाल के नवाब बड़े नासमझ और लापरवाह साबित हुए। समसामयिक औपनिवेशिक शक्तियों की नीतियों और विश्व की घटनाओं से वे अनभिज्ञ रहे। समय सामयिक विश्व की घटनाओं के बारे में उनका अज्ञान और उससे सम्पर्क का अभाव उनके राज्य के लिए विशेष घातक रहा। 1707 ई. के बाद अंग्रेजी ईस्ट इण्डिया कम्पनी की नीतियों

का स्वरूप दमनात्मक हो गया। अलीवर्दी खाँ को छोड़कर बंगाल के कोई ऐसे नवाब थे जो ईस्ट इंडिया कंपनी की विस्तारवादी नीति को नजरअंदाज करते थे और उसे मात्र व्यापारिक कंपनी मानते थे, परिणामतः इस कंपनी को सत्ता के लिये खतरनाक नहीं समझते थे। यह बंगाल के नवाबों ने एक और भूल की। उन्होंने शक्तिशाली सेना के संगठन की ओर ध्यान नहीं दिया। इसके लिए उन्हें भारी कीमत चुकानी पड़ी। जब ईस्ट इण्डिया कम्पनी ने सिराजुद्दौला के विरुद्ध युद्ध की घोषणा की तब कम्पनी की विजय में शक्तिशाली सेना के अभाव का भी योगदान था। बंगाल के नवाब अपने अधिकारियों को अनुशासित नहीं रख सके। भ्रष्टाचार का माहौल ऐसा था कि न्यायिक अधिकारी भी रिश्वत लेने में हिचकिचाते नहीं थे जिसका विदेशी कंपनियों ने अवैध तरीके से लाभ उठाया। अवध के स्वायत्त राज्य का संस्थापक सआदत खाँ बुरहान-उल-मुतक था। 1722 ई. में उसे अवध का सूबेदार बनाया गया था। उसके समय में जमींदारों ने बगावत की लेकिन उसने जमींदारों को अनुशासित किया। 1723 ई. में उसने नया राजस्व-बन्दोबस्त किया। जिसमें हिन्दुओं और मुसलमानों के बीच कोई भेदभाव नहीं किया गया। सआदत खाँ की मृत्यु के बाद सफदर जंग शासक बना। उसने मराठा सरदारों के साथ मित्रता कायम की और बगावती जमींदारों को दबाया। उसने रुहेलों और बंगश पठानों के खिलाफ संघर्ष किया। नवाबों की सरकार के अधीन लम्बे समय तक लगातार शान्ति और सामन्तों की आर्थिक समृद्धि के परिणामस्वरूप अवध दरबार के नवीन राजनीतिक परिवेश का निर्माण हुआ।

कालांतर में दक्षिण भारत में जिस मैसूर राज्य का उदय हुआ उस नेतृत्व का हैदर अली ने किया। हैदर अली एक प्रतिभाशाली सेनापति और चालाक कूटनीतिज्ञ था। वह अंग्रेजों के शत्रु के रूप में स्वयं को प्रतिस्थापित किया। अंग्रेज भी टीपू सुलतान को अपना खतरनाक दुश्मन मानते थे। अठारहवीं शताब्दी के आरम्भ में केरल अनेक सामन्ती सरदारों तथा राजाओं के बीच विभाजित था। चार महत्त्वपूर्ण राज्य थे जमोरिन के अधीन कालजीकट, चिराक्कल, कोचीन एवं त्रावणकोर। त्रावणकोर राज्य को मार्तण्ड वर्मा के नेतृत्व में प्रमुखता प्राप्त हुई। अपनी दूरदर्शिता, दृढ़ संकल्प, साहस एवं निर्भीकत का अपूर्व सामंजस्य था। उसने सामन्तों को दबाया, क्विलोन और इलायादाम पर नियंत्रण स्थापित किया तथा डचों को पराजित कर केरल में उनकी राजनीतिक सत्ता समाप्त कर दी। इसके द्वारा संगठित की गयी सैन्य शक्ति का आधार यूरोपीय अधिकारियों में सहयोग तथा आधुनिक हथियार थे। नवीन सैन्य संगठन से साम्राज्य की सीमा भी उसने बढ़ा लीं अब उसका साम्राज्य न केवल कन्याकुमारी से कोचीन तक हो गया, अपितु केरल के राजाओं तथा सरदारों के सहयोग से मलयाली साहित्य का विकास की हुआ।

ऐसी परिस्थिति में राजपूत राजाओं ने भी मुगल साम्राज्य की जर्जर दशा का लाभ उठाया। अठारहवीं सदी में आमेर का सवाई जयसिंह एक महत्त्वपूर्ण राजपूत शासक था। उसने जयपुर शहर की स्थापना की और उसे कला एवं विज्ञान का एक महत्त्वपूर्ण केन्द्र बना दिया। जयपुर का निर्माण वैज्ञानिक सिद्धांतों के आधार पर और नियमित योजनानुसार किया गया था। जयसिंह एक महान खगोलशास्त्री भी था। उसने सारणियों का जो सेट तैयार किया उससे लोगों को खगोलशास्त्र सम्बन्धी पर्यवेक्षण में सहायता मिली। उसने युक्लिड की 'रेखागणित के तत्व' का अनुवाद संस्कृत भाषा में करवाया। उसने त्रिकोणमिति की अनेक

कृतियों एवं लघुगणकों को बनाने तथा उनके इस्तेमाल सम्बन्धी नेपियर की रचना का संस्कृत भाषा में अनुवाद करवाया। मुगल सत्ता के विरुद्ध जाट जाति के लोगों ने भी विद्रोह किया था। भरतपुर के जाट राज्य की स्थापना चूड़ामन और बदन सिंह ने की थी। जाट सत्ता सूरजमल के समय अपनी उच्चतम गरिमा पर पहुँच गयी थी। मुहम्मद खाँ वंगश ने फर्रूखाबाद के आस-पास के क्षेत्रों पर आपना अधिकार कायम कर लिया था। इसी प्रकार अली मुहम्मद खाँ ने रूहेलखण्ड नामक राज्य भी स्थापना की।

गुरू गोबिंद सिंह ने सिक्खों को जिस प्रकार से इस संघर्ष से जोड़ा उससे सिक्ख समुदाय का स्वरूप राजनीतिक व फौजी होने के साथ-साथ आक्रमकों का पर्याय बन गया। गुरू गोबिन्द सिंह की मृत्यु के बाद सिखों का नेतृत्व बंदाबहादुर के हाथों में चला आया जिसने मुगलों के सिखाफ आठ वर्षों तक संघर्ष किया। लेकिन जब 1715 ई. में उसे पकड़ लिया गया और कत्ल कर दिया गया तो सिखों को अपना अधिकार-क्षेत्र बढ़ाने की महत्त्वाकांक्षा को धक्का लगा और उनकी सत्ता का पतन हुआ। नादिरशाह और अहमदशाह अब्दाली के आक्रमणों से पंजाब में प्रशासनिक अव्यवस्था फैली और इससे सिखों ने लाभ उठाया। अहमदशाह अब्दाली के पंजाब से वापस जाने के बाद सिखों ने राजनीतिक रिक्तता को भरना प्रारम्भ किया। उन्होंने 1765-1800 ई. के बीच पंजाब और जम्मू पर अधिकार कर लिया। सिख समानता के आधार पर बारह मिसलों में संगठित थे। ये मिसलें एक दूसरे के साथ पूरी तरह सहयोग करते थे। किसी मिसल के मामलों पर विचार करने और मिसल के प्रधान तथा अन्य अधिकारियों के चुनाव में सभी सदस्य समान रूप से भाग लेते थे। परंतु संघर्षों के कारण खालसा की अत्यंत समस्या हो गयी तथा मिसलों के प्रधानों ने अपने को स्वतंत्र सरदार घोषित किया।

इस समय यदि मराठा शासक चाहते तो मुगल साम्राज्य का सहयोग कर सकते थे इनमें व्याप्त विषमता तथा आपसी संघर्ष का लाभ उठाकर अंग्रेजों ने अपनी कूटनीति द्वारा मराठा सरदारों को विभाजित कर दिया और उन्हें युद्ध में पराजित किया। मराठों की असफलता का मूल कारण यह था कि मराठा साम्राज्य भी उसी पतनोन्मुख समाज-व्यवस्था का प्रतिनिधित्व करता था जिसका प्रतिनिधित्व मुगल साम्राज्य कर रहा था। दोनों में एक ही प्रकार की अन्तर्भूत कमजोरियाँ मौजूद थीं। मराठा सरदार भी मुगल सामन्त की तरह ही थे। जबतक मुगलों के विरुद्ध पारस्परिक सहयोग करने की आवश्यकता भी तब तक वे एकाजुट रहे। लाचार किसानों से कर वसूलने, नयी अर्थव्यवस्था विकसित न करके तथा वैज्ञानिक प्रगति न कर पाने के कारण मराठा सरदार भी जनता के प्रति अपने विश्वास खो चुके थे। उदयीमान ब्रिटिश सत्ता का मुकाबला मराठे केवल अपने राज्य को एक आधुनिक राज्य का स्वरूप देकर ही कर सकते थे। परंतु अपनी नीतियों के परिणामस्वरूप उन्हें सफलता नहीं मिली।

अठारहवीं सदी के पूर्वार्द्ध में जब मुगल साम्राज्य मुगल साम्राज्य का स्थान पाने के लिए मराठों को छोड़कर सभी शक्तियों को मित्रों की आवश्यकता थी जो विदेशी थे। ये विदेशी शक्तियाँ प्रारम्भ में भारत में राज्य स्थापित करना नहीं चाहती थीं और उनका मुख्य उद्देश्य व्यापार करना था। लेकिन बाद में फ्रांसीसी और अंग्रेज भारतीय मामलों में हस्तक्षेप करने लगे जो दोनों कम्पनियों की परस्पर व्यापारिक प्रतिस्पर्धा और यूरोप में दोनों राष्ट्रों की राजनीतिक प्रतिस्पर्धा

का परिणाम था। यूरोप में आस्ट्रिया के उत्तराधिकार-युद्ध के कारण अंग्रेजों और फ्रांसीसियों ने भारतीय राजनीति में हस्तक्षेप करना प्रारम्भ किया।

प्रारम्भ में अंग्रेजों का उद्देश्य भारतीय राजनीति में हस्तक्षेप करना नहीं था। उनका मुख्य उद्देश्य गरम मशालों का व्यापार करना था जिस पर पहले पुर्तगालियों ने और बाद में डचों ने एकाधिकार स्थापित कर लिया था। अंग्रेजों ने सूरत में अपना व्यापारिक अड्डा स्थापित किया और वहाँ से पुर्तगालियों को खदेड़ दियां मुगल सम्राट जहाँगीर से विशेष व्यापारिक अधिकार प्राप्त करने के लिए उन्होंने अपना दूतमण्डल भेजा। मुगल सम्राट से अंग्रेजों को बहुमूल्य व्यापारिक अधिकार मिला।

अंग्रेजी कंपनी के विकास में भारतीय व्यापारियों का भी योगदान था क्योंकि इस समय कुछ भारतीय व्यापारी ऐसे थे जो भारत के व्यापारिक क्षेत्र में प्राथमिकता चाहते थे। अंग्रेजी कम्पनी भारतीय शासकों से अपने यूरोपीय प्रतिद्वन्द्वियों की तुलना में अधिक एकाधिकार और चुंगी में छूट चाहती थी। चापलूसी, उपहार और रिश्वत द्वारा कम्पनी ने भारतीय शासकों से अपने उद्देश्य को प्राप्त करने का प्रयास किया। जिसका परिणाम यह हुआ कि युद्ध तथा कर नीति द्वारा अंग्रेजी कंपनी ने अपना प्रभाव बढ़ाने का प्रयास किया। जहाँ-जहाँ कम्पनी ने अपनी फैक्टरी स्थापित की थी, उन इलाकों को भी अपने अधीन लाने का प्रयास कम्पनी ने किया। अब व्यापार का उद्‌देश्य प्रशासन में परिवर्तित होने लगा। उनकी राजनीतिक महत्त्वाकांक्षा के पीछे उनकी मजबूरी भी थी। इस समय इंग्लैण्ड में वणिकवाद अपनी चरम सीमा पर पहुँच रहा था। वणिकवाद के तहत किसी भी देश में सोने एवं चाँदी को एकत्रित करने की होड़ होती है। स्वाभाविक है कि ब्रिटिश सरकार ने अब ईस्ट इण्डिया कम्पनी के मालिकों को स्पष्ट कर दिया कि भविष्य के लिए एक संकट की घड़ी थी। इसके लिये ईस्ट इंडिया कंपनी ने यह भी सुनिश्चित करने का प्रयास किया भारत से धन की प्रगाही किस प्रकार की जाय? यह एक महत्वपूर्ण कार्य था। किसी देशी शक्ति को पराजित करके एवं उससे कर वसूल कर ही किया जा सकता था। यहीं वह कारण था जिससे ईस्ट इंडिया का स्वरूप व्यापारिक प्रशासनिक में परिवर्तित हो गया। भारत में अंग्रेजों ने विस्तारवादी नीति का अनुसरण किया जिससे ब्रिटिश साम्राज्य भारत में और अधिक विस्तृत हुआ। नेपोलियन की वाटरलू की पराजय के बाद इंग्लैण्ड का भारत और भारतीय सागरों पर निर्विवाद आधिपत्य स्थापित हो गया।

उपनिवेशिक शक्तियाँ : पुर्तगाल, डच एवं फ्रांसीसी

पुर्तगालियों का प्रवेश

सन् 1499 में वास्कोडिगामा स्वदेश तो वापस हो गया परंतु उसका प्रयास असफल नहीं रहा, क्योंकि उसके आगमन के समय से ही पुर्तगाली व्यापारियों का भारत के साथ व्यापारिक संबंध स्थापित हो गया। पुर्तगाली व्यापारियों ने 1500 ई. में कालीकट के पास कोचीन में एक कोठी बनायी और कालीकट के तत्कालीन शासक सामुरी या जमोरिन की आज्ञा प्राप्त कर कोठी

की किलेबन्दी भी कर ली। शासक का संरक्षण पाकर अरब व्यापारियों के विरोध के बावजूद पुर्तगालियों ने कालीकट, कोचीन और कन्नोर में व्यापारिक केन्द्रों की स्थापना कर ली। अरब और पुर्तगाली व्यापारियों के बीच कई बार संघर्ष हुए, परन्तु अरब व्यापारी पराजित हुये। 1506 ई. गोवा नगर पर पुर्तगालियों ने अधिकार कर लिया जिसे कालीकट के शासक जमोरिन ने बुरा माना। उसने पुर्तगालियों को केवल व्यापार करने की सुविधा दी थी। किन्तु कालीकट राज्य की समृद्धि अरब व्यापारियों पर ही निर्भर थी। यही कारण था कि जमोरिन पुर्तगालियों को निकाल-बाहर करना चाहता था।

पुर्तगाल-अधिकृत क्षेत्र का पहला वायसराय डी-अल्मीडा था। वह 'नीले पानी' की नीति का समर्थक था। 1505 ई. से 1509 ई. तक डी-अल्मीडा के वायसराय-काल में पुर्तगालियों की सामुद्रिक शक्ति को सुरक्षित रखने की चेष्टा की गयी। वह पूरब में साम्राज्य कायम करने के पक्ष में नहीं था। परन्तु डी-अल्मीडा के बाद अल्बूकर्क पुर्तगालियों का नया वायसराय नियुक्त हुआ। इस वायसराय की विचारधारा साम्राज्यवादी थी। उसका उद्देश्य भारत में पुर्तगाली साम्राज्य की स्थापना करना था। दक्षिण भारत में बहमनी और विजयनगर के राज्यों में आपसी संघर्ष चल रहा था। अल्बूकर्क ने इस प्रतिस्पर्धा का लाभ उठाकर बीजापुर राज्य के प्रसिद्ध बन्दरगाह गोवा पर 1510 ई. में अधिकार कर लिया। इस विजय से अल्बूकर्क की महत्वाकांक्षा पूरी हुई और उसने गोवा में अपना प्रधान कार्यालय स्थापित किया। उसी वर्ष कालीकट के शासक नमोरिन के राजमहल को अल्बूकर्क ने लूट लिया और उसमें आग लगा दी। कालीकट के बाद गुजरात के ड्यू नामक स्थान पर पुर्तगालियों ने अधिकार कर लिया। भारतीय क्षेत्रों पर अधिकार कर अल्बूकर्क ने कोलम्बों और मलक्का में पुर्तगाली कारखानों की स्थापना की। व्यापारिक महत्व के दो प्रमुख केन्द्रों अहमदनगर और बीजापुर की सम्मिलित सेना ने 1512 ई. में गोवा पर अधिकार करने के लिए आक्रमण किया, परन्तु, उन्हें पराजय ही हाथ लगी। अल्बूकर्क ने फारस की खाड़ी के द्वीप ओर्मज पर अधिकार कर एक दुर्ग की स्थापना की। इस प्रकार अल्बूकर्क प्रथम पुर्तगाली वायसराय था जिसने भारत में पुर्तगालियों के दृढ़ साम्राज्य-निर्माण का स्वप्न पूरा किया। 1515 में अपनी मृत्यु के पहले ही उसने पुर्तगालियों की सामुद्रिक शक्ति बढ़ा दी।

इस समय पुर्तगालियों ने मुगलों से संबंध स्थापित करने का प्रयास किये जिसका कारण बीजापुर, अहमद नगर तथा कालीकट के शासकों का इनके विरूद्ध सम्मिलित प्रयास था।

अकबर की राजधानी फतेहपुर सीकरी में पहला ईसाई मिशन 1580 ई. में भेजा गया। जेसुइट मिशन के लोग अकबर को ईसाई धर्म में दीक्षित करना चाहते थे। परन्तु कई बार दूतों को भेजने के बाद भी वे अकबर को अपने धर्म के अनुकूल बनाने में सफल नहीं हुए। मुगलों के साथ पुर्तगालियों का मैत्रीपूर्ण सम्बन्ध 1612 ई. तक कायम रहा। जहाँगीर के शासनकाल में पुर्तगालियों ने मुगलों के कुछ जहाजों को लूट लियां जिसका परिणाम यह हुआ कि 1612 ई. में जहाँगीर ने दामन पर अधिकार कर मुगल साम्राज्य के अन्दर ईसाई धर्म के प्रचार पर प्रतिबन्ध लगा दिया।

17वीं सदी के प्रारम्भ में पुर्तगालियों की शक्ति में कमी आ गयी। इसका सबसे बड़ा कारण यह था कि 1580 ई. में पुर्तगाल को स्पेन का एक भाग दिया गया था। स्पेन का शासक फिलिप द्वितीय था। उस समय स्पेन की स्थिति स्वयं डावाँडोल थी। वह पुर्तगाली व्यापारियों के हित की रक्षा करने में असमर्थ था। अपनी सैनिक शक्ति के बल पर पुर्तगाली व्यापारी अधिकृत क्षेत्रों की रक्षा नहीं कर पाये। डचों द्वारा वे एम्बोयना से खदेड़ दिये गये। 1622 ई. में ईरान की सरकार ने ओर्मज पर अधिकार कर लिया। 1640 ई. में मलक्का से भी पुर्तगालियों को हाथ धो लेना पड़ा। 1656 ई. में उन्हें सीलोन से निकाल दिया गया। 1739 ई. में मराठों ने बेसिन पर अधिकार कर लिया। केवल गोवा, दामन और ड्यू पर ही पुर्तगालियों का अधिकार रहा। यह प्रदेश भारत के स्वतंत्र होने के बाद भी 15 वर्षों तक पुर्तगालियों के नियंत्रण में रहा। 1962 ई. में गोवा, दामन और ड्यू भारतीय संघ में सम्मिलित कर लिये गये।

डचों का आगमन

हॉलैंड की डच जाति का आगमन पुर्तगालियों की पराजय का परिणाम था। इस जाति का लक्ष्य भारत से धन कमाना था। सर्वप्रथम जलमार्ग से उनका जहाज 1598 ई. में अफ्रीका और जावा के रास्ते से भारत पहुँचा था। भारतीय राजाओं के द्वारा डचों को पुर्तगालियों की तरह ही व्यापार करने की सुविधा दी गयी। डच पुर्तगालियों की निन्दा भारतवासियों से करते थे। मुगल सम्राटों को प्रसन्न कर डचों ने व्यापार के लिए कोठियाँ बनाने और अपनी रक्षा के लिए किलेबन्दी की आज्ञा प्राप्त कर ली थी। डच जाति नाविक शक्ति में बढ़ी-चढ़ी थी। व्यापार में अंग्रेज और फ्रांसीसी उनकी तुलना में बहुत पीछे थे।

डचों के द्वारा गुजरात, बंगाल, बिहार में अनेक कारखानों की स्थापना की गयी। डचों द्वारा स्थापित व्यापारिक केन्द्रों में पुलीकट (1610 ई.), सूरत (1616 ई.), चिनसुरा (1653 ई.), कासिम बाजार, बड़ा नगर, पटना, बालसोर, नागापट्टम (1659 ई.) और कोचीन (1663 ई.) प्रमुख थे। डच मुख्य रूप से दक्षिण-पूर्वी एशिया के द्वीपों के साथ व्यापार करते थे। भारत इनके व्यापार की कड़ी मात्र था। डच सूरत से नीच, बंगाल, बिहार, गुजरात और कारोमण्डल के कच्चा रेशम, चावल और अफीम का निर्यात करते थे। डचों का प्रमुख अधिकाधिक धन प्राप्त करना तथा भारत एवं पूर्वी द्वीप समूहों पर एकाधिकार स्थापित करना था।

पुर्तगालियों के साथ संघर्ष : पुर्तगालियों तथा डचों के मध्य पहला संघर्ष 1602 ई. में हुआ जिसमें डचों ने पुर्तगालियों को पराजित कर अम्बोयना पर अधिकार कर लिया। यह डचों की सफलता का पहला चरण था। धीरे-धीरे पूर्वी द्वीप-समूहों पर डचों का अधिकार हो गया। डचों के बढ़ते हुऐ प्रभाव से पुर्तगाली व्यापार पर प्रतिकूल प्रभाव पड़ा। 1616 ई. में बटाबिया को राजधानी बनाकर डचों ने लंका और मलक्का पर अधिकार कर लिया। पुर्तगालियों को कई बार युद्ध में पराजित कर डच 1664 ई. तक उनके अनेक व्यापारिक केन्द्रों पर अधिकार कायम करने में सफल हो गये। भारत में गुजरात, बंगाल, बिहार और उड़ीसा में डचों ने अनेक कोठियों की स्थापना की और भारतीय व्यापार के द्वारा पर्याप्त मात्रा में धन कमाया, जो उनका प्रमुख लक्ष्य था।

अंग्रेजों के साथ संघर्ष : पुर्तगालियों का अंग्रेजों से पहला संघर्ष 1618 ई. में हुआ जिसमें डचों ने बहुत बड़ी संख्या में अंग्रेजों की हत्या कर दी। इस हत्याकाण्ड के कारण डच और अंग्रेज दोनों एक-दूसरे के शत्रु बन गये। डच दक्षिण-पूर्वी एशिया में व्यापार करना अधिक उपयुक्त समझते थे। अतः भारत में राजनीतिक प्रभाव बढ़ाने के प्रति वे अधिक सक्रिय नहीं थे। दूसरी ओर अंग्रेज भारतीय व्यापार को प्राथमिकता देते थे। भारत में डचों और अंग्रेजों के बीच हुये युद्ध में अंग्रेजों को भारी सफलता मिली और भारतीय व्यापार पर अंग्रेजों का एकाधिपत्य स्थापित हो गया।

फ्रांसीसियों का प्रवेश

यद्यपि पूरब के साथ फ्रांसीसियों ने व्यापार कार्य 1529 से ही प्रारंभ कर दिया परंतु वह विशेष सफलता नहीं प्राप्त कर सके। ईस्ट इण्डिया कम्पनी की तरह एक फ्रांसीसी कम्पनी की स्थापना 1611 ई. में की गयी जिसका उद्देश्य मेडागास्कर में उपनिवेश स्थापित करना था। परन्तु कुछ कारणों से फ्रांसीसी कम्पनी को सफलता नहीं मिली। 1664 ई. में फ्रांस के शासक लुई चौदहवें के नेतृत्व में एक फ्रेंच ईस्ट इण्डिया की स्थापना की गयी। कम्पनी का मुख्य कर्ता-धर्ता कोलबर्त्त फ्रांस का वित्तमंत्री था। फ्रांसीसी कम्पनी पर स्वाभाविक रूप से सरकार का नियंत्रण अधिक था। जिसके कारण किसी भी कार्य के लिये सरकार से अनुमति लेनी पड़ती थी। फ्रांसीसियों ने 1668 ई. में सूरत, 1669 ई. में मछलीपट्नम् तथा 1674 ई. में पांडिचेरी में कोठियों की स्थापना की। 1690-92 ई. में हुगली के पास चन्दनगर में फ्रांसीसियों ने अपनी कोठियाँ स्थापित कीं।

डचों के विद्रोह तथा यूरोपीय युद्धों ने फ्रांसीसियों की स्थिति (भारत में) को जर्जर बना दिया, लेकिन 1720 ई. के बाद फ्रांसीसी कम्पनी का पुनर्गठन हुआ और नवीन चेतना का संचार हुआ। 1721 ई. में मारिशस, 1725 ई. में पाही और 1739 ई. में कारीकल पर अधिकार हो जाने से फ्रांसीसी कम्पनी का व्यापार बहुत तेजी से बढ़ा। 1741 ई. में ड्यूमा के स्थान पर डूप्ले पांडिचेरी का अधिकारी नियुक्त हुआ। डूप्ले एक योग्य एवं चतुर सेनापति था। वह महत्त्वाकांक्षी भी था। यद्यपि नकाब की उपाधि ड्यूमा को मिली थी परंतु डूप्ले ने स्वयं को यूँ ही नवाब डूप्ले कहना शुरू किया। वह भारत में फ्रांसीसी साम्राज्य की स्थापना करना चाहता था। वह कुशल कूटनीतिज्ञ था। दूसरा कारण भारतीयों में राष्ट्रीयता या स्वदेश की रक्षा की भावना का अभाव था। भारतीय सैनिक योग्य थे। उन्हें यूरोपीय ढंग से प्रशिक्षित कर आसानी से काम निकाला जा सकता था। परंतु भारत पर अंग्रेजों तथा फ्रांसीसियों दोनों का एक साथ एकाधिकार कैसे हो सकता था। परिणामतः दोनों में संघर्ष होना निश्चित हो गया।

ब्रिटिश राज

सन् 1757 से अंग्रेजों ने भारत पर अपने नियंत्रण का प्रयोग अपने निजी हितों की सिद्धि के लिए किया। लेकिन यह सोचना गलत होगा कि पूरे दौर में उनके शासन का मूल चरित्र एक-सा

रहा। लगभग दो सौ वर्षों के लंबे इतिहास में वह अनेक चरणों से गुजरा। ब्रिटेन के अपने सामाजिक, आर्थिक और राजनीतिक विकास में परिवर्तन के जो रूप सामने आये उसकी के अनुसार उसके शासन और साम्राज्यवादी चरित्र तथा उसकी नीतियों और प्रभाव में भी परिवर्तन आये।

बात यहीं से शुरू की जा सकती है कि सन् 1757 से भी पहले ब्रितानी ईस्ट इंडिया कंपनी की दिलचस्पी केवल पैसा बटोरने में थी। उसने भारत और पूर्वी देशों से होने वाले व्यापार पर अपना एकाधिकार इसलिए चाहा ताकि दूसरे अंग्रेज या यूकोपीय सौदागर और व्यापारिक कंपनिया उससे प्रतिस्पर्द्धा न कर सकें। कंपनी यह भी नहीं चाहती थी कि भारतीय सौदागर देशी माल की खरीद और विदेशों में उसकी ब्रिकी के मामले में उनके मुकाबले में आयें। दूसरे शब्दों में कंपनी यह चाहती थी कि अपने माल को, जितना भी संभव हो सके, महंगी कीमत पर बेचे और भारतीय माल को सस्ती कीमत पर खरीदे ताकि उसे ताकि उसे अधिकतम लाभ मिल सके। यदि व्यापार की शर्ते सामान्य होतीं और उसमें विभिन्न कंपनियों और व्यक्तियों को मुकाबले में आने की सुविधा होती तब वह लाभ संभव नहीं होता। कंपनी के लिए अंग्रेज व्यापारियों को प्रतिस्पर्द्धा से दूर रखना इसलिए आसान था कि वह घूस तथा अन्य आर्थिक और राजनीतिक साधनों के सहारे से ब्रितानी सरकार का यह आदेश प्राप्त कर लेने में सक्षम थी कि भारत और पूर्वी देशों से व्यापार करने का उसका आदेश प्राप्त कर लेने में सक्षम थी कि भारत और पूर्वी देशों में व्यापार करने का उसका एकाधिकार होगा। लेकिन ब्रितानी कानून अन्य यूरोपीय देशों के सौदागरों और व्यापारिक कंपनियों को इस व्यापारिक प्रतिस्पर्द्धा से दूर नहीं रख सका, अतः ईस्ट इंडिया कंपनी को अपने उद्देश्यों की पूर्ति के लिए लंबी और भयानक लड़ाइयां करनी पड़ीं। चूकि व्यापार के क्षेत्र कई समुद्र पार बहुत दूरी पर थे अतः कंपनी को एक शक्तिशाली नौ-सेना की भी व्यवस्था करनी पड़ी।

कंपनी भारतीय सौदागरों को भी मुकाबले से दूर नहीं रख सकी क्योंकि उन्हें शक्तिशाली मुगल साम्राज्य का संरक्षण प्राप्त था। वास्तविकता यह है कि 17 वीं और 18 वीं शताब्दी के प्रारंभिक वर्षों में भारत के भीतर व्यापार करने का अधिकार मुगल सम्राटों या उनके क्षेत्रीय सूबेदारों को विनयपूर्वक आवेदन देकर प्राप्त करना पड़ता था। लेकिन 18 वीं शताब्दी के प्रारंभ में मुगल साम्राज्य दुर्बल हो गया और दूर दराज से समुद्र तट के क्षेत्र उसके अधिकार से निकलने लगे। कंपनी ने अपनी उत्कृष्ट नौ-सैनिक शक्ति का अधिक से अधिक इस्तेमाल करके समुद्र के तटवर्ती क्षेत्रों पर न केवल अपनी उपस्थिति को बनाये रखा वरन् वह उन क्षेत्रों तथा विदेशों से व्यापार करने वाले भारतीय सौदागरों को खदेड़ती भी रही।

ध्यान देने की एक महत्वपूर्ण बात और थी। कंपनी को भारतीय भूमि पर स्थित अपने किलों और व्यापारिक चौकियों की रक्षा करनी थी। अपनी जल और स्थल सेना का रख-रखाव करना था। भारत के भीतर और समुद्र में अपने हितों की रक्षा के लिए लड़ाइयां करनी थीं। इसके लिए एक बड़ी रकम की आवश्यकता थी। इतना बड़ा वित्तीय साधन न तो ब्रितानी सरकार के पास था, न ईस्ट इंडिया कंपनी के पास। अतः इस बड़ी रकम की व्यवस्था भारत से ही करनी थी। कंपनी ने यह काम तटवर्ती क्षेत्रों के अपने किलेबंद शहरों (कलकत्ता, मद्रास और

बंबई) में स्थानीय ढंग से कर लगा कर दिया। अपने वित्तीय साधनों को बढ़ाने के लिए उसके लिए जरूरी हो गया कि वह भारत में अपने नियंत्रण क्षेत्र का विस्तार करे ताकि अधिक कर उगाहा जा सके।

इसी समय के आसपास ब्रितानी पूंजीवादी भी अपने विकास के सबसे अधिक संभावना-मुक्त क्षेत्र में प्रवेश कर रहा था। उद्योग-धंधे, व्यापार तथा कृषि के अधिकाधिक विकास के लिए अपार पूंजी नियोजन की आवश्यकता थी। चूंकि उस समय इस तरह के पूंजी के नियोजन के साधन बिट्रेन में सीमित थे, वहां के पूंजीपतियों ने, अपनी लुटेरी दृष्टि विदेशों पर डालनी शुरू की ताकि ब्रितानी पूंजीवादी के विकास के लिए वहां से आवश्यक धन प्राप्त किया जा सके। क्योंकि भारत अपनी धनाढ्यता के लिए प्रसिद्ध था अतः मान लिया गया कि वह इस दिशा में एक महत्त्वपूर्ण भूमिका निभा सकने की स्थिति में है। व्यापारिक एकाधिकार और वित्तीय साधनों पर अधिकारय दोनों ही उद्देश्यों की यथाशीघ्र पूर्ति ही नहीं हुई बल्कि सन् 1750-60 के बीच बंगाल और दक्षिण भारत पराजित होकर कंपनी के राजनीतिक अधिकार में आ गये। ईस्ट इंडिया कंपनी के निवेशकों ने इसकी कल्पना तक नहीं की थी।

अब कंपनी को इन अधिकृत क्षेत्रों में राजस्व वसूल करने का सीधा अधिकार प्राप्त हो गया था और वह स्थानीय शासकों, सामंतों और जमींनदारों के पास एकत्रित धन को छीनने-खसोटने में सक्षम हो गयी। कंपनी के सामंतों-जमींदारों और राजस्व से प्राप्त अधिकांश धन का एकमात्र उपयोग खुद के तथा अपने कर्मचारियों के लाभ तथा भारत में अपने विस्तार के लिए किया। उदाहरण के लिए सन् 1765 और 1770 के बीच कंपनी ने अपनी शुद्ध आय का लगभग 33 प्रतिशत माल के रूप में बंगाल से बाहर भेजा। इतना ही नहीं, कंपनी के कर्मचारियों ने भारतीय सौदागरों, अलहकारों और जमींदारों से खसोटी गैरकानूनी आय का बहुत बड़ा भाग बाहर भेजा। भारत से निकली हुई रकम ब्रितानी पूंजीवादी विकास में लगी और उसने उनके विकास में एक महत्वपूर्ण भूमिका निभाई। अनुमान लगाया गया है कि यह रकम उस समय के ब्रिटेन की राष्ट्रीय आय का लगभग दो प्रतिशत थी।

इसी के साथ कंपनी ने भारतीय व्यापार और उसके उत्पादन पर एकाधिकार नियंत्रण प्राप्त करने के लिए अपनी राजनीतिक सत्ता का भी उपयोग किया। धीरे- धीरे भारतीय सौदागर बाहर किये जाते रहे। बुनकरों और दूसरे कारीगरों को या तो अपनी उत्पादित चीजें अलाभकारी कीमत पर बेचने या बहुत कम मजदूरी पर कंपनी में काम करने के लिए मजबूर किया जाता रहा। ब्रितानी शासन के इस पहले चरण का एक महत्वपूर्ण पक्ष यह था कि प्रशासन, न्याय व्यवस्था, परिवहन और संचार, कृषि और औद्योगिक उत्पादन की विधियों, व्यापार व्यवस्था, या शिक्षा और बौद्धिक क्षेत्रों में मूलभूत परिवर्तन की शुरूआत नहीं की गयी। इस अवस्था में ब्रितानी शासन उन परंपरागत साम्राज्यों से बहुत भिन्न नहीं था जो अपने अधीनस्थ क्षेत्रों से लगान वसूल करते थेय हालाँकि ब्रितानी शासन का यह काम बड़ी चतुरता से कर रहा था।

अपने पूर्ववर्तियों के चरण-चिह्नों पर चलते हुए अंग्रेजों ने गांवों में प्रवेश करने की आवश्यकता को तब तक अनुभव नहीं किया जब तक बंधे बंधाये तंत्र से सफलतापूर्वक उस राजस्व की उगाही होती रही, जो आर्थिक शब्दावली में उनके लिए अतिरिक्त राशि थी। परिणाम

स्वरूप जिस तरह के भी प्रशासनिक परिवर्तन किये गये उनका सर्वोपरी इस्तेमाल राजस्व की वसूली के लिए हुआ। सारा प्रयत्न इस उद्देश्य को पूरा करने के लिए था कि राजस्व की वसूली का ढंग अधिक सक्षम हो सके। बौद्धिक क्षेत्र में उन आधुनिक विचारों के प्रसार का कोई प्रयत्न नहीं किया गया जिनके कारण पश्चिम में जीवन जीने का सारा ढंग ही बदल रहा था। 18वीं शताब्दी के उत्तरार्द्ध में केवल दो शिक्षण संस्थाएँ खोली गयीं। एक कलकत्ता में और दूसरी बनारस में। दोनों ही स्थान फारसी और संस्कृत के परंपरागत अध्ययन के केन्द्र थे। यहां तक कि ईसाई धर्म-प्रचारकों तक को कंपनी के अधिकृत भूभाग के बाहर रखा गया।

यह बात भी स्मरण रखनी चाहिए कि ईस्ट इंडिया कंपनी ने भारत पर उस समय अधिकार किया जब ब्रिटेन में विशाल वाणिज्यिक व्यापार निगमों का युग समाप्त हो चुका था। ब्रितानी समाज में कंपनी उबरती हुई सामाजिक शक्तियों की जगह पर चुकती हुई शक्तियों का प्रतिनिधित्व कर रही थी।

5

उपनिवेशन द्वितीय भाग
(Colonisation Part II)

ब्रिटिश राज की विचारधारा

हमारे देश पर विभिन्न लोगों का शासन रहा। मध्यकाल की समाप्ति के पश्चात् ब्रिटिश काल का प्रारंभ हुआ। विभिन्न अंग्रेजी शासकों ने हमारे देश में शासन किया तथा हमारी सभ्यता व संस्कृति का विनाश किया। हमारे देश में उस समय उन्हीं लोगों की शासन प्रणाली थी। अंग्रेजों ने भारत के लोगों को मिलाकर भारत पर शासन किया। वैसे ही भारत में ईस्ट इंडिया कंपनी द्वारा सबसे पहले बंगाल में एक राज्य की नींव डाली। उस समय दिल्ली के प्रसिद्ध शासक और बंगाल के नवाब दोनों पराक्रम की दृष्टि से कमजोर हो गये थे। कंपनी द्वारा 1765 ई. में दीवानी की मंजूर मिली। फिर भी प्रशासन तंत्र पर उनका परम्परागत अधिकार था। एक ओर कम्पनी के अधिकारी थे और दूसरी ओर दीवान थे तथा दोहरे शासन के अन्तर्गत अव्यवस्था व्यापाक रूप से फैलने लगी थी। भारतीय दीवानों पर संदेह किया जाता था। अतएव 1771 ई. में बंगाल काउन्सिल के अध्यक्ष को स्वयं दीवान के रूप में काम करने तथा कम्पनी के कर्मचारियों को राजस्व वसूलने का आदेश दिया गया। इस आदेश का एकमात्र उद्देश्य राजस्व पर कम्पनी का नियंत्रण स्थापित करना था। राजस्व-व्यवस्था की तरह न्याय-प्रणाली भी उत्पीड़न का अस्त्र बन गयी थी। प्राचीन न्याय प्रणाली में कमियाँ थी। 1765-72 के बीच इन्होंने भारतीय जनता तथा शिल्पियों पर अत्याचार किये। उस समय राजस्व व्यवस्था के साथ न्याय विभाग में सुधार की आवश्यकता थी।

ईस्ट इंडिया कंपनी पहले भारत में व्यवसाय के लिये आयी थी। लेकिन सत्ता की स्थापना के बाद यह भी सवाल उठने लगा कि प्रशासन का उत्तरदायित्व कौन संभालेगा। इंग्लैंड की सरकार ईस्ट इंडिया कंपनी पर अपना प्रभाव रखना चाहती थी। इसके लिए यह आवश्यक था

कि कम्पनी के कर्मचारियों को प्रत्यक्ष रूप से शासन करने का काम सौंपा जाय। फलतः 1774 ई. में समस्त प्रशासन सम्बन्धी अधिकार संचालक समिति को दिया गया। संचालक समिति को नियुक्ति का अधिकार था। भ्रष्ट साधनों को अपनाकर संचालक समिति नियुक्त करती थी। उस समय कंपनी के अधिकारी भ्रष्टाचार में तल्लीन थे वे विभिन्न प्रकार के साधनों के माध्यम से धन एकत्रित करते थे। वे अनेक साधनों से धन का संग्रह करते थे। निजी व्यापार, रिश्वत, उपहार आदि प्राप्त करने की उन्हें सुविधा थी। अतः प्रशासन, न्याय-व्यवस्था में व्याप्त अव्यवस्था के साथ-साथ कम्पनी के कर्मचारियों में फैले हुए घुसखोरी और निजी व्यापार पर प्रतिबन्ध लगाने के लिए पुराने प्रशासनिक ढाँचे को बदलना अनिवार्य हो गया था। वारेन हेस्टिंग्स, लॉर्ड कार्नवालिस, लॉर्ड हेस्टिंग्स, लॉर्ड विलियम बेन्टिंग और लॉर्ड डलहौजी ने भारत में अंग्रेजी का प्रचार किया तथा प्रशासनिक एवं सुधारों के माध्यम से ब्रिटिश राज्य की नींव को सुदृढ़ किया।

डलहौजी ने जो भी सुधार योजना चलायी उसका प्रमुख उद्‌देश्य ब्रिटिश सरकार को लाभ प्राप्त हुआ है। उसने सुधार के माध्यम से ब्रिटिश साम्राज्य को सर्वोच्च शक्ति का रूप दिया। सरकार की आय में वृद्धि हुई। उत्तरदायी शासन-व्यवस्था प्रारम्भ की गयी। यातायात एवं आवागमन के साधनों को विकसित करने के फलस्वरूप भारत में नवीन राष्ट्रीयता का उदय हुआ। राजनीतिक एकता की स्थापना सम्भव हुई। प्रत्यक्ष रूप से डलहौजी का सुधार ब्रिटिश साम्राज्य के लिए लाभकारी सिद्ध हुआ। जनभावना, धार्मिक रीति-रिवाज एवं परम्परा की इन्होंने अवहेलना की जिससे भारतीय नाराज थे। सार्वजनिक कल्याण के कार्य के पीछे भी ब्रिटेन और अंग्रेजों की भलाई डलहौजी की नीति का मुख्य आधार था।

गतिविधियाँ

रेलवे-निर्माण

यातायात के प्रमुख साधनों में रेलवे का महत्वपूर्ण स्थान है। लंबी दूरी की यात्रा इससे सुगमता पूर्वक किया जा सकता है। रेल के माध्यम से वस्तुओं के आयात-निर्यात में सुविधा होती है और व्यापक पैमाने पर उत्पादित वस्तुओं का व्यापार करने में कठिनाई नहीं होती है। भारत में रेल-निर्माण की योजना को व्यापारिक रूप देने का श्रेय अंग्रेजों को दिया जाता है। भारत में औद्योगिक विकास एवं आधुनिकीकरण में रेलवे का हाथ था। भारत में रेल-निर्माण का काम प्रारम्भ तो किया गया किन्तु उसका विकास जापान, जर्मनी, कनाडा या आस्ट्रोलिया जैसा नहीं हुआ।

कम्पनी शासनकाल में रेल का निर्माण व्यापारिक एवं राजनीतिक दृष्टि से 1844 ई. में इसे आवश्यक समझा जाने लगा। सेना को एक स्थान से दूसरे स्थान में भेजने, उपद्रवों को दबाने तथा साम्राज्य को सुरक्षित रखने के लिए रेल-निर्माण के कार्य को प्रोत्साहन देने के लिए कहा गया था। हार्डिग और सर चार्ल्स वुड ने रेल-विस्तार की योजना का समर्थन किया था। कपास

का निर्यात बढ़ाने में रेल-सेवा सहायता होती तथा भारतीय कपास के अधिकाधिक निर्यात करने से इंग्लैण्ड अमेरिका पर निर्भर रहना छोड़ सकता था। आयात-निर्यात की दृष्टि से रेलवे द्वारा वस्तु को आने जाने में आसानी हो गयी। कच्चे माल का ब्रिटिश देशों में निर्यात तथा इंग्लैण्ड में उत्पादित वस्तुओं का हमारे देश में लाने के लिये रेलवे एक उपयोगी साधन के रूप में है। साम्राज्य को व्यवस्थित और नियंत्रित रखने के लिए रेल का निर्माण आवश्यक था। भारतीय उपनिवेश को इंग्लैण्ड की अर्थ-व्यवस्था के अधीन रखने में रेल से सहयोग मिलता।

नवीन उद्योगों का विकास

पुराने उद्योगों के ह्रास के कारण देश में नये उद्योगों का विकास किया गया। भारत में साम्राज्यवाद की सुरक्षा के लिए रेल, तार, डाक, सिंचाई के साधन, बैंक, बीमा कम्पनियां आदि का निर्माण करना पड़ा और इसके साथ ही औद्योगीकरण की नीति ब्रिटिश सरकार को अपनानी पड़ी। भारत में सबसे पहले कपड़ा मिल बम्बई में खोली गयी। उन्नीसवीं सदी के मध्य में कपड़ा, जूट, कागज, लोहा, चमड़ा आदि से सम्बन्धित उद्योगों की स्थापना की गयी। 1860 ई. में कोयला निकालने का काम प्रारम्भ हुआ। इन उद्योगों को जब प्रारंभ किया गया था तब इनकी गति काफी धीमी थी इन उद्योगों में यूरोपीय पूँजी का प्रयोग किया गया था।

पटसन उद्योग नये उद्योगों के अंतर्गत पटसन उद्योग भी प्रारंभ किया गया। मुक्त व्यापार की नीति, बन्दरगाहों के विकास, भाड़ा में गिरावट के कारण औद्योगिक प्रगति को प्रोत्साहन मिला। आयात-निर्यात में वृद्धि हुई और माल लाने तथा भेजने के लिए बंगाल का पटसन बहुत उपयोगी था। माल के पैंकिग के लिए पटसन का उपयोग किया जाता था। स्कॉटलैण्ड के निवासियों के द्वारा भारत में पटसन उद्योग हुगली के आस-पास प्रारम्भ किया गया। हुगली नदी के दोनों किनारों पर 96 किलोमीटर वाले लम्बे क्षेत्र में पटसन के अनेक कारखानों का निर्माण किया गया। प्रथम पटसन उद्योग 1855 ई. में खोला गया। दस वर्षों के अन्दर उसकी संख्या बढ़ी और विश्व में पटसन उद्योग के क्षेत्र में भारत अग्रणी देशों में गिना जाने लगा। उत्पादन अधिक होने से पटसन उद्योग लाभकारी सिद्ध हुआ। परन्तु आगे चलकर लाभ की मात्रा घट गयी। 1884 ई. में इंडियन जूल मिल्स एसोसिएशन की स्थापना की गयी और पटसन के कारखाना में उत्पादन एवं मूल्य को नियंत्रित करने का प्रयास किया गया। क्षमता से कम मिल को चलाकर, सप्ताह में पांच दिन काम और काम के घंटे घटाकर उत्पादन को मांग से कम रखकर लाभांश को सन्तुलित किया गया। मिल मालिकों की आपसी प्रतिस्पर्धा को भी समाप्त कर दिया गया और मालिकों के लाभ के अंश में कोई कमी नहीं आने दी गयी। पटसन का अधिकांश मूल्य मिल मालिक अपने पास रख लेते थे किसानों को पटसन का मूल्य कम देते थे। प्रथम विश्वयुद्ध के समय पटसन के निर्यात पर प्रतिबंध लगा दिया गया। परन्तु बीसवीं सदी के प्रारम्भ में ऐसे मिलों की संख्या बढ़कर 123 हो गयी थी।

प्रथम विश्वयुद्ध की समाप्ति के बाद व्यापारिक एवं औद्योगिक क्षेत्रों में उतार चढ़ाव का प्रभाव पटसन उद्योग पर नहीं पड़ा। पटसन उद्योग पर 1929-31 ई. के विश्वव्यापी मन्दी का

भी असर नाममात्र के लिए पड़ा। मिल मालिकों के द्वारा मजदूरों को कम वेतन दिया जाता था और सस्ते दर पर पटसन खरीदने से लाभांश में कमी नहीं आने दी गयी। पटसन उद्योग पर कागज का पैकिंग प्रारम्भ करने के साथ बुरा असर पड़ा। द्वितीय विश्वयुद्ध के समय पटसन का उत्पादन मुख्यतः पूर्वी बंगाल में होता था। स्वाधीनता के बाद वह क्षेत्र पाकिस्तान का अंग बन गया। भारतीय क्षेत्र में केवल पटसन का कारखाना ही रहा। पूर्वी बंगाल अब स्वयं स्वाधीन राष्ट्र बन गया है। वहां अच्छे किस्म का पटसन पैदा किया जाता है। विदेशी मालिकों के नियंत्रण में रहने के कारण पटसन उद्योग का ढांचा अत्यधिक दुर्बल था। अतः स्वाधीनता के बाद भारत में पटसन उद्योग को प्रोत्साहन देने की नीति अपनायी गयी परिणाम यह हुआ कि पटसन उद्योग पहले की अपेक्षा अधिक विकसित हुआ।

कपड़ा उद्योग भारत में कपड़ा कुटीर उद्योग के माध्यम से तैयार किया जाता था। इंग्लैण्ड में औद्योगिक क्रान्ति हुई और वहां के वस्त्रोद्योग का सरंक्षण और प्रोत्साहन देने के लिए कम्पनी ने सरकारी विदेशी वस्त्रों से भारत के बाजारों को भर दिया। भारत में कपास की खेती होती थी। भारत से रूई का निर्यात इंग्लैण्ड में किया जाने लगा और भारतीय वस्त्रोद्योग के कब्र पर ब्रिटेन के वस्त्रोद्योग की विशाल इमारत खड़ी कर दी गयी। कपड़ा उद्योग में भारत के व्यापारियों ने पूंजी लगायी और 1851-54 ई. के बीच अहमदाबाद और बम्बई में वस्त्रोद्योग प्रारम्भ कर दिया गया। मुख्य रूप से वस्त्रोद्योग के तीन प्रमुख केन्द्र बम्बई, अहमदाबाद और कानपुर में विकसित हुए। इन स्थानों में कच्चे माल की सुविधा, आवागमन से सरल साधन और मजदूरों की सुविधा के साथ वस्त्रोद्योग का विकास धीमी गति से हुआ।

भारतीय वस्त्र उद्योग का संचालन एवं प्रबन्ध भारतीय व्यापारियों के हाथ में था। भारतीय व्यापारी लाभ पर अधिक ध्यान देते थे और उद्योग में पूंजी विनियम के प्रति उदासीन थे। प्रबन्ध समिति का गठन पारिवारिक स्तर पर था। वस्त्र उद्योग में तकनीकी कुशलता न थी। व्यावसायिक बुद्धि के बल पर भारत में कपड़ा उद्योग को चलाया गया था।

1876-1884 ई. के बीच वस्त्रोद्योग पर लगाया गया आयात कर समाप्त कर दिया गया। 1894 ई. में मुक्त व्यापार की नीति में परिवर्तन लाया गया। भारत में जापान से कपड़ा निर्यात होने लगा। भारत सरकार ने धन की आवश्यकता पूरा करने के लिए कपड़ा और सूत पर 5 प्रतिशत कर लगा दिया और भारत में उत्पादित कपड़े पर 5 प्रतिशत उत्पादन शुल्क वसूल किया जाने लगा। 1896 ई. में उत्पादन शुल्क घटकार 3/1/2 घटाकर कर दिया गया। आनेवाले दो दशकों में कोई परिवर्तन नहीं हुआ। प्रथम विश्वयुद्ध में सरकार का खर्च बढ़ा। व्यय पूरा करने के लिए आयात कर में 7/1/2 प्रतिशत की वृद्धि की गयी और 1921 ई. में उसे बढ़ाकर 11 प्रतिशत कर दिया गया। भारतीय उद्योगों को संरक्षण देने के नाम पर 1922 ई. में राजस्व आयोग की स्थापना की गयी। इस आयोग ने भेदभाव वाले संरक्षण की सिफारिश की। सूती वस्त्र उद्योग को कुछ संरक्षण प्राप्त हुआ।

1925-26 ई. में जापान से कपड़ा अधिक मात्रा में भारत आने लगा। जापानी कपड़े की तुलना में इंग्लैण्ड से जो कपड़ा आता था वह अच्छे किस्म का नहीं था तथा इसकी कीमत भी जापान के कपड़े से अधिक थी। 1929-30 ई. में विश्वव्यापी मन्दी का प्रभाव इंग्लैण्ड के उद्योगों

पर भी पड़ा। जापान से कपड़ा भारत में आना बन्द नहीं हुआ। जापानी प्रतियोगिता से बचाने के लिए 1930 ई. में भारतीय कपड़ा उद्योग का संरक्षण देना स्वीकार कर लिया गया। विदेश से आनेवाले कपड़ों पर 20 प्रतिशत आयात कर लगा दिया गया, जबकि इंग्लैण्ड से आनेवाले वस्त्र पर केवल 15 प्रतिशत आयात कर था, यह कर 1932-33 ई. में बढ़ाकर 75 प्रतिशत कर दिया गया। इसके प्रभाव से आयात कर में कमी आयी और युद्ध से पूर्व इस कर को 15 प्रतिशत लगा दिया गया।

राष्ट्रीय आन्दोलन के विकास के साथ भारतीय कपड़ा उद्योग अधिक लोकप्रिय हो गया। द्वितीय विश्वयुद्ध के समय जापान से वस्त्र का आयात बन्द हो गया और 1941 ई. के बाद इंग्लैण्ड से भी आयात की सम्भावना कम हो गयी। युद्ध के समय सैनिकों की आवश्यकता की पूर्ति करने तथा पश्चिमी एशिया के देशों में भारतीय वस्त्र का निर्यात अधिक मात्रा में हुआ। फलतः युद्ध के समय भारत का कपड़ा व्यवसाय अधिक लाभ की स्थिति में रहा।

भारतीय वस्त्र उद्योग को ब्रिटिश काल में संरक्षण प्राप्त नहीं हो सका। वे प्रत्येक भारतीय उद्योग को एक इकाई के रूप में आंकते थे जो सर्वथा दोषपूर्ण नीति थी।

स्वाधीनता के अवसर पर भारत में वस्त्र उद्योग की संख्या 442 थी जो बाद में बढ़कर 510 हो गयी। रेशमी वस्त्र का भी कारखाना लगभग 15 है। ऊनी वस्त्र का उद्योग भी विकसित रूप में है और उसके विकास के लिए ऊन विकास समिति की स्थापना की गयी है।

अन्य उद्योग चीनी उद्योग का भारत में महत्वपूर्ण स्थान है। चीनी उद्योग को विदेशी प्रतियोगिता का प्रारम्भ में सामना करना पड़ा, परन्तु भारतीय पूंजीपतियों ने साहस से काम लिया और 1932 ई. में सूगर इण्डस्ट्री प्रोटेक्शन ऐक्ट पास हो जाने से इस उद्योग का विकास हुआ। चीनी उद्योग की संख्या 175 है। इस प्रकार कागज बनाने का भी कारखाना उत्तरोत्तर विकसित हुआ और 15 कागज मिलें भारत में स्थापित की जा सकीं। दिसासलाई, चमड़ा, सीमेंट, साबुन, शराब, चाय, तम्बाकू, लाह आदि उद्योगों की भी स्थापना की गयी। अब इन वस्तुओं का उत्पादन व्यापक स्तर पर होने लगा और देश की वर्तमान आवश्यकताओं की पूर्ति करने में वे सहायक सिद्ध होने लगे।

1864 में प्रथम लौह कारखाने की स्थापना की गयी। 1907 ई. में टाटा आयरन एण्ड स्टील कम्पनी की स्थापना की गयी जो प्रगति की मंजिल को पारकर अब एशिया का सबसे बड़ा लोहे का कारखाना बन गया है। इण्डियन आयरन एण्ड स्टील कम्पनी, भद्रावती आयरन वर्क्स, इण्डियन स्टील कारपोरेशन की स्थापना की गयी। स्वाधीन भारत में इस्पात उद्योग का विकास तेजी से हुआ और कई विशाल कारखानों में उत्पादन का काम सफलतापूर्वक सम्पन्न किया जा रहा है। मोटर कार, साईकिल आदि उद्योगों की भी स्थापना की जा चुकी है।

आर्थिक नीति के परिणामस्वरूप भारत में निर्धनता की वृद्धि हुई तथा विदेशी पूँजी का भारतीय अर्थव्यवस्था पर अधिपत्य हो गया। उत्पादन की समुचित ढंग से अंग्रेजी शासन में विकसित करने का कोई प्रयत्न नहीं किया गया। परिवार भुखमरी की अवस्था में रहता था। अंग्रेजी राज्य में भारत की अर्थव्यवस्था पंगू बन गयी थी। स्वाधीनता के बाद भी अर्थ व्यवस्था में सन्तुलन लाना कठिन सिद्ध हो रहा है।

भू-राजस्व नीति या व्यवस्था

भू-राजस्व नीति के अंतर्गत किसानों से कर वसूलने की प्रथा प्रारम्भ हुई। ईस्ट इण्डिया कम्पनी की प्रशासनिक व्यवस्था के विकसित होने के पूर्व बंगाल में मुगल कर व्यवस्था प्रचलित थी। इस व्यवस्था में किसानों से लगान वसूल करने में कानूनगो की सहायता ली जाती थी। मुगल जमींदारी व्यवस्था वंशगत अधिकार पर आधारित थी। समय पर लगान चुकाने पर जमींदारों को हटाया नहीं जाता था। लगान केवल कृषियोग्य भूमि पर ही लगाया जाता था। जमींदारों पर कर का भार कम था और भूमि से उनको काफी लाभ होता था। मुगलों की भूमि व्यवस्था की नति के अनुसार मुगल सम्राट से किसी क्षेत्र के जमींदारों अथवा सामन्ती अधिकार सम्राट को राजस्व का वायदा करके प्राप्त किया जा सकता था। इसके साथ ही जमींदार को उस जमींदारों में रहनेवाले लोगों के ऊपर शासन करने का अधिकार भी प्राप्त हो जाता था। 1697 ई. में अंग्रेजी कम्पनी को जमींदारी अधिकार कलकत्ता, गोबिन्दपुर और सुलानही के इलाकों में प्राप्त हुए। इस अधिकार को प्राप्त करने के पीछे अंग्रेजों का मुख्य उद्देश्य अधिक से अधिक धन प्राप्त करना था। ईस्ट इण्डिया कम्पनी अपने अधिकार क्षेत्र को विस्तृत करने के लिए व्यग्र थी।

1757 ई. में प्लासी के युद्ध के बाद ईस्ट इण्डिया कम्पनी को बंगाल के चौबीस परगनों की जमींदारी अधिकार प्राप्त हुए। पुराने जमींदारों को हटाकर प्रारम्भ में अंग्रेजों ने स्वयं लगान वसूल किया। बाद में कम्पनी ने अधिकतम लगान प्राप्त करने के लिए जमींदारी अधिकारों की नीलामी शुरू कर दी। सभी परगनों की नीलामी की गयी। भूमि लगान की नीलामी सट्टेदारों के बीच होती थी और सबसे अधिक बोली दिए जानेवालों को लगान वसूली का अधिकार दिया जाता था। नये सट्टेदारों को भूमि-सुधार से कोई लगाव नहीं था। वे अधिक से अधिक लाभ कमाने के लिये यहाँ आये थे। किसानों के ऊपर ये अत्याचार भी करने लगे जिससे तंग आकर किसान अपनी भूमि को छोड़ कर दूसरी जगह चले गये। इस तरह एक नवीन जमींदार वर्ग का जन्म हुआ जिसका उद्देश्य किसानों से अधिक से अधिक लगान वसूल करना था।

ईस्ट इण्डिया कम्पनी की बढ़ती हुई धन की मांग के कारण अंग्रेज ने अपने क्षेत्र को विस्तार करना चाहते थे। 1765 ई. में कम्पनी को मुगल सम्राट से बंगाल, बिहार और उड़ीसा की दीवानी प्राप्त हुई। 1765 ई. तक भू राजस्व व्यवस्था का उत्तरदायित्व भारतीयों के हाथ में सौंपकर कम्पनी प्रत्यक्ष उत्तरदायित्व से मुक्त रही। द्वैध शासनकाल में भू-राजस्व सम्बन्धी अनेक प्रयोग किए गए। द्वैध शासन काल में लगान वसूलने का अधिकार भारतीय अधिकारियों को दे दिया गया। कम्पनी राजस्व व्यवस्था में न तो कोई सुधार लाना चाहती थी तथा अपने ऊपर कोई उत्तरदायित्व नहीं लेना चाहती थी। उस समय कम्पनी के पास तीन प्रकार की भूमि थी। पहली श्रेणी में ऐसी भूमि थी जिस पर कोई लगान कम्पनी को नहीं देना पड़ता था। वर्दवान, मिदनापुर और चटगांव के जिले लगान से मुक्त थे। दूसरी श्रेणी में ऐसी भूमि थी जिस पर कम्पनी को जमींदार की तरह अधिकार था। कलकत्ता और चौबीस परगना का क्षेत्र कम्पनी की

जमींदारी थी जिसका लगान बंगाल के नवाब को देना पड़ता था। तीसरी श्रेणी में बंगाल, बिहार और उड़ीसा की दीवानी थी जिसमें मुगल सम्राट शाह आलम को बीस लाख रुपये प्रतिवर्ष तथा बंगाल के नवाब की निजामत का खर्च पूरा करने के लिए कम्पनी को एक निश्चित राशि का भुगतान करना पड़ता था।

क्लाइव की सिलेक्ट कमेटी ने लगान वसूलने का अधिकार अपने ही पास रखा, लेकिन यह प्रयोग सफल नहीं हो सका। ईस्ट इण्डिया कम्पनी प्रादेशिक राजस्व को निवेश का स्रोत मानती थी। करदाताओं के प्रति उसका कोई उत्तरदायित्व नहीं था। 1765 ई. तक कम्पनी का भू-राजस्व प्रशासन की समस्याएं सरल थीं क्योंकि उसकी जिम्मेदारियां कम थीं। लेकिन 1765 ई. के बाद इसकी स्थिति बदल गयी। लगान व्यवस्था में भ्रष्टाचार फैलने लगा। इससे कम्पनी की अर्थव्यवस्था प्रभावित हुई क्योंकि कम्पनी की आमदनी का मुख्य स्रोत लगान ही था अतः लगान वसूली में सुधार लाने और लगान में वृद्धि के उद्देश्य से 1769 ई. में सिलेक्ट कमेटी ने लगान प्रशासन पर नियंत्रण रखने के लिए पर्यवेक्षकों की नियुक्ति की। इसका काम लगान वसूल करने के तरीकों का अध्ययन करना, लगान की उचित दर तय करना और भारतीय अधिकारियों पर अंकुश लगाना था। लेकिन भारतीय लगान अधिकारियों के असहयोग के कारण इन पर्यवेक्षकों को अपने प्रयत्नों में सफलता नहीं मिली। भारतीय लगान अधिकारियों के विरोध के कारण पर्यवेक्षकों के अधिकारों को कम कर दिया गया। फलतः पर्यवेक्षकों की नियुक्ति का प्रारम्भिक लक्ष्य व्यर्थ रहा। 1770 ई. में कोर्ट ऑफ डाइरेक्टर्स की सलाह पर प्रेसिडेंड और काउन्सिल के माध्यम से भू-राजस्व प्रशासन में दूसरा महत्वपूर्ण प्रयोग किया गया। पटना और मुर्शिदाबाद में दो वित्त नियंत्रण परिषदों की स्थापना की गई। इनका उद्देश्य कम्पनी द्वारा नियुक्त नायब दीवान मुहम्मद रजा खां और सिताब राय पर नियंत्रण रखना था।

इन्होंने प्रयोग बहुत किये लेकिन इससे कंपनी को विशेष लाभ प्राप्त नहीं हुआ इसका आंतरिक प्रशासन और कठिन होता गया क्योंकि सिलेक्ट कमेटी और प्रेसिडेंट तथा काउन्सिल में प्रायः मतभेद रहता था। इसे रोकने के लिए वारेन हेस्टिंग्स को बंगाल का गवर्नर नियुक्त किया गया। वारेन हेस्टिंग्स की नियुक्ति द्वारा पहली बार लगान प्रशासन में ईमानदारी से सुधार लाने का प्रयत्न किया गया था। अभी तक कम्पनी की लगान नीति स्पष्ट नहीं थी। इस अनिश्चित नीति के दोष बंगाल में भयंकर अकाल के रूप में स्पष्ट हुए। द्वैध शासन प्रणाली इस स्थिति के लिए उत्तरदायी थी। द्वैध शासन प्रणाली से भ्रष्टाचार में बढ़ोतरी तथा कंपनी के आय में कोई वृद्धि नहीं हुई उसको घाटा होने लगा। अतएव वारेन हेस्टिंग्स ने सर्वप्रथम द्वैध शासन प्रणाली को समाप्त कर दिया और स्वयं दीवानी अधिकारों का प्रयोग करने का निर्णय लिया। बंगाल, बिहार और उड़ीसा के प्रशासन का उत्तरदायित्व कम्पनी ले ली। मुर्शिदाबाद और पटना में नायब दीवान का पद समाप्त कर दिया गया। अन्य स्थानों से कर कम्पनी ने स्वयं वसूलने का निर्णय लिया। मई, 1772 ई. में सर्किट कमेटी नियुक्त की गई, जिसका काम बंगाल में भूमि बन्दोबस्त की योजना बनाना और उसे लागू करना था। साथ ही प्रत्येक जिला में पर्यवेक्षकों के स्थान पर कलक्टरों की नियुक्ति की गई। वित्त नियंत्रण परिषदों को समाप्त कर दिया गया। कम्पनी के लगान क्षेत्रों को कलक्टरों के बीच बांट दिया

गया। केन्द्रीय सरकार का कार्य सामान्य नियंत्रण एवं आवश्यक निर्देश प्रदान करने तक सीमित था। इसके पास ज्यादा अधिकार नहीं थे। कलक्टरों की सहायत के लिए प्रत्येक जिला में दीवान की नियुक्ति हुई। यह प्रयोग भी अधिक समय तक नहीं चल सका क्योंकि डाइरेक्टरों के आदेशानुसार कलक्टरों को जिला से वापस बुला लिया गया। साथ ही कलकत्ता, वर्दवान, ढाका, मुर्शिदाबाद, दिनाजपुर और पटना में प्रान्तीय काउन्सिलों को भी समाप्त कर दिया गया। प्रान्तीय काउन्सिलों के स्थान पर लगान समिति की स्थापना की गई। इसका उद्देश्य राजस्व प्रशासन में केन्द्रीकरण लाना था। लगान समिति का काम लगान सम्बन्धी मामलों में निर्देशन देना, लगान सम्बन्धी हिसाब-किताब की जांच करना और आवश्यक आदेश जारी करना था। कुछ समय पश्चात् लगान समीति को खत्म कर दिया गया तथा उसके बदले लगान बोर्ड की स्थापना हुई। लगान बोर्ड की सहायता के लिए एक दीवान की नियुक्ति की गई। राय रायन को उच्चतम काउन्सिल के अधीन रखा गया। लगान वसूलने का अधिकार कानूनगो को दिया गया।

राजस्व प्रशासन में सुधार के साथ-साथ लगान नीति में भी बदलाव लाया गया। वारेन हेस्टिंग्स जमींदारों को बिचौलिया मात्र मानता था। उसने उन्हीं जमींदारों के अस्तित्व को स्वीकार किया जिसमें उस जमींदारों से मिलने वाली बोली के बराबर भू-राजस्व कम्पनी को देने की सामर्थ्य थी। 1772 ई. में उसने पंचवर्षीय बंदोबस्ती व्यवस्था लागू की। इस व्यवस्था के अन्तर्गत प्रत्येक जमींदारी पर मालगुजारी पांच वर्ष के लिये निर्धारित की गयी थी और मालगुजारी वसूलने का काम या ठेका उस व्यक्ति को दिया जाता था जो सबसे अधिक डाक बोलता था। जमींदार केवल लगान वसूल करता था, वह जमीन का स्वामी नहीं था। इसके लिये कमीशन दिया जाता था । जमींदारों को नीलामी में किसी प्रकार की सरकार की ओर से प्राथमिकता नहीं दी गयी थी। पुराने जमींदारों को नये जमींदारों को स्तर पर ही रखा गया था, ताकि भू-राजस्व के रूप में अधिक-से-अधिक धन प्राप्त हो। बंगाल की अधिकतर भूमि नये लोगों को मिल गयी थी।

वारेन हेस्टिंग्स की पंचवर्षीय लगान व्यवस्था सफल सिद्ध नहीं हो सकी क्योंकि इससे किसानों का नुकसान होता था। इसलिये यह व्यवस्था असफल रही। अधिक कर निर्धारण और नये जमींदारों की शोषण नीति का शिकार किसान ही हुए थे। लगान वसूली के अधिकार की नीलामी खरीदने वाले अधिकतर ठेकेदार थे। उन्हें न तो कृषि क्षेत्र की कोई जानकारी थी और न भूमि में स्थायी दिलचस्पी ही। वे कम समय में अधिक धन की प्राप्ति करना चाहते थे। कंपनी के अधिकारियों ने भी निजी नौकरों एवं गुमाशतों की सहायता से नीलामी में भाग लिया था भूमि कर अधिक-से-अधिक निश्चित किया जाता था। जमीन की कीमत बढ़ती गयी और किसानों का शोषण भी बढ़ता गया। ठेकेदारों और कम्पनी के अधिकारियों द्वारा किसानों से अधिक-से-अधिक लगान वसूलने के कारण किसानों की स्थिति दयनीय होने लगी। पंचवर्षीय बन्दोबस्ती व्यवस्था की असफलता के बाद वार्षिक बन्दोबस्त जमींदारों के साथ ही किया गया था लगान की दर बढ़ जाने के कारण किसान लगान देने में असमर्थ थे जिस कारण उनको प्रताड़ित किया जाने लगा। एकवर्षीय प्रणाली को सफलता नहीं मिली। अत्याचार और

शोषण नीति के कारण एकवर्षीय व्यवस्था के फलस्वरूप अधिकांश भूमि परती छोड़ दी गई। भूमि का मूल्य घट गया और वारेन हेस्टिंग्स अपने पीछे विद्रोह और अकालों की एक लड़ी छोड़ गया। एकवर्षीय बन्दोबस्ती व्यवस्था के परिणाम इतने घातक हुए कि लॉर्ड कॉर्नवालिस ने 1789 ई. में लिखा था कि, 'भारत का एक तिहाई भाग जंगल के सदृश है जिसमें जंगली जानवर रहते हैं।'

वारेन हेस्टिंग्स के लगान सम्बन्धी प्रयोग में असफलता प्राप्त हुई इससे सरकार को मान हानि हुई। वह लगान के सम्बन्ध में कोई स्थायी व्यवस्था नहीं कर सकता। वस्तुतः दीवानी का उत्तरदायित्व स्वीकार करने के बाद कम्पनी प्रयोग के काल से गुजर रही थी। पंचवर्षीय अथवा एक वर्षीय ठेकेदारी की व्यवस्था दोषपूर्ण थी। ऊँची बोली बोलने वालों को जमीन दी जाती थी। जमींदारों को लगान की रकम पूरा करने के साथ-साथ लाभांश प्राप्त करने की चिन्ता अधिक रहती थी। ठेकेदारीकी व्यवस्था में न तो लगान की दर निश्चित की गयी थी और न किसानों के हितों की रक्षा हो पाती थी। लगान वसूलने वाले अधिकारी उचित न्याय नहीं देते थे। लगान-व्यवस्था से अंग्रेज स्वयं परिचित नहीं थे। वे भारतीय अधिकारियों की सहातया पर निर्भर करते थे। अतः लगान संबंधी अव्यवस्था पूर्ववत् बनी रही और उसके दोषों को दूर करने का कोई प्रयास नहीं किया गया था। परन्तु प्रयोग के माध्यम से वारेन हेस्टिंग्स ने इस दिशा में सुधार करने की आने वाले समय में कोशिश की।

स्थायी बन्दोबस्त

कम्पनी सरकार की पूरी कोशिश के बावजूद भी भू राजस्व से सरकार की आय निश्चित नहीं हो पायी थी। अनेक अंग्रेज प्रशासकों ने भी इस बात पर बल दिया था कि भूमि का स्थायी बन्दोबस्त किया जाए और समझौता लम्बी अवधि के लिए हो। 1776 ई. में फिलिप फ्रांसिस ने भी इसी तरह का विचार अपनी एक योजना द्वारा प्रस्तुत किया था। तत्कालीन विचारधारा भी स्थायी बन्दोबस्त के पक्ष में था। स्थायी बन्दोबस्त की विचारधारा पर फ्रांसीसी प्रकृतितंत्रवादी विचारधारा का भी प्रभाव था। इस विचारधारा के अनुसार, स्थायी और स्थिर समाज का आधार सम्पत्ति की सुरक्षा में निहित है। यदि सम्पत्ति के अधिकार को भूमि के स्वामियों के हाथ सुरक्षित कर दिया जाय और भूमि कर लम्बी अवधि के लिए निश्चित कर दिया जाय तो इससे सम्पूर्ण कृषि व्यवस्था को लाभ पहुंचेगा। फिलिप फ्रांसिस और अन्य अनेक विचारक इसी तरह की व्यवस्था बंगाल में लागू करना चाहते थे, ताकि कृषि व्यवस्था में सुधार हो सके। अलेक्जेंडर डोब, हेनरी पाटुल्लो और टॉमस लॉ पहले ही दीर्घकालीन भूमि बन्दोबस्त की विचारधारा प्रस्तुत कर चुके थे। सभी विचारक इस बात पर सहमत थे कि समाज में स्थिरता लाने के लिए भूस्वामियों को सुरक्षा प्रदान करनी चाहिए। यह केवल स्थायी बन्दोबस्त के द्वारा ही सम्भव था। उनका विचार था कि सम्पत्ति सम्बन्धी अधिकार समाज के ऐसे वर्ग के पास सुरक्षित कर दिए जाएं जिसकी भूमि में गहरी दिलचस्पी हो और जिस पर राजनीतिक रूप से निर्भर किया जा सके।

महलवाड़ी प्रथा

स्थायी प्रबंध सभी क्षेत्रों में लाभदायक नहीं सिद्ध हुआ, जो रकम निश्चित की गयी थी उसके मूल्य में वृद्धि होने लगी। बढ़ी हुई लगान का मूल्य जमीदारों को मिलने लगा। अतः सरकार ने भूराजस्व प्रणाली में परिवर्तन लाने का निर्णय लिया। दो नयी प्रणाली भारत में विकसित हुई जिसमें एक महलवाड़ी और दूसरे को तैयतवाड़ी कहते हैं। महल फारसी भाषा में जागीर या गांव को कहते थे। महलवाड़ी प्रथा में प्रत्येक महल के साथ राजस्व व्यवस्था में नये सिरे से सम्बन्ध स्थापित किया गया। इस प्रथा का प्रारंभ 1801 ई. में अवध के लिये किये गये क्षेत्रों में प्रारंभ की गयी। 1803-04 के बीच यह प्रथा मराठों से जीते हुए प्रदेशों में लागू किया गया। अवध के क्षेत्र में लगान की मात्रा में 25 प्रतिशत की वृद्धि की गयी और उसे कठोरता से वसूल किया गया। यह अस्थायी व्यवस्था थी। उदाहरण के लिए, अवध से 1800 ई. में एक करोड़ पैंतीस लाख लगान वसूल किया गया था, परन्तु 1803 ई. में उसे बढ़ाकर एक करोड़ छीआसठ लाख कर दिया गया।

1804 ई. में उत्तर भारत में भयानक अकाल पड़ा इससे व्यवस्था अस्त-व्यस्त हो गयी। अंग्रेजों ने राजस्व व्यवस्था को स्थायी करने का निर्णय लिया, परन्तु संचालक समिति के विरोध के कारण निर्णय नहीं लिया जा सका। फलतः तीन या चार वर्षों के लिए महलवाड़ी प्रथा लागू की गयी। इसका परिणाम यह हुआ कि 1807 ई. में 1818 ई. के बीच पुनः लगान में 50 प्रतिशत की वृद्धि हो गयी। 1819 ई. में स्थायी प्रबन्ध की व्यवस्था अस्वीकृत कर दी गयी। 1822 ई. में महलवाड़ी पद्धति को स्थायी रूप दिया जा सका। नई प्रथा में सरकार का अंश 83 प्रतिशत रखा गया। अन्य जागीरों में सरकार का अंश बढ़ा कर 95 प्रतिशत कर दिया गया।

इस प्रथा में कुछ गावों को मिलाकर महल की संज्ञा दी जाती थी और उसका लगान निर्धारित कर उसका बटंवारा गांव के आधार पर कर दिया जाता था। प्रत्येक गांव को लगान की मोंग के संबंध में अपना दृष्टिकोण प्रस्तुत करने का अवसर दिया जाता था। निश्चित लगान की मांग में कोई हेर-फेर नहीं होता था। यह प्रबन्ध मार्टिन बर्ड ने किया था। उत्तर पश्चिम प्रान्त में लगान की दर मार्टिन बर्ड ने ही निर्धारित की थी। मार्टिन बर्ड के अनुसार, जमाबन्दी कुछ पैदावार का 2/3 भाग निर्धारित की गयी थी और भविष्य में बढ़ोत्तरी को ध्यान में रखा गया था। उदाहरण के लिए, यदि एक महल में जमाबन्दी 1400 रुपये थी तो लगान 700 रुपये होना था लेकिन लगान 800 रुपये निर्धारित किया गया। महलवाड़ी प्रथा में लगान में बढ़ोतरी की संभावना अक्सर बनी रहती थी।

रैयतवाड़ी प्रथा

यह प्रथा सर्वप्रथम मद्रास और बंबई में चलायी गयी थी। इसको चलाने का श्रेय सर टीमसमुनरों को है। मद्रास में अधिकतर भूमि सैनिक अधिकारी के कब्जे में थी। स्थायी प्रबन्ध मद्रास के लिए उपयुक्त नहीं था। सामुदायिक व्यवस्था नीलामी की प्रथा के कारण टूट सकती

थी। मद्रास में लगान की दर अधिकतम सीमा तक बढ़ायी जा चुकी थी। 1808-09 ई. में सामूहिक लगान व्यवस्था स्थापित करने का प्रत्यन किया गया। लगान की राशि अधिक होने के कारण गाँव के लोग इस लगान को कई वर्षों तक देने की स्थिति में नहीं था। अतः लाचारी में 1812 ई. में रैयतवाड़ी प्रथा स्थापित की गयी। इससे अन्दर प्रत्यक्ष रूप से सरकार और कृषक के बीच संबंध स्थापित हो जाता था। कृषकों के साथ राजस्व तय की जाती थी। बीच वाले के लिये इसमें कोई स्थान नहीं था और किसानों से लगान लेकर खेती करने की आज्ञा दी जाती थी। जो किसान लगान नहीं चुका पाता था उसे भूमि को परती छोड़ना पड़ता था। प्रत्येक किसान व्यक्तिगत रूप से अधिक लगान की मांग को रोकने के लिए सरकार से निवेदन नहीं कर सकते थे। अतः रैयत के साथ की गयी व्यवस्था राजस्व वृद्धि में सहायक हुई। इस प्रथा में समस्त प्रशासन को अंग्रेज अधिकारियों के नियंत्रण में केन्द्रित कर दिया गया है।

ब्रिटिश भारत में स्थायी प्रबन्ध, महलवाड़ी और रैयतवाड़ी प्रथा का प्रचार हुआ। स्थायी प्रबन्ध ब्रिटिश साम्राज्य के 19 प्रतिशत क्षेत्र में स्थापित की गयी। महलवाड़ी का क्षेत्र 30 प्रतिशत और रैयतवाड़ी प्रथा 51 प्रतिशत क्षेत्र में स्थापित की गयी थी। सबसे कम क्षेत्रों पर स्थायी प्रबंध तथा सबसे अधिक क्षेत्रों पर रैयतवाड़ी प्रथा का प्रचलन था। भूराजस्व की नई पद्धति के कारण भूपतियों का एक नया वर्ग उत्पन्न हो गया।

रैयतवाड़ी बन्दोबस्त सीधे रैयतों से किया गया था। रैयत को भूमि का स्वामी मान लिया गया था और भूमि से संबंधित सभी अधिकार उसे दे दिए गए थे। फिर भी यह व्यवस्था किसानों के लिए हानिकारक थी। कृषकों को लगान अधिक देना पड़ता था। फसल नष्ट होने पर किसानों को लगान में कोई छूट नहीं दी जाती थी। लगान कठोरता से वसूल किया जाता था। लगान अधिक होने की शिकायत को कलकत्ता की सरकार अनसुनी कर देती थी। रैयतवाड़ी प्रदेशों में सरकार शोषण के नए-नए उपायों को अपनाकर अधिक-से-अधिक राजस्व प्राप्त करने का प्रयास करती थी। रैयतवाड़ी प्रथा का प्रमुख लक्ष्य यही था कि जमीन से उत्पन्न उपज का अधिकाधिक भाग लगान के रूप में सरकार को प्राप्त हो। परिणामस्वरूप इस व्यवस्था के अन्तर्गत किसान स्वामी होते हुए भी दास की तरह ही रहते थे। लगान की राशि इतनी अधिक थी कि उसे चुकाने के लिए किसानों को साहूकारों से ऋण लेना पड़ता था। बदले में वे या तो अपनी जमीन बेच देते थे या गिरवी रख देते थे। सरकार को यह अधिकार प्राप्त था कि वह आमदनी बढ़ाने के लिए गान की दर में कभी भी वृद्धि कर सकती थी। लगान में बढ़ोतरी कब होगी इसका पता किसानों को नहीं रहता था। उनके सामने हमेशा भय, आशंका और अनिश्चितता का वातावरण बना रहता था। ऋण चुकाने के लिए किसानों को अपनी जमीन बेचनी पड़ती थी या गिरवी रखनी पड़ती थी। फलस्वरूप जमीन पर से उनका अधिकार धीरे-धीरे समाप्त हो गया। लगान वसूल करनेवाले अधिकारी लगान की राशि वसूल करने के लिए क्रूर और अमानवीय उपायों का सहारा लेते थे। लगान वसूल करनेवाले अधिकारियों के अमानवीय कारनामों की चर्चा ब्रिटिश संसद में भी होती थी। इस ओर ब्रिटिश सरकार ध्यान नहीं दे रही थी, क्योंकि इससे सरकारी राजस्व में इससे अधिक फायदा मिलता था। आर. सी दत्त ने इस व्यवस्था की खामियों की ओर इंगित करते हुए कहा है, 'इस

बन्दोबस्त से कम्पनी की रैयतों पर पकड़ का स्वरूप वही हो गया जो गुलाम के ऊपर इनके मालिकों का रहता है और कम्पनी उनसे वे सारे साधन भी छीन सकती थी जो उन्हें जीवित रखने के लिए अनिवार्य थे।' 1824-26 ई. के बीच विशप हैनर ने भारत के विभिन्न भागों का दौरा किया। उसने अंग्रेजी सरकार की लगान व्यवस्था के परिणामों को देखा जिसका शिकार भारतीय कृषक वर्ग हो रहा था। उसने किसानों की दुर्दशा का वर्णन इन शब्दों में किया है, 'मेरे विचार में करो या वर्तमान दर पर किसी देशी या विदेशी कृषक का टिक पाना असम्भव है। उपज का आधा भाग सरकार ले लेती है....खेदपूर्वक यह कहना पड़ता है कि अपनी किफायत की आदतों और खेती से सीधे-सादे तरीकों के बावजूद कृषक अपनी जीवनयापन के लिए पर्याप्त साधन नहीं जुटा पाते। यही वजह है कि अच्छी फसल के बावजूद कृषकों को अत्यधिक गरीबी की दशा में रहना पड़ता है। फसल के नष्ट होने पर किसानों को खाने को नहीं मिलता था भूख से लोग तड़प-तड़प के मर जाते थे चारों तरफ लाशे ही दिखायी देती थी। इस प्रकार कम्पनी के शासन में रहनेवाले कृषक देशी रियासतों में रहनेवाले कृषकों की अपेक्षा अधिक गरीब, हतोत्साहित और दयनीय स्थिति में है। तथ्य तो यह है कि कोई भी देशी नरेश उतनी मालगुजारी की मांग नहीं करता जितनी हम करते हैं।' रैयतवाड़ी बन्दोबस्त के अन्तर्गत किसानों की दयनीय स्थिति का वर्णन बम्बई की प्रशासनिक व्यवस्था की रिपोर्ट में 1823 ई. के लगान सम्बन्धी मूल्यांकन में इस प्रकार किया गया है, 'इन असहाय और बेबस कृषकों पर कानूनी और गैर कानूनी ढंग से अधिकाधिक लगान वसूल करने के लिए लोगों के साथ अच्छे व्यवहार नहीं किये जाते थे उन्हें प्रताड़ित किया जाता था।

संसदीय जांच समिति ने रैयतवाड़ी व्यवस्था के दोषों को स्पष्ट कर दिया और उसमें परिवर्तन लाने का सुझाव दिया। भूमि की पैमाइश और लगान में कमी लाने का भी सुझाव समिति की ओर से दिया गया था। तीस वर्षों के बाद पुनः जांच करने का सुझाव भी दिया गया था। जांच समिति की अनुशंसा कागज तक ही सीमित रहा और सरकार कृषि के प्रति उदासीन नीति से काम लेती रही। कृषकों को अधिक लगान देने के लिये मजबूर किया जाता था। नई भूमि की खेती के लायक बनाने के लिए किसानों को प्रोत्साहन नहीं दिया जाता था। किसानों को उपज का आधा भाग लगान के रूप में ले लिया जाता था और शेष रकम से भी उन्हें बिचौलिए को सन्तुष्ट रखना पड़ता था। किसानों के ऊपर कर का भार बढ़ता गया जिससे किसान परेशान हो जाते थे। इस व्यवस्था से एक लाभ यह हुआ कि भूमि संबंधी अधिकारों का लेखा तैयार हो गया। इन अधिकारों को न्यायालय द्वारा मनवाया जा सकता था। अचल सम्पत्ति का अधिकार व्यक्तिगत हो गया। भूमि का क्रय-विक्रय आसान हो गया। गांव के सामुदायिक बन्धनों को तोड़ने में सहायता मिली। इससे सामाजिक गतिशीलता में मजबूती प्रदान हुई।

भू-राजस्व व्यवस्था ने किसानों को धीरे-धीरे भूमिहीनों की स्थिति में ला दी। कर्ज का बोझा किसानों पर बढ़ता गया और वे सरकार, जमींदार और सूदखोरों के शोषण का शिकार बनते चले गए। थोड़ा-बहुत परिवर्तन और संशोधन किसानों की समस्याओं को दूर करने में सक्षम रहा।

संसाधान का दोहन

अंग्रेजों ने आर्थिक नीति अपनाकर भारत से धन दौलत तथा संपत्ति का निष्कासन किया। इस नीति का भारतीय अर्थव्यवस्था पर बुरा प्रभाव पड़ा। भारतीय वस्तुओं तथा पूँजी का विदेशों को जो निर्यात होता था उसके बदले भारत को कुछ नहीं प्राप्त होता था। दूसरे शब्दों में, भारतीय सम्पदा का निष्कासन हुआ। 18 वीं सदी में ईस्ट इंडिया कंपनी की नीति से बंगाल और बिहार में कुटीर उद्योग का सफाया हो गया। 1813 ई. के पश्चात् इंग्लैण्ड के निजी व्यापारियों को भारत से व्यापार की खुली छूट और औद्योगिक प्रगति के फलस्वरूप भारत के शेष भाग के कुटीर उद्योग भी अंग्रेजी नीति एवं निर्मित वस्तुओं (विशेषकर कपड़ा) के आयात के समक्ष नहीं ठहर सके। इस प्रकार अठारहवीं सदी में उत्तम प्रकार की निर्मित वस्तुओं को इंग्लैण्ड का निर्यात करनेवाला भारत अब आर्थिक विकास में पीछे पड़ता चला गया। अंग्रेजों की आर्थिक नीति के कारण ही भारत आर्थिक रूप से पिछड़ा हुआ था। धन खर्च के द्वारा भी भारत को गरीब बना दिया गया। धन-निष्कासन के कारण भारत में पूँजी का संचय नहीं हो सका। भारत को औपनिवेशिक अर्थ-व्यवस्था के साथ जोड़ दिया गया और इंग्लैण्ड में निर्मित वस्तुओं को भारत के बाजारों में अत्यधिक संख्या में भेजना आरम्भ हुआ जिससे यहाँ औद्योगिक विकास की आवश्यकता ही न हो। भारत से कच्चा माल के निर्यात को बढ़ावा दिया गया। इस प्रकार भारत को औद्योगिक पिछड़ेपन की स्थिति में रखा गया। फलस्वरूप भारत की निर्धनता बढ़ती गयी।

आर्थिक निष्कासन की नीति भारत में अंग्रेजों ने ही अपनायी थी। 1757 ई. के पहले यूरोपीय व्यपारी विदेशों से भारत में धन लाते थे। इसका कारण यह था कि यूरोप में भारतीय वस्तुओं जैसे सूती और रेशमी वस्त्रों की मांग अधिक थी। यूरोप के व्यापारी बाहर से धन लाकर इन वस्तुओं को खरीदते थे और अपना मुनाफा रखकर उन्हें विदेशी बाजारों में बेचते थे। लेकिन बंगाल में अंग्रेजी सत्ता की स्थापना के साथ ही परिस्थिति बदल गयी। अब भारत से ही धन अत्यधिक मात्रा में इंग्लैण्ड जाने लगा। हमारे देश के इतिहास में ऐसा पहली बार पाया गया। अंग्रेजों के आने के पूर्व जितने भी विदेशी भारत आये, उन्होंने भारत को ही अपना निवास-स्थान बना लिया और भारत की जनता से उगाहे गये राजस्व को देश के अन्दर ही खर्च किया। उन्होंने कृषि, उद्योग, नहरों तथा मार्गो के निर्माण, महलों, मन्दिरों तथा मस्जिदों के निर्माण, युद्ध एवं कला के विकास पर राजस्व का अधिकांश भाग खर्च किया। उन्होंने कृषि के विकास के लिए सिंचाई की व्ययवस्था की और भारतीय व्यापार तथा उद्योग के क्षेत्र में प्रोत्साहन मिला। परिणाम यह हुआ कि हमारे देश के लोगों में रोजगार के अधिक अवसर प्रदान किये गये। दूसरे शब्दों में, उन्होंने भारतीय धन का सदुपयोग अथवा दुरूपयोग भारत के लिए, भारत के अन्दर ही किया। लेकिन अंग्रेज ऐसा नहीं कर सके क्योंकि वे भारत में हमेशा विदेशी ही बने रहे। वे भारत को अपना उपनिवेश समझते थे। अंग्रेजों ने हमारे देश को खोखला बनाने की कोशिश की तथा आर्थिक रूप से भारत को विधवा बनाने का प्रयास किया। भारत में काम करने वाले तथा व्यापार में लगे अंग्रेज प्रायः हमेशा स्वदेश लौटने की

योजना बनाते रहते थे और भारत सरकार पर व्यापारियों की एक विदेशी कम्पनी और ब्रिटिश सरकार का नियंत्रण था। फलस्वरूप अंग्रेजों ने भारत से प्राप्त राजस्व का एक बड़ा भाग भारत में नहीं बल्कि ब्रिटेन में खर्च किया। इसका लाभ ब्रिटेन के लोगों को हुआ न कि भारतीयों को प्राप्त हुआ है।

भारत में अंग्रेजी सत्ता की स्थापना बंगाल से प्रारम्भ हुई थी, इसलिए धन का निष्कासन भी बंगाल से 1757 ई. में प्रारम्भ हुआ। ईस्ट इण्डिया कम्पनी के कर्मचारियों ने भारतीय शासकों, जमींदारों, व्यापारियों, बंगाल के नवाब और उसके अधिकारियों तथा आम जनता से वसूल किए गए अपार धन को इंग्लैण्ड भेजना प्रारम्भ किया। ऐसा अनुमान किया जाता है कि 1758-1765 ई. के बीच लगभग 60 लाख पौण्ड की रकम इंग्लैण्ड भेजी गई। इस रकम में कम्पनी का व्यापारिक मुनाफा शामिल नहीं था जो प्रायः ये धन कानूनी रूप में नहीं प्राप्त किये जाते थे। ब्रिटेन के लोग आर्थिक नीति के द्वारा हमारे देश से बहुतायत मात्रा में धन ले गये। जब 1765 ई. में कम्पनी को बंगाल की दीवानी प्राप्त हुई तो उसे बंगाल के राजस्व पर अधिकार कर लिया। कम्पनी ने अपने कर्मचारियों से भी अधिक सक्रियता और तत्परता के साथ धन-निष्कासन की सीधी व्यवस्था की। उसने बंगाल से प्राप्त राजस्व से भारतीय वस्तुओं को खरीदकर निर्यात करना प्रारम्भ कर दिया। 1765 ई. से 1770 ई. तक कम्पनी ने वस्तुओं के रूप में लगभग 40 लाख पौण्ड की रकम इंग्लैण्ड भेजा। धन का वास्तविक निष्कासन इससे भी अधिक था क्योंकि कम्पनी के कर्मचारियों के वेतन तथा अन्य आय और अंग्रेज व्यापारिक लाभ का अधिकांश हिस्से अपने देश भेज देते थे।

अभी तक धन के वार्षिक निष्कासन की सही रकम का हिसाब नहीं लगाया जा सका है और इतिहासकारों ने इस राशि के विषय में कोई स्पष्ट मत नहीं दिया है इसमें भी विषमता पायी गयी है। फिर भी धन-निष्कासन के तथ्य को अंग्रेज अधिकारियों ने स्वीकार किया है। लॉर्ड एलेनबरो ने 1840 ई. में स्वीकार किया भारत से "अपेक्षा है कि वह इस देश को (ब्रिटेन) थोड़े मूल्य में सैनिक सामानों के अलावा बदले में बिना कुछ लिए, हर साल बीस और तीस लाख पौण्ड के बीच रकम भेजे।" भारत से धन-निष्कासन के संबंध में बोर्ड ऑफ रेवेन्यू, मद्रास, के अध्यक्ष जान सुल्लिवान ने इन शब्दों में किया है। "हमारी व्यवस्था बहुत कुछ स्पंज की तरह काम करती है, उसके जरिए गंगा तट से सारी अच्छी चीजों को सोख लिया जाता है और भारतीय इतिहासकारों ने अलग-अलग लगाया है। 1859 ई. में जॉर्ज दिगनेट ने 1834-51 ई. के बीच प्रतिवर्ष 42,21,611 पौण्ड की रकम भारत से निर्गम होने का अनुमान लगाया था। विलियम डिग्वी के अनुसार, 1715 ई. से 1815 ई. के दस करोड़ पौण्ड की रकम भारत से इंग्लैण्ड भेजी गयी। अमेरिकन विद्वान प्रोफेसर होल्डन फरबर के अनुसार, 1783 ई. से 1793 ई. के बीच भारत से प्रतिवर्ष 19 लाख पौण्ड की रकम इंग्लैण्ड जाती थी। उस समय कंपनी के अधिकार क्षेत्र को कम कर दिया गया। भारतीय विद्वानों में दादा भाई नौरोजी, जी.वी. जोशी, डी. वाई. वाचा और आर. सी. दत्त जैसे राष्ट्रवादी लेखकों ने 1883 ई. से 1892 ई. के बीच प्रतिवर्ष 359 करोड़ रुपये निर्गम होने का अनुमान लगाया है। डी. वाई. वाचा के अनुसार, 1860 ई. और 1900 ई. के बीच भारत से प्रतिवर्ष 30 से 40 करोड़ रुपये निर्गम होता था। आर.सी.दत्त ने यह राशि

220 लाख पौण्ड प्रतिवर्ष आँका है। विभिन्न आकड़ों से पता चलता है कि अंग्रेज कितना धन किस समय अपने देश को भेजे हैं ये सभी धन भारतीय जनता से ही लूटकर ये लोग ले गये थे।

शिक्षा तथा समाज में हस्तक्षेप

शिक्षा-सुधार

विलियम बेन्टिंक ने शिक्षा के क्षेत्र में महत्वपूर्ण सुधार किया। इसलिये उसे नयी शिक्षा नीति का जन्मदाता कहा जाता है। विलियम बेन्टिंक ने अपने कानूनी सदस्य लॉर्ड मैकाले को सर्वजन शिक्षा-समिति का अध्यक्ष नियुक्त किया और विवाद को समाप्त करने का दायित्व उसे सौंप दिया। 2 फरवीर, 1835 ई. को मैकाले ने प्रस्ताव सरकार के सामने प्रस्तुत किया जिसमें भारतीय धर्म एवं साहित्य का उपहास किया गया था। मैकाले का विचार था "क्या अनुदान की धनराशि उस इतिहास की शिक्षा पर व्यय की जानी चाहिए जिसमें तीस-तीस फुट लम्बे और तीस-तीस हजार वर्ष तक राज्य करने वाले राजाओं का वर्णन भरा पड़ा है और क्या उस भूगोल की शिक्षा देनी चाहिए जिसमें शीरे और माखान के सागर हैं.......क्या हमें मिथ्या इतिहास, मिथ्या ज्योतिष, मिथ्या औषधियों की शिक्षा देनी है, क्योंकि हम उन्हें मिथ्या धर्म में पाते हैं।" मैकाले की उक्ति थी कि "स्थायी मातृभाषाएँ न तो साहित्यिक दृष्टि से उत्कृष्ट है और न ही वैज्ञानिक दृष्टि से बहुमूल्य। एक अच्छे पाश्चात्य पुस्तकालय की एक अलमारी में जितना ज्ञान एकत्रित होता है; उतना भारत तथा अरब के समस्त साहित्य में भी नहीं है।" मैकाले ने इस बात पर बल दिया कि "अंग्रेजी शासक वर्ग की भाषा है और वह समस्त पूरब की व्यापार की भाषा बनने वाली है। वह हमारी देशी प्रजा के लिए बहुत उपयोगी होगी।"

मैकाले भारतीयों के संबंध में जो विचार दिये वे सही नहीं थे। मैकाले अंग्रेजी भाषा का समर्थक था। वह अपनी शिक्षा सम्बन्धी योजना के माध्यम से भारत में एक ऐसा वर्ग,एक ऐसा जन-समूह तैयार करना चाहता था जो "रक्त (नस्ल) और रंग में तो भारतीय हो, परन्तु जो आस्वाद, विचारधारा, चरित्र, नैतिकता और बुद्धि में अंग्रेज हो।" मैकले द्वारा अपने पिता को लिखे गये पत्र से उसकी भावना का स्पष्ट आभास मिल जाता है। उसने लिखा था कि "यदि हमारी शिक्षा-प्रणाली पर आचरण किया जाय तो आज से तीस वर्ष के पश्चात् बंगाल की सामान्य जातियों में एक भी मूर्त्तिपूजक नहीं रह जायेगा।"

विलियम बेन्टिंक ने 3 मार्च, 1835 ई. को मैकाले के प्रस्ताव को स्वीकार कर यह घोषणा की कि "भारत की सरकारी भाषा अंग्रेजी होगी और सरकारी नौकरियों में प्रवेश पाने के लिए अंग्रेजी आवश्यक होगी। उच्च स्तर पर होनेवाली अदालती न्याय अंग्रेजी भाषा में ही होंगे। अरबी और संस्कृत की शिक्षा को बन्द न किया जाय, परन्तु अंग्रेजी साहित्य शिक्षा को विशेष प्रोत्साहन दिया जाय।" मार्च, 1835 ई. में कलकत्ता कॉलेज की नींव डाली गयी और पाश्चात्य औषधि विज्ञान की शिक्षा भारतीय विद्यार्थियों को दी जाने लगी। अंग्रेजी भाषा और पाश्चात्य शिक्षा के

प्रचार से भारत में आधुनिकीकरण और प्रगति को सहायता मिली। इसी का परिणाम है कि वर्तमान समय में लोग अंग्रेजी की शिक्षा ग्रहण कर रहे हैं।

शिक्षा के उचित प्रबंध के लिये इंग्लैण्ड की सरकार ने भारत में एक समिति की स्थापना की थी जिसका प्रधान सर चार्ल्स वुड था। 1854 ई. में चार्ल्स वुड का रिपोर्ट तैयार हुआ। वुड की रिपोर्ट के आधार पर 1857 ई. में कलकत्ता, बम्बई और मद्रास में विश्वविद्यालयों की स्थापना की गयी। इन विश्वविद्यालयों में अनेक कॉलेजों को सम्बद्ध किया गया। विश्वविद्यालय का मुख्य काम परीक्षा-संचालन था। डिग्री और इंटरमिडियेट की शिक्षा कालेजों में दी जाती थी। कॉलेजों के नीचे वर्नाक्यूलर और हाई स्कूल थे। स्कूल में शिक्षा प्रान्तीय भाषाओं में दी जाती थी और कॉलेजों में शिक्षा का माध्यम अंग्रेजी भाषा थी। गैर-सरकारी संस्थाओं को भी सरकारी अनुदान दिया जाता था। प्रत्येक जिला में एक सरकारी स्कूल की स्थापना की गयी। शिक्षा-विभाग का प्रबन्धक डायरेक्टर जनरल ऑफ एडुकेशन होता था जिसके अधीन कई निरीक्षक रहते थे। शिक्षा के प्रचार से भारतीयों में राष्ट्रीयता, एकता और स्वतंत्रता की भावना विकसित हुई।

सामाजिक सुधार

अंग्रेजी राज्य की स्थापना के बाद भारतीय सामाजिक कुरीतियों को सुधारने की दिशा में कोई प्रयास नहीं किया गया था। अंग्रेज भारतीयों के सामाजिक जीवन में हस्तक्षेप कर विरोध उत्पन्न करना नहीं चाहते थे। परन्तु विलियम बेन्टिक के समय कुछ प्रबुद्ध भारतीयों के द्वारा सामाजिक बुराइयों को दूर करने के सम्बन्ध में भरपूर सहयोग देने का आश्वासन दिया गया। राजा रामामोहन राय प्रबुद्ध भारतीयों का नेतृत्व कर रहे थे। ब्रिटिश शासन काल में हमारे देश में जो भी गवर्नर हुये वे सामाजिक सुधार कार्य में रूचि नहीं लिए। बेन्टिंग ही मात्र एक व्यक्ति था जिसने इस दिशा में सुधार करने का बीणा उठाया।

1. सती-प्रथा एवं कन्या-वध की प्रथा को समाप्त करना : पहले हमारे देश में सती प्रथा और कन्या वध परंपरा का प्रचलन था। सती का तात्पर्य पवित्र नारी से है। पति की मृत्यु के पश्चात् पत्नी भी उसी चिता में जल जाती थी। कॉर्नवालिस वेलेजली मिंन्टो तथा लार्ड हेस्टिंगन के प्रयास के वाबजूद यह प्रथा पूर्ण रूप से हमारे सामने खड़ी हो गयी।

राजा राममोहन राय ने और देवेन्द्रनाथ टैगोर जैसे समाज-सुधारकों के द्वारा सती-प्रथा को गैर कानूनी घोषित करने की माँग की गयी। विलियम बेन्टिंक ने सती-प्रथा को गैर कानूनी घोषित करने के पहले सावधानी से काम लिया और प्रजा को अपने पक्ष में लाने का प्रयास किया। समाज के प्रमुख व्यक्तियों की राय प्राप्त कर जब वह आश्वस्त हो गया कि विद्रोह की आशंका नहीं है तो 1829 ई. में बेन्टिक द्वारा सती-प्रथा को गैर-कानूनी घोषित किया गया। प्रारम्भ में प्रतिबन्ध केवल बंगाल के लिए था। परन्तु 1830 ई. में मद्रास और बम्बई प्रान्तों में सती-प्रथा को गैर-कानूनी घोषित किया गया। विधवाओं को जलाना दण्डनीय अपराध समझा जाने लगा। फौजदारी अदालतों को यह अधिकार दिया गया कि पति के मरने पर जो व्यक्ति उसकी पत्नि को चीन में जलायेगा वह कानून अपराध है इसके लिये उसे दंड दिया जायेगा। कानून के विरोध में सुप्रीम कोर्ट में अपील की गयी, परन्तु राजा राममोहन राय और देवेन्द्रनाथ

टैगोर ने कानून के समर्थन में अपील इंग्लैण्ड के राजा के पास भेजी। बेन्टिंक के साहस की चर्चा करते हुए इतिहासकार बूल्जले हेग ने लिखा है, ''यह कम्पनी सरकार द्वारा भारत की सामाजिक-धार्मिक प्रथाओं में हस्तक्षेप करने का अत्यन्त साहसिक कदम था।''

बाल-हत्या और नर-बलि की प्रथा को भी गैर-कानूनी घोषित किया गया। राजपूतों के बीच बालिकाओं को जन्म लेने के साथ ही मार देने की प्रथा थी। देवी-देवताओं को प्रसन्न रखने के लिए नर-बलि दी जाती थी। बेन्टिक ने सती, नर-बलि एवं बाल-हत्या पर प्रतिबन्ध लगा कर सामाजिक जीवन से इस प्रथा को समाप्त करने में अमूल्य योगदान है।

2. ठगी प्रथा का अन्त : ठगी प्रथा को समाप्त करना विलियम बेन्टिंक की एक महत्त्वपूर्ण उपलब्धि मानी जाती है। ठग व्यावसायिक लुटेरे और हत्यारे थे। बेन्टिक ने ठगी प्रथा को समाप्त करने में देशी शासकों की मदद से इस प्रथा पर सफलता प्राप्त करना चाहा। ठगी प्रथा एक सामाजिक अभिशाप था। प्रजा के द्वारा इसमें विरोध को कोई प्रश्न नहीं उठता था। अतः 1830 ई. में ठगों के विरूद्ध कार्यवाही करने का दायित्व कर्नल लीमेन को सौंपा गया। स्लीमेन की सहायता के लिए एक बड़ी सेना संगठित की गयी। 1831-37 ई. के बीच स्लीमेन ने ठगों के सारे गिरोह एवं ठिकानों को समाप्त कर दिया। लगभग 1500 ठगों को आजीवन कैद तथा मृत्यु दंड दिया गया। उनमें से कुछ ठगों को प्रशिक्षण देकर योग्य नागरिक बनाने को प्रयास किया गया।

अन्य सुधार सम्बन्धी कार्य : ऊपर वर्णित सुधारों के अलावा कुछ अन्य सुधार विशेष महत्त्वपूर्ण माने जाते हैं। प्रेस की स्वतंत्रता का संरक्षण किया गया। प्रेस विलियम बेन्टिंक के सुधार का आलोचक था। परन्तु कटु आलोचना के बावजूद विलियम बेन्टिक के समय प्रेस को क्रियात्मक रूप में पूर्ण स्वतंत्रता प्राप्त थी। भारत में लगाये गये अनेक प्रतिबन्धों को आगे चलकर चार्ल्स मेटकाफ ने दूर किया। दूसरा महत्त्वपूर्ण सुधार नये सिक्के का प्रचार था। मुगल सम्राट के बदले इंग्लैण्ड की आकृति सिक्कों पर खुदवायी गयी। 1833 ई. का चार्टर ऐक्ट बेन्टिक के समय में पास हुआ इस चार्टर में दास प्रथा को समाप्त करने का फैसला किया गया जो भारत के लिये बहुत उपयोगी था।

6

राजनीतिक सिद्धान्त क्या है और इसका अध्ययन क्यों?

(Whta is Political Theory and Why Study it?)

राजनीतिक सिद्धान्त का अर्थ खोजने से पूर्व सिद्धान्त (Theory) शब्द का आशय समझना जरूरी है। इस शब्द की व्युत्पत्ति ग्रीक थ्योरिया (Theoria) से हुई है जिसका अभिप्राय है मनन की अवस्था में समझने तथा ग्रहण करने की इच्छा से पूरी तरह ध्यान मग्न होकर चिंतन करना। आर्नल्ड ब्रेश्ट सिद्धान्त शब्द की व्यापक एवं संकीर्ण व्याख्याओं में भेद करते हैं। सिद्धान्त के व्यापक अर्थ में किसी विचारक के समस्त विचार व किसी विषय के समग्र प्रतिपादन जिसमें तथ्यों का वर्णन, सिद्धान्त चिंतन भी नहीं है क्योंकि चिंतन का चिंतन है लेकिन यह संपूर्ण चिंतन नहीं है। चिंतक द्वारा की गई टीका-टिप्पणी, उसका इतिहास-बोध, मूल्यों के प्रति दृष्टिकोण तथा उद्देश्य आते हैं, नीतियों और मूल तत्त्वों से संबंधित दूसरे प्रस्ताव आदि शामिल हैं। दूसरी ओर संकीर्ण रूप में सिद्धान्त विचारों की व्याख्या से जुड़ा है। ब्रेश्ट के मतानुसार सिद्धान्त की संकीर्ण अवधारण ही बेहतर रहेगी।

सिद्धान्त, विचार, दर्शन आदि कई ऐसे मिलते-जुलते शब्द हैं जिनको लेकर अक्सर भ्रम की स्थिति उत्पन्न हो जाती है। सिद्धान्त व्यवहार नहीं है किन्तु यह भी सत्य कि व्यवहार से हम बहुत कुछ सीखते हैं। सिद्धान्त चिंतन पर टिका हैं। सिद्धान्त सिर्फ वर्णन नहीं है क्योंकि वर्णन तो चिंतन का एक अंग मात्र है। इसके अन्य अंग है खोज, निश्चयन, परिवर्धन, परिमार्जन तथा इनके माध्यम से एक क्रम का निर्धारण। सिद्धान्त को अवधारणा कहना भी गलत होगा क्योंकि अवधारणा में तथ्यों के बारे में काम चलाऊ मान्यताएँ निहित रहती हैं जबकि सिद्धान्त में सुनिश्चितता आवश्यक होती है। सिद्धान्त दर्शन से भिन्न है क्योंकि यह सिद्धान्त सिर्फ कुछ

ही बातों से संबंधित होता है जबकि दर्शन का संबंध सब कुछ या समग्रता से है। किसी चीज के वर्णन में दर्शन बहुत कुछ जोड़ता है। सिद्धान्त तर्क से मिलता-जुलता है, दोनों ही वैज्ञानिक कहे जाते हैं पर वस्तुतः सिद्धान्त तर्क और विज्ञान से भी बहुत आगे देखता है।

इसीलिए कार्ल ड्यूश का कहना है कि सिद्धान्त व्याख्या करने का प्रयत्न करता है, बिखरे हुए तथ्यों को क्रमबद्ध करता है तथा किसी भी प्रक्रिया में उपयुक्त-अनुपयुक्त का विवेचन कर उसकी त्रुटियाँ उजागर करता है और उपलब्ध तथ्यों के आधार पर भविष्यवाणी करता है। अतः सिद्धान्त व्यवहार का मार्गदर्शक है, उस का स्पष्टीकरण है तथा दर्शन के एक अंग के रूप में किसी विषय की ऐसी टीका भी है जो तर्क और कल्पना की कसौटी पर खरी उतरे।

राजनीतिक सिद्धान्त का संबंध राजनीतिक से है, किसी विषय के विज्ञान या दर्शन से है, जोकि 'राजनीतिक' है। राजनीतिक सिद्धान्त की कुछ परिभाषाएं निम्न है

> "राजनीतिक सिद्धान्त एक ओर बिना किसी पक्षपात के अच्छे राज्य तथा समाज की तलाश तो दूसरी ओर राजनीतिक एवं सामाजिक वास्तविकताओं की पक्षपात रहित जानकारी का मिश्रण है"
>
> "राजनीतिक सिद्धान्त राजनैतिक जीवन विषयक अवधारणाओं और सामान्य सिद्धान्तों का बना हुआ जाल है। जिसमें हम सरकार, राज्य और समाज की मुख्य विशेषताओं, उनकी प्रकृति व उद्देश्य से संबंधित विचारों, मान्यताओं व वक्तव्यों तथा मनुष्य के राजनैतिक सामर्थ्य का अध्ययन करते हैं"
>
> *डेविड हेल्ड*
>
> व्यापक तौर पर राजनीतिक सिद्धान्त का अर्थ उन सब बातों से है जो राजनीतिक से संबंधित या प्रासंगिक हैं और संकीर्ण दृष्टि में इसका अर्थ राजनीतिक समस्याओं की विधिवत छानबीन से हैं।
>
> *सेबाइन*
>
> राजनीतिक सिद्धान्त राजनीति की विषय वस्तु की व्याख्या है, राजनीतिक विश्व को समझने के लिए एक वैचारिक ढांचा है। संदर्भो की व्यवस्था है, जिसके बिना हम किसी घटना को यह भी नहीं कह पाएँगे कि वह राजनैतिक थी या नहीं, यह क्यों घटित हुई अथवा अच्छी थी या बुरी और न ही इस बात का कोई अनुमान कर पाएँगे कि अब आगे क्या होने की संभावना है
>
> *बल्हम*

उपरोक्त परिभाषाओं के आधार पर राजनीतिक-सिद्धान्त के मुख्य आयाम इस तरह हैं

(i) यद्यपि यह सिद्धान्त राजनीतिक विषयों से जुड़ा है, तथापि यह राजनीति का सामाजिक, आर्थिक, मनोवैज्ञानिक, पर्यावरणीय, ऐतिहासिक और नैतिक आदि परिप्रेक्ष्यों से जोड़ कर अध्ययन करने का प्रयत्न करता है।

(ii) अन्ततः राजनीति-सिद्धान्त का उद्देश्य एक अच्छे समाज में एक अच्छी सरकार का निर्माण और इस प्रक्रिया में वह ऐसी प्रक्रियाओं, संस्थाओं व संरचनाओं का निर्माण करता है जो ऐतिहासिक दृष्टि से परखे गये और तार्किक तौर पर अनुकूल हों।

(iii) राजनीति-सिद्धान्त का मुख्य वास्ता राजनीतिक क्षेत्र से है, अर्थात् नागरिक का राजनतिक जीवन, उसका राजनीतिक व्यवहार तथा विचार और उसके द्वारा स्थापित सरकार और उस सरकार के क्रिया-कलाप।

(iv) राजनीति सिद्धान्त किसी राजनीतिक घटना चक्र के अध्ययन के लिए विवरण, व्याख्या और अन्वेषण की विधियों का प्रयोग करता है।

राजनीति-सिद्धान्त राजनीतिक व्यवस्था का एक प्रतिमान बनाती है एवं राजनीतिक आंकड़ों के विधिवत संग्रह और विश्लेषण हेतु आवश्यक निर्देश प्रदान करता है। एक विज्ञान के रूप में यह राजनीतिक वास्तविकताओं पर बिना कोई प्रत्यक्ष अथवा परोक्ष टिप्पणी किए उनका विवरण प्रदान करता है। एक दर्शन के रूप में सभी के बेहतर जीवन हेतु उचित व्यवहार के नियम भी यही सिद्धान्त सुझाता हैं।

राजनीति-सिद्धान्त कोई सहज सरल कार्य नहीं है। यह एक बृहद् ओर सुसंगत प्रयत्न है जिसका उद्देश्य एक बेहतर राजनीतिक संसार की प्राप्ति है। दर्शन और ज्ञान का राजनीति-सिद्धान्त में कोई स्वयंसिद्ध विशिष्ट स्थान नहीं है। सभी राजनीतिक दर्शन राजनीति की दुनिया के संबंध में अपने दावे पेश करते है, इन दावों की विस्तृत जाँच की जरूरत होती है और यह जाँच दर्शन-शास्त्र की सीमा से बाहर है। इसी तरह से राजनीति शास्त्र की भी सीमायें हैं। राजनीतिक सिद्धान्त में हम सभी समाजशास्त्रों क अनुभवों का लाभ उठाते हैं। राजनीति-सिद्धान्त तभी सफल हो सकते हैं जबकि यह अवधारणाओं और सिद्धान्तों का दार्शनिक विश्लेषण कर राजनीतिक संरचना और प्रक्रिया की अनुभव सिद्ध जानकारी प्राप्त करे। राजनीति-सिद्धान्त के पटल पर न तो दर्शन और न ही विज्ञान एक दूसरे को पूर्णतः विस्थापित कर सकते हैं। इसी लिए जीवन के स्वरूप के विषय में राजनीतिक जानकारी पर आधारित सामान्यीकरण और उन्हें पाने के प्रयत्न ही आज के राजनीति-सिद्धान्त के समक्ष सबसे बड़े कार्य हैं।

7

अधिकार
(Rights)

अधिकार किसी व्यक्ति को सत्ता या शासन से प्राप्त अधिकार है। प्राचीन एवं मध्य काल में दरबार के लोगों, सामन्त और जमींदारों/जागीरदारों को विशेषाधिकार प्राप्त थे लेकिन इसे हम अधिकार की श्रेणी में नहीं रख सकते। क्योंकि यह राज्य के सभी लोगों को प्राप्त नहीं था अधिकार मानव के व्यक्तित्व के विकास का एक जरूरी और सामाजिक दावा है। अधिकार विशेषाधिकार नहीं हैं क्योंकि ये प्राप्तियाँ नहीं हैं। अधिकार और विशेषाधिकार में भेद होता है। अधिकार दूसरों के प्रति हमारे दावे हैं ठीक वैसे जैसे उनके दावे हमारे प्रति होते हैं। इसके विपरीत विशेषाधिकार तो सिर्फ कतिपय ही व्यक्तियों को ही मिले होते हैं, शेष सभी उनसे वंचित रहते हैं। इसलिए अधिकार वह है जो बिना किसी भेदभाव के समाज में रहने वाले सभी लोगों का समान रूप से प्राप्त है। इसके विपरीत विशेषाधिकार इने गिने लोगों को ही दिए जाते हैं और सामान्यतः गैर लोकतांत्रित व्यवस्थाओं जैसे राजतंत्र या निरंकुश शासन व्यवस्था आदि में ही इनके दर्शन होते हैं। इसीलिए हम इस बात पर जोर देते हैं कि अधिकार सदैव लोकतांत्रिक होते हैं। गैर लोकतांत्रिक अधिकारों की बात करना अपने आप में ही एक विसंगति है। अधिकार सामाजिक हैं, इनका अस्तित्व समाज के भीतर ही है और इनका प्रयोग सभी की भलाई के लिए होना है इसीलिए इनका चरित्र सदैव लोकतांत्रिक रहता है।

सदा सर्वदा के लिए मान्य लोकतांत्रिक अधिकारों की सूची चाहे जितनी बड़ी क्यों न हो सदा अपूर्ण और अपर्याप्त रहती है। इसकी वजह यही है कि लोकतंत्र का अपना स्वरूप एक समाज से दूसरे समाज में और एक समय से दूसरे समय तक स्थिर नहीं रहता। अतः लोकतांत्रिक अधिकारों की सूची बनाने का प्रयत्न तो यहीं रोक देना बेहतर है।

समाज, राज्य और अधिकार

अधिकारों का हनन होने पर हमें कानून के माध्यम से अधिकारों की प्राप्ति होती है। भारत में सर्वोच्च न्यायालय मौलिक अधिकारों का सबसे बड़ा रक्षक है। अधिकारों के लिए संवैधानिक प्रावधान करने के पीछे इसे मुख्य रूप से सामाजिक मान्यता दिलाना है। अधिकारों को राज्य प्रदान नहीं करता। हमारे अधिकार सामाजिक हैं क्योंकि इनका उदय किसी विशेष काल में समाज से ही होता है। इसी कारण से वह समाज विरोधी कदापि नहीं हो सकते। समाज के उदय से पूर्व इन अधिकारों का कोई अस्तित्व नहीं था और इसलिए भी इन्हें सामाजिक कहा जाता है जिसे समाज अपना सांझा हित मानता है। समाज के खिलाफ इन अधिकारों का प्रयोग नहीं हो सकता।

अधिकार तो एक राजनीतिक समुदाय की सदस्यता का परिणाम है। यह तो समाज के प्रति हमारी सेवाओं और दायित्वों के निर्वाह का प्रतिफल है। अन्य लोगों के प्रति कर्त्तव्य पालन के बदले में उन्होंने जो प्रतिफल हमें दिया है, वही हमारा अधिकार है। दूसरे शब्दों में कर्त्तव्य के बीजों से उपजी फसल ही अधिकार है।

अधिकारों का आधार

कतिपय अधिकार आनुबंधिक होते हैं। ये कानूनी अधिकार भी होते हैं क्योंकि ये किसी न किसी अनुबंध का परिणाम होते हैं। सामाजिक अनुबंध जिसकी पूर्ति के विषय में किसी को कोई जानकारी नहीं होती, के अतिरिक्त सभी अनुबंध हस्ताक्षर करने वालों पर कुछ दायित्व डालते हैं और उन्हें अधिकार देते हैं। आनुबंधिक अधिकारों का स्वरूप कानूनी होने के कारण सभी पर लागू होते हैं और उनके पीछे कुछ शक्ति तथा बाध्यता का अंश भी होता है।

राज्य के कानून सकारात्मक और नकारात्मक अधिकारों का निर्माण करते हैं। जब कोई अधिकार नागरिकों से कुछ की अपेक्षा करता है तो यह सकारात्मक होगा। दूसरी तरफ जब व्यक्तियों की कुछ करने से मना किया जाता है तो अधिकारों का नकारात्मक स्वरूप सामने आता है। ऐसे सकारात्मक और नकारात्मक अधिकार परिप्रेक्ष्य से बंधे होते हैं। इन्हें विशिष्ट परिस्थितियों में, विशिष्ट अधिकरण, विशिष्ट व्यक्तियों पर लागू करता है। इसी दृष्टि से अधिकारों का गतिशीलन भी कहा जा सकता है क्योंकि इनमें परिस्थितियों के साथ-साथ बदलाव आता रहता है। आनुबंधिक अधिकारों की भांति ये भी सामाजिक और नागरिक होते हैं।

कतिपय नैतिक अधिकार भी होते हैं जो किसी समाज के साझे नैतिकता सूत्रों पर आधारित होते हैं। इन अधिकारों को सरकार लागू नहीं करती अपितु व्यक्तियों की अन्तरात्मा या समाज में प्रचलित परम्पराएँ ही इन्हें लागू कराती हैं। सकारात्मक और नकारात्मक अधिकारों की भांति ये नैतिक अधिकार भी संदर्भशील होते हैं, परिवेश के अनुसार बदलते रहते हैं। उदाहरण के लिए ब्रिटेन में रहने वाले मुसलमानों को चार पत्नियाँ रखने का अधिकार नहीं है बेशक बृहतर मुसलिम समाज इस बात की इज़ाजत देता हो। इसी तरह से इंग्लैंड की भांति सउदी अरब में किसी को विवाह आदि के उत्सव के नाम पर शैम्पेन छलकाने का अधिकार नहीं मिल सकता।

अधिकारों की एक श्रेणी और भी है। इन्हें राजनीतिक अधिकार कहा जाता है। इन अधिकारों में वोट देने का अधिकार, राजनीतिक दल बनाने, चुनाव लड़ने, ज्ञापन देने, किसी बात का विरोध करने, स्पर्धा करने और सार्वजनिक पदों पर कार्य करने आदि के अधिकार हैं। अन्य अधिकारों की भांति राजनीतिक अधिकारों का स्वरूप भी संदर्भ और परिप्रेक्ष्य पर निर्भर करता है।

मानवाधिकारों की अवधारणा

सन् 1948 में मूलभूत मानवीय स्वतंत्रताओं की दिशा में मानव अधिकारों के सर्वव्यापी घोषणापत्र के माध्यम से एक महत्त्वपूर्ण कदम उठाया गया। इसकी प्रस्तावना में कहा गया है, "सभी लोगों और राष्ट्रों के लिए उपलब्धियों की एक साझी कसौटी का निर्धारण हो, ताकि सभी व्यक्ति और समाज के सभी अवयव इस घोषणा पत्र को ध्यान में रखते हुए शिक्षण प्रशिक्षण द्वारा ऐसा प्रयत्न करें कि इन अधिकारों तथा स्वतंत्रताओं के सम्मान में वृद्धि हो तथा प्रगतिशील राष्ट्रीय एवं अन्तर्राष्ट्रीय कदमों (कानून आदि) द्वारा सभी इनको (स्वतंत्रताओं-अधिकारों को) समझें व इनका अनुपालन करें। इसके पश्चात घोषणा पत्र में सम्मिलित अनुच्छेदों में कुछ तो बहुत ही सामान्य बातें हैं। (जैसे सभी मनुष्य एक जैसे पैदा हुए हैं, सभी सम्मान व अधिकार की दृष्टि से बराबर हैं) बेरोजगारी, बीमारी, असमर्थता, वैधव्य, वृद्धावस्था आदि में निर्वाह की व्यवस्था आदि।"

मानवाधिकारों से जुड़े इन अन्यान्य अनुच्छेदों में से कुछ इन बातों से संबंधित हैं। जीवन का अधिकार, स्वतंत्रता एवं सुरक्षा का अधिकार, अपराधी सिद्ध न होने तक उन्मुक्ति का अधिकार, निजी एवं पारिवारिक जीवन तथा पत्र व्यवहार के प्रति सम्मान का अधिकार, विचार, विवेक तथा धर्म की स्वतंत्रता का अधिकार, अभिव्यक्ति तथा शांतिपूर्ण सम्मेलन की स्वतंत्रता, कार्य का अधिकार, गुलाम न बनाए जाने का अधिकार तथा उत्पीड़न आदि के खिलाफ अधिकार।

इन अधिकारों को सर्वव्यापी कहा गया है इसलिए ये बिना सामाजिक स्तर, देश, रंग, जाति या धर्म के भेदभाव के सभी व्यक्तियों को समान रूप से सुलभ-कराये जाने हैं। इसीलिए वैचारिक भिन्नताओं के बावजूद सभी देशों की सरकारें इनका सम्मान करेंगी, ऐसी अपेक्षा की गई है। इस तरह से ये मानवीय अधिकार हमें विश्व का नागरिक बना देते हैं। इनका सार-सत्त्व इसी में है कि ये उन नैतिक परिस्थितियों का निरुपण करते हैं जो किसी भी सामाजिक एवं राजनीतिक व्यवस्था के आधीन नागरिकों को सुलभ होनी ही चाहिए।

सर्वव्यापी चरित्र के कारण ही मानवाधिकार कुछ गूढ़ से लगते हैं। ये मान-दंडों तथा प्राप्त किए जाने योग्य आदर्शों की तरह से हैं। उन्हें लागू कर सकने वाली संस्थाएं तो हैं ही नहीं। इनमें तो आदर्श, उम्मीदें तथा यह अपेक्षाएं भरी है कि संभवतः विभिन्न देशों की सरकारें इन्हें व्यावहारिक एवं स्थूल स्वरूप दे सकेंगी। अपने गूढ़ अमूर्त स्वरूप के कारण ही ये अधिकार वास्तविक नहीं लगते। हम जानते ही हैं कि संयुक्त राष्ट्र घोषणा पत्र पर हस्ताक्षर करने वाले

देशों में कई तरह का अंतर है। अतः इन मानवाधिकारों को लागू करने में सभी से एक जैसे जोशोखरोख की उम्मीद भी नहीं करनी चाहिए। अधिक गहराई से देखा जाए तो ये अधिकार लोकतांत्रिक नहीं लगते क्योंकि इनका लोकतांत्रिक पद्धति से निर्वाचित किसी भी सरकार से टकराव हो सकता है। पर इनका अभिप्राय संयुक्त राष्ट्र मानवाधिकारों की उपादेयता पर संदेह करना नहीं है। सचमुच में ये विभिन्न देशों के बीच राजनीतिक एवं सामाजिक संबंधों को राजनीतिक धरातल से कहीं उच्च स्तर तक उठाने के उद्देश्य से प्रेरित है। मानव अधिकार व्यक्ति तथा समूहों को न्यायपूर्ण व्यवहार की आशा बंधाते हैं। इनके आधार पर विभिन्न देशों की सरकारों के क्रिया-कलापों की समीक्ष की जा सकती है तथा जो इनका हनन करती है उन सरकारों को विश्व जनमत के विरोध का सामना करना पड़ता है।

8

स्वतंत्रता
(Liberty)

स्वतन्त्रता का अर्थ स्पष्ट रूप से समझने हेतु कुछ राजनीतिक चिन्तकों की परिभाषाएं जानना आवश्यक है। नीचे हम स्वंतत्रता की कुछ प्रमुख परिभाषाएं प्रस्तुत कर रहे है।

हॉब्स के विचार में स्वतंत्रता का अर्थ बंधनों का अभाव है।

मैकेग्जी स्वतन्त्रता सभी प्रकार के नियन्त्रणों के अभाव को नहीं कहते अपितु अविवेकपूर्ण प्रतिबंधो के स्थान पर विवेकपूर्ण प्रतिबंधो के लगते को कहा जाता है।

हर्बर्ट स्पैन्सर के विचार में प्रत्येक व्यक्ति जो भी वह चाहे करने हेतु स्वतंत्र है जब तक कि वह किसी अन्य व्यक्ति की उसी प्रकार की स्वतंत्रता का हनन न करता हो।

लीले के विचार में स्वतंत्रता का अर्थ अति शासन का उल्टा है।

लास्की के विचार में स्वतंत्रता से मेरा आशय यत्नपूर्वक ऐसा वातावरण बनाए रखना है, जिसमें कि मनुष्य को अपने सर्वोच्च विकास के मौके प्राप्त हो सके। स्वतन्त्रता की प्राप्ति हमें अधिकारों के रूप में होती है।

उपयुक्त परिभाषाओं से भी यह स्पष्ट हो जाता है कि स्वतन्त्रता को दो अर्थो में समझा गया है। प्रथम स्वतन्त्रता का अर्थ प्रतिबंधो के अभाव से है। नितीय स्वतंत्रता से आशय उन सामाजिक परिस्थितियों का प्राप्त होना है जो कि मनुष्य के व्यक्तित्व के अधिकतम विकास हेतु आवश्यक हो। वास्तव में स्वतन्त्रता हेतु जरूरी है कि हमारे ऊपर अनुचित अंकुश भी वही होने चाहिए एवं हमें वह सुविधाएं भी मिलनी चाहिए जो कि हमारे विकास हेतु आवश्यक हो।

स्वतंत्रता के विभिन्न प्रकार

मनुष्य एक विवेकशील प्राणी है। वह सिर्फ जीवित ही नहीं रहना चाहता अपितु अच्छा जीवन व्यतीत करना चाहता है। मनुष्य का लक्ष्य अपने व्यक्तित्व का अधिकतम विकास करना

है। उसका विकास सिर्फ स्वतन्त्रता के वातावरण में ही हो सकता है। स्वतन्त्रता से आशय यह है कि मनुष्य के जीवन में किसी प्रकार का अनुचित हस्ताक्षेप नहीं होना चाहिए, एवं उसे वह सभी परिस्थितियां प्राप्त होनी चाहिए जो कि उसमें पूर्ण विकास हेतु आवश्यक है। मनुष्य के सर्वोतम विकास हेतु विभिन्न प्रकार की स्वतन्त्रताएं चाहिए। अतः स्वतन्त्रता विभिन्न प्रकार की है जिनकी व्याख्या नीचे दी गई है

1. प्राकृतिक स्वतंत्रता प्राकृतिक स्वतन्त्रता से आशय उस स्वतन्त्रता से है जो कि मनुष्य को प्रकृति से प्राप्त होती है या वह स्वतन्त्रता जो कि मनुष्य प्राकृतिक अवस्था में उपभोग करता था।

2. नागरिक स्वतन्त्रता एक सामाजिक अवधारणा के रूप में स्वतन्त्रता के तीन पक्ष स्वीकार किए जाते है। नागरिक स्वतन्त्रता राजनीतिक स्वतन्त्रता एवं आर्थिक स्वतन्त्रता कुछ विचारक स्वतन्त्रता के इन पक्षों को भी नकारात्मक दृष्टिकोण के आधार पर प्रतिबंधो के अभाव के रूप में समझने का प्रयत्न करते है जो स्वतन्त्रता की सही व्याख्या नहीं हैं।

3. राजनीतिक स्वतन्त्रता राजतंत्रीय एवं कुलीनतन्त्रीय व्यवस्था के समर्थक इस सिद्धान्त को मानते थे कि सिर्फ कुछ लोग ही शासन करने हेतु पैदा होते है। शेष सभी शासन कराने हेतु पैदा हुए है। पहले शासन करने का अधिकार सिर्फ राज परिवार के सदस्यों या कुल कुलीन परिवारों तक ही सीमित रहता था। साधारण जनता जो प्रजा के रूप में आज्ञा पालन करने की भूमिका ही निभाती थी।

4. आर्थिक स्वतन्त्रता आधुनिक वक्त में आर्थिक स्वतन्त्रता को बहुत महत्व दिया जाता है। परन्तु आर्थिक स्वतन्त्रता को विरोधी अर्थो में समझा जाता है। प्रारम्भिक उदारवादी विचारकों ने आर्थिक स्वतन्त्रता को नकारात्मक दृष्टिकोण से समझा और यह कहा कि राज्य को मनुष्य के अर्थिक जीवन में किसी प्रकार का हस्ताक्षेप नहीं करना चाहिए। उसे व्यावसायिक, स्वतन्त्रता सम्पति रखने बेचने एवं उसका कोई भी प्रयोग करने की स्वतन्त्रता एवं कोई आर्थिक अनुबन्ध करने का अधिकार मिलना चाहिए। वे अर्थव्यवस्था की खुली प्रतियोगिता के आधार पर मांग और पूर्ति के नियमों के अनुसार चलाने का समर्थन करते हैं। परन्तु इस आधार पर तो पूंजीवादी व्यावस्था का जन्म हुआ जिसने और आर्थिक विषमताओं को जन्म दिया आर्थिक स्वतन्त्रता के इस अर्थ का फायदा केवल धनी वर्ग को ही होता है जन-साधारण को नही।

इसके विपरीत नव उदारवादियों एवं समाजवादियों ने आर्थिक स्वतन्त्रता को नकारात्मक दृष्टिकोण से समझा। आर्थिक स्वतन्त्रता की सकरात्मक संकल्पना सर्वसाधारण के आर्थिक अभावों को दूर करने का प्रयत्न करती है। लास्की के मतानुसार आर्थिक स्वतन्त्रता का अर्थ यह है कि हर प्राणी को अपनी आजीविका कमाने हेतु समुचित सुरक्षा एवं सुविधा प्राप्त हो। सबके लिए काम, उचित वेतन, निश्चित काम के घन्टे काम की उचित अवस्थाएं एवं असमर्यता की स्थिति में सार्वजनिक सुरक्षा की सुविधाएं प्राप्त हो एवं समाज में वर्ग भेद और शोषण का अन्त हो, यह तो सब आर्थिक स्वतन्त्रता के अर्न्तगत जाते है। आर्थिक स्वतन्त्रता समाज के ढांचे में ऐसे बदलाव की मांग करती है जिससे धनवान निर्धनो का शोषण न कर सके। आर्थिक स्वतन्त्रता वास्तव में सच्ची स्वतन्त्रता का मूल आधार है। आर्थिक स्वतन्त्रता के प्रभाव में मनुष्य

की नागरिक एवं राजनीतिक स्वतन्त्रता निरर्थक है। भूखे, नगे एवं बेकार व्यक्ति हेतु स्वतन्त्रता का क्या अर्थ हो सकता है? लास्की का कहना है कि आर्थिक कमी मनुष्य के व्यक्तित्व की सारी शक्ति को विनष्ट कर देती है।

5. राष्ट्रीय स्वतन्त्रता बाल गंगाधर तिलक ने एक बार यह घोषणा की थी कि स्वराज्य मेरा जन्म सिद्ध अधिकार है। उनका संकेत भारतीय राष्ट्रीय स्वतन्त्रता की ओर था। राष्ट्रीय स्वतन्त्रता से आशय यह है कि हर राष्ट्र को स्वशासन का अधिकार होना चाहिए। किसी भी राष्ट्र पर किसी अन्य राज्य का अधितत्व या नियंत्रण नहीं होनी चाहिए इसका अर्थ यह है कि हर राष्ट ‸ का आना एक राज्य हो जो कि प्रभुसत्ता सम्पन्न होना चाहिए। देश की आन्तरिक तथा विदेश नीति एवं सामाजिक तथा अर्थिक नीति के सृजन का अविष्कार देशवासियों को प्राप्त होना चाहिए, न कि किसी विदेशी सत्ता को राष्ट्रीय स्वतन्त्रता का सिद्धान्त साम्राज्यता का विरोधी है। राष्ट्रीय स्वतन्त्रता की भावना की नीच फ्रांस के क्रान्तिकारियों द्वारा स्थापित की गई। आधुनिक वक्त में अफ्रीका और एशिया के अनेक नये राज्यो का उदय इसी स्वतन्त्रता से प्रेरित हो कर हुआ। राष्ट्रीय स्वतन्त्रता अन्य प्रकार को स्वतन्त्रताओं हेतु आवश्यक शर्त है। पराधीन देशों में अधिकांश नागरिक स्वतन्त्रता एवं आर्थिक स्वतन्त्रता का अभाव रहता है क्योंकि वहाँ विदेशी सरकारें नागरिकों पर अत्याचार करती है। राष्ट्रीय स्वतन्त्रता की प्राप्ति के पश्चात् राज्य सत्ता देशवासियों के हाथो में आ जाती है जो कि शासन संचालन राष्ट्रीय हितों की दृष्टि से करेंगे। उदाहरण हेतु हम स्वतन्त्रता में पहले और स्वतन्त्रता के उपरांत के भारतवर्ष को देख सकते हैं।

मार्क्सवादी धारणा के अनुसार स्वतन्त्रता ऐसी अवस्था को नहीं कहते जिसमें व्यक्ति को अकेला छोड़ दिया जाए, और न ही ऐसी स्थिति को जिसमें कि मनुष्य सबसे अलग-अलग रहकर मनमानी करना चाहे। मार्क्सवाद के अनुयायी यह समझाते है, कि समाज से कटा हुआ पृथक पड़ा हुआ व्यक्ति स्वतन्त्रता का उपभोग नहीं कर सकता। वे उपयोगितावाद की इस मान्यता को स्वीकार नहीं करते कि भिन्न-भिन्न व्यक्तियों के स्वर्थो को जोड़कर सार्वजनिक हितों की पूर्ति की जा सकती है इसके उलट वे समझते है कि सर्वहित की सिद्धि हेतु यह जरूरी है कि समाज के विभिन्न व्यक्ति एक साथ मिलकर पूरे समाज के हित में अपने-अपने हितों का देखे। सिर्फ एक उचित उत्पादन प्रणाली में ही व्यक्ति को सच्ची स्वतन्त्रता प्राप्त हो सकती है। पूंजीवाद का मुक्त बाजार वाली अर्थव्यवस्था के तहत सामन्य व्यक्ति को स्वतन्त्रता नहीं मिलती। उनके अनुसार सिर्फ समाजवादी व्यवस्था में ही सर्वसाधारण को स्वतन्त्रता प्राप्त हो सकती है। मार्क्सवादियों का कहना है कि जब तक समाज दो विरोधी वर्गो में बंटा हुआ रहेगा, सत्ता सदा उसी वर्ग के हाथ में रहेगी जोकि उत्पादन के साधनों का स्वामी है और वही वर्ग स्वतन्त्रता का उपभोग भी करेगा। उत्पादन के साधनों से वंचित वर्ग स्वतन्त्रता से भी वंचित रहेगा। जब समाज में उत्पादन के प्रमुख साधनों पर पूरे समाज का स्वामित्व होगा मनुष्य का शोषण नहीं करेगा और उत्पादन व्यवस्था इतनी विकसित हो जाएगी कि सबकी आवश्यकताएं पूरी हो सकेगी तभी हर व्यक्ति स्वतन्त्रता का उपभोग पर सकेगा। यह व्यवस्था समाजवाद में ही सम्भव है।

9

समानता
(Equality)

समानता की मांग हमेशा से ही प्रचलित विषमताओं के खिलाफ एक नारा नहीं है। इस नारे की नींव पक्की करने हेतु सैद्धातिक तथा बौद्धिक तर्क भी दिए जाते रहे है। ज्यों-ज्यों प्रचलित विषमताओं का रूप बदला है, वैसे-वैसे समानता का अर्थ भी बदलता रहा है। ऐतिहासिक संदर्भ में, जिस प्रकार की विषमता के खिलाफ कोई जूझ रहा था, उसी को ध्यान में रखकर उसने समानता की परिभाषा प्रस्तुत की।

किसी युग विशेष में मौजूद विषमता के विपरीत व्यक्तियों को समान क्यों माना जाए इस सवाल के अलग-अलग उत्तर दिए जाते रहे हैं। समानता का सबसे पुराना औचित्य धार्मिक आधार पर स्थापित किया गया है। इसके अनुसार मनुष्य इसलिए समान है क्योंकि वे सभी एक ही ईश्वर के रूप हैं। यह धारणा कभी बहुत सीमित तो नहीं रही, किन्तु व्यावहारिक दृष्टिकोण से इसकी समानता की मांग आध्यात्मिक समानता तक ही समिति रही है।

समानता के औचित्य के आधार क्या हैं? क्या मनुष्य जन्म से समान है या असमान? क्या वे एक ही ज्योति के एक जैसे प्रतिरूप हैं या नहीं? क्या समाज में उनका महत्व समान है या नहीं? इन प्रश्नों पर भिन्न-भिन्न लेखक न तो सहमत हुए हैं और न होंगे। पंरतु एक बात निश्चित है कि स्वंतत्रता के विचार को सार्थक बनाने हेतु समानता अनिवार्य है।

सामान्य अर्थों समानता का अभिप्राय राज्य में रहने वाले सभी लोगों को बराबरी का दर्जा और सबकों समान सुविधाओं की प्राप्ति से है। समानता का यह अर्थ गलत है क्योंकि यह समानता का एक आदर्श तथा काल्पनिक रूप है। स्वयं प्रकृति ने मनुष्यों को असमान बनाया है। रूप, रंग, बुद्धि शक्ति के आधार पर प्रत्येक व्यक्ति अन्य व्यक्तियों से अलग है। मनुष्य किसी कारखाने में बनने वाला पदार्थ नहीं है। समानता का उपयुक्त अर्थ अव्यावहारिक भी है।

प्राचीन और मध्यकाल में सुविधा सम्पन्न वर्ग की प्रतिक्रिया स्वरूप समानता के सिद्धांत का उद्‌भव और विकास हुआ। जब अल्पसंख्यक कुलीन वर्ग समाज की समस्त सुख सुविधाओं

का उपभोग करने लगा तो बहुसंख्यक वर्ग में असंतोष की भावना पनपी और इस व्यापक विषमता तथा बहुसंख्यक के शोषण के खिलाफ अनेक राजनीतिक विचारकों ने आवाज उठाई। प्राचीन युग में समानता का समर्थन करने वालों में सोफिस्ट तथा स्टोडकवादी चिंतक और एटीफोन यूरिपिडीज पाइूउस आदि प्रमुख थे।

वर्तमान काल में समानता के विचार का प्रांरभ मध्य वर्ग के उदय के साथ हुआ जिसने पुनर्जागरण 15वीं शताब्दी तथा धर्म-सुधार आंदोलनों 16वीं शताब्दी के माध्यम से समांतवादी विषमता के खिलाफ आवाज उठाई। इंग्लैण्ड में 1649 तथा 1688 की घटनाएं, अमरीका में 1776 का घोषण-पत्र तथा फ्रांस में 1789 की क्रांति समानता की दिशा में प्रमुख राजनीतिक आंदोलन थे। फ्रांस की क्रांति के परिणामस्वरूप वहाँ की राष्ट्रीय सभा ने यह माना कि मनुष्य स्वतंत्र तथा समान उत्पन्न हुए हैं और वे अपने अधिकारों के विषय में भी स्वतंत्र और समान हैं। इसी प्रकार संयुक्त राज्य अमरीका के स्वतंत्रता संबधी घोषणा पत्र में वहा गया कि हम इस सत्य को स्वतः सिद्ध स्वीकार करते हैं कि सब मनुष्य समान है। इससे पहले रूसो ने भी अपने निबंध विषय की उत्पत्ति 1754 में विषमता की उत्पत्ति तथा सभ्यता के विकास के साथ जोड़ा। यहां यह स्पष्ट कर देना उचित होगा कि 18वीं शताब्दी तक समानता की अवधारणा का अर्थ या तो जन्मजात असमानता तथा विशेषाधिकारों की समाप्ति तक सीमित था या विशेष कानूनी सुविधाएं समाप्त करने तक। इसमें समानता की अवधरणा सिर्फ कानूनी पक्ष तक सीमित रही।

पूँजीवाद ने अत्यधिक असमान परिस्थितियों को जन्म दिया। पूँजीपति वर्ग और कामगार के बीच की खाई इतनी तेजी से चौड़ी होने लगी कि दोनों एक-दूसरे के सामने खड़े होने पर एक दानव प्रतीत होता था और दूसरा बौना। कानूनी समानता से अन्य समानताएं स्वतः प्राप्त हो जाएंगी पूंजीपतियों के इस ढोल की पोल भी खुली। परिणामस्वरूप पूंजीवादी अर्थव्यवस्था और मजदूरों की दयनीय स्थिति की तरफ 19वीं शताब्दी में काल्पनिक समाजवादियों ने समाज का ध्यान आकर्षित किया, भले ही कामगारों से उनकी सहानुभूति निरी मौखिक थी। उन्हीं दिनों मार्क्स और एंगेल्स ने मजदूरों की क्रान्ति का मंत्र दिया और आर्थिक समानता की मांग को पूंजीवादी व्यवस्था और निजी पूंजी की व्यवस्था के उन्मूलन के साथ जोड़ा। आर्थिक समानता की मांग के साथ-साथ राजनीतिक समानता की मांग ने बल पकड़ा। इंग्लैण्ड जैसे पूंजीवादी देशों में सुधारवादी कानून बनने लगे। 1861 से 1865 ई. तक चले अमेरिकी गृह युद्ध के फलस्वरूप अमेरिका में दास प्रथा का खात्मा हुआ। उत्तर और दक्षिण अमेरिकी राज्यों के बीच भेदभाव समाप्त हुआ। वयस्क मताधिकार के आधार पर एक व्यक्ति एक मत की मांग उठाई गई। स्त्रियों ने अपना मताधिकार प्राप्त करने हेतु संघर्ष छेड़ा। यूरोप में 1830 तथा 1848 की क्रांतियां इसी विषता के खिलाफ जेहाद थी। 20वीं शताब्दी में संसार में अनेक राष्ट्रीय आंदोलनों का प्रादुर्भाव हुआ। रूस और चीन में समाजवादी साम्यवादी क्रांतियां हुई। अफ्रीका तथा एशिया के कई देशों में असमानता के खिलाफ जंग लड़ी गई जो आज भी जारी है।

10

न्याय
(Justice)

राजनीतिक सिद्धांत के विद्यार्थियो को न्याय शब्द बहुत हैरान करता है। इसका कारण यह है कि वक्त और परिस्थितियों के अनुसार न्याय शब्द के अर्थ बदलते रहे हैं। व्यक्ति के दृष्टिकोण पर भी न्याय का अर्थ निर्भर करता है। एक विधिविशेषज्ञ इसे न्यायाधीश के निर्णय से अधिक कुछ नहीं मानता तो एक धर्मपरायण व्यक्ति की दृष्टि में न्याय उन नैतिक मूल्यों का संग्रह है जिनका हमें पालन करना चाहिए। एक गरीब हेतु न्याय गरीबी का उन्मूलन है। एक मजदूर हेतु न्याय का अर्थ है पर्याप्त मजदूरी तो एक उपाश्रित हेतु न्याय का अर्थ है, एक ऐसी व्यवस्था जिसमें कोई भूखा न हो और व्यक्ति की न्यूनतम आर्थिक आवश्यकताएं पूरी हो। नारीवादी पुरूष के प्रभुत्व से नारी की मुक्ति को न्याय मानते है।

न्याय : व्युत्पति और विकास

लेटिन के शब्द जस्टस एवं जस्टीशिया आदि से जुड़ा शब्द जस्टिस मूलतः एक संबधि जोड़ने से प्रारम्भ हो कर बाध्य करने का अर्थ बोध कराने लगा। जूस शब्द की व्याख्या करते हुए प्रोफसर बार्कर कहतें है कि इसका मूलतः अर्थ जोड़ना या बाँधना है और इसीलिए बंधनकारी होने का बोध कराता था इसकी और व्याख्या करते हुए वे कहते है कि एक ऐसी वैध परम्परा जिसका सहारा लोग लेते हैं, जोकि मान्य है और जिसे मानवीय सता लागू करने का प्रयत्न कर सकती है, जुस कही जा सकती है। यह स्पष्ट है कि इस तरह मूल लेटिन शब्द से व्यत्पन्न जास्टिस न्याय कानूनी अर्थ में न्याय का अर्थ बाध्यकारी नियमों का समूह है जिसे न्यायालय बाध्यकारी मानते हुए लागू करता है। किंतु प्रोफेसर बार्कर स्वयं ही न्याय को एक व्यक्ति के दूसरे से संबध तक सीमित नहीं रखते। वे कहते है कि न्याय का एक काम समन्वय करना भी हो सकता है जिसमें वह विभिन्न राजनीति मूल्यों और विचारों को एक दूसरे के निकट लाकर

समन्वित और समग्र स्वरूप प्रदान करता है। विभिन्न वक्त में न्याय शब्द के अर्थ बदलते रहे हैं।

प्राचीन यूनान में सोफिस्टों के विचार में न्याय शक्तिशाली का हित था यह उस सामाजिक समूह का हित था जोकि सैनिक और आर्थिक दृष्टि से समर्थ था और अन्य समूहों पर अपनी इच्छा लाद सकता था। दूसरे शब्दों में ताकतवर और संर्पन व्यक्तियों द्वारा कमजोर वर्ग पर अपने निर्णय थोपना ही न्याय है। इसके विपरीत प्लेटो ने न्याय की आवधारणा में नैतिक और नीति शास्त्र का पुट सम्मिलित किया औ कहा कि सामाजिक हित हेतु अपनी पूरी योग्यता और क्षमता से अपने कर्तव्य का निर्वाह करना न्याय होगा। दूसरी ओर अरस्तु का कहना था कि व्यक्तियों के साथ यथायोग्य व्यवहार करना ही न्याय है। समाज में व्यक्तियों के योगदान के अनुरूप ही उन्हें पद प्रतिष्ठा और सम्मान मिलना चाहिए। उनका कहना था कि सामाजिक बांसुरी उन्हें दो जो बांसुरी वादन कर सकें। रोमन विचारको जिन्होंने पश्चिमी राजनीतिक चिंतन में कानून और व्यवस्था जैसे तत्वों का योगदान दिया, ने न्याय को कानूनों एवं उन्हें लागू करने वाले न्याय तंत्र की संज्ञा दी। ये कानून समाज की परम्पराओं विधिायिका विधायिका के प्रस्तावों एवं न्याय मंडल के निर्णयों में घोषित होते थे। मध्यकाल में चर्च की प्रबलता के कारण अच्छे शासन, नैतिकता एवं अच्छाई का विचार आदि भी न्याय पूर्ण होने के विचार से जुड़ गये।

संत टॉमस एक्विनास ने क्रमबद्ध रूप में चार प्रकार के कानूनों की चर्चा की प्रथम पवित्र कानून जोकि सर्वोच्च है तथा प्रभु में स्थित है। दूसरा, दैवीय कानून जोकि पवित्र कानून से नीचे है और धार्मिक ग्रंथो में मिलता है। तीसरा, प्राकृतिक कानून जोकि ईश्वर के द्वारा दिये गये, मनुष्य के तर्क में मिलता है और अंत में मानवीय कानून जोकि अपने से ऊपर तीनों प्रकार के कानूनों के अनुसार अभिव्यक्त होते हुए मानवीय सता के द्वारा निर्मित और लागू होता है।

मध्यकाल में न्याय का अर्थ था धर्म ग्रंथो से निकले नैतिक नियम मनुष्य की नैतिकता एवं मनुष्य द्वारा पवित्र दैवी और प्राकृतिक विधानों की छाया में बनाए गए नियम आदि भी इसी न्याय के अंग थे।

आरम्भिक आधुनिक काल के प्राकृतिक अधिकारवादी विचारकों ने न्याय को तर्क के शासन एवं पुरानी धार्मिकता और नई तर्कशीलता द्वारा विकसित अवधारणा के सेतु के रूप में निरूपित किया। लॉक और उनके अनुयायी इसी विचार से बंधे थे। उठारहवीं उन्नीसवीं शताब्दियों के विचारक कानून को ही न्याय की मूर्त अभिव्यक्ति मानते थे। उनका कहना था कि कानून राज्य की सुस्पष्ट घोषित धारणा है और यही न्याय का सबसे सहज रूप में समझ में आने वाला आयाम भी है। लोकतांत्रिक व्यवस्था और संस्थाओं के विकास के साथ-साथ कानूनी और राजनीतिक मामलों में समाज के सभी वर्गो की बराबर की हिस्सेदारी ही न्याय कहलाने लगा। आज भी उदारवादी न्याय का अर्थ कानूनी और राजनीतिक समानता से लेते हैं। इसमें वे कानून के शासन, कानून के समक्ष समानता, कानून के समान संरक्षण एवं एक व्यक्ति एक वोट को सम्मिलित करते हैं। औद्योगिक विकास के साथ ही साथ समाजवादियों श्रम संघवादियों एवं अराजकतावादियों ने इस बात पर बल दिया कि राजनीतिक गुलामी और आर्थिक शोषण से मुक्त सामाजिक व्यवस्था ही एक न्यायपूर्ण व्यवस्था है। उपरांत में मार्क्सवादियों ने

सामाजिक आर्थिक न्याय के विचार को रखा और कहा कि न सिर्फ कानून न्यायोचित हों अपितु पूरी सामाजिक व्यवस्था न्यायपूर्ण होनी चाहिए। उनकी दृष्टि में पूर्ण समतावादी समाज वही है जिसमें सभी संसाधनों पर समाज का सांझा नियंत्रण हो, यथासंभव निजी सम्पति न हो और जिसमें योग्यतानुसार कार्यभार एवं आवश्यकतानुसार फायदा की प्राप्ति हो। आधुनिक उदारवादियों के विचार में सभी हेतु पर्याप्त की उपलब्धि के पश्चात् और अधिक पाने हेतु प्रयास करने की स्पर्धा ही न्याय है।

न्याय के विभिन्न आयाम

न्याय के अनेक आयाम है जैसे कानूनी, राजनीतिक, सामाजिक, आर्थिक एवं सामाजिक कानूनी आयाम में न्याय 1. राज्य की घोषित इच्छा 2. पारम्परिक एवं विधायिका रचित कानून 3. एक स्पष्ट सत्ता द्वारा घोषित एवं न्यायलय द्वारा लागू किए गए 4. उल्लंघन किए जाने पर दण्ड विधान सहित 5. संविधान की व्यवस्थाओं या प्रथाओं के अनुरूप एवं 6. सरकार की गतिविधियों पर संविधान की नियामक दृष्टि और नागरिकों के अधिकारों और दायित्वों का समुच्चय है।

न्याय का राजनीतिक आयाम वैधानिक आयाम का ही परिवर्तित रूप है। इसमें 1.भेवभाव रहित राजनीतिक व्यवस्था की स्थापना 2. राजनीतिक समानता 3. एक व्यक्ति एक मत 4. कानून द्वारा शासन 5. संविधान की व्यवस्थाओं की विधिवत रचना 5. मुक्त प्रेस और लोकतांत्रिक अधिकार और अंततः 7. वक्त समय पर निष्पक्ष चुनावों की व्यवस्था को सम्मिलित किया गया है।

सामाजिक स्वरूप में न्याय एक न्यायपूर्ण समाज को अभिव्यक्त करता है। इसकी विशेषताएँ होगी 1. सभी प्रकार के भेदभाव का अंत 2. जन्म, जाति, वर्ण, मत या लिंग पर आधारित विशेषाधिकारों की समाप्ति 3. सामर्थ्य पर आधारित सामाजिक भूमिका 4. रूढिगत क्रमबद्धता के स्थान पर सामाजिक गतिशीलता 5. एक से एक एवं सभी व्यक्तियों को समानता और 5. व्यापक भ्रातृभाव।

आर्थिक स्वरूप में न्याय समाज की आर्थिक संरचना के न्यायपूर्ण होने पर बल देता है। समाजवादी श्रम संघवादी एवं अराजकतावादी विचारों ने इसकी ये विशेषताएं बताई है 1. पारस्परिक सहयोग पर आधारित सामाजिक व्यवस्था की स्थापना 2. स्वेच्छा और स्वतंत्र आर्थिक उद्यम द्वारा अधिकतम संभव उत्पादन की प्राप्ति 3. उत्पादित वस्तुओं आदि का समतापूर्ण वितरण 4. मानव द्वारा मानव के शोषण का अंत 5. दुर्घटनाओं बीमारी, और वृद्धावस्था में व्यापक सामाजिक सुविधाओं का प्रबंध और 6. चंद व्यक्तियों के हाथों में भौतिक संसाधन के केंद्रीकरण पर रोक। न्याय का सामाजिक आर्थिक स्वरूप मार्क्सवादी परिकल्पना पर आधारित है।

इसमें ये चार लक्षण बनाए गए है : 1. वर्गविहीन समाज 2. योग्यता के अनुरूप काम 3. आवश्यकतानुसार काम और 4. शोषण और दमन रहित सामाजिक व्यवस्था।

न्याय का स्वतन्त्रता और समानता से संबध

न्याय एक एकीकृत करने वाली शक्ति है जो व्यक्तियों की व्यक्तियों से एवं मान्यताओं को मान्यताओं से जोड़ती है। प्रोफेसर बार्कर ने इसका अर्थ वह समन्वय बताया है जिसमें अधिकारों के विभाजन का सिद्धांतानुसार निर्धारण होता है, समग्र में सभी की हिस्सेदारी तय होती है और इस प्रकार से सहयोग के वितरण का सिद्धांत देता है एवं वास्तविक वितरण में निर्धारित अंशो को इन कसौटियों के अनुसार तोल पर सिद्धांतो और मान्यताओं आदि में सामज्य उत्पन्न करता है।

न्याय का विचार मानवीय संबधो की उचित क्रमिकता एवं व्यक्तियों और सिद्धान्तों के बीच समंजन से जुटा है। यह कोई काल्पनिक विचार नहीं अपितु एक सामाजिक वास्तविकता है। जीवन के बाहरी स्वरूप से जुड़े होने के नाते यह सिर्फ नैतिकता और नीतिशास्त्र का बखान नहीं है। किंतु बाहरी जीवन स्वरूप जिन शर्तो और मानदण्डों पर आश्रित है उनका स्रोत तो नैतिकता में ही होता है। इसीलिए प्रोफेसर बार्कर कहते हैं कि अगर न्याय नैतिकता नहीं है तो भी नैतिकता पर आधारित अवश्य है। अगर सामाजिक व्यवहार के मानदण्ड नीतिशास्त्र नहीं है तो भी अंततः उनकी व्युत्पति नीति शास्त्र से ही हुई है। न्याय के स्वतन्त्रता और समानता से संबध की व्याख्या करते हुए बार्कर कहते हैं कि न्याय सिर्फ व्यक्तियों को ही नहीं सिद्धातों को भी आपस में जोड़ता है। यह स्वतन्त्रता और समानता के सिन्द्धातों के दावों को भली प्रकार से समन्वित कर वस्त्र के धागों की भांति गूंथ देता है। समानता और स्वतन्त्रता में टकराव हो सकता है यदि वर्ग विहीन समाज एवं सम्पतियों में परम समानता की सीमा तक पहुंचने का प्रयत्न किया जाए। सिर्फ अपने आप हेतु कुछ और अधिक पाने के प्रयासो की स्वतन्त्रता और समानता के बीच भी टकराव की काफी संभावना रहती है। इसीलिए न्याय का कार्य है व्यक्ति का व्यक्ति से, नियम का नियम से जीवन मूल्यों का जीवन मूल्यों से और दावों का दावों से समंजन न्याय व्यक्तियों के अधिकार संबधी दावों एवं इन दावों का निर्धारण करने वाले सिद्धातों बीच संतुलन का कार्य करता है यह इन सिद्धातों को आधुनिक व्यक्तियों के व्यक्तित्व की क्षमताओं के अधिकतम सभव विकास की कसौटी पर परखता है।

11

कर्त्तव्य सम्बन्धी विचार

(Idea of Duty)

गांधी जी मानवीय अधिकारों के पक्के समर्थक थे। वे साम्राज्यवाद के विरोधी थे। उन्होंने स्वतन्त्रता के अधिकार का सदा पक्ष लिया। वे मानव समानता में विश्वास करते थे। उनका सत्याग्रह का सिद्धान्त इस बात पर निर्भर है कि व्यक्ति को अन्याय एवं शोषण का विरोध करने का अधिकार है। गांधी जी ने स्वयं भारत की स्वतन्त्रता के लिए संग्राम किया एवं ब्रिटिश शासन के कानूनों का घोर विरोध किया।

गांधी जी ने समानता एवं स्वतन्त्रता के अधिकारों पर विशेष जोर दिया। उनको व्यक्तिवादी या उदारवादी कहा जा सकता है। वे जनता के व्यक्ति थे एवं जन-कल्याण को राज्य का लक्ष्य मानते थे। परन्तु यह कल्याण केवल भौतिक नहीं था, यह मुख्य रूप से आध्यात्मिक था। वे जातीय भेदभाव के घोर विरोधी थे। उनके अनुसार, मानव कुछ जरूरी अधिकारों के बिना ईश्वर को प्राप्त नहीं कर सकता। इसी प्रकार, वे व्यक्तियों के स्वतन्त्रता के अधिकार के समर्थक थे। अल्पसंख्यकों को भी अपनी उन्नति के समान मौके मिलने चाहिए। प्रत्येक व्यक्ति को अपने मत प्रकट करने का अधिकार है। बहुमत को संख्या का आधार पर अल्पमत को दबाने का कोई अधिकार नहीं है। उन्होंने 'रौलट ऐक्ट' (*Rowlat Act*) का खुलकर घोर विरोध किया, जिससे नागरिकों में उनके विश्वास की पुष्टि होती है।

लेकिन गांधी जी कर्त्तव्यों के बारे में पूर्ण सजग थे। अधिकार व्यक्तित्व का विकास करने के लिए आवश्यक है, लेकिन इन अधिकारों का उपभोग करने के लिए नैतिक प्रशिक्षण पहली शर्त है। यदि मानव अपने अधिकारों की मान्यता चाहता है तो उसके कार्य जीवन के मानदण्डों के अनुसार होने चाहिएँ। गांधी जी का अधिकारों का सिद्धान्त मूल्यात्मक है। अतः अधिकारों और कर्त्तव्यों में समन्वय जरूरी है। गांधी जी ने कर्त्तव्यों के पालन व दूसरे शब्दों में, कर्म के सिद्धान्त पर विशेष जोर दिया है। उन्होंने कहा कि अधिकार कानूनी मान्यता से नहीं अपितु

समाज सेवा से मिलते है। यदि मानव अपने कर्त्तव्यों का पालन करे तो अधिकार स्वयं मिल जाएँगे।

गांधी जी यह भी मानते थे कि अधिकार केवल व्यक्ति के अपने लिए नहीं है। इनका सामाजिक महत्व भी है। सर्वोदय अर्थात् सबका कल्याण अधिकारों का आधार है। एक बार उन्होंने एच. ज. वैल्स (*H.G. Wells*) को लिखा, "मानव के कर्त्तव्यों से प्रारंभ करो तो अधिकार ठीक उसी प्रकार चले जाएँगे जैसे शरद् ऋतु के बाद बसन्त आता है। जब मैं जवान था तो मैंने अपना जीवन अधिकारों की माँग से प्रारंभ किया और मुझे पता लगा कि मेरे कोई अधिकार नहीं है, अपनी पत्नी पर भी मेरा कोई अधिकार नहीं है। अतः मैंने अपनी पत्नी, अपने बच्चों, मित्रों, साथियों एवं समाज के प्रति कर्त्तव्यों का पालन शुरू कर दिया और आज मेरे पास किसी भी अन्य व्यक्ति से अधिक अधिकार हैं।" इस प्रकार गांधी जी के अनुसार, सेवा से प्राप्त किए गए अधिकार ही सच्चे अधिकार हैं। यदि लोग केवल अपने अधिकारों पर ही जोर देंगे, अपने कर्त्तव्यों पर नहीं, तो समाज बिखर जाएगा।

12

नागरिकता
(Citizenship)

अंग्रेजी शब्दों सिटीजन एवं सिटिजनशिप का मूल स्रोत 'सिविस' नामक शब्द जिसका अर्थ है एक नगर के निवासी। अतः नागरिक वह व्यक्ति है जो किसी नगर में रहता है एवं नागरिकता उसके नगरवासी होने के विशेष रुतबे का प्रमाण। पर यह सिर्फ शाब्दिक अर्थ है। इस प्रकार से नागरिक तथा नागरिकता की परिभाषा बहुत ही संकीर्ण रह ताती है एवं आज के काल में जिन अनेक विशेषताओं के साथ इन अवधारणाओं का सहज संबंध है वह भी इस परिभाषा की परिधि से बारह ही रह जाती है। आज नागरिकता का आशय है 'राज्य' नामक राजनीतिक समुदाय की सदस्ता। किसी भी समुदाय अथवा समाज के सदस्य होने के नाते हम सामाजिक प्राणी बन जाते है। पर हम राजनीतिक प्राणी तभी बनते हैं जब हमारा किसी राज्य में जन्म हो या हमें उसकी सदस्यता प्राप्त हो जाए। अगर नागरिकता अर्थ को और व्यापक रूप में देखा जाए तो राज्य की सदस्यता हमें एक वैधानिक दर्जा प्रदान करती है; सभी अधिकार एवं दायित्व इसी दर्जे में निहित रहते हैं। इसका यह अभिप्रायः बिल्कुल नहीं है कि एक सामाजिक प्राणी के रूप में हमारे कोई अध्किार नहीं होते अथवा हम दायित्वों से बच निकलते है। राज्य एवं समाज की सदस्यता के बीच जो मुख्य अंतर है वह कानूनी स्वीकृति कहलाता है। हमारा वोट देने का अधिकार एक कानूनी अधिकारी है पर किसी गरीब अथवा दुर्बल की मदद करने के अधिकार के पीछे तो सामाजिकता तथा नैतिकता का तकाज़ा ही अधिक होता है।

अतः नागरिकता किसी राज्य की सदस्यता मात्र नहीं अपितु यह एक व्यक्ति की नागरिक के रूप में कानूनी मान्यता भी है। सामाजिक मान्यता से आशय है समाज की सदस्यता। इसी प्रकार कानूनी मान्यता राज्य की सदस्यता की परिचायक है। एक सामाजिक प्राणी होना एक बात है किन्तु राजनीतिक प्राणी होना इससे बहुत भिन्न और दूसरी ही बात है। सभी सामाजिक प्राणी नागरिक नहीं होते जबकि सभी नागरिक सामाजिक भी होते हैं। एक व्यक्ति सामाजिक

प्राणी तो हो सकता है पर वह नागरिक नहीं माना जाता। एक उपनिवेश का निवासी शासक देश की प्रजा तो समझा जा सकता है पर उसे शासक देश का नागरिक नहीं माना जाता। किसी देश का रह राष्ट्रिक वहाँ के नागरिक भी हों। उदाहरण हेतु हर भारतीय मूल का व्यक्ति भारतीय कहा जा सकता है पर उसका भारत का नागरिक होना आवयक नहीं। वह किसी भी देश का नागरिक हो सकता है। इसी प्रकार सभी विदेशी साामाजिक प्राणी अवश्य हैं पर जिस भी देश में वे विदेशी के रूप में रह रहे हैं वहाँ उन्हें नागरिकता के अधिकार होना आवश्यक नहीं। नागरिक एक विशेष प्राणी होता है। इसे राज्य के सदस्य के रूप में मान्यता प्राप्त होती है।

नागरिकता से राज्य की सदस्यता का भन होता है और यह मान्यता व्यक्ति के विशेष स्तर या दर्जे को निर्धारित करती है। यह मान्यता इस व्यक्ति से राज्य के सभी मामलों में हाथ बंटाने की अपेक्षा भी करती है। नागरिकता की यह पदवीं व्यक्ति से राज्य के क्रियाकलापों में भागीदार की उम्मीद करती है। राज्य के सृजन और उसकी कार्यवाही में हिस्सेदारी उन्हें किसी राज्य में रह रहे गैर-नागरिकों के समूह से एक पृथक पहचान प्रदान करती है। इसी तरह की भागीदारी लोकतंत्र को अन्य शासन प्रणालियों से पृथक स्वरूप भी प्रदान करती है। नागरिक तो सिर्फ लोकतंत्र में होते हैं। राजतंत्र में आम आदमी प्रजाजन कहे जाते हैं। यह तो नागरिक कहलाने वाले व्यक्तियों की राज्य व्यवस्था में हिस्सेदारी ही है। जो कि व्यवस्था को लोकतांत्रिक बना देती है। नागरिकता और लोकतंत्र साथ-साथ चलते है। एक की समृद्धि का अर्थ है दूसरे की प्रगति। जैसे-जैसे राजतंत्र के रूप में विकसित हुए प्रजाजन भी नागरिक बन गए।

राज्य की गतिविधियों में हिस्सेदारी नागरिकता की एक विशेषता है। किसी राज्य के भौगोलिक अधिकार क्षेत्र के निवास मात्र से कोई व्यक्ति वहाँ का नागरिक नहीं बन जाता। उसे नागरिक होने हेतु सरकार के सृजन में हाथ बंटाना होगा अर्थात् मताधिकार का प्रयोग करना होगा, चुनाव लड़ने होंगे, सार्वजिनक पदों पर कार्य करना होगा, अपनी राय जाहिर करनी होगी, आदि। जिस व्यक्ति के पास यह अधिकार न हो तो वह नागरिक नहीं कहा जा सकता। कोई राष्ट्रिक अल्प आयु या किसी अन्य अयोग्यता के कारण अगर राजकीय गतिविधियों में योगदान दे पाने में असमर्थ होता है तो उसे भी नागरिक नहीं माना जाता। विदेशियों को कोई राजनीतिक अधिकार नहीं होते। इसीलिए वे भी नागरिक नहीं होते। ऐसे विदेशी सामाजिक प्राणी हैं और एक प्रकार से अतिथि होने के नाते वह भी नागरिकों को सुलभ सुविधाओं का फायदा उठाते हैं। पर वे अतिथि ही रहते हैं, गृहस्वामी नहीं हो सकते। अतिथि के रूप में उनका सम्मान होता है पर यह सम्मान उन्हें स्वामित्व का अधिकार प्रदान नहीं करता। कोई बाहरी व्यक्ति घर के निर्माण, मरम्मत अथवा उसकी पुनरुद्धार में हाथ नहीं बंटाता। अतः किसी राज्य में रहने मात्र के कोई व्यक्ति उसका नागरिक होने योग्य नहीं बन जाता। राज्य की सदस्यता और उसके कार्यों में भागीदार नागरिकता के विशेष गुण है।

राज्य में हिस्सा लेने का अर्थ है राजनीतिक समाज के सदस्यों के रूप में दायित्वों का वहन करना और उसमें सहगामी होना। इसका आशय है कि जो लोग जिम्मेदारियाँ उठा रहे हैं उनके कुछ ऐसे अधिकार भी अवश्व होंगे जिनसे उन्हें अपनी जिम्मेदारियाँ ठीक से निभाने में मदद मिलती है। दूसरे शब्दों में राज्य की गतिविधियों में भाग लेने का अर्थ है नागरिकों के कुछ

अधिकारों का अस्तित्व होना। ये अधिकार ही नागरिकों को सरकार बनाने और उसके संचालन में योगदान करने का अवसर प्रदान करते हैं। ये राजनीति अधिकार हैं जिनमें मताधिकार, निर्वाचन अधिकार, सहकारी पदों पर प्रतिष्ठित होने, शासकों की आलोचना और अपनी राय व्यक्त करने आदि के अधिकार शामिल है। किसी भी राज्य में ये अधिकार सिर्फ नागरिकों को ही उपलब्ध होते हैं। दूसरे शब्दों में किसी राज्य में रहने वाले जिन व्यक्तियों को ये राजनीतिक अधिकार प्राप्त नहीं है, उन्हें उस राज्य का नागरिक नहीं कहा जा सकता। नागरिक से आशय है राज्य की सदस्ता और भागीदारी और उसके फलस्वरूप राजनीतिक अधिकार।

नागरिकता के अर्थ को और अधिक स्पष्ट करने में एक अन्य बात का भी बहुत महत्त्व है। नागरिकता अन्य व्यक्तियों पर किसी न किसी प्रकार के दावे का बोध तो करती ही है, यह राज्य की अपने नागरिकों से अपेक्षाओं का ज्ञान भी कराती है। इन्हीं अपेक्षाओं को नागरिकों का कर्त्तव्य माना जाता है। इस प्रकार से नागरिकता सिर्फ अधिकार तंत्र अपितु कर्त्तव्य व्यवस्था भी है। नागरिकता का सार उपलब्ध राजनीतिक अधिकारों के उचित प्रयोग और पूरी निष्ठा से कर्त्तव्यों का पालन करने में निहित है। इस तरह नागरिकता अधिकारों के साथ-साथ कर्त्तव्य पालन पर भी आधारित है। कर्त्तव्यों और अधिकारों के इसी सम्मिलिन पर जोर देते हुए ब्रिगन कहते हैं, 'नागरिकता के दो रूप है 1. हर नागरिकों को यह अधिकार है कि उससे राजनीतिक समाज के संतुलन में सलाह ली जाए। साथ ही इस सलाह प्रक्रिया में योगदान देना उसका कर्त्तव्य है। 2. जिस नागरिक को सलाह प्रक्रिया में भाग लेने का अधिकार है वह इस प्रक्रिया के परिणामों को मानने हेतु भी बाध्य होगा।

संक्षेप में नागरिकता की विशेषताओं को इस तरह रखा जा सकता है

1. किसी राजनीतिक समुदाय को सदस्यता, तथा कानूनी मान्यता
2. ऐसी पदवी अथवा प्रतिष्ठा जो सिर्फ नागरिकों को प्राप्त है,
3. राज्य के क्रियाकलापों में हिस्सेदारी,
4. इस हिस्सेदारी को व्यवहारिक बनाने हेतु राजनीतिक अधिकारों की व्यवस्था, और
5. राज्य के सदस्यों के रूप में कर्त्तव्यों का पालन।

2. नागरिकता : अद्भव और विकास

13

सम्प्रभुता
(Sovereignty)

राजनीति के विभिन्न विद्वानों ने प्रभुसत्ता अथवा राजसत्ता की परिभाषा विभिन्न शब्दों में की है, किन्तु सभी एक बात पर सहमत है कि प्रभुसत्ता राजय की सर्वोच्च शक्ति है। यह शक्ति सबसे ऊपर है, सबको अनिवार्य रूप से उसकी आज्ञाओं का पालन करना होता है। जिस देश में सर्वोच्च शक्ति का अभाव हो जाता है उसको वास्तविक अर्थों में राज्य नहीं कहा जा सकता। कुछ विद्वानों द्वारा दी गई परिभाषाएँ इस तरह है

बोदां के विचार में, "सर्वोच्च सत्ता राज्य के नागरिकों एवं प्रजा पर वह सर्वोच्च शक्ति है जिसको कानून द्वारा सीमित न किया जा सके।"

ग्रोशियस के अनुसार, "प्रभुसत्ता उस व्यक्ति की सर्वोच्च राजनीति शक्ति को कहते हैं जिसकी इच्छा का उल्लंघन नहीं किया जा सकता और जिसके कृत्य किसी और के अधनी नहीं होते।"

बर्गेस के शब्दों में, "प्रभुसत्ता राज्य के सभी व्यक्तियों एवं व्यक्ति समुदायों के ऊपर मौलिक, पूर्ण तथा असीमित शक्ति का नाम है।"

जैलीनेक प्रभुसत्ता की परिभाषा इस तरह करता है कि "प्रभुसत्ता राज्य की वह विशेषता है जिसके कारण राज्य को उसकी अपनी इच्छा के अतिरिक्त कानूनी रूप में अन्य किसी बंधन से नहीं बांधा जा सकता और कोई बाह्य शक्ति उसे सीमित नहीं कर सकती।

विलोबी के शब्दों में, "राज्य की सर्वोच्च इच्छा प्रभुसत्ता कहलाती है।"

पोलक के शब्दों में, "प्रभुसत्ता वह शक्ति है जो न अस्थायी हो, न प्रदत्त(सौंपी गई) हो, और न ऐसे नियमों के अधीन हो जिसको वह बदल न सके और न पृथ्वी की किसी शक्ति के प्रति उत्तरदायी हो।"

प्रभुसत्ता के दो पक्ष प्रभुसत्ता की व्याख्या करने वाली उपरोक्त अनेक परिभाषाओं ने इसके दो पक्षों पर विशेष बल दिया है। आंतरिक दृष्टि से यह राज्य में विद्यमान सभी व्यक्तियों

व समुदायों में सर्वोच्च होती है और बाह्य दृष्टि से यह इसी प्रकार के किसी दूसरे राज्य की शक्ति के नियंत्रण से मुक्त होती हे। प्रभुसत्ता के इन दोनों पक्षों की व्याख्या नीचे की गई है

1. आंतरिक प्रभुसत्ता राज्य के अंदर रहने वाले हर व्यक्ति एवं समुदाय को प्रभुसत्ता को स्वीकार करना पड़ता है। राज्य की हर आज्ञा का पालन मानव समाज को स्वाभाविक रूप से करना चाहिए। बड़े से बड़े व्यक्ति को भी यह कहने का अधिकार नहीं है कि वह राजाज्ञा से परे है। इसी प्रकार धार्मिक, राजनीतिक, सामाजिक या आर्थिक समुदायों में से कोई भी राज्य के नियंत्रण से परे कार्य नहीं कर सकता। इन समुदायों को अपने-अपने क्षेत्रों में कार्य करने का अधिकार राज्य के पास होता है। इसके साथ-साथ स्वंय प्रभुसत्ता किसी का नियंत्रण स्वीकार नहीं करती। इस तरह प्रभुसत्ता के आंतरिक पक्ष की व्याख्या करते हुए लास्की ने कहा है कि यह राज्य की सीमा के अंदर सभी मनुष्यों व समुदायों हेतु आज्ञाएँ प्रसारित करती है किन्तु इनमें से किसी की भी आज्ञा को नहीं मानती। इसकी इच्छा पर किसी प्रकार की सीमा नहीं होती।

2. बाह्य प्रभुसत्ता प्रभुसत्ता के बाह्य लक्षण से यह आशय है कि राज्य किसी भी प्रकार के बाह्य नियंत्रण से मुक्त होता है। अगर किसी राज्य की नीतियों का सृजन दबाव में आकार किसी दूसरे देश के इशारे पर होता है तो वह देश राज्य नहीं कहला सकता। किसी देश की विदेश नीति कैसी हो? युद्ध, संधि, व्यापारिक समझौते आदि के बारे में वह क्या नीति अपनाए ? यह सभी प्रश्न उस देश के अपने प्रश्न है जिनका निर्णय वह अपने हितों को ध्यान में रखकार स्वयं करता है। ऐसा करने वाला देश ही वास्तविक अर्थों में राज्य कहलाता है। इसका अर्थ यह नहीं है कि अंतर्राष्ट्रीय कानून के पालन करने से प्रभुसत्ता पर अंकुश लगता है क्योंकि एक ओर वह इन कानूनों का पालन स्वेच्छा से करता हे और दूसरी ओर संसार के सभी राज्य इन्हें मानते है। अतः अन्तर्राष्ट्रीय भ्रातृभाव को सुदृढ़ करने हेतु ये बंधन सभी राज्यों ने स्वेच्छा से स्वीकार किए हैं। अतः कोई किसी दूसरे पर बंधन नहीं लगाता।

प्रभुसत्ता की विशेषताएँ प्रभुसत्ता की अनेक पारिभाषाओं व इसके दो पक्षों का अध्ययन कर लेने के पश्चात् उसकी विशेषताओं को समझना कठिन नहीं है। ये विशेषताएँ निम्नलिखित है

1. मौलिकता इसका अर्थ यह है कि प्रभुसत्ता मौलिक है, वह किसी पर निर्भर नहीं और व कहीं से प्राप्त हुई है। उसका अस्तित्व स्वयं है। अगर यह शक्ति कहीं दूसरे में स्थिति है तो उसे धारणा करने वाला प्रभुसत्ताधारी नहीं हो सकता अपितु जिसमें वह शक्ति स्थित है वही वास्तव में राजसत्ताधारी है।

2. नियंत्रणहीनता प्रभुसत्ता का एक गुण उसकी नियंत्रण रखती है। वह कानून बनाती है और उन्हें रद्द कर सकती है एवं उनमें बदलाव कर सकती है। राज्य के हर नागरिक पर यह कानून जरूरी रूप से लागू होते हैं, जो उल्लंघन करता है उन्हें दण्ड देती है। यह सब होते हुए भी प्रभुसत्ता स्वयं इन कानूनों से ऊपर है।

अनेक विद्वानों ने नियंत्रणहीन निरंकुश प्रभुसत्ता के दृष्टिकोण का विरोध किया है। उनका कहना है कि प्रभुसत्ता पर अनेक अंकुश लगे हुए है और इन्होंने उसकी सीमाओं को मर्यादित किया है। इनके अनुसार प्राकृतिक व दैविक नियमों, नैतिक मान्यताओं, परम्पराओं, रीति-रिवाजों

व अन्तर्राष्ट्रीय कानूनों ने प्रभुसत्ता पर अनेक सीमाएँ लगा दी हैं। बोदाँ भी प्रभुसत्ता पर प्राकृतिक व दैवी नियमों की सीमाओं को स्वीकार करता है और न समझौतों का उल्लंघन कर सकता है। ब्लंट्रशली भी प्रभुसत्ता को नैतिक नियमों, शाश्वत निर्णयों एवं नागरिक अधिकारों द्वारा सीमित मानता है। हैनरी मेन की दृष्टि में सम्प्रभु रीति-रिवाजों व परम्पराओं के विपरीत कार्य नहीं कर सकता। लास्की का भी मत है कि अन्तर्राष्ट्रीय कानूनों से प्रभुसत्ता के निरंकुश स्वरूप पर अंकुश लगाया है।

प्रभुसत्ता के संबंध में उपरोक्त दृष्टिकोण युक्तिसंगत नहीं है क्योंकि कानूनी दृष्टि से ये सीमाएँ प्रभुसत्ताधारी पर कोई प्रतिबंधन नहीं लगाती। अगर वह इन्हें स्वीकार करता हे तो बाहरी सत्ता के भय के कारण नहीं, अपितु स्वयं इच्छा से नैतिकता को दबाव न होकर मानवमात्र की भलाई करने का विचार है। इस तरह प्रभुसत्ता में नियंत्रणहीनता अथवा निरंकुशता की विशेषता विद्यमान होती है और इसका धारण करने वाला स्वेच्छा से अनेक प्रतिबंधों को स्वीकार करता है।

3. स्थिरता सरकार अथवा शासनों के बदलाव से सार्वभौमिकता पर कोई प्रभाव नहीं पड़ता है क्योंकि वह स्थिर है। राजा की मृत्यु हो जाए, राजा भाग जाए या उसे गद्दी ये उतार दिया जाए तब भी सार्वभौमिकता बराबर बनी रहती है। "राजा चिरंजीवी हो।" वाक्य भी यही सिद्ध करता है। सार्वभौमिकता राज्य का एक जरूरी तत्त्व है अतः जब तक राज्य है राज्यसत्ता स्थिर रहती है। राज्य की समाप्ति पर ही प्रभुसत्ता का अंत होता है। प्रभुसत्ता की मृत्यु या शासन में बदलाव से प्रभुसत्ता का अंत नहीं होता। गार्नर महोदय का कहना है जिस प्रकार किसी भौतिक वस्तु में बाहरी बदलाव होने से गुरूत्वाकर्षण केन्द्र एक भाग से हटकर दूसरे भाग में चला जाता है, उसी प्रकार प्रभुसत्ताधरी की मृत्यु या उसकी अस्थायी पदच्युति या राज्य के पुनर्गठन के कारण प्रभुसत्ता समाप्त नहीं होती अपितु तुरन्त दूसरे प्रभुसत्ताधारी में निवास करने लगती है।

4. सर्वव्यापकता प्रभुसत्ता की सर्वव्यापकता से यह आशय है कि राज्य के हर क्षेत्र, पदार्थ एवं जनसमुदाय पर उसका अधिकार एवं नियंत्रण होता है, कोई भी नियंत्रण के बाहर नहीं हो सकता सिर्फ उनकी छोड़कर जिनको राज्य ने स्वयं इच्छा से अपने नियंत्रण से बाहर रखना स्वीकार कर लिया है, यथा विदेशी दूतावास, विदेशी राजप्रमुख, विदेशी सेना, आदि। इस छूट से राज्य की प्रभुसत्ता पर कोई प्रभाव नहीं पड़ता क्योंकि वह ऐसा अन्तर्राष्ट्रीय शिष्टाचार के अर्न्तगत करता है।

5. अदेयता प्रभुसत्ता को राज्य से अलग नहीं किया जा सकता। प्रभुसत्ता राज्य का प्राण है। जिस प्रकार व्यक्ति के प्राण चले जाने पर उसकी मृत्यु हो जाती है उसी प्रकार राज्य से प्रभुसत्ता की समाप्ति पर राज्य का अस्तित्व ही समाप्त हो जाता है। लीबर कहता हे कि जिस प्रकार आत्महत्या के बिना मनुष्य अपने जीवन को अथवा वृक्ष अपने फलने-फूलने के गुण को अलग नहीं कर सकता।

6. अविभाज्यता प्रभुसत्ता को विभक्त नहीं किया जा सकता यह एक राजनीतिक तथ्य है। प्रभुसत्ता का विभाजन करना उसका अंत करना है। अगर किसी राज्य में दो सर्वोच्च शक्तियाँ हैं तब वे दो अलग राज्य कहलायेंगे। सरकार के विभिन्न अंगों में प्रभुसत्ता निवास कर

सकती है किन्तु इसका यह अर्थ कदापि नहीं होगा कि वह विभक्त हो जाती है। गेटेल के शब्दों में "विभाजित प्रभुसत्ता में विरोधाभास है।"

प्रभुसत्ता के अविभाज्यता के गुण को बहुलवादियों एवं संघवादियों ने स्वीकार नहीं किया है। इनके दृष्टिकोण के अनुसार प्रभुसत्ता विभक्त होती है और इसका उपयोग विभिन्न केन्द्रों से किया है। बहुलवादी राज्य को समाज में विद्यमान समुदायों में से एक समुदाय मानते हैं, अतः वे कहते है कि समाज के सभी समुदाय प्रभुसत्ता का उपयोग करते हे। और इस तरह प्रभुसत्ता इन सभी समुदायों में, जिनमें राज्य भी शामिल है, विभक्त होती हे। दूसरी ओर संघवादियों का मत है कि संघ शासनों में प्रभुसत्ता केन्द्र व राज्यों में विभक्त होती है क्योंकि इसका उपयोग न इन दोनों स्थानों से समान रूप में होता हे। इमेरिका के संविधान के सृजन के वक्त दोहरी प्रभुसत्ता के इस सिद्धांत का समर्थन हैमिल्टन एवं मेडीसन जैसे विद्वानों ने किया था और कहा था कि केन्द्र व राज्य सरकारें प्रभुसत्ता प्राप्त है। अमरीका के सर्वोच्च न्यायालय ने भी दोहरी प्रभुसत्ता के इस दृष्टिकोण को स्वीकृति दी थी।

प्रभुसत्ता के संबंध में उपरोक्त दृष्टिकोण भ्रमपूर्ण है। बहुलवादी अन्य समुदायों को चाहे कितनी भी शक्ति क्यों न दे राज्य उनकी विनियमित करने की शक्ति रखता है। दूसरी ओर संघवादी दोहरी राजसत्ता की बात कहते हैं किन्तु वे भूल जाते हैं कि वे केन्द्र व राजयों में प्रशासकीय शक्ति के विभाजन की बात कहते है, प्रभुसत्ता के विभाजन की नहीं। विभक्त प्रभुसत्ता के दृष्टिकोण की आलोचना करते हुए कॉलहाउन ने कहा है कि "राजसत्ता एक संपूर्ण वस्तु है, इसको बांटना इसकों विनष्ट करना है। यह राज्य की सर्वोच्च शक्ति है। हम अर्द्ध राजसत्ता का वर्णन उसी प्रकार कर सकते है जिस प्रकार अर्द्ध वर्ग टथवा अर्द्ध त्रिकोण का।

प्रभुसत्ता के विभिन्न रूप यद्यपि प्रभुसत्ता मूल रूप से एक कानूनी अवधारणा है किन्तु विभिन्न दार्शनिकों ने इसका विभिन्न अर्थों में प्रयोग किया है। अतः राजनीति के विद्यार्थी हेतु यह जरूरी है कि वह प्रभुसत्ता के संबंध में अब तक अभिव्यक्त किए गए उन सभी दृष्टिकोणों को समझें जिन्होंने राज्य के स्वरूप व उसके अधिकार क्षेत्र को प्रभावित किया है। प्रभुसत्ता के इन्हीं सब पक्षों व स्वरूपों का नीचे विवेचन किया गया हैः

1. नाममात्र एवं वास्तविक प्रभुसत्ता वर्तमान राज्यों में प्रभुसत्ता का निवास कहीं होता है और उसका प्रदर्शन कहीं और होता है। नाममात्र की राजसत्ता उस व्यक्ति से संबंधित होती है, जो स्वयं उसका उपयोग नहीं कर सकता, अपितु कोई दूसरा व्यक्ति अथवा दूसरी संस्था उसका उपयोग उस व्यक्ति के नाम से करती है। इंग्लैंड के उदाहरण से यह स्पष्ट हो जाएगा। वर्तमान काल में, इंग्लैंड में सांविधानिक राजतंत्र है, वहाँ रानी अथवा राजा शक्तिहीन है, उसके पास नाममात्र की राजसत्ता है। वह इस राजसत्ता का उपयोग स्वयं अपनी इच्छा से नहीं कर सकता। वैसे सभी कार्य उसी के नाम से होते है अर्थात् जो प्रभुसत्ता उसके पास है वह सिर्फ दिखावटी एवं नाममात्र की है। आज भी वहाँ की सरकार राजा की सरकार कहलाती है, हर कानून उसी के नाम से बनता है किन्तु वास्तव में वह कैबिनेट के हाथ में रबर की मोहर के समान है जिसका उपयोग कैबिनेट जहाँ चाहे कर सकती है। इस प्रभुसत्ता का वास्तविक उपयोग इंग्लैंड की संसद व कैबिनेट करती हे। अतः इंग्लैंड का शासक नाममात्र का सम्प्रभफ है जबकि वहाँ

की संसद व मंत्रिमंडल वास्तविक प्रभुसत्ताधारी हैं। प्रभुसत्ता का यह भेद उन देशों में मिलता है जहाँ संसदीय शासन स्थापित है। भारता में भी राष्ट्रपति नाममात्र का सम्प्रभु है और संसद व कैबिनेट वास्तविक संप्रभु हैं।

2. वैधानिक अथवा कानूनी एवं राजनीतिक प्रभुसत्ता किसी राज्य में कानून बनाने की संपूर्ण शक्ति रखने वाले व्यक्ति अथवा संस्था के पास वैधानिक प्रभुसत्ता होती है। वह विधान बना सकती है, कानूनों को अंतिम रूप दे सकती है। वकील इसी राजसत्ता को स्वीकार करते हैं। यह शक्ति तानाशाही राज्यों में स्वयं तानाशाह के पास होती है क्योंकि वह स्वयं अपनी इच्छानुसार कानून बनाने में सक्षम होता है। एक व्यक्ति के स्थान पर किसी व्यक्ति समूह के पास भी वैधानिक प्रभुसत्ता हो सकती है। वर्तमान काल में प्रजातंत्र राज्यों में यह वैधानिक शक्ति संसद के पास होती हे। इंग्लैंड में राजा सहित एवं भारत में राष्ट्रपति सहित संसद संपूर्ण राज्य हेतु कानून बनाने में सक्षम है अतः वहीं वैधानिक प्रभुसत्ता का निवास है। गार्नर ने कहा कि वैधानिक प्रभुसत्ता वह निश्चित सत्ता है जो राज्य के सर्वोच्च आदेशों को कानूनी रूप में व्यक्त कर सके, वह सत्ता जो दैवी कानूनों, नैतिक सद्धांतों एवं जनमत के आदेशों की अवेहलना कर सके। इस तरह कहा जा सकता है कि किसी भी राजनीतिक रूप में गठित समाज में एक निश्चित सत्ता होती है जो निरंकुश, असीमित, अविभाज्य, मौलिक व अदेय होती है। इस सत्ता का आदेश कानून होता है जिसे मनुष्यों व समुदायों को मानना जरूरी होता हे। चाहे चह आदेश नैतिकता के सिद्धांतों, दैवी नियमों एवं जनमत के आदेशों के विरूद्ध ही क्यों न हो। यह सत्ता उस समाज की वैधानिक राजसत्ता होती है। इस वैधानिक अथवा कानूनी राजसत्ता में निम्नलिखित लक्षण पाए जाते है

1. यह निश्चित होती है और किसी एक व्यक्ति अथवा व्यक्ति समूह के निहित होती है।
2. यह संगठित व स्पष्ट होती है और कानून द्वारा मान्य होती है।
3. राज्य की इच्छा की घोषणा कानूनी रूप में यही कर सकती है।
4. यही नागरिकों को अधिकार प्रदान करती है किन्तु उन्हें इसके विरूद्ध कोई अधिकार प्राप्त नहीं होता।
5. इसकी आज्ञा के उल्लंघन को दण्डनीय अपराध माना जाता है।
6. यह दैवी कानूनों, नैतिक नियमों व जनमत के ओदशों से भी अमर्यादित होती है।
7. वकील व न्यायालय इसी के आदेशों को स्वीकार करते हैं।

वैधानिक व राजनीतिक प्रभुसत्ता के बीच संबंध वैधानिक प्रभुसत्ता एवं राजनीतिक प्रभुसत्ता दो पृथक वस्तुएँ न होकर राज्य की प्रभुसत्ता के दो रूप है और उनकी अभिव्यक्ति भिन्न-भिन्न प्रकार से होती है। अच्छी सरकार हेतु यह जरूरी है कि उनमें प्रभुसत्ता के इन दोनों रूपों में घनिष्ठ संबंध हो। रिची ने कहा है अच्छे शासन की समस्या प्रभुसत्ता के इन दो रूपों के बीच उचित संबंधों की समस्या है। लोकतांत्रिक देशों में ही प्रभुसत्ता के ये दो रूप दिखाई देते हैं जहाँ जनता राजनीतिक सम्प्रभु एवं उसके द्वारा निर्वाचित विधान मंडल अथवा संसद वैधानिक संप्रभु होती है। इस वैधानिक संप्रभु को अपने निर्वाचक राजनीतिक संप्रभु की इच्छा के अनुसार कार्य करना होता है। जब तक विधान मंडल जनता की भावना के अनुसार व्यवहार

करता है तब तक दोनों के संबंध मधुर बने रहते हैं और इससे अधिकाधिक जनकल्याण होता है। अगर वैधानिक संप्रभु जनता की इच्छानुसार व्यवहार नहीं करता तो कल्याणकारी शासन की स्थापना संभव नहीं होती क्योंकि वैधानिक संप्रभु का निर्वाचन ही इसलिए किया जाता है कि वह राजनीतिक संप्रभु की इच्छाओं को कार्यान्वित करे। अगर राजनीतिक संप्रभु मालिक है तो वैधानिक संप्रभु उसका नौकर है। इनके बीच मधुर संबंधों की स्थापना जरूरी है अन्यथा जनता सदा इस बात का प्रयत्न करेगी कि आने वाले निर्वाचनों में किन्हीं दूसरे लोगों के हाथों में सम्प्रभुता सौंपी जाए ताकि कल्याणकारी शासन की स्थापना हो सके।

3. यथार्थ प्रभुसत्ता प्रभुसत्ता के यथार्थ एवं वैध रूप में भी भेद किए गए हैं। जब किसी राज्य का वैध संप्रभु क्रांति, विद्रोह या बलपूर्वक पदच्युत पर दिया जाता है और उसके स्थान पर प्रभुसत्ता पर अधिकार करने वाला संप्रभु वैध संप्रभु नहीं होता तो वह वास्तविक या यथार्थ संप्रभु कहलाता है। यह जरूरी नहीं है कि यथार्थ संप्रभु के स्वरूप का विश्लेषण करते हुए गार्नर महोदाय ने कहा है जो व्यक्ति अथवा व्यक्ति समूह कुछ काल हेतु जनता को आदेश देकर उसको पालन कराने की क्षमता रखता है, वह यथार्थ संप्रभु होता है। राज्य पर बलपूर्वक अधिकार करने वाला चाहे राजा, स्वयं निर्मित परिषद्, सैनिक अधिनायक, पुरोहित या पैगम्बर हो, इनकी शक्ति वैधानिकता पर आधारित न होकर शारीरिक या आध्यात्मिक बल पर होती है। उदाहराण के लिए, इंग्लैंड की लांग पार्लियामेन्ट को भंग करके अपना शासन स्थापित करने वाला क्रामवेल, डायरेक्ट्री को खत्म करके शासन पर अधिकार करने वाला नेपोलियन यथार्थ संप्रभु ही था। इसी प्रकार रूप में 1917 की क्रांति के उपरांत स्थापित बालशेविक शासन, च्यांगकाई शेक का शासन समाप्त करके माओ द्वारा स्थापित साम्यवादी शासन, बर्मा में ने विन द्वारा स्थापित शासनों का प्रारम्भिक स्वरूप यथार्थ प्रभुसत्ता का ही था। किन्तु कुछ वक्त बाद जब यथार्थ संप्रभु निर्वाचन के माध्यम से, संविधान की स्वीकृति प्राप्त करके, लम्बे वक्त तक शासन करने का वैधानिक अधिकार प्राप्त कर लेता है तो वह यथार्थ संप्रभु वैधा संप्रभु भी बन जाता है।

वैध प्रभुसत्ता वैध प्रभुसत्ता की नींव कानून में निहित होती है यह किसी व्यक्ति अथवा व्यक्ति समूह के शारीरिक बल पर आधारित नहीं होती। जब कोई संप्रभु कानूनी आधार पर शासनर करता है तो वह वैध संप्रभु कहलाता है। उसे आदेश देने और इन आदेशों के पालन कराने का कानूनी अधिकार प्राप्त होता है। वास्तव में वैध संप्रभु हेतु यह जरूरी है कि वह यथार्थ संप्रभु भी हो क्योंकि पदच्युत कर दिए जाने की स्थिति में ही वह यथार्थ संप्रभु ही रहता। उसके स्थान पर जो भी यथार्थ संप्रभु बनता है अथवा तो कुछ वक्त के पश्चात् वह वैध प्रभुसत्ताधारी भी बन जाता है अन्यथा उसे वैध संप्रभु हेतु स्थान रिक्त करना होता है।

वास्तव में, यथार्थ संप्रभु को ही वैध संप्रभु भी होना चाहिए क्योंकि ऐसी स्थिति में ही संप्रभु को अपने आदेश पालन कराने में मदद मिलेगी। सामान्यतः यथार्थ प्रभुसत्ताधारी कुछ वक्त बीतने के उपरांत जनता द्वारा उसकी सत्ता को स्वीकार कर लिए जाने के उपरांत वैध प्रभुसत्ताधारी भी बन जाता है। यथार्थ प्रभुसत्ताधारी अपने यथार्थ प्रभुत्व को निर्वाचन आदि द्वारा वैध प्रभुत्व बदल देता है, इससे प्रभुसत्ताधारी को जनता से अपने आदेश पालन कराने का नैतिक

अधिकार भी प्राप्त हो जाता है और पिछले वैध प्रभुसत्ताधारी के पक्ष की जनता द्वारा किसी प्रकार के विद्रोह अथवा षड्यंत्रों की संभावना नहीं रह जाती। ब्राइस ने कहा है कि जो सत्ता सिर्फ बल पर आधारित होती है उसका प्रजा द्वारा स्वाभाविक रूप में विरोध होता है।

4. लोकप्रिय प्रभुसत्ता लोकप्रिय प्रभुसत्ता का अर्थ यह है कि अंतिम शक्ति जनता के हाथ में, है। वास्तव में इसका प्रादुर्भाव स्वेच्छाचारी राजाओं से जनता की मुक्ति हेतु हुआ। प्राचीन भारतीय राजनीतिज्ञ भी लोकप्रिय प्रभुसत्ता से अपरिचित नहीं थे। रोमन साम्राज्य के सत्ताधारी भी जनता से शक्ति प्राप्त करते थे। 16वीं शताब्दी में तानाशाही से विरोध उजागर करने हेतु लोकप्रिय प्रभुसत्ता का जन्म हुआ। रूसो ने अपने सामान्य इच्छा के सिद्धांत के आधार पर यह घोषित किया कि सर्वोच्च शक्ति जनता में निहित है। फ्रांस की राज्य-क्रांति का यही आधार बना। उपरांत में अमरीका में भी इसी सिद्धांत को अपनाया गया। इसी लोकप्रिय प्रभुसत्ता के आधार पर प्रजातंत्र शासन बने। जब किसी देश की संपूर्ण वयस्क जनता निर्वाचन में भाग लेती है और स्वयं कानून बनाती है तब उस देश में लोकप्रिय प्रभुसत्ता विद्यमान है, ऐसा समझा जाता है। इस सिद्धांत के प्रमुख समर्थक रिशि का कहना है कि जनता निर्वाचन के वक्त सर्वाच्च सत्ता का प्रयोग प्रत्यक्ष रूप में करती है। डॉ आशीर्वादम के अनुसार, "वास्तविक व्यवहार में लोकप्रिय प्रभुसत्ता शांतिकाल में जनमत एवं संघर्ष के वक्त में क्रांति की शक्ति के अतिरिक्त और कुछ नहीं है।"

पश्चिम में प्रभुसत्ता के सिद्धांत का विकास यद्यपि प्रभुसत्ता के सिद्धांत के आधुनिक स्वरूप को सोलहवीं शताब्दी में फ्रांस के विचारक जीन बोदां ने व्यवस्थित रूप में सामने रखा किन्तु अव्यवस्थित रूप में यह राज्य के स्वरूप के साथ-साथ बदलता रहा। प्राचीन व मध्य काल में विभिन्न विचारकों ने राज्य की इस सर्वोच्च शक्ति का विभिन्न प्रकार से वर्णन किया है किन्तु उन्होंनं कभी भी इसके निश्चित स्वरूप का विधिवत विवेचन नहीं किया। प्रभुसत्ता के वर्तमान स्वरूप को समझने हेतु उसके ऐतिहासिक विकास पर दृष्टि डालना जरूरी है। प्रभुसत्ता के विकास का अध्ययन, इसके संपूर्ण इतिहास के काल में तीन भागों विभक्त करके, किया जा सकता है

1. प्राचीन काल में प्रभुसत्ता की अवधारणा प्राचीन काल में पश्चिमी जगत प्रभुसत्ता का आधुनिक काल के समान स्पष्ट रूप में विवचेन नहीं किया गया था किन्तु हर विचारक ने राज्य के विवचेन के साथ-साथ उसमें विद्यमान सर्वोच्च सत्ता का भी, रोक्ष रूप में ही क्यों न हों, वर्णन किया है। इस शक्ति का अनुभव सुकरात जैसे महान दार्शनिक को सर्वोच्च शक्ति के आदेश पर जहर पीने हेतु बाध्य होने की घटना से होता है। यूनानी नगर-राज्यों की राजनीतिक का विवेचन करने वाले गुरू शिष्य प्लेटो व अरस्तु दोनों ने राज्य की जिस सर्वोच्च शक्ति की ओर इशादा किया है वह और कुछ नहीं वर्तमान काल में वर्णित प्रभुसत्ता ही थी। प्लेटो ने अपने ग्रन्थ दि रिपब्लिक में जिस दार्शनिक राजा का विवेचन किया है वह सर्वोच्च शक्तियों का उपभोग करता है और जिस पर किसी कानून का बंधन नहीं है। ऐसा दार्शनिक राजा प्रभुसत्ताधारी ही था। अरस्तु ने जिस सर्वोच्च शक्ति के आधार पर राज्यों का वर्गीकरण किया वह शक्ति प्रभुसत्ता ही थी। अरस्तु ने शासक को सम्प्रभु घोषित नहीं किया क्योंकि वह शासक को निरंकुश नहीं बनाना चाहता था। वह मानता था कि जनहित न करने वाले शासक के विरूद्ध विद्रोह होना

स्वाभाविक है। अतः उसने शासक की सर्वोच्च शक्ति को नैतिक बंधनों से मर्यादित करने का प्रयत्न किया। वास्तव में यूनानी दार्शनिकों ने राज्य को एक ऐसा सर्वोच्च शक्ति सम्पन्न संगठन माना है जो व्यक्ति के चतुर्मूखी विकास हेतु आवश्यक है।

प्राचीन रोमन विद्वानों ने भी राज्य की इस सर्वोच्च शक्ति का अनुभव किया था और उसकी अभिव्यक्ति सूमा पोटेस्टास एवं प्लेनीच्यूडो प्राचीन काल में प्रभुसत्ता की सर्वोच्च शक्ति का उस काल के विचारकों ने अनुभव किया था किन्तु एक सिद्धांत के रूप में इस विषय का प्रतिपादन उन्होंने नहीं किया जो वर्तमान काल के राजनीति सिद्धांत हेतु उपलब्धि है।

2. मध्य काल में प्रभुसत्ता मध्य काल में भी प्रभुसत्ता के सिद्धांत का विकास नहीं हो पाया और इस काल के विचारकों ने प्रभुसत्ता के संबंध में निश्चित विचारों का प्रतिपादन नहीं किया। मध्य काल में प्रभुसत्ता के विचार का विकास न हो पाने के कुछ प्रमुख कारण थे, जो निम्नलिखित है

1. वह काल पवित्र रोमन साम्राज्य का काल था। जिसे उस काल में लोग विश्वव्यापी साम्राज्य मानते थे अतः उस वक्त विभिन्न स्वतंत्र प्रभुसत्ता सम्पन्न राज्यों के अस्तित्व की कल्पना ही नहीं की जा सकती थी।
2. प्रभुसत्ताधारी राज्य की धारणा के विकास न हो पाने में दूसरा कारण साम्राज्य व चर्च के मध्य का संघर्ष था। दोनों शक्तियाँ एक दूसरे की शक्तियों को स्वीकार करने को अपना प्रभुत्व स्थापित न कर सका।
3. यह काल सामन्तशाही का काल था। राजा के साथ-साथ संपूर्ण साम्राज्य छोटे-छोटे सामन्तों में विभक्त था। ये सामन्त अपनी जागीर के पूर्ण अधिपति होते थे। इन सामन्तों की स्वतंत्रत सत्ता रहते हुए राजा कभी भी समप्रभु नहीं बन सकता था।
4. इस काल में ईश्वरीय कानूनों की श्रेष्ठ माना जाता था अतः इेश्वरीय कानून व प्राकृतिक कानूनों की तुलना में राज्यों के कानूनों को महत्त्व प्राप्त नहीं था।

इस प्रकार मध्य काल में प्रभुसत्ता की आधुनिक कल्पना का विकास नहीं हो पाया। इटली के विचारक मैक्यावली ने सबसे पहले राजा को प्रमुख-सम्पन्न बनाने का प्रयत्न किया और उसी के साथ आधुनिक काल का प्रारम्भ होता है।

3. आधुनिक काल में प्रभुसत्ता की अवधारणा सत्ताधारी राज्य की व्याख्या करने वाला पहला राजनीतिक विचारक इटली का मैक्यावली (1469-1527) था उसने एक ऐसे सत्ताधारी राज्य का समर्थन किया। जिसका शासक नैतिकता से परे भौतिक जगत में निरंकुश राजा था। यद्यपि उसने प्रभुसत्ता की अवधारणा की प्रत्यक्ष रूप में व्याख्या नहीं की किन्तु अपनी पुस्तक 'प्रिन्स' में परोक्ष रूप में उसने प्रभुसत्ता के दृष्टिकोण का विकास किया। उसके द्वारा राज्य को एक स्वतंत्र इकाई के रूप में प्रतिपादित करना एवं उसको शक्ति संगठन के रूप में और शक्ति के केन्द्र के रूप में, निश्चित करना है कि उसने परोक्ष रूप में एक ऐसी सर्वोच्च शक्ति को मान्यता दी जो राज्य में विद्यमान अन्य शक्ति के केन्द्रों से श्रेष्ठ व अधिक शक्ति सम्पन्न है।

14

राज्य और नागरिक समाज

(State and Civil Society)

नागरिक समाज , सरकार द्वारा समर्थित संरचनाओं (राज्य की राजनीतिक प्रणाली का लिहाज किए बिना) और बाजार के वाणिज्यिक संस्थानों से बिलकुल अलग, क्रियात्मक समाज के आधार को रूप देने वाले स्वैच्छिक नागरिक और सामाजिक संगठनों और संस्थाओं की समग्रता से बना है। कानूनी राज्य का सिद्धांत (Rechtsstaat, यानी कानून के नियमांतर्गत राज्य) राज्य और नागरिक समाज की समानता को अपनी सबसे महत्वपूर्ण विशेषता मानता है। उदाहरण के लिए, लिथुआनिया गणराज्य का संविधान लिथुआनियाई राष्ट्र को 'कानून के शासन के तहत एक मुक्त, न्यायोचित, और सामंजस्यपूर्ण नागरिक समाज और सरकार के लिए प्रयासरतस' के रूप में परिभाषित करता है। एक ऐतिहासिक दृष्टिकोण से, नागरिक समाज की अवधारणा का वास्तविक अर्थ, दो बार अपने मूल, शास्त्रीय रूप से परिवर्तित हुआ है। पहला परिवर्तन फ्रांसीसी क्रांति के बाद, दूसरा यूरोप में साम्यवाद के पतन के दौरान हुआ।

अपने पूर्व-आधुनिक शास्त्रीय सामाजिक समझ के अनुसार नागरिक समाज की अवधारणा आम तौर पर 18वीं सदी के प्रबोधन युग की प्रारंभिक आधुनिक मान्यता से जुड़ी है। तथापि, राजनीतिक विचार के दायरे में इसका बहुत पुराना इतिहास रहा है। सामान्यतः, नागरिक समाज को नागरिकों द्वारा एक दूसरे को हानि पहुंचाने से रोकने वाले नियमों के आरोपण के जरिए सामाजिक विरोध पर नियंत्रित करने वाले राजनीतिक संघ के रूप में निर्दिष्ट किया गया है। प्राचीन युग में, अवधारणा का उपयोग अच्छे समाज के एक पर्याय के रूप में किया गया और इसे राज्य से अप्रभेद्य के रूप में देखा गया। उदाहरण के लिए, सुकरात ने शिक्षा दी कि समाज के भीतरी संघर्ष को सच्चाई उजागर करने के लिए तर्कसंगत वार्ता के एक रूप, 'द्वंद्वात्मक पद्धति' के उपयोग द्वारा सार्वजनिक वाद-विवाद के माध्यम से निपटाना चाहिए। सुकरात के अनुसार 'द्वंद्वात्मक पद्धति' के माध्यम से वाद-विवाद जनता में 'नागरिकता' और लोगों के 'अच्छे जीवन' को सुनिश्चित करने के लिए अनिवार्य है। प्लेटो के लिए, आदर्श राष्ट्र ऐसा न्यायसंगत

समाज था जिसमें लोग सामान्य जनता की भलाई, विवेक, साहस, संयम और न्याय जैसे नागरिक सद्‌गुणों के अभ्यास के प्रति समर्पित हैं और ऐसी व्यावसायिक भूमिका निभाते हैं जो उनके अनुकूल हो। नागर लोगों की देखभाल दार्शनिक राजा का कर्तव्य था। अरस्तू ने माना कि नागरिकता 'संघों का संघ' है जो नागरिकों को शासन करने और शासित होने के नैतिक कार्य को साझा करने में सक्षम बनाता है। उनका koinonia politike (कोइनोनिआ पोलिटिके) राजनीतिक समुदाय के रूप में है।

Aocietas Civilis (सोसाइटस सिविलिस) की अवधारणा रोमन है और यह सिसरो द्वारा प्रवर्तित थी। प्राचीन युग में राजनीतिक भाषण, लोगों के बीच शांति और सुव्यवस्था सुनिश्चित करने में अच्छे समाज के विचार को महत्व देता है। प्राचीन युग के दार्शनिकों ने राज्य और समाज के बीच कोई भेद नहीं किया। बल्कि उनकी मान्यता थी कि राष्ट्र समाज के नागरिक रूप का प्रतिनिधित्व करता है और शशिष्टाचारश अच्छी नागरिकता की जरूरत का प्रतिनिधित्व करती है।ख्३, इसके अलावा, उनका मानना था कि मानव स्वाभाविक रूप से तर्कसंगत है जिससे वे सामूहिक रूप से उस समाज की प्रकृति को आकार दे सकते हैं, जिसमें वे रहते हैं। साथ ही, मनुष्य में स्वेच्छा से सामान्य हित में एकत्रित होने और समाज में शांति कायम रखने की क्षमता मौजूद है। इस दृष्टिकोण को मानते हुए, हम कह सकते हैं कि प्राचीन राजनीतिक विचारकों ने अपने मूल अर्थ में नागरिक समाज की उत्पत्ति का समर्थन किया।

मध्य युग ने राजनीतिक दार्शनिकों द्वारा चर्चित विषयों में प्रमुख बदलाव देखा। सामंतवाद की अद्वितीय राजनीतिक व्यवस्था के कारण, नागरिक समाज की शास्त्रीय अवधारणा चर्चा की मुख्यधारा से व्यावहारिक रूप से गायब हो गई। इसके स्थान पर बातचीत न्यायसंगत युद्ध की समस्याओं पर केंद्रित हो गई, जो ऐसा मुख्य काम था जो पुनर्जागरण के अंत तक बना रहा।

तीस साल का युद्ध और उसके बाद वेस्टफेलिया की संधि ने संप्रभु राष्ट्रों की प्रणाली के जन्म की घोषणा की। संधि ने राष्ट्रों को संप्रभुता प्राप्त क्षेत्रीय-आधार वाली राजनीतिक इकाइयों के रूप में समर्थित किया। परिणामस्वरूप, सम्राट सामंतशाहों को कमजोर बनाते हुए और सशस्त्र सैनिकों के लिए उन पर निर्भर रहना बंद करते हुए आंतरिक रूप से नियंत्रण रखने में सक्षम हुए। तब से, सम्राट राष्ट्रीय सेना के गठन और पेशेवर नौकरशाही और वित्तीय विभागों को तैनात कर सके, जिसने उन्हें अपनी प्रजा पर प्रत्यक्ष नियंत्रण और सर्वोच्च अधिकार बनाए रखने में सक्षम बनाया। प्रशासनिक व्यय की पूर्ति के उद्देश्य से सम्राटों ने अर्थव्यवस्था पर नियंत्रण रखा। इसने तानाशाही को जन्म दिया। अठारहवीं सदी के मध्य तक, तानाशाही यूरोप की पहचान थी।

राज्य की निरंकुश प्रकृति पर प्रबोधन युग में विवाद उठा। पुनर्जागरण, मानववाद, और वैज्ञानिक क्रांति के स्वाभाविक परिणामस्वरूप, प्रबुद्ध विचारकों ने आनुवंशिकता कैसी वैधता प्रदान करती है? सरकार की स्थापना क्यों की जाती है? क्यों कुछ लोगों के पास दूसरों की अपेक्षा अधिक मूलभूत अधिकार होने चाहिए? और इन जैसे अन्य बुनियादी सवाल उठाए। इन सवालों ने उन्हें मानव मन की प्रकृति, राजनीतिक और नैतिक अधिकार के स्रोतों, तानाशाही के पीछे मौजूद कारणों, और निरंकुश शासन से बाहर निकलने के बारे में कतिपय मान्यताओं

का पथ प्रशस्त किया। प्रबुद्ध विचारकों ने मानव मन में निहित अच्छाई पर विश्वास किया। उन्होंने राज्य और चर्च के बीच गठबंधन का मानव प्रगति और कल्याण के शत्रु के रूप में विरोध किया क्योंकि राष्ट्र के बलपूर्वक तंत्र व्यक्तिगत स्वतंत्रता पर रोक लगाते हैं और चर्च ने दैवी मूल के सिद्धांत की मान्यता द्वारा सम्राटों को उचित ठहराया। इसलिए, दोनों ही लोगों की पसंद के खिलाफ माने गए।

तीस साल तक चलने वाली युद्ध की विभीषिका से विशिष्ट रूप से प्रभावित होकर, तत्कालीन राजनीतिक दार्शनिकों ने माना कि सामाजिक संबंधों को मानव-धर्म की स्थितियों से भिन्न व्यवस्थित किया जाना चाहिए. उनके कुछ प्रयासों से सामाजिक अनुबंध सिद्धांत सामने आया जिसने मानव प्रकृति के अनुसार मौजूदा सामाजिक संबंधों को अमान्य सिद्ध करने का प्रयास किया। उनकी मान्यता थी कि मानव प्रकृति को वस्तुगत वास्तविकताओं और प्राकृतिक कानूनी स्थितियों के विश्लेषण द्वारा समझा जा सकता है। इस प्रकार उन्होंने समर्थित किया कि मनुष्य के स्वभाव में राष्ट्र की रूपरेखा और स्थापित सकारात्मक कानून समाविष्ट होनी चाहिए. थॉमस होब्स ने समाज में सभ्यता बनाए रखने के लिए शक्तिशाली राज्य की आवश्यकता को रेखांकित किया. होब्स के लिए, मनुष्य स्वार्थ से प्रेरित होता है (ग्राहम 1997:23)। इसके अलावा, स्वार्थ की प्रकृति अक्सर विरोधाभासी होती है। इसलिए, राष्ट्र की प्रकृति में, सभी के खिलाफ सभी के युद्ध की स्थिति शामिल थी। ऐसी स्थिति में, जीवन निःसंग, खराब, बुरी, पाश्विक और छोटी थी (वहीः 25)। अराजकता का खतरा महसूस होने पर, मानव अपने बचाव के लिए एक तंत्र की आवश्यकता के प्रति जागरूक हुआ। जहां तक होब्स का संबंध था, समझदारी और स्वार्थ ने मनुष्य को एक समझौते में शामिल होने, संप्रभुता को एक साझा शक्ति के सामने समर्पित करने के लिए प्रेरित किया (कविराज 2001:289)। होब्स ने इस साझा शक्ति, राष्ट्र को तिमिंगल (लेविथान) कहा।

थॉमस होब्स के सामाजिक अनुबंध सिद्धांत ने दो प्रकार के संबंधों को सामने रखा। एक तिमिंगल और लोगों के बीच सीधा संबंधय इसलिए लोगों का तिमिंगल को खुद का समर्पण। दूसरी प्रणाली लोगों के बीच क्षैतिज संबंधों का दायरा था। इस प्रणाली में, तिमिंगल की निगरानी में, लोग, अपने स्वाभाविक अधिकारों को इस प्रकार सीमित करने के लिए बाध्य थे कि वह दूसरों के अधिकारों को हानि न पहुंचाए। पहली प्रणाली राष्ट्र को द्योतित करती है और दूसरी सभ्य समाज का प्रतिनिधित्व करती है। होब्स के प्रतिमान में, नागरिक समाज के गठन ने सरकार, राष्ट्र और कानून निर्माण का पथ प्रशस्त किया। इसलिए, उनके विचार में, राष्ट्र लोगों के बीच सभ्यता को बनाए रखने के लिए आवश्यक है। इस प्रकार, राष्ट्र की प्रकृति और संप्रभु राष्ट्र के संबंध में होब्स की अवधारणाओं ने यथार्थवाद के बीज अंकुरित किए जिसने राष्ट्र और नागरिक समाज के बीच संबंधों की प्रकृति को परिभाषित किया।

इंग्लैंड की राजनीतिक परिस्थिति के बारे में जॉन लोके की अवधारणा होब्स के समान ही थी। यह भव्य क्रांति का युग था, जो राजगद्दी के दैवी अधिकार और संसद के राजनीतिक अधिकारों के बीच संघर्ष द्वारा चिह्नित हुआ। इसने लोके को सीमित राष्ट्र और शक्तिशाली समाज के सामाजिक अनुबंध सिद्धांत गढ़ने के लिए प्रभावित किया। लोके की दृष्टि में, मनुष्य प्रकृति

के राष्ट्र में अशांत जीवन जी रहे थे। तथापि, एक समुचित प्रणाली की अनुपस्थिति में इसे उप-इष्टतम स्तर पर बनाए रखा जा सकता है (ब्राउन 2001:73)। उस प्रमुख चिंता से, लोग एक अनुबंध पर हस्ताक्षर करने के लिए एक साथ इकट्ठा हुए और एक आम लोक प्राधिकरण का गठन किया गया। फिर भी, लोके का मानना था कि राजनीतिक सत्ता का समेकन निरंकुशता में बदल सकता है, अगर उसे भरोसेमंद प्रतिबंध के तहत नहीं लाया जाता है (कविराज 2001:291)। इसलिए, लोके ने सरकार पर पारस्परिक दायित्वों के साथ दो संधियों को निर्धारित किया. पहली संधि में, लोगों ने स्वयं को आम जनता के प्राधिकार के समक्ष समर्पित किया। इस प्राधिकार को कानून बनाने और उसे लागू करने की शक्ति प्राप्त है। दूसरी संधि में प्राधिकार की सीमाएं हैं, यानी राष्ट्र के पास मनुष्य के बुनियादी अधिकारों को जोखिम में डालने की कोई शक्ति नहीं है। जहां तक लोके का संबंध था, मनुष्य के बुनियादी अधिकार हैं जीवन, स्वतंत्रता और संपत्ति का संरक्षण। इसके अलावा, उनकी मान्यता थी कि राष्ट्र को नागरिक और प्राकृतिक कानूनों की सीमा के भीतर काम करना होगा।

होब्स और लोके, दोनों ने एक ऐसी प्रणाली निर्धारित की, जिसमें सामाजिक समझौते या अनुबंध के माध्यम से मनुष्यों के बीच शांतिपूर्ण सहअस्तित्व सुनिश्चित किया जा सकता है। उनका मानना था कि नागरिक समाज एक ऐसा समुदाय है, जो नागरिक जीवन का रख-रखाव करता है, ऐसा राष्ट्र जहां नागरिक गुण और अधिकार प्राकृतिक कानूनों से प्राप्त किए गए हों। हालांकि, उन्होंने यह नहीं माना कि सभ्य समाज राष्ट्र के लिए एक अलग क्षेत्र है। बल्कि, उन्होंने राष्ट्र और नागरिक समाज के सह-अस्तित्व को रेखांकित किया. होब्स और लोके के व्यवस्थित दृष्टिकोण (सामाजिक संबंधों के अपने विश्लेषण में) काफी हद तक उस युग के अनुभवों से प्रभावित थे। मानव प्रकृति, प्राकृतिक कानून, सामाजिक अनुबंध और सरकार की व्याख्या करने के उनके प्रयास ने दैवी अधिकार सिद्धांत को चुनौती दी। दैवी अधिकार के विपरीत, होब्स और लोके का दावा था कि मनुष्य अपनी राजनीतिक व्यवस्था परिकल्पित कर सकते हैं। इस विचार का प्रबोधन युग के विचारकों पर काफी प्रभाव पड़ा।

प्रबुद्ध विचारकों ने तर्क दिया कि मनुष्य तर्कसंगत हैं और अपने भाग्य को संवार सकते हैं। इसलिए, उन्हें नियंत्रित करने के लिए एक परम सत्ता की कोई जरूरत नहीं है। जीन-जेक्स राउसियु और इमानुअल कांट, दोनों ने तर्क दिया कि लोग शांतिप्रिय हैं और युद्ध निरंकुश शासन की देन है (बरचिल 2001:33)। जहा तक कांट का संबंध है, यह प्रणाली एकल स्वार्थ के वर्चस्व और बहुमत के अत्याचार के प्रति प्रतिरक्षा के लिए प्रभावी है (अलगप्पा 2004:30)।

GWF हेगेल ने नागरिक समाज के अर्थ को पूरी तरह से बदल दिया, जिसने उसकी आधुनिक नागरिक राष्ट्र संस्था के बजाय बाजार समाज के रूप में आधुनिक उदार व्याख्या को जन्म दिया। अपने पूर्ववर्तियों के विपरीत, स्वच्छंदतावाद के इस प्रमुख विचारक ने नागरिक समाज को एक अलग क्षेत्र, एक आवश्यकताओं की प्रणाली माना, जो व्यक्तिगत हितों और निजी संपत्ति की संतुष्टि के लिए खड़ा है। हेगेल का मानना था कि सभ्य समाज पूंजीवाद की विशेष अवधि में उभरा था और उसके स्वार्थ की पूर्ति की थीरू व्यक्तिगत अधिकार और निजी संपत्ति (धनगारे 2001:169)। इसलिए, उन्होंने ष्नागरिक समाजष् को निरूपित करने के लिए जर्मन शब्द

"bürgerliche Gesellschaft" का प्रयोग किया - एक ऐसा क्षेत्र जो नागरिक संहिता द्वारा विनियमित हो। हेगेल के लिए, नागरिक समाज विरोधाभासी बलों द्वारा प्रमाणित होता है। पूंजीवादी हितों के दायरे में होने के नाते, उसके अंतर्गत संघर्ष और असमानताओं की संभावना है। इसलिए, समाज में नैतिक व्यवस्था बनाए रखने के लिए राज्य की सतत निगरानी आवश्यक है। हेगेल ने राज्य को नैतिक जीवन का सर्वोच्च स्वरूप माना. इसलिए, राजनीतिक राष्ट्र के पास नागरिक समाज के दोषों को सुधारने की क्षमता और अधिकार है। एलेक्सिस डी टॉक्वेविले ने निरंकुश फ्रांस और लोकतांत्रिक अमेरिका की तुलना करने के बाद, राष्ट्र के उदार व्यक्तिवाद और केंद्रीकरण, दोनों के प्रतिसंतुलन के रूप में नागरिक और राजनीतिक संघों की प्रणाली पर जोर देते हुए हेगेल की बात को अमान्य सिद्ध करने का प्रयास किया। इसलिए, हेगेल की सामाजिक सत्ता की धारणा का टॉक्वेविले द्वारा सामान्य रूप से अनुकरण किया गया, जिसने राजनीतिक समाज और नागरिक समाज के बीच भेद दिखलाया।

इस विषय को कार्ल मार्क्स ने आगे बढ़ाया। मार्क्स के लिए, नागरिक समाज नींव थी जहां उत्पादक बल और सामाजिक संबंध घटित हो रहे थे, जबकि राजनीतिक समाज एक बाहरी ढांचा था। पूंजीवाद और नागरिक समाज के बीच की कड़ी से सहमति जताते हुए, मार्क्स का मानना था कि नागरिक समाज पूंजीपति वर्ग के हितों का प्रतिनिधित्व करता है (एडवर्ड्स 2004:10)। इसलिए, बाहरी ढांचे के रूप में राष्ट्र प्रमुख वर्ग के हितों का भी प्रतिनिधित्व करता हैय पूंजीवाद के अंतर्गत, यह पूंजीपति वर्ग के वर्चस्व को बनाए रखता है। इसलिए, मार्क्स ने हेगेल द्वारा प्रस्तुत राष्ट्र की सकारात्मक भूमिका को अस्वीकृत किया। मार्क्स ने तर्क दिया कि राष्ट्र एक तटस्थ समस्या का समाधान करने वाला नहीं हो सकता. बल्कि, उसने राष्ट्र को पूंजीपति वर्ग के हितों के रक्षक के रूप में दर्शाया। उसने राष्ट्र और नागरिक समाज को पूंजीपति वर्ग के कार्यकारी हाथ मानाय इसलिए दोनों तिरस्कृत होने चाहिए (ब्राउन 2001:74)।

सभ्य समाज के बारे में इस नकारात्मक दृष्टिकोण को एन्टोनियो ग्रामस्की ने सुधारा (एडवर्ड्स 2004:10)। किसी हद तक मार्क्स की बात से हटते हुए, ग्राम्स्की ने नागरिक समाज को राष्ट्र के सामाजिक-आर्थिक आधार से संलग्न नहीं माना. बल्कि, ग्राम्स्की ने राजनीतिक ढांचे को नागरिक समाज में अवस्थित पाया। उन्होंने पूंजीवाद के आधिपत्य के अस्तित्व के लिए अपेक्षित सांस्कृतिक और वैचारिक पूंजी के योगदानकर्ता के रूप में नागरिक समाज की महत्वपूर्ण भूमिका को रेखांकित किया (एहरेनबर्ग 1999:208)। इसे एक समस्या के रूप में प्रस्तुत करने के बजाय, विगत मार्क्सवादी अवधारणाओं की भांति, ग्राम्स्की ने नागरिक समाज को समस्या सुलझाने वाले के रूप में देखा। ग्राम्स्की से सहमति जताते हुए, नव वामपंथी ने राष्ट्र और बाजार के खिलाफ लोगों के बचाव में तथा राष्ट्र को प्रभावित करने के लिए लोकतांत्रिक संकल्प को बनाए रखने में नागरिक समाज को महत्वपूर्ण भूमिका निर्धारित की (वही:30)। इसी समय, नव-उदारवादी विचारकों ने कम्युनिस्ट और सत्तावादी शासन को हटाने के लिए संघर्ष स्थल माना (वही:33)। इस प्रकार, नागरिक समाज शब्द का नव-वामपंथियों और नव उदारवादियों के राजनीतिक भाषण में एक महत्वपूर्ण स्थान है।

सभ्य समाज को समझने की आधुनिकोत्तर पद्धति प्रथमतः पूर्व सोवियत ब्लॉक पूर्वी यूरोपीय देशों में राजनीतिक विरोध द्वारा 1980 के दशक में विकसित हुई। उस समय से राजनीतिक क्षेत्र के भीतर राजनीतिक समाज के बजाय नागरिक समाज के विचार के उपयोग का अभ्यास उपजा। हालांकि, 1990 के दशक में वैश्विक पैमाने पर गैर सरकारी संगठनों और नए सामाजिक आंदोलनों (छैड) के उद्भव के साथ, तीसरे क्षेत्र के रूप में सभ्य समाज एक वैकल्पिक सामाजिक और विश्व व्यवस्था के निर्माण के लिए सामरिक कार्रवाई का महत्वपूर्ण इलाका बन गया। इसके बाद, नागरिक समाज के विचार का आधुनिकोत्तर प्रयोग, परिभाषाओं की भरमार के अलावा-दो प्रमुख भागों में बंट गयारू राजनीतिक समाज के रूप में और तृतीय क्षेत्र के रूप में।

1990 दशक की वाशिंगटन मतैक्य ने भी, जिसमें विश्व बैंक और अंतर्राष्ट्रीय मुद्रा कोष द्वारा ऋणों के बोझ से दबे विकसित देशों को सशर्त ऋण शामिल है, गरीब देशों में राज्यों को पीछे हटने पर दबाव डाला। बदले में इसकी वजह से नागरिक समाज के लिए व्यावहारिक परिवर्तन करना पड़ा जिसने सैद्धांतिक बहस को प्रभावित किया। शुरूआत में नई प्रतिबंधता ने राष्ट्र के सेवा प्रावधान और सामाजिक देख-रेख को प्रतिस्थापित करते हुए श्नागरिक समाजश पर रामबाण के रूप में और भी अधिक जोर डाला, हुल्म और एडवर्ड ने सुझाव दिया है कि अब इसे जादू की गोली के रूप में देखा जाने लगा है। कुछ विकासशील राजनीतिक वैज्ञानिकों ने चेताया कि इस दृष्टिकोण ने नए खतरे पैदा किए हैं। उदाहरण के लिए, लेट अस गेट सिविल सोसाइटी स्ट्रेट में व्हाइट्स ने तर्क दिया कि अक्सर नागरिक समाज के राजनीतिकरण और संभावित विभाजनकारी प्रकृति को कुछ नीति निर्माताओं द्वारा अनदेखा किया जा रहा है।

1990 के अंत तक नागरिक समाज को भूमंडलीकरण विरोधी आंदोलन की वृद्धि और कई देशों के लोकतंत्र में परिवर्तन के बीच रामबाण के रूप में कम देखा जाने लगा, इसके स्थान पर नागरिक समाज से अपनी वैधता और लोकतांत्रिक प्रत्यायकों के औचित्य को सिद्ध करने के लिए अधिकाधिक मांग की जाने लगी। इसने संयुक्त राष्ट्र द्वारा नागरिक समाज पर उच्च स्तरीय पैनल के गठन का पथ प्रशस्त किया। आधुनिकोत्तर सभ्य समाज सिद्धांत अब काफी हद तक एक तटस्थ रुख पर लौट आया है, लेकिन समृद्ध समाजों में इस तथ्य के अध्ययन और विकासशील राष्ट्रों में सभ्य समाज पर लेखन के बीच सुस्पष्ट मतभेद है। तथापि, दोनों क्षेत्रों में नागरिक समाज, अक्सर राष्ट्र के संबंध में एक विकल्प की जगह संतुलन और पूरक के रूप में देखा जाता है, या जैसा कि व्हाइट्स ने अपने 1996 के लेख में कहा, राष्ट्र को नागरिक समाज की पूर्व शर्त के रूप में देखा जाता है।

15

शक्ति एवं सत्ता
(Power and Authority)

यह राजनीतिक विज्ञान की प्रमुख अवधारणा है। इसी वजह से मैक्स वेबर शक्ति और राजनीतिक को एक दूसरे का पूरक मानते हैं। कैटालिन और लासवेल ने एक कदम और आगे बढ़कर राजनीति विज्ञान को 'शक्ति का विज्ञान' (Science of Power) कहकर सम्बोधित किया है। विलियम राब्सन के अनुसार राजनीति विज्ञान वह है जो समाज, उसकी प्रकृति, प्रतिक्रियाओं और परिणामों से सम्बन्धित है।

शक्ति की अवधारणा का प्राचीन काल से राजनीतिक सामाजिक दर्शन में विशेष महत्त्व रहा है। यही कारण है कि विभिन्न विद्वानों ने शक्ति को अपने अध्ययन का केन्द्र-बिन्दु माना है। कौटिल्य ने तो स्पष्ट लिखा है कि, 'समस्त सांसारिक जीवन का आधार दण्ड शक्ति ही हैं।' आज इस तथ्य को स्वीकार कर लिया गया है कि शक्ति के अभाव में न तो जीवन सम्भव है और न ही राजनीति। मैकाइवर ने लिखा है कि ''समस्त गति, सभी सम्बन्ध, सभी प्रतिक्रियाएँ, समस्त व्यवस्था और प्रकृति में होने वाली प्रत्येक घटना शक्ति की अभिव्यक्ति है।''

आमतौर पर शक्ति का अभिप्राय 'ताकत' या बल से लगाया जाता है। शक्ति का तात्पर्य 'सत्ता' अथवा 'प्रभाव' से भी लगाया जाता है। राबर्ट डाहल तथा लासवेल ने शक्ति का प्रयोग 'प्रभाव' के कार्यों में किया है। मर्गेनथाऊ ने शक्ति का प्रयोग 'नियंत्रण' के रूप में किया है। हॉब्स ने शक्ति को 'सामान्य प्रवृत्ति' के रूप में अभिव्यक्त किया है तथा लिखा है कि शक्ति मानव की अविच्छिन्न तथा अनवरत इच्छा है, जिसका अन्त मृत्यु से ही सम्भव है। कौटिल्य ने शक्ति शब्द का प्रयोग 'बल' के प्रयोग के रूप में किया है। सामान्य बोलचाल में शक्ति व्यक्ति का वह प्रभाव है, जिससे समाज में या राजनीति में उसकी सर्वोच्चता तथा सम्प्रभुता को स्वीकार किया जाता है।

आधुनिक युग में संसार की राजनीति शक्ति की इर्द-गिर्द घूमती है। **बीरस्टीड** ने कहा है कि "शक्ति समाज की आधारभूत सुव्यवस्था का सहारा है। जहाँ कहीं सुव्यवस्था है, वहाँ शक्ति का अस्तित्व अवश्य पाया जाता है। शक्ति प्रत्येक संगठन के पीछे और प्रत्येक संरचना को बनाए रखती है। बिना शक्ति के कोई संगठन नहीं हो सकता तथा बिना शक्ति के कोई सुव्यवस्था नहीं हो सकती।" मानव एक विचारशील प्राणी है, लेकिन सभी मानव एक ही तरह के विचार नहीं रखते। विचार-भिन्नता मानव समाज की एक विशेषता है। हर मानव दूसरे मानव को अपने विचार पक्ष में लाने की कोशिश करते हैं और इसी प्रयास को सफल बनाने के लिए वह शक्ति का प्रयोग करते हैं।

शक्ति की परिभाषा

मॉरगेन्थाऊ के शब्दों में "राजनीतिक, शक्ति से राजकीय सत्ता धारण करने वाले व्यक्तियों के पारस्परिक सम्बन्ध तथा जनता के साथ उनके सम्बन्धों का बोध होता है।"

गोल्ड मेयर और शिल्स के मतानुसार "एक व्यक्ति के पास शक्ति उस सीमा तक होती है जिस सीमा तक वह अपनी इच्छाओं के अनुसार दूसरों के व्यवहार को प्रभावित करता है।"

रॉबर्ट डाहल के शब्दों में "शक्ति की परिभाषा प्रभाव के एक विशेष रूप में की जाती है। इस रूप में शक्ति प्राप्त करने वाले व्यक्ति की आज्ञा का पालन न करने के कारणवश बहुत हानि उठानी पड़ती है।"

मैकाइवर के मतानुसार "शक्ति संगठन क्रिया द्वारा किसी आयोजन को पूरा करने की एक योग्यता है।"

रॉबर्ट बीरस्टीड के अनुसार "शक्ति बल के प्रयोग की योग्यता है, न कि उसका वास्तविक प्रयोग।"

हॉब्स के शब्दों में "शक्ति भविष्य में कुछ निश्चित लक्ष्यों को प्राप्त करने का एक वर्तमान साधन है।"

उपरोक्त परिभाषाओं के आधार पर कहा जा सकता है कि "एक व्यक्ति की शक्ति वास्तव में उसका दूसरे व्यक्तियों के सम्बन्ध में वह प्रभाव है जो कि दूसरों पर डालने में समर्थ होता है।

राबर्ट डाहल ने अपनी पुस्तक 'The Concept of Power' में लिखा है कि 'क' की 'ख' पर शक्ति उसी सीमा तक कही जाएगी जिस सीमा तक वह 'ब' से उस काम को करवा सकता है जिसे वह अन्यथा नहीं करता। इसमें केन्द्रीय बिन्दु शक्ति रखने वाले व्यक्ति के कार्य नहीं हैं, बल्कि शक्ति द्वारा प्रभावित होने वाले व्यक्ति के अपने आशय के विरोध में प्रभावक के आशय का अनुपालन है। ऐसा तभी सम्भव है, जबकि प्रभावित होने वाले व्यक्ति को किसी तरह की अनुशासित का डर हो। अतः डाहल ने अनुशासित को शक्ति का महत्त्वपूर्ण लक्षण बताया है।

शक्ति की प्रमुख विशेषताएँ

शक्ति की विभिन्न विशेषताओं का वर्णन निम्न रूप में किया जा सकता है

(1) शक्ति द्विपक्षीय अवधारणा है यानी जब शासित होंगे तभी शासक भी होंगे। किसी एक के अभाव में शक्ति का प्रयोग असंभव है।

(2) व्यक्तिगत स्थिति व प्रतिष्ठा शक्ति को प्रभावित करती है। अर्थात् शक्ति परिस्थितिजन्य होती है। उदाहरणार्थ, एक उच्च पद में बैठा व्यक्ति यदि ढुलमुल चाल से प्रशासन करता है तो वह प्रशासन अस्त-व्यस्त रहता है और उसी पद पर यदि कोई दूसरा तेजस्वी व्यक्तित्व वाला आसीन होता है तो वह अच्छा शासन करता है। दोनों व्यक्ति एक ही पद पर एक ही तरह के अधिकारों का प्रयोग करते हैं फिर भी दोनों की शक्तियों के परिणामों में भेद होता है।

(3) शक्ति में पुरस्कार और दण्ड देने की शक्ति पाई जाती है। अर्थात् जो व्यक्ति शक्तिधारी होते हैं वे जनता से आदेशों का पालन करा सकते हैं, चूँकि वे दण्ड और पुरस्कार देने की स्थिति में होते हैं।

(4) शक्ति सम्बन्ध सूचक अवधारणा है। इसमें शासक तथा शासितों के बीच सम्बन्ध पाया जाता है। अर्थात् शासक के लिए यह आवश्यक है कि कुछ ऐसे व्यक्ति हों जिस पर वह शासन करें।

(5) विभिन्न शक्तिधारी पर्दे के पीछे रहकर शक्ति का प्रयोग करते हैं। पूँजीपति और बड़े-बड़े धार्मिक नेता राजनीति से दूर रहते हुए भी राजनीति में प्रमुख भूमिका निभाते हैं।

शक्ति का माप

शक्ति की अवधारणा एक अमूर्त अवधारणा है। अतः इसकी माप करना अत्यन्त कठिन है। शक्ति का वास्तव में माप क्या है, उसे निम्नलिखित ढंग से समझा जा सकता है

(1) शक्ति की माप करते समय यह याद रखना चाहिए कि इसकी प्रकृति परिवर्तनशील होती है। यह जरूरी नहीं है कि कोई सर्वोच्च शक्तिशाली व्यक्ति या राष्ट्र सदैव शक्तिशाली ही रहे। ऐसे राष्ट्रों या शक्तिशाली व्यक्तियों का अचानक पतन भी हो जाता है।

(2) शक्ति की दृष्टि से दो व्यक्ति अथवा राष्ट्र कभी भी समान नहीं हो सकते हैं। अतः शक्ति की माप में इस तथ्य को ध्यान में रखना चाहिए।

(3) शक्ति में विश्वसनीयता का तत्त्व होना चाहिए। विश्वसनीयता के अभाव में भी शक्ति का माप नहीं किया जा सकता है।

(4) शक्ति को तुलना के आधार पर आसानी से नापा जा सकता है जब हम किसी व्यक्ति अथवा राष्ट्र को शक्तिशाली कहते हैं तो हमारे मस्तिष्क में कमजोर व्यक्ति अथवा राष्ट्र का चित्र होता है।

(5) विशिष्टता का महत्त्व शक्ति की माप में विशिष्टता का तत्त्व अत्यन्त ही महत्त्वपूर्ण है। विशिष्टता के अभाव में भी शक्ति की माप करना एक महत्त्वपूर्ण कार्य है।

(6) शक्ति एक सापेक्ष अवधारणा है। शक्ति की माप के लिए दूसरी शक्ति का होना जरूरी है। सापेक्ष के अभाव में शक्ति की माप करना कठिन है।

(7) शक्ति को मापते समय वास्तविक शक्ति और अनुमानित शक्ति में ज्यादा अन्तर नहीं करना चाहिए।

शक्ति की सीमाएँ

शक्ति के प्रयोग की अपनी कुछ सीमाएँ निम्न प्रकार हैं

(1) शक्ति धारक को जनमत के विपरीत भी शक्ति का प्रयोग नहीं करना चाहिए, यदि जनमत सही है तब।

(2) शक्ति धारक को शक्ति का प्रयोग किसी ऐसे कार्य के लिए नहीं किया जाना चाहिए जिससे कि प्रभावित व्यक्तियों की धार्मिक व नैतिक भावनाओं को ठेस पहुँचे।

(3) कोई भी शक्ति-प्रयोगकर्ता सार्वजनिक सहमति के विरुद्ध कोई निर्णय नहीं ले सकता।

(4) दबाव समूहों व हित समूहों के विरुद्ध भी शक्ति का प्रयोग करना एक कठिन कार्य होता है। इस प्रकार इनके हित के अनुरूप इसका प्रयोग होना चाहिए।

(5) शक्ति का प्रयोग परिस्थितिजन्य होता है।

(6) राजनीतिक शक्ति का प्रयोग सामाजिक-राजनीतिक विकास के अनुकूल होने चाहिए।

(7) लोक कल्याणकारी राज्य में शक्ति का प्रयोग जनता अथवा शासित को ध्यान में रखकर किया जाता है।

(8) शक्ति धारक शक्ति का प्रयोग सामाजिक विरासत व परम्परा से हटकर नहीं कर सकता।

सत्ता

जब मनुष्य ने स्वतंत्र तरीके से जीना प्रारम्भ किया तो उसे एक सर्वोच्च सत्ता की जरूरत महसूस हुई थी। आज संसार की कोई भी संस्था, संगठन, समुदाय बिना सत्ता के अधूरे ही कहे जाएँगे। परिवार में पिता की सत्ता, खेल के मैदान में कप्तान की सत्ता, गाँव में वयोवृद्ध बुद्धिजीवियों की सत्ता, महाविद्यालय में प्राचार्य की सत्ता, छात्र संघ में उसके पदाधिकारियों की सत्ता, राजनीतिक दलों में नेता की सत्ता, राज्य में प्रशासक की सत्ता आदि सभी सत्ता के अलग-अलग पहलू हैं। अर्थात् मानव जीवन में सत्ता हमेशा एक प्रभावकारी तत्त्व रहा है।

वर्तमान राजनीति में सत्ता की अवधारणा का महत्त्वपूर्ण स्थान है। सत्ता औपचारिक और अनौपचारिक दोनों तरह के संगठनों में महत्त्वपूर्ण होती है। सत्ता राज्य व्यवस्था की कुंजी मानी जाती है। यह विभिन्न राजनीतिक प्रक्रियाओं, जैसे शक्ति, प्रभाव, नेतृत्व आदि का प्रमुख उपकरण है। उसी के माध्यम से समन्वय, निर्णय-निर्माण, पदक्रम, अनुशासन प्रत्यायोजन आदि प्रक्रियाएँ सम्भव होती हैं। सत्ता के अभाव में उत्पीड़न को प्रश्रय मिलता है तथा समाज में कानून और व्यवस्था लड़खड़ाने लगती है। इस प्रकार सत्ता को नकारा नहीं जा सकता है। सत्ता राजनीतिक व्यवस्था के लिए आदर्श होती है। मानव की प्रगति, सभ्यता और संस्कृति का विकास

सत्ता के द्वारा ही सम्भव हुआ है। इस प्रकार हम कह सकते हैं कि सत्ता राजनीतिक व्यवस्था की आत्मा है।

जब शक्ति को संस्था के रूप में देखा जाता है तब वह सत्ता कहलाती है। सत्ता का प्रत्यायोजन व्यक्तियों, संस्थाओं अथवा समूहों में हो सकता है। यही कारण है कि सत्ता निश्चित एवं स्पष्ट होती है। इसलिए इसकी पहचान के लिए विशेष पहनावा, ताज और मुहर प्रदान किए जाते हैं। यहाँ यह भी उल्लेखनीय और ध्यान देने की बात है कि सत्ता के पीछे शक्ति का होना आवश्यक है। बिना शक्ति के सत्ता पंगु अथवा प्रभावहीन होती है।

इस सन्दर्भ में एम.जी.स्मिथ का कहना है कि सत्ता के बगैर शक्ति का कोई अस्तित्व नहीं है। इसीलिए सत्ता और शक्ति में एकीकरण राजनीतिक संगठनों के माध्यम से किया जाता है। अतः सत्ता और शक्ति में प्रगाढ़ सम्बन्ध होता है। फिर भी सत्ता और शक्ति दोनों अलग-अलग स्वतन्त्र अवधारणाएँ हैं। अनेक विद्वानों ने सत्ता की निम्नलिखित परिभाषा दी है

हर्बट ए. साइमन के मतानुसार "सत्ता को दूसरे लोगों के कार्यों को निर्देशित करने वाले निर्णयों को लेने की शक्ति के रूप में परिभाषित किया जा सकता है। यह दो व्यक्तियों का सम्बन्ध है इनमें एक तो सर्वोच्च होता है और दूसरा अधीनस्थ होता है। उच्च स्तर द्वारा यह सोचकर निर्णय लिए और प्रसारित किए जाते हैं कि उनको अधीनस्थ द्वारा स्वीकार कर लिया जाएगा। अधीनस्थ इस प्रकार के नियमों की आशा रखता है और इसका व्यवहार इन्हीं के द्वारा निर्धारित किया जाता है।"

मैकाइवर शब्दों में "सत्ता आदेशों का पालन करवाने की शक्ति है।"

हना एरडन्ट के मतानुसार "सत्ता का अभिप्राय वह शक्ति है जो इच्छा पर आधारित है। इसका मुख्य चिह्न उन लोगों द्वारा उनकी मान्यता है जिनको इनका पालन करने को कहा जाता है। इसके लिए न तो दबाव तथा न ही प्रेरणा की आवश्यकता होती है।"

फैडरिक के अनुसार "सत्ता तर्क के माध्यम से यह निश्चित करने की क्रिया को कहते हैं कि हमारे लिए कौन सा कार्य इच्छा और प्राथमिकता की दृष्टि से उचित रहेगा।"

जोवेनल के शब्दों में "सत्ता दूसरे व्यक्ति की स्वीकृति प्राप्त करने का गुण है।"

सामाजिक विज्ञान विश्वकोष में लिखा है "सत्ता जन्मजात या प्राप्त की हुई वह योग्यता है जिसके द्वारा एक समूह पर श्रेष्ठता स्थापित की जाती है। यह शक्ति की अभिव्यक्ति है और यह इस बात का संकेत है कि इसके अधीन व्यक्ति इसकी पालना करते हैं।"

उपरोक्त विचारकों के कथनों के अध्ययन के आधार पर कहा जा सकता है। कि सत्ता का अभिप्राय ऐसी योग्यता से है जिसके द्वारा कोई व्यक्ति अन्य व्यक्तियों अथवा व्यक्तियों के समूह पर अपनी श्रेष्ठता स्थापित कर सकता हो, बिना किसी दबाव और प्रेरणा के अपने आदेशों का पालन करवा सकता है या अपनी योजनाओं की स्वीकृति प्राप्त कर सकता है और इस योग्यता से विवेकपूर्ण विधि द्वारा अथवा प्रभावशाली तर्कों द्वारा अपने कार्यों या नीतियों को उचित सिद्ध कर सकता है।

सत्ता एक विशेष परिस्थिति की देन होती है। यह उस समय जन्म लेती है जबकि वरिष्ठ और अधीनस्थ व्यक्तियों के बीच में सम्बन्ध स्थापित होता है। सत्ता में सहमति और औचित्य

का होना जरूरी है। किसी भी सत्ता में कानूनी अंशो का समावेश होता है एवम् सत्ता का उपभोग किसी राजनीतिक दल अथवा संस्था द्वारा किया जाता है।

सत्ता की प्रकृति

सत्ता के स्वरूप या प्रकृति के सम्बन्ध में **बीच, बच्रास, ड्यूबिन** तथा **बाराज** आदि विद्वानों ने अपने-अपने मत व्यक्त किए हैं। यहाँ सत्ता की प्रकृति के सम्बन्ध में प्रचलित प्रमुख दो सिद्धान्तों निम्नवत् हैं

(1) औपचारिक यह ऊपर से नीचे सीढ़ीनुमा प्रणाली पर आधारित सत्ता का सिद्धान्त है। ऊपर में जो अधिकारी सत्ता में रहते हैं वे अधीनस्थ लोगों को आदेश देते हैं। यह नौकरशाही प्रशासन तंत्र है। इस सिद्धान्त के अनुसार सत्ता को आदेश देने का अधिकार है। यह सत्ता लिखित रूप में प्रयोग में लाई जाती है। जैसे केन्द्र सरकार का आदेश पहले प्रदेश सरकार की ओर प्रसारित होगा। फिर प्रदेश सरकार द्वारा उसे संभागीय व जिला प्रशासन की ओर प्रसारित कर अधीनस्थों को क्रियान्वयन करने का आदेश दिया जाता है।

(2) स्वीकृति मानवतावादी तथा व्यवहारवादियों ने इसका मजबूत समर्थन किया है। इस सिद्धान्त के अनुसार सत्ता के अधिकार की सफलता अधीनस्थों की स्वीकृति पर निर्भर करती है। जब अधीनस्थ अपनी समझ और योग्यता के दायरे में आदेशों को स्वीकार कर लेते हैं, तब यह स्थिति सत्ता स्वीकृति स्थिति बन जाती है। **बर्नार्ड** ने स्वीकृति सत्ता के लिए चार शर्तों का होना आवश्यक माना है

(i) अधीनस्थ अधिकारी आदेश या सूचना को समझता हो या समझ सकता हो।

(ii) अपने निर्णय-ग्रहण के समय उसका यह विश्वास हो कि आदेश संगठन के उद्देश्यों के साथ असंगत नहीं है।

(iii) निर्णय के समय में वह यह सोचता हो कि समग्रता के रूप में सम्बन्धित आदेश उसके व्यक्तिगत हितों के अनुरूप हैं।

(iv) अधीनस्थ अधिकारी व कर्मचारी मानसिक और शारीरिक दृष्टि से उस आदेश के अनुपालन में सक्षम हों।

बाराज तथा बचाख, उपरोक्त विवेचन से सहमत नहीं है तथा उन्होंने कहा कि सता को सिर्फ इस वजह से मान्यता प्रदान नहीं की जाती कि ऐसा नहीं करने पर दण्ड का भागी होना पड़ेगा। बल्कि इसलिए माना जाता है कि आदेशों को मानने वाला उन्हें युक्तिपूर्ण मानता है। सत्ता सम्बन्ध युक्तिपूर्ण विस्तरण पर आधारित होने चाहिए। यदि ऐसा नहीं होगा तो सत्ता-सम्बन्ध, शक्ति सम्बन्धों में बदल जाएँगे। मूल्यों के सन्दर्भ में सत्ता महत्त्वपूर्ण कार्य करती है।

प्रमुख कार्य

जहाँ तक सत्ता के कार्यों का प्रश्न है, इसके कार्य विभिन्न प्रकार के हैं जिनका प्रयोग

विभिन्न एवं अनेक प्रकार की परिस्थितियों विभिन्न संस्थाओं एवं व्यवस्थाओं द्वारा किया जाता है। सत्ता विभिन्न महत्त्वपूर्ण कार्यों का सम्पादन करती है। विभिन्न परिस्थितियों में उसके अलग-अलग कार्य होते हैं। अपने बृहत् अर्थ में सत्ता के निम्नलिखित कार्य हैं

(1) अनुशासन अनुशासन बनाए रखने के सम्बन्ध में सत्ता महत्त्वपूर्ण औपचारिक साधन माना जाता है। उच्च अधिकारियों में तथा उनके अधीनस्थ कर्मचारियों में अनुशासन बनाने का कार्य सत्ता द्वारा ही किया जाता है। अनेक बार व्यक्ति सत्ता के डर से गलत कार्य नहीं करते हैं। अच्छा कार्य करने से कर्मचारियों को 'प्रमोशन' और गलत कार्य करने से डिमोशन' मिलता है। ऐसा प्रशासनिक सत्ता के द्वारा ही सम्भव होता है। इस प्रकार सभी में अनुशासन कायम रहे इसके लिए प्रभावी का होना जरूरी है।

(2) समन्वय हर एक विभागों में समन्वय स्थापित करना किसी भी सत्ता का प्रमुख उत्तरदायित्व होता है। इसी समन्वय के आधार पर आदेश व योजनाएँ उच्च अधिकारियों से निम्न अधिकारियों तक भेजे जाते हैं। सत्ता कर्मचारी तन्त्र को एक सूत्र में बाँधने का कार्य करती है।

(3) नियंत्रण सत्ता की यह प्रमुख जिम्मेदारी होती है कि अपने अधीनस्थ अधिकारियों पर नियंत्रण रखे। ऐसा करके ही वह सत्ता का सदुपयोग कर सकता है। प्रशासन के व्यवहार को नियंत्रित करने का महत्त्वपूर्ण कार्य सत्ता द्वारा ही किया जाता है। यदि सत्ता नियंत्रणविहीन हो जाए तो प्रशासनिक व्यवस्था नियंत्रित होकर समाज में भ्रष्टाचार को जन्म देने का मौका सुलभ करा देती है। अतः प्रशासनिक सामंजस्य के लिए नियंत्रण आवश्यक है। यह नियंत्रण सत्ता के द्वारा अधिक कारगर होता है।

(4) फैसला व्यवस्था सम्बन्धी आयामों को गति देने उनके सफल संचालन के लिए सत्ता महत्त्वपूर्ण निर्णय लेती है। सत्ता के निर्णय-सम्बन्धी कार्यों को देखकर ही **हरबर्ट साइमन** ने 'विनिश्चय निर्माण-प्रक्रिया' पर अधिक बल दिया है। अतः एक संस्था में काम करते समय विभिन्न संचार साधनों तथा विधियों का प्रयोग होता है। सत्ता का प्रयोग करते समय सत्ताधारी व्यक्ति के लिए यह आवश्यक है कि विशेषज्ञ की सलाह पर निर्णय करे चूँकि इससे शासन में कार्यकुशलता या पारदर्शिता आती है।

(5) विकास कोई भी सत्ता अपने आपको जीवित रखने हेतु अपने विभाग क्षेत्र और देश के विकास की सुनिश्चित योजना बनाती है। यदि सत्ता विकास-सम्बन्धी कार्यों से मुँह मोड़ लेती है तो उसकी आलोचना होने लगती है। योजनाएँ बनाना तथा उनका क्रियान्वयन सत्ता से संबद्ध अधिकारियों द्वारा ही जन-सामान्य के लिए होता है। अतः सत्ता विकास सम्बन्धी मह त्त्वपूर्ण कार्यों का सम्पादन करती है।

सत्ता की सीमाएँ

कोई भी सत्ता शक्ति के अभाव में टिक नहीं सकती है। सभी सत्ताओं में अभूत पूर्व शक्तियाँ होती है। लेकिन इसका अर्थ यह नहीं है कि उसका मनमाने तरीके से इस्तेमाल किया जाए। सत्ता की भी अपनी कुछ मर्यादाएँ व सीमाएँ हैं। जिनके अन्दर रहते हुए ही सत्ता का

प्रयोग व उपयोग किया जाता है। सत्ता के अनधिकार पूर्वक प्रयोग से ही कई बार विस्फोटक स्थितियाँ निर्मित होती हैं। किसी भी सत्ता का गलत तरीके से प्रयोग से व्यक्तियों और संस्थाओं का विनाश होता है। सत्ता के प्रयोग पर अनेक प्रतिबन्ध होते हैं। इन प्रतिबन्धों में आन्तरिक, बाह्य, प्राकृतिक, उद्देश्यगत तथा प्रक्रिया सम्बन्धी प्रतिबन्ध प्रमुख हैं। जिस तरह हाथी सर्वशक्तिमान जानवर होता है, किन्तु वह भी अनियंत्रित नहीं रहता, उसे महावत द्वारा नियंत्रित किया जाता है। हूबहू इसी तरह सत्ता का ताकतवर होते हुए भी सही व संयमित रहते हुए ही सीमित दायरे में उसका प्रयोग होता है। राजनीतिक व सामाजिक व्यवस्थाएँ, संस्कृति, मूल्यों, परम्पराओं, रूढ़ियों आदि नैतिक अवधारणाओं से बंधी रहती हैं। उन्हें राजनीतिक परिस्थितियों तथा संवैधानिक सीमाओं में रहकर ही कार्य करना पड़ता है। हर व्यवस्था कुशल शासन के लिए अनेक नियम या उपनियम बना देती है। उनके निश्चित उद्देश्य और लक्ष्य होते हैं। कार्य की सुलभता के लिए योजनाएँ एवं नीतियाँ निर्धारित की जाती हैं। सत्ता संचालन आर्थिक, तकनीकी और भौतिक पर्यावरण में होता है जो व्यवस्था व सत्ता के संचालन को प्रभावित करता है। सत्ता का प्रयोग मनुष्यों द्वारा किया जाता है और मनुष्यों की अपनी कुछ सीमाएँ होती हैं। प्रधानमंत्री और मुख्यमंत्री भी अपने सत्ता का उपयोग भी सीमित दायरें में ही करते हैं।

16

नागरिक अवज्ञा और सत्याग्रह
(Civil Disobedience and Satyagraha)

सविन अवज्ञा करना असहयोग का एक जरूरी अंग है। इसका अर्थ, 'विनयपूर्ण सरकार की आज्ञाओं को मानने से इनकार करना। अन्यायी सरकार की राजभक्ति का अर्थ है अन्याय में साझीदारी बनाना। इसलिए एक सभ्य पुरुष को बुरी पद्धति अथवा अन्यायी सरकार का अपने सम्पूर्ण आत्म-बल के साथ विरोध करना चाहिए। अन्यायी और दुष्ट राज्य के कानूनों की अवज्ञा करना हमारा परम कर्त्तव्य है। अवज्ञा पूर्णतः अहिंसक अर्थात् सविनय होनी चाहिए।

सत्याग्रह

गांधीजी की सत्य और अहिंसा, साध्य और साधन की श्रेष्ठता तथा व्यक्ति की नैतिक पवित्रता में दृढ आस्था थी और अपने इन्हीं विश्वासों के आधार पर उन्होंने बुराई के प्रतिरोध के एक नये मार्ग का आविष्कार किया, जिसे सत्याग्रह का नाम दिया गया है। सत्याग्रह की पद्धति गांधीजी की राजनीति को विशेष देन है। स्वयं गांधीजी के शब्दों में अपने विरोधियों को दुखी बनाने के बजाय, स्वयं अपने पर दुख डालकर सत्य की विजय प्राप्त करना ही सत्याग्रह है। सत्याग्रह शक्तिशाली और वीर मनुष्य का शस्त्र है। एक सत्याग्रही अपने प्रतिद्वन्द्वी से आध्यात्मिक सम्बन्ध स्थापित कर लेता है। वह उसमें ऐसा विश्वास उत्पन्न कर देता है कि वह बिना अपने को नुकसान पहुंचाये उसको नुकसान नहीं पहुंचा सकता। सत्याग्रह तो सत्य की विजय हेतु किये जाने वाले आध्यात्मिक और नैतिक संघर्ष का नाम है।

निष्क्रिय प्रतिरोध और सत्याग्रह में अन्तर अनेक बार सत्याग्रह निष्क्रिम प्रतिरोध का ही पर्यायवाची समझ लिया जाता है, परंतु वस्तुतः ऐसा नहीं है। यद्यपि ये दोनों ही आक्रमण का सामना करने, संघर्षो को दूर करने तथा सामाजिक और राजनैतिक परिवर्तन लाने की पद्धतियां हैं, परंतु फिर भी इनमें मूलभूत अन्तर है, जिनका उल्लेख इन रूपों में किया जा सकता

है :

(i) निष्क्रिय प्रतिरोध में शत्रु को परेशान करने की भावना पर बल दिया जाता है, परंतु सत्याग्रह में सत्याग्रही स्वयं ही अधिकतम कष्ट झेलता है। सत्याग्रह में शत्रु के प्रति दुर्भावना के लिए कोई स्थान नहीं होता हैं।

(ii) सत्याग्रह के अर्न्तगत अहिंसा के सिद्धान्त को नीति के रूप में नहीं, बल्कि आदर्श के रूप में अपनाया जाता है। परंतु निष्क्रिय प्रतिरोध में अपनी निर्बलता के कारण नीति के रूप में अहिंसा का पालन किया जाता है, मौलिक सिद्धान्त के रूप में नहीं

(iii) निष्क्रिय प्रतिरोध में रचनात्मक प्रवृति या कार्यो के लिए कोई जगह नहीं है और इसका कोई अपना विशिष्ट जीवन दर्शन भी नहीं है, परंतु सत्याग्रह का अपना जीवन दर्शन है और उसमें रचनात्मक कार्यक्रम को विशेष स्थान प्राप्त है। गांधीजी ने अपने सत्याग्रह आन्दोलन, में खादी ग्रामोद्योग, अस्पृश्यता निवारण, प्रौढ शिक्षा, साक्षरता प्रसार और मद्यपान निषेध आदि रचनात्मक कार्यक्रमों को अपनाया था।

(iv) निष्क्रिय प्रतिरोध निर्बलों का शस्त्र है और सत्याग्रह वीरों का सत्याग्रह करने के लिए हिम्मत और मर्दानगी की आवश्यकता होती है और गांधीजी का कहना है कि कमजोर कभी भी सत्याग्रही नहीं हो सकता। लेकिन निष्क्रिय प्रतिरोध का प्रयोग प्रायः कमजोर व्यक्ति ही किया करते है।

(v) निष्क्रिय प्रतिरोध द्वेष, घृणा और अविश्वास पर आधारित होता है, इस कारण इसका प्रयोग स्वजनों और रिश्तेदारों के विरूद्ध करना संभव नहीं है लेकिन सत्याग्रह प्रेममूलक है, वह विरोधी के प्रति प्रेम और उदारता की भावना पर आधारित है। इस कारण सत्याग्रह का प्रयोग निकटतम और प्रियतम व्यक्ति के प्रति भी किया जा सकता है।

सत्याग्रही के गुण

गांधीजी के अनुसार हर व्यक्ति सत्याग्रह के सिद्धान्त पर आचरण नहीं कर सकता सत्याग्रही में कुछ खास गुण होने चाहिए। उनके अनुसार सत्याग्रही के लिए यह जरुरी है कि वह सत्य पर चलने वाला हो, अनुशासन में रहने का अभ्यास हो, और मनसा, वाचा और कर्मणा, अहिंसा में विश्वास रखने वाला हो। सत्याग्रही कभी अपने उद्देश्य की प्राप्ति के लिए छल, कपट, झूठ, हिंसा, इत्यादि का सहारा नहीं लेता। वह जो कुछ भी करता है, खुले रूप में करता है और अपनी कमजोरियों व भूलों को छिपाने के बजाय खुले रूप में स्वीकार करने के लिए तैयार रहता है। गांधीजी ने हिन्द स्वराज्य में सत्याग्रही के लिए 11 व्रतों का पालन आवश्यक बताया है। वे व्रत निम्नलिखित है अहिंसा सत्य अस्तेय, ब्रह्मचर्य, अपरिग्रह, शारीरिक श्रम, अस्वाद, निर्भयता सभी धर्मो को एक समान दृष्टि से देखना स्वदेशी तथा अस्पृश्यता निवारण।

सत्याग्रह के विभिन्न रूप

गांधीजी के अनुसार सत्याग्रह का यह शस्त्र भिन्न-भिन्न परिस्थितियों में अलग-अलग रूप ग्रहण कर सकता है। सत्याग्रह के प्रमुख रूप निम्नलिखित है :

1. असहयोग आन्दोलन गांधीजी का कहना था कि किसी भी शासन द्वारा जनता के असहयोग से ही शोषण किया जा सकता है। ऐसी स्थिति में यदि जनता शासन के साथ सहयोग करने से मना कर दे, तो शासन के द्वारा कार्य नहीं किया जा सकता। 1919-21 ई॰ भारत में ब्रिटिश शासन का विरोध करने के लिए असहयोग के मार्ग को ही अपनाया गया।

2. सविनय अवज्ञा आन्दोलन सत्याग्रह का असहयोग से अधिक प्रभावपूर्ण रूप सविनय अवज्ञा का अर्थ अहिंसक तथा विनयपूर्ण तरीके से कानूनों का उलंघन करना है। कानूनों की यह अवज्ञा हिंसक रूप ग्रहण न कर ले, इसलिए उनका कथन था कि सविनय अवज्ञा का प्रयोग जनसाधारण द्वारा नहीं, बल्कि कुछ चुने हुए विशेष व्यक्तियों द्वारा किया जाना चाहिए और किन कानूनों का उल्लंघन किया जाय, यह बात सत्याग्रहियों द्वारा नहीं बल्कि नेता द्वारा ही निश्चित की जानी चाहिए। 1931 में नमक आन्दोलन के रूप में महात्मा जी द्वारा इसी शस्त्र का प्रयोग किया गया था।

3. हिजरत या प्रवजन सत्याग्रह का एक अन्य रूप हिजरत है, जिसका तात्पर्य है, स्थायी निवास-स्थान का स्वैच्छिक परित्याग। ऐसे व्यक्ति जो अपने आपको पीड़ित अनुभव करते हों, आत्मसम्मान रखते हुए उस स्थान में नहीं रह सकते हों और अपनी रक्षा के लिए हिंसक शक्ति नहीं रखते हों, उनके द्वारा हिजरत का प्रयोग करना उचित है। 1918 में बारडोली और 1939 में विटलगढ़ और लिम्बड़ी की जनता को गांधीजी के द्वारा हिजरत का सुझाव दिया गया था।

4. अनशन सत्याग्रह का एक दूसरा रूप अनशन है जिसका आजकल बड़ा गलत प्रयोग किया जाने लगा है। गांधीजी इसे अत्यधिक उग्र अस्त्र समझते थे और उनका कहना था कि इसे अपनाने में अत्यधिक सावधानी बरती जानी चाहिए। अनशन का प्रयोग कुछ विशेष अवसरों पर आत्मशुद्धि या अत्याचारी के हृदय परिवर्तन के लिए ही किया जाना चाहिए। इसके अलावा इस अस्त्र का प्रयोग हर किसी व्यक्ति द्वारा नहीं, वरन् आध्यात्मिक बल सम्पन्न व्यक्तियों के द्वारा ही किया जाना चाहिए क्योंकि इसके सफल प्रयोग के लिए मानसिक शुद्धता अनुशासन और नैतिक मूल्यों में आस्था की अत्यधिक जरूरत होती है।

5. हड़ताल सत्याग्रह का एक अन्य रूप हड़ताल है, परंतु हड़ताल के सम्बन्ध में गांधीजी का कहना है कि समाजवादियों और साम्यवादियों में अंतर है। गांधीजी वर्ग संघर्ष की धारणा में विश्वास नहीं करते थे और उनके अनुसार हड़ताल आत्मशुद्धि के लिए किया जाने वाला एक स्वैच्छिक कोशिश है जिसका लक्ष्य स्वयं कष्ट सहन करते हुए विरोधी का हृदय परिवर्तन करना है। गांधीजी के अनुसार हड़ताल करने वाले व्यक्तियों की मांगे नितान्त स्पष्ट और उचित होनी चाहिए।

यहां यह उल्लेखनीय है कि गांधीजी के द्वारा न केवल आन्तरिक क्षेत्र में, वरन् विदेशी आक्रमण की दशा में भी सत्याग्रह का सलाह दिया गया है। हिटलर द्वारा इंग्लैण्ड पर आक्रमण किये जाने पर उन्होंने इंग्लैण्ड को यही सलाह दिया था। इन परिस्थितियों में सत्याग्रह किस सीमा तक सफल हो सकता है, इस विषय में दूसरे विचारकों का उनसे काफी मतभेद हैं।

सत्याग्रह का मूल्यांकन

गांधीजी के सत्याग्रह का यदि एक तरफ कुछ व्यक्तियों के द्वारा बहुत ज्यादा गुणगान किया जाता है, तो दूसरी तरफ कई आधारों पर इसकी कटु आलोचना भी की जाती है। आलोचना के प्रमुख आधार इस तरह है

1. सत्याग्रह का प्रयोग सभी दशाओं में सम्भव नहीं आलोचकों के अनुसार सत्याग्रह का प्रत्येक दशा में, प्रत्येक स्थान और प्रत्येक लोगों के साथ सफलतापूर्वक प्रयोग नहीं किया जा सकता। स्वतन्त्र समाजों में, जहां विवेक मानवता के प्रति आदर और न्याय मौजूद हो, सत्याग्रह का भले ही कामयाबी के साथ प्रयोग किया जा सकता हो, परन्तु निरंकुश शासनों और बौद्धिक तथा नैतिक नजरिए से बहुत ज्यादा पिछड़े हुए लोगों के विरूद्ध सत्याग्रह की कामयाबी में निश्चित रूप से संदेह किया जा सकता है। कई बार ऐसा देखा गया है कि शासक वर्ग के द्वारा दमनात्मक शक्ति के आधार पर सत्याग्रह को कुचल दिया गया। विरोधी के अन्तःकरण को जाग्रत करने का काम निश्चित रूप से बहुत अधिक कठिन है। डॉ. बन्दुरा के शब्दों में, इस बात का सामान्यीकरण करना कि सत्याग्रह द्वारा कहीं भी और किसी भी तरह के लोग अन्यायी विरोधी का हृदय बदलाव कर सकते हैं, आत्मनाशक है।

2. सत्याग्रह अहिंसा की धारणा के अनुकूल नहीं सत्याग्रह की आलोचना करते हुए आलोचक एक आदर्श के रूप में कहते हैं कि सत्याग्रह का सिद्धान्त अहिंसा की धारणा के प्रतिकूल हैं। अहिंसा का अर्थ न सिर्फ हिंसा का निषेघ, अपितु विरोधी के प्रति किसी तरह की दुर्भावना का भी कमी है। अहिंसा का तात्पर्य है कि मनसा, वाचा, कर्मणा किसी भी रूप में हिंसा का प्रयोग नहीं किया जाना चाहिए और विरोधी के मन को भी दुख नहीं पहुंचाया जाना चाहिए। आलोचकों के मतानुसार सत्याग्रह से उन व्यक्तियों को निश्चित रूप से मानसिक और कई बार शारीरिक कष्ट भी पहुंचता है जिनके विरूद्ध इसका व्यवहार किया जाता है। अतः आर्बर मूर इसे मानसिक हिंसा कहते हैं। आलोचकों द्वारा सत्याग्रह के एक रूप उपवास को राजनीतिक दबाव और आंतकवाद की संज्ञा दी गयी है।

3. सत्याग्रह के नाम पर दुरूपयोग की आशंका सत्याग्रह के विरूद्ध एक आलोचना यह की जा सकती है कि आधुनिक समय में सत्याग्रह के नाम का बहुत ज्यादा दुरूपयोग किया जा रहा है। अनेक पक्षों द्वारा अपने क्षुद्र स्वार्थो को पूरा करने के लिए जो आन्दोलन किये जाते हैं, उनके द्वारा उन्हें ही सत्याग्रह कह दिया जाता है, जबकि वास्तव में, ये सत्याग्रह न होकर दुराग्रह ही होते हैं।

4. सत्याग्रह का प्रयोग अर्न्तराष्ट्रीय क्षेत्र में या आक्रमण के प्रतिरोध में सम्भव नहीं गांधीजी के माध्यम से विदेशी आक्रमण की दशा में भी सत्याग्रह का सलाह दिया गया था, किन्तु सामान्य अनुभव के आधार पर यही कहा जा सकता है कि ऐसी दशा में सत्याग्रह सफल नहीं हो सकता। कोई भी देश अहिंसक साधनों पर निर्भर रहकर अपने नागरिकों की सुरक्षा और स्वतन्त्रता खतरे में नहीं डाल सकता। आधुनिक समय में छोटे-बड़े देश अर्न्तराष्ट्रीय राजनीति में एक-दूसरे के विरूद्ध जिस तरह का व्यवहार कर रहे है, उसे देखते हुए सत्याग्रह की

कामयाबी बहुत ही ज्यादा संदिग्ध हो जाती है। आलोचकों के मतानुसार हवाई हमले और परमाणु युद्ध के युग में आक्रमण के विरोध हेतु सत्याग्रह की बात हास्यापद ही लगती है।

5. सामाजिक और आर्थिक बदलाव अहिंसात्मक साधनों से लाना बहुत कठिन साम्यवादी अराजकतावादी तथा दूसरे क्रान्तिकारी विचारधारा वाले लोग गांधीवादी विचारधारा की आलोचना करते हुए कहते हैं, कि सत्याग्रह जैसे अहिंसक साधनों के आधार पर आर्थिक और सामाजिक दशा को पूर्णतया बदलने में कामयाबी प्राप्त नहीं की जा सकती। इनका कथन है कि आधुनिक समय में विशेष दशा प्राप्त व्यक्ति अपनी विशेष स्थिति कभी भी स्वेच्छा से नहीं छोड़ेंगे और आर्थिक तथा सामाजिक जीवन की भीषण विषमताओं को खत्म करने के लिए शक्ति का प्रयोग करना जरुरी होगा।

निष्कर्ष उपयुक्त मत मन्थन के आधार पर कहा जा सकता है कि सत्याग्रह का श्रेष्ठता-निम्नता या औचित्य-अनौचित्य इस बात पर निर्भर करती है कि उसका प्रयोग किस तरह के व्यक्तियों द्वारा किया जाता है। नैतिक नजरिए से श्रेष्ठ व्यक्तियों द्वारा प्रयुक्त किये जाने पर यह निश्चित रूप से वीर पुरूषों के जरिए अन्याय के प्रतिरोध के लिए उपयोग में लाये जाने वाला अहिंसक शस्त्र है, लेकिन व्यवहार में कई बार अवांछित तत्वों द्वारा अपनी स्वार्थपूर्ति हेतु जो कार्यवाही की जाती है। उसे ही सत्याग्रह का नाम दे दिया जाता है इस आधार पर सत्याग्रह की आलोचना की जाती है। वास्तव में, ये दोष सत्याग्रह के नहीं, वरन् सत्याग्रह को प्रयोग में लाने वाले व्यक्तियों की है। इस विषय में यह स्मरणीय है कि स्वयं गांधीजी के द्वारा सत्याग्रह के सत्याग्रही और नियम के गुणों का जिक्र किया गया था, और यदि उनका पालन किया जाय, तो सत्याग्रह निश्चित रूप से एक श्रेष्ठ, अहिंसक और अत्यधिक प्रभावशाली शस्त्र है।

17

राजनीतिक हिंसा
(Political Violence)

हिंसा के बारें में विभिन्न विचारकों के भिन्न-भिन्न विचार हैं, किन्तु सामान्य रूप से हिंसा के विषय में कहा जा सकता है कि ''हिंसा किसी व्यक्ति या समाज के खिलाफ किया गया ऐसा आपराधिक काम है, जिसमें व्यक्ति या समाज को मानसिक डर एवं कष्ट हो।'' इससे स्पष्ट है कि हिंसा किसी व्यक्ति या समाज के खिलाफ किया गया ऐसा काम है जिसमें व्यक्ति अथवा समाज को मानसिक दर्द होता है व शारीरिक पीड़ा भी होती है। बदलाव की रणनीति में हिंसा और संघर्ष की भूमिका का समाजशास्त्रियों ने विश्लेषण किया है। सामाजिक बदलाव और हिंसक राजनीति के आपसी रिश्तों में दो मुख्य बातें सम्मिलित हैं। पहली बात तो यह है कि तनाव और हिंसा सामाजिक बदलाव के स्वाभाविक कारण हो सकते हैं। दूसरा, परिवर्तन के मन्त्रों के रूप में हिंसा और संघर्ष को लिया जा सकता है। संसार में इन दोनों विषयों पर बराबर जिरह जारी है। यहाँ सामाजिक बदलाव के लिए उन हिंसक साधनों की चर्चा की गई है जो सोच-समझकर उपयोग किए जाते हैं। मार्क्सवादी संघर्ष को क्रान्ति का औजार मानते हैं। उनका इतिहास संघर्षों से भरा हुआ है। वे क्रान्ति लाने हेतु खूनी संघर्ष से भी परहेज नहीं करते हैं।

इसका एक अच्छा उदाहरण भारत में नक्सलवादी आन्दोलन है। प्रायः समस्त हिंसक प्रतिक्रियाओं का उद्देश्य लक्ष्य को प्राप्त करना नहीं होता है। कई लोग माल-असबाब, धन-दौलत इत्यादि जमा करने के लिए भी इन हिंसक प्रवृत्तियों में जुटे देखे जा सकते हैं। वे मौकों की खोज में रहते हैं और उन व्यावसायियों को लूट लेते हैं, जिन्होंने कभी उनकी सहायता नहीं की थी। अतः साधारणतया हिंसक प्रवृत्तियों को सामाजिक बदलाव का एक उपर्युक्त साधन नहीं माना जाता है। चूँकि हिंसा का प्रयोग समाज में शान्ति को समाप्त करता है इससे विकास की योजनाएँ प्रभावित होती हैं। प्रजातन्त्र में हिंसा की मान्यता नहीं दी जा सकती।

हिंसा को रोकने के उपाय

वर्तमान समय में हिंसा का विकास इतनी तेज गति से हो रहा है कि इससे विकास काम भी प्रभावित हो रहे हैं। देश के वर्तमान में हिंसा पर प्रतिबंध लगाने वाले अग्रलिखित प्रमुख उपाय किए जा रहे हैं

(1) सरकारी उपाय विभिन्न उपाय सरकारी उपायों के अधीन किए जा रहे हैं जिनका उद्देश्य हिंसा में कमी करना भी है। उदाहरणस्वरूप आतंकवादियों के खिलाफ सख्त रवैया, पोटा लागू करना, बेरोजगारों के लिए विभिन्न रोजगार योजनाएँ जैसे प्रधानमन्त्री रोजगार योजना इत्यादि योजनाओं द्वारा सरकार का प्रयत्न हिंसा को कम करना भी है।

(2) गैर-सरकारी उपाय विभिन्न संस्थाएं एवं संगठन का प्रचार-प्रसार गैर-सरकारी उपायों के अधीन करते हैं, हिंसा को कम करने में सहायक हैं। उदाहरणस्वरूप ब्रह्म समाज, आर्य समाज विभिन्न महिला संगठन इत्यादि। जैन धर्म एवं बौद्ध धर्म में भी हिंसा की कोई जगह नहीं है।

प्रत्यक्ष तौर पर सरकारी या गैर सरकारी उपायों का प्रमुख उद्देश्य हिंसा दूर करना नहीं परन्तु अप्रत्यक्ष तौर पर उनके उपरोक्त कार्यक्रम बहुत सीमा तक हिंसा को कम करते हैं।

गांधी जी ने राजनीतिक हिंसा का घोर विरोध किया है। वे राजनीति में किसी भी रूप में हिंसा को स्थान नहीं देना चाहते थे। उनका राजनीतिक सिद्धान्त ही अहिंसा पर आधारित था।

18

लोकतांत्रिक स्वतंत्रता

(Republican Freedom)

फ्रांस के क्रान्तिकारियों का नारा या स्वतन्त्रता, समानता तथा बन्धुता लोकतन्त्र के यही आदर्श आधार हैं। लोकतन्त्र में प्रत्येक नागरिक को विचार अभिव्यक्ति, सभा, सम्मेलन, संगठन, समुदाय आने-जाने, व्यवसाय आदि की स्वतन्त्रता प्राप्त है। उन्हें सम्पत्ति रखने बेचने तथा कोई भी धर्म मानने आदि की स्वतन्त्रता भी प्राप्त होती है। साथ ही प्रत्येक वयस्क नागरिक को मताधिकार चुनाव लड़ने का अधिकार सार्वजनिक पद ग्रहण करने का अधिकार तथा सरकार की निन्दा जाती है। प्रत्येक नागरिक को समानता का अधिकार भी दिया जाता है जिसके तहत सब व्यक्ति कानून के समक्ष समान समझे जाते है। प्रत्येक नागरिक को समाज में समान दर्जा तथा समान अवसर प्रदान किए जाते है, जाति, धर्म, रंग, जन्म, लिंग, भेद आदि के आधार पर कोई भेद नहीं किए जाते। सबको विकास का समान अवसर दिया जाता है किसी भी अन्य शासन प्रणाली में मनुष्य की समानता में विश्वास नहीं रखा जाता। वहाँ शासक और शासित जन्म से ही निर्धारित हो जाते हैं। समाज में ऊँच-नीच रहती है तथा किसी भी अन्य शासन व्यवस्था में व्यक्ति की स्वतन्त्रताएं इतनी अधिक मात्रा में तथा इतनी सीमा तक सुरक्षित नहीं रहती।

अतः मनुष्य के व्यक्तित्व का विकास सबसे अधिक लोकतन्त्रीय प्रणाली में ही संभव है। किन्तु मार्क्सवादियों का कहना है कि उदार लोकतन्त्रीय व्यवस्था में नागरिकों को राजनीतिक स्वतन्त्रता तो दी जाती है परन्तु उन्हें आर्थिक स्वतन्त्रता तथा आर्थिक समानता प्राप्त नहीं होती। इनके अभाव में नागरिकों की स्वतन्त्रता मात्र एक दिखावा हो जाती है। अतः सिर्फ कुछ धनी वर्ग के नागरिकों का ही विकास हो पाता है, जनसाधारण का नहीं। लोकतन्त्र इस स्थिति में जनता का शासन न रह कर कुछ थोड़े से धनिक लोगों का शासन बन जाता है।

उदार लोकतन्त्र के विचारक व्यक्ति की स्वतन्त्रता को अत्याधिक महत्व देते हैं। प्रारम्भिक उदारवादी तो यह मान कर चलते थे कि व्यक्ति के जीवन में किसी प्रकार का दखल नहीं होना

चाहिए। अब राज्य के दखल को पूर्णतया नकारा तो नहीं जाता परन्तु फिर भी वे राज्य के दखल को सीमित रखने के पक्ष में हैं। उनके मतानुसार हर व्यक्ति को अपने विचारों, धर्मपालन, शासन की आलोचना, समुदाय निर्माण कहीं भी आने-जाने की तथा किसी भी तरह का व्यवसाय का चयन करने की आजादी व स्वतंत्रता इत्यादि आजादियां अथवा स्वतंत्रता मिलनी चाहिए। धार्मिक क्षेत्र में राज्य को किसी प्रकार से दखल नहीं करना चाहिए। वैचारिक स्वतन्त्रता के तहत सभा, सम्मेलन बुलाने की, प्रदर्शन करने की स्वतन्त्रता के साथ-साथ, अखबारी स्वतन्त्रता भी बहुत जरूरी है, धर्म के मामले में मनुष्य को स्वतन्त्र छोड़ दिया जाना चाहिए। कोई हस्तक्षेप नहीं करना चाहिए, इसी स्वतन्त्रता के अन्तर्गत राजनीतिक दल संगठित करने की स्वतन्त्रता भी होनी चाहिए। उदार लोकतन्त्रीय देशों में एक से अधिक राजनीतिक दल संगठित करने की इजाजत रहती है। जिन देशों में एक से अधिक राजनीतिक दल होते है, सिर्फ उन्हें ही लोकतान्त्रिक माना जाता है। वे एक दल प्रणाली वाले राज्यों को स्वेच्छाचारी राज्यों की श्रेणी में मानते हैं उनके अनुसार सोवियत संघ या जनवादी चीन की व्यवस्थाएं लोकतात्रिक नहीं है क्योंकि दोनों में सिर्फ एक ही दल साम्यवादी दल का एकाधिकार है। उदार लोकतन्त्र में सत्ता हेतु खली प्रतिस्पर्धा होती है जिसमें सभी दल भाग ले सकते हैं।

19

परम्परागत उदारवाद

(Classical Liberalism)

उदारवाद एक बहुत ही प्राचीन राजनीतिक विचारधारा है जिसके बीज हम यूनानी विचारकों के विचारों में भी देख सकते हैं। ग्रीक नगर राज्यों में संविधान प्रजातन्त्रात्मक था तथा व्यक्ति का विकास ही राज्य का उद्देश्य जाता था। प्रत्येक नागरिक को कुछ मूल अधिकार प्राप्त थे जैसा कि वेपर ने कहा कि स्वतंत्र चिन्तन, स्वतन्त्र भाव प्रकाशन, दूसरों के हितों को ध्यान में रखकर कार्य करना प्रत्येक ग्रीक के अमूल्य अधिकार थे। इसी बात का समर्थन करते हुए गिल्बर्ट बुरे ने कहा है कि पुरातन उदारवाद के दो सिद्धान्तों राजनीतिक स्वतंत्रता तथा विचारों की स्वतन्त्रता के प्रथम प्रतिपादक यूनानी विचारक थे। किन्तु यूनानी काल का एक मुख्य दोष यह था कि उसमें दास-प्रथा को स्वीकृति प्राप्त थी। दासों को किसी प्रकार के अधिकार प्राप्त नहीं थे। वैसे प्लेटो ने स्त्री तथा पुरुष को समान अधिकार देकर उदारवाद की ओर पहला कदम बढ़ाया था। अरस्तु ने व्यक्तिगत सम्पति का उद्देश्य सुखी परिवारिक जीवन एवं नैतिक जीवन का विकास करना माना और व्यक्ति के अधिकारों को महत्व दिया। उसने नागरिक की परिभाषा करते हुए कहा था कि नागरिक वह है जो न्याय प्रशासन और कानून विधानमण्डल के सदस्य के रूप में भाग लेता था।

रोमन युग अरस्तु के पश्चात् एपीक्यूरियन तथा स्टोइक विचारधाराओं ने उदारवाद को प्रोत्साहन दिया। उन्होंने जीवन का लक्ष्य आनन्द की प्राप्ति बताकर व्यक्ति के भौतिक विकास पर बल दिया और साथ ही साथ यह भी बतलाया कि कानून में ही सर्वोच्च सत्ता निहित है। उदारवाद को एक नई दिशा रोमन काल में मिली। रोमन विद्वानों ने निरंकुश शासन के खिलाफ विधि के शासन पर जोर दिया। उन्होंने राज्य की निरंकुशता के विरुद्ध कानून की सर्वोच्चता स्थापित करने का प्रयत्न किया। रोमन के कानूनवादियों ने व्यक्ति के अधिकार तथा कर्तव्य कानून द्वारा निश्चित करके व्यक्ति को राज्य की निरंकुशता के विरुद्ध संरक्षण प्रदान किया।

मध्य-युग उदारवाद को मध्य युग में आगे प्रोत्साहन मिला। इस युग के आरम्भ में ट्यूटोनिक लोगों ने व्यक्तिगत स्वतन्त्रता को महत्व दिया और प्रतिनिधित्व शासन प्रणाली पर बल दिया। मध्यकाल के विचारकों ने उस शासन को अच्छा माना, जिसमें प्रभु शक्ति जनता में निहित हो। धार्मिक क्षेत्र में भी व्यक्ति के आध्यात्मिक विकास पर बल दिया गया।

परम्परागत उदारवादी-जॉन स्टुअर्ट मिल

यद्यपि बेन्थम और जेम्स मिल की विचारधारा द्वारा अनेक प्रकार के उदारवादी दर्शन को सहायता प्रदान की गयी, लेकिन उदारवादी दर्शन की पूर्ण अभिव्यक्ति सर्वप्रथम जॉन स्टुअर्ट मिल की विचारधारा में ही है। मिल ने उन सिद्धान्तों को लागू करने के लिए संघर्ष किया जो उसने बेन्थम और जेम्स मिल से ग्रहण किए थे। इस सम्बन्ध में उसने अनुभव और परिस्थितियों से पाठ ग्रहण करते हुए नागरिक अधिकारों को व्यापक बनाने पर बल दिया और इस बात का प्रतिपादन किया कि स्त्रियों को भी नागरिक अधिकार प्राप्त होने चाहिए।

मिल का मत है कि सत्य की प्राप्ति वैज्ञानिक पद्धति अर्थात् विचार और अभिव्यक्ति की स्वतन्त्रता के आधार पर ही सम्भव है। उसके द्वारा विचार और अभिव्यक्ति की स्वतन्त्रता शब्दों का प्रयोग व्यापक अर्थो में किया गया है और उसकी इस धारणा के अन्तर्गत लेखन, प्रकाशन और संगठन की स्वतन्त्रता भी सम्मिलित है। ये स्वतन्त्रताएं एक दूसरे के पूरक हैं।

मिल के अनुसार समस्त व्यक्ति को विचार स्वतन्त्रता में राज्य या व्यक्ति के पड़ोसियों द्वारा कोई हस्तक्षेप नहीं किया जाएगा, विचार स्वतन्त्रता का उस समय तक कोई उपयोग नहीं हो सकता जब तक कि इन्हें व्यक्त करने और इनके प्रसार हेतु संगठन स्थापित करने का व्यक्तियों को अधिकार प्राप्त न हो। अतएव राज्य के द्वारा व्यक्तियों को ये सभी स्वतंत्रताएं प्रदान की जानी चाहिए और यदि कभी बहुसंख्यक वर्ग अपनी शक्ति के बल पर अल्पसंख्यक वर्ग की इन स्वतंत्रताओं पर आघात करना चाहे, तो राज्य के द्वारा बहुसंख्यक वर्ग के हस्तक्षेप से अल्पसंख्यक वर्ग की इन स्वतन्त्रताओं की रक्षा की जानी चाहिए। मानवीय स्वतन्त्रताओं की रक्षा करने के साधन के रूप में ही उसके द्वारा प्रतिनिष्पात्मक शासन का प्रतिपादन किया गया था। उसका दृढ विश्वास था कि राजनीतिक सामान्य हित का विषय है और इसलिए राज्य की नीति पर सामान्य नागरिक समुदाय का नियन्त्रण होना चाहिए।

मिल की शुरुआती विचारधारा एक परंपरागत उदारवादी के रूप में थी लेकिन जल्द ही उसके द्वारा यह महसूस किया गया कि मनुष्य की स्वतंत्रता की रक्षा तभी संभव है जब जनसाधारण के हितार्थ उत्तम सामाजिक परिस्थितियां मुहैया करायी जाय। फोरियर और लुई ब्लां आदि की विचारधारा के अध्ययन से वह इस निष्कर्ष पर पहुंचा कि राजनीतिक स्वतन्त्रता का प्रश्न सम्पत्ति और उस पर नियन्त्रण के प्रश्न से जुड़ा हुआ है। अब उसने इस विचार को अपनाया कि पूंजीवाद में व्याप्त भीषण निर्धनता और बेकारी पूंजीवादी व्यवस्था के ही दुष्परिणाम हैं। उसने इस बात पर बल दिया कि राज्य के द्वारा उचित वेतन, सभी के लिए शिक्षा की व्यवस्था और समानता की स्थापना के लिए प्रयत्न किया जाना चाहिए।

20

कल्याणकारी राज्य
(Walfare State)

टी. एच. ग्रीन के बाद बार्कर, लास्की, कोल तथा मैकाइवर आदि विद्वानों ने राज्य के सकारात्मक रूप पर बल दिया और राज्य के कल्याणकारी कार्यों का और अधिक विस्तार किया। ग्रीन की भांति लास्की ने भी राज्य और राज्य के कल्याणकारी कार्यो का और अधिक विस्तार किया। ग्रीन की भांति लास्की ने भी राज्य को सामाजिक भलाई करने वाली एक संस्था और सामाजिक भलाई के सभी कार्यों पर राज्य के हस्तक्षेप की मांग की। उसके अनुसार राज्य के मुख्य कार्य है सुरक्षा तथा पुलिस उद्योगों पर नियन्त्रण, सामाजिक कानून, शिक्षा, बीमारी, और बेकारी के विरुद्ध सामाजिक बीमा, वैज्ञानिक अनुसंधान को प्रोत्साहन, मुद्रा प्रणाली का संचालन, कर लगाना, उन स्थितियों को परिभाषित करना जिनके अन्तर्गत मनुष्य अपने आप को संगठित कर सके, न्यायालयों की स्थापना करना, जिसमें बिना भेद-भाव के राज्य के कानूनों के अनुसार निर्णय दिया जा सके। इन कार्यों से यह स्पष्ट है कि लास्की ने राज्य की कल्याणकारी धारणा का समर्थन किया। मैकाइवर द्वारा भी राज्य के कल्याणकारी कार्यों पर बल दिया गया।

लास्की तथा मैकाइवर के इन विचारों का विश्व में बहुत प्रभाव हुआ और अनेक पश्चिमी राज्यों में नागरिकों की भलाई के लिए अनेक कानून पास किये गए। इंग्लैण्ड, अमेरिका, कनाडा, स्वीडन, डेनमार्क आदि राज्य इसके मुख्य उदाहरण है। वर्तमान समय में उदारवादी सरकार का लक्ष्य जनता के कल्याण, उसकी सुरक्षा और उसके जीवन-स्तर में सुधार लाना है। उदारवादी देशों में जहां एक ओर व्यक्ति की स्वतन्त्रता को महत्व दिया जाता है, वहीं दूसरी तरफ सामाजिक कल्याण को ही राज्य का अन्तिम लक्ष्य माना जाता है। इस लक्ष्य की प्राप्ति के लिए आधुनिक उदारवादी राज्यों ने मिश्रित अर्थव्यवस्था को लागू किया गया है। इस व्यवस्था में जहां एक ओर पूंजीपतियों को लाभ कमाने का अधिकार है, वहीं दूसरी ओर श्रमिकों के हितों की ओर भी ध्यान दिया जाता है। पूंजीपति श्रमिकों का शोषण नहीं करते और उन्हें अनेक सुविधाएं तथा सुरक्षा प्रदान की जाती है।

21

स्वतंत्रता का सिद्धान्त

(Libertarianism)

मनुष्य सदा स्वतन्त्रता हेतु संघर्ष करता रहा है। संसार के विभिन्न देशों में समय-समय पर अनेक क्रान्तियां हुई जिनका मुख्य लक्ष्य स्वतन्त्रता की प्राप्ति था इंग्लैण्ड में 1688 की महान क्रान्ति फ्रांस में 1789 की राज्य क्रान्ति अमरीका में 1776 की स्वतन्त्रता की घोषणा रूप में 1917 की सर्वहारा वर्ग की क्रान्ति आदि सभी महान घटनाएं स्वतन्त्रता के आदर्श की पूर्ति हेतु हुई। मनुष्य ने इस आदर्श की प्राप्ति हेतु क्या-क्या कुर्बानिया नहीं ही एवं कितनी यातनाएं नहीं है? लेकिन यह सब कुछ होते हुए भी जब हम यह जानने और समझते का प्रयत्न करते है कि स्वतन्त्रता है क्या, तो हम बड़ी उलझन में पड़ जाते हैं। इस प्रश्न का हमें कोई स्पष्ट उत्तर नहीं मिलता। कारण यह है कि स्वतन्त्रता शब्द का प्रयोग बहुत ही ढीले प्रकार से किया जाता है एवं इसके विभिन्न अर्थ समझे जाते है। इसलिए स्पष्टता हेतु हमारे लिए यह जरूरी हो जाता है। कि हम इसका अर्थ सुनिश्चित करे

स्वतंत्रता का अर्थ साधारण बोलचाल की भाषा में हम स्वतन्त्रता से यह समझते है कि व्यक्ति को पूरी तरह से छूट होनी चाहिए कि वह जो भी चाहे करे, उस पर किसी प्रकार की रोक-टोक नहीं होनी चाहिए। यह स्वतन्त्रता अमर्यादित स्वतन्त्रता है। यहाँ स्वतन्त्रता का अर्थ सभी प्रकार के नियन्त्रणों का अभाव के रूप में समझा गया। शब्द व्यूत्पति के आधार पर भी स्वतन्त्रता के इस अर्थ को पुष्टि होती है। स्वतन्त्रता का अंग्रेजी पर्यायवाची शब्द की उत्पति लैटिन भाषा के शब्द से हुई है जिसका अर्थ बन्धनों का न होना है। इसका अर्थ होने चाहिए समझौतावादी विचारक हॉब्स, लॉक और रूसो यह समझते थे कि राज्य की उत्पति के पहले, मनुष्य की प्राकृतिक अवस्था में इसी प्रकार की स्वतन्त्रता प्राप्त थी। इसे वे प्राकृतिक स्वतन्त्रता का नाम देते हैं। रूसो के यह शब्द मनुष्य स्वतन्त्र जन्मा है परन्तु वह प्रत्येक जगह जंजीरो में जकड़ा हुआ है। इस तरह की स्वतन्त्रता की ओर ही संकेत करता है। रूसों के विचार में मनुष्य जन्म से तो स्वतन्त्र उत्पन्न हुआ है परन्तु सभ्यता है। विकास के कारण वह अनेक बन्धनों से

जकड़ा गया है। आदर्श स्थिति तो, रूसो के विचार में बन्धनों से मुक्ति की है, पर क्या इस तरह की स्वतन्त्रता का उपभोग मनुष्य समाज में रहते हुए कर सकता है? अगर हममें से हर व्यक्ति बिल्कुल अलग-अलग रहता हो तब तो यह संभव हो सकता है कि हम निवधि स्वतंत्रता का उपभोग कर सके परन्तु समाज हुए यह संभव नहीं है। समाज में एक व्यक्ति अथवा वर्ग की स्वतन्त्रता का दूसरे व्यक्ति अथवा वर्ग की स्वतत्रता से टकराव हो सकता है क्योंकि उनके विरोधी हित हैं। प्रतिबन्धों या सीमाओं के अभाव में अराजकता की स्थिति उत्पन्न हो जाएगी। शक्तिशाली मनुष्य को मनमानी करने का लाईसेन्स मिल जाएगा और वह कमजोर लोगों के उचित हितों का भी अतिक्रमण करने लगेगा वास्तव में यह स्वतंत्रता नहीं अपितु स्वच्छन्दता है। अतः स्वतंत्रता, तार्कि सबको मिल सके, पर सीमाओं या प्रतिबन्धों का होना आवश्यक है। एक सभ्य समाज में किसी को भी मनमानी करने की स्वतन्त्रता का अधिकार नहीं दिया जा सकता।

ऊपर दिए गए विचारों से यह स्पष्ट हो जाता है, कि स्वतंत्रता सभी प्रकार के अंकुश से मुक्ति नहीं है। तो फिर स्वतंत्रता का सही अर्थ क्या है? समाज में रहते हुए मनुष्य को सिर्फ एक सीमा तक ही स्वतन्त्रता प्राप्त हो सकती है? हर व्यक्ति सिर्फ उस हद तक ही स्वतन्त्रता का उपभोग कर सकता है जब तक कि वह दूसरे लोगों को उसी प्रकार की स्वंतत्रता में बाधक न हो। वास्तव में मनुष्य एक सामाजिक प्राणी है। समाज में रहते हुए वह अनेक अधिकारों का उपभोग करता है परन्तु ऐसा करते हुए उसे समाज में अन्य लोगों के अधिकारों को ध्यान में रखना पड़ता है। अतः एक सामाजिक प्राणी के रूप में मनुष्य की स्वतत्रता पर सदा कुछ सीमाएं या प्रतिबन्ध लगे होते है। परन्तु यह प्रतिबंध अनुचित नहीं होने चाहिए। इस तरह से यह कहा जा सकता है, कि स्वतंत्रता का अर्थ अनुचित अकुंशो से मुक्ति है, न कि सभी प्रकार के अंकुशों से मुक्ति।

समाज में रहते हुए राज्य अपने कानूनों के द्वारा हमारी स्वतन्त्रता की रक्षा करता है वह यह देखता है कि कोई व्यक्ति हमारी स्वतन्त्रता में अनुचित रूप से हस्तक्षेप न करता हो। परन्तु वास्तविक स्वतन्त्रता हेतु यही काफी नहीं है। ग्रीन शब्दों में स्वतन्त्रता उन कार्यो को करने या उन वस्तुओं का उपभोग करने की शक्ति अथवा क्षमता है जो कि ररने योग्य या उपयोग करने के योग्य है। परन्तु क्या करने योग्य है, या उपभोग करने के योग्य है? मनुष्य जब जन्म लेता हे उसमें अनेक शक्तियां या क्षमताएं होती है। जो कि अविकसित स्थिति में होती है। मनुष्य अपनी इन तमाम क्षमताओं एवं योग्यताओं का सर्वोच्च विकास करना चाहता है। उसके लिए उसे कुछ विशेष सुविधाएं या अवस्थाएं चाहिए। मनुष्य का लक्ष्य अपने व्यक्तित्व का सबसे अधिक विकास करना है। अतः वे सभी कार्य करने योग्य है एवं वे सभी वस्तुएं उपयोग करने योग्य है जो कि मनुष्य के इस लक्ष्य की पूर्ति में सहायक सिद्ध होती है। साक्षत में स्वतंत्रता मनुष्य को उस वातावरण की उपलब्धि को कहते है जिसमें मनुष्य का सर्वोच्च विकास ही सके।

22

मार्क्सवाद
(Marxism)

मार्क्सवाद विचारधारा को कार्ल मार्क्स ने जन्म दिया था। यह विचारधारा उदारवाद के विरुद्ध उत्पन्न हुई थी। मार्क्स जो कि एक विद्रोही चिन्तक थे, संसार में बदलाव लाने का महान प्रयत्न किया। अन्य दार्शनिकों के समान उसने तत्कालीन परिस्थितियों की सिर्फ व्याख्या ही नहीं की, अपितु उनको परिवर्तित करने की योजना प्रस्तुत की। उसने स्वयं घोषणा की कि विभिन्न "दार्शनिक ने संसार की व्याख्या करने के लिये प्रयत्न किए हैं किन्तु महत्त्वपूर्ण बात यह है कि संसार में बदलाव लाया जाए।" मार्क्स को आधुनिक सभ्यता में कई प्रकार के दोष नजर आ रहे थे जिसके कारण वह एक नए समाज की स्थापना करना चाहता था। उसकी दृष्टि में राज्य संपत्ति की रक्षक व दमनकारी संस्था है जो शक्ति के सहारे पूँजीपतियों के हितों की रक्षा करती है। उसने उदारवाद के विभिन्न पहलुओं पर कठोर आघात किया और उसके इस आदर्श को कि राज्य व राजनीति द्वारा संसार में शांति, व्यवस्था व न्याय की स्थापना होगी और जन-कल्याण की योजनाओं को सफल बनाया जा सकेगा, असत्य सिद्ध किया और कहा कि राज्य व राजनीति शासकों के शासन को स्थायी बनाने की योजना मात्र है। राजनीति के द्वारा सामंजस्य व सहयोग संभव नहीं है, यह तो संघर्ष को उत्पन्न करती है। मार्क्स ने इस दृष्टिकोण की व्याख्या इन शब्दों में की है कि राजनीति एक विवाद है, एक संघर्ष है, जिसके द्वारा शक्तिशाली शासक वर्ग समाज पर अपने प्रभुत्व को स्थायी बनाने एवं स्वार्थ की पूर्ति करने की व्यवस्था करता है।

मार्क्स

मार्क्स मूलरूप से समाजशास्त्री था। उसने राजनीति को, उदारवादियों के समान सामाजिक जीवन का एक पहलू स्वीकार किया किन्तु उसने उदारवाद की इस मान्यता को अस्वीकार कर दिया कि राजनीति जन-कल्याण का माध्यम है। वास्तव में वह समाज के विकास का वैज्ञानिक

अध्ययन करता है और इस विकास के संदर्भ में उसने राजनीति की व्याख्या व उसकी भूमिका का विश्लेषण किया है।

मार्क्स का मानना था कि 'मनुष्य एक सामाजिक प्राणी है। चाहे उसका जीवन सामुदायिक जीवन के रूप में उजागर न भी हो तो भी वह उसके सामाजिक जीवन की ही अभिव्यक्ति व पुष्टि है।' मार्क्स ने यह भी कहा कि हर काल में मनुष्य की सामाजिक परिस्थितियाँ उसके संपूर्ण जीवन को दिशा देती हैं वह कहता है कि समाज में जिस प्रकार की उत्पादन प्रणाली होगी उसी से प्रभावित उसकी राजनीतिक परिस्थितियाँ होंगी और राज्य का स्वरूप बनेगा। समाज में उत्पादन से तरीकों के बदलने से राज्य का स्वरूप व राजनीतिक परिस्थितियाँ भी बदल जाती हैं। उसने इतिहास की भौतिकवादी व्याख्या करके स्पष्ट किया है कि प्रारम्भिक साम्यवाद के काल में चूंकि व्यक्ति के पास अपनी संपत्ति नहीं थी अतः राज्य की कोई जरूरत ही न थी और संपूर्ण समाज वर्गविहीन समाज था। अतः उस वक्त न शासक था, न शासित, न राज्य था और न राजनीति। राज्य व राजनीति की उत्पत्ति समाज के आर्थिक ढाँचे में परिवर्तन के साथ हुई। सामन्त काल में समाज मालिक व दास दो वर्गों में बँट गया। राज्य का उदय सामन्तों के हितों की रक्षा करना एवं श्रमिकों का शोषण करना है। मार्क्स का कहना है कि राज्य के उदय के साथ-साथ समाज आर्थिक दृष्टि से दो विरोधी वर्गों में बँट गया है जिनमें सदा संघर्ष होता चला आया है जो आज भी विद्यमान है। राजनीति इसी संघर्ष को अभिव्यक्त करती है जो तब तक जीवित रहेगी जब तक वर्ग-विहीन समाज की स्थापना नहीं होगी। मार्क्स का विश्वास है कि अन्तिम विजय श्रमिकों की होगी जो पूँजीपतियों को समूल विनष्ट कर डालेंगे और तब वर्ग-विहीन समाज की स्थापना हो जाएगी। समाज के इस बदलते हुए स्वरूप में न राज्य होगा न राजनीति।

मार्क्सवाद के समर्थक यह मानते हैं कि राज्य व राजनीति मनुष्य की सामाजिक परिस्थितियों पर निर्भर करती है और सामाजिक परिस्थितियों के बदलने से राज्य व राजनीति के स्वरूप में भी बदलाव आ जाता है। इस तरह मार्क्स ने भी यह स्वीकार किया है कि राजनीति सामाजिक प्रक्रिया का एक पक्ष है।

मार्क्सवादी विचारधारा का विस्तारपूर्वक अध्ययन करने से यह स्पष्ट होता है कि यह विचारधाराएँ उन संघर्षों के उद्‌गम और स्वरूप के संबंध को स्पष्ट करती है। जिनका उदय समाज में विद्यमान दो विरोधी वर्गों के आर्थिक हितों के टकराव का परिणाम होता है। संघर्ष सिर्फ समस्या मात्र नहीं है जिसे सुलझाया जा सके। यह समाज में विद्यमान दो विरोधी वर्गों शोषक व शोषित उपस्थिति का परिचायक है। विरोधी वर्गों का इस संघर्ष को शांतिपूर्ण उपायों से नहीं सुलझाया जा सकता। इसके लिए उन परिस्थितियों को ही मिटाना होगा जो विरोधी हित वाले वर्गों को जन्म देती हैं। मार्क्सवादियों के विचार में समाज में विद्यमान उक्त परिस्थितियाँ शोषण को तब तक बनाए रखेंगी जब तक कि समाजवादी हिंसक क्रांति द्वारा संपूर्ण सामाजिक व्यवस्था ही नहीं बदल दी जाती। उनकी दृष्टि में वर्ग सहयोग की कल्पना हास्यास्पद है। मार्क्सवादी दृष्टिकोण के विचार में जब तक वर्गीय समाज का निर्माण बन्द नहीं किया जाता, तब तक संघर्ष को समाप्त करके सामाजिक सहयोग को उत्पन्न नहीं किया जा सकता अर्थात वर्गविहीन समाज ही संघर्षविहीन समाज हो सकता है।

लेनिन

व्लादिमीर इलीइच लेनिन (1870-1924) रूस में बोल्शेविक क्रांति का नेता एवं रूस में साम्यवादी शासन का संस्थापक था। व्लादिमीर इलीइच लेनिन का जन्म सिंविर्स्क नामक स्थान में हुआ था और उसका वास्तविक नाम ष्उल्यानोवष था। उसका पिता विद्यालयों का निरीक्षक था जिसका झुकाव लोकतंत्रत्मक विचारों की ओर था। उसकी माता, जो एक चिकित्सक की पुत्री थी, सुशिक्षित महिला थी। सन् 1886 में पिता की मृत्यु हो जाने पर कई पुत्र पुत्रियों वाले बड़े परिवार का सारा बोझ लेनिन की माता पर पड़ा। ये भाई बहन प्रारंभ से ही क्रांतिवाद के अनुयायी बनते गए। बड़े भाई अलेग्जांदर को जार की हत्या का षडयंत्र रचने में शरीक होने के आरोप में फाँसी दे दी गई।

उच्च योग्यता के साथ स्नातक बनने पर लेनिन ने 1887 में कजान विश्वविद्यालय के विधि विभाग में प्रवेश किया किंतु शीघ्र ही विद्यार्थियों के क्रांतिकारी प्रदर्शन में हिस्सा लेने के कारण विश्वविद्यालय ने निष्कासित कर दिया गया। सन् 1889 में वह समारा चला गया जहाँ उसने स्थानीय मार्क्सवादियों की एक मंडली का संगटन किया। 1891 में सेंट पीटर्सबर्ग विश्वविद्यालय से विधि परीक्षा में उपाधि प्राप्त कर लेनिन ने समारा में ही वकालत करना आरभ कर दिया। 1893 में उसने सेंट पीटर्सबर्ग को अपना निवासस्थान बनाया। शीघ्र ही वह वहाँ के मार्क्सवादियों का बहुमान्य नेता बन गया। यहीं सुश्री क्रुप्सकाया से, जो श्रमिकों में क्रांति का प्रचार करने में संलग्न थी, उसका परिचय हुआ। इसके बाद लेनिन की क्रांतिकारी संघर्ष में जीवन पर्यंत उसका घनिष्ठ सहयोग प्राप्त होता रहा।

सन् 1895 में लेनिन बंदीगृह में डाल दिया गया और 1897 में तीन वर्ष के लिए पूर्वी साइबेरिया के एक स्थान को निर्वासित कर दिया गया। कुछ समय बाद क्रुप्सकाया को भी निर्वासित होकर वहाँ जाना पड़ा और अब लेनिन से उसका विवाह हो गया। निर्वासन में रहते समय लेनिन ने तीस पुस्तकें लिखीं, जिनमें से एक थी ष्रूस में पूँजीवाद का विकासष। इसमें मार्क्सवादी सिद्धांतों के आधार पर रूस की आर्थिक उन्नति के विश्लेषण का प्रयत्न किया गया। यहीं उसने अपने मन में रूस के निर्धन श्रमिकों या सर्वहारा वर्ग का एक दल स्थापित करने की योजना बनाई।

सन् 1900 में निर्वासन से वापस आने पर एक समाचारपत्र स्थापित करने के उद्देश्य से उसने कई नगरों की यात्र की। ग्रीष्म ऋतु में वह रूस के बाहर चला गया और वहीं से उसने ष्इस्क्राष (चिनगारी) नामक समाचारपत्र का संपादन आरंभ किया। इसमें उसके साथ ष्श्रमिकों की मुक्तिष के लिए प्रयत्न करनेवाले वे रूसी मार्क्सवादी भी थे जिन्हें जारशाही के अत्याचारों से उत्पीड़ित होकर देश के बाहर रहना पड़ रहा था। 1902 में उसने ष्हमें क्या करना हैष शीर्षक पुस्तक तैयार की जिसमें इस बात पर जोर दिया कि क्रांति का नेतृत्व ऐसे अनुशासित दल के हाथ में होना चाहिए जिसका मुख्य कामकाज ही क्रांति के लिए उद्योग करना है। सन् 1903 में रूसी श्रमिकों के समाजवादी लोकतंत्र दल का दूसरा सम्मेलन हुआ। इसमें लेनिन तथा उसके समर्थकों को अवसरवादी तत्वों से कड़ा लोहा लेना पड़ा। अंत में क्रांतिकारी योजना के प्रस्ताव

बहुमत से मंजूर हो गया और रूसी समाजवादी लोकतंत्र दल दो शाखाओं में विभक्त हो गया - क्रांति का वास्तविक समर्थक बोलशेविक समूह और अवसरवादी मेंशेविकों का गिरोह।

सन् 1905-07 में उसने रूस की प्रथम क्राति के समय जनसाधारण को उभाड़ने और लक्ष्य की ओर अग्रसर करने में बोलशेविकों के कार्य का निदेशन किया। अवसर मिलते ही नवंबर, 1905 में वह रूस लौट आया। सशस्त्र विद्रोह की तैयारी कराने तथा केंद्रीय समिति की गतिविधि का संचालन करने में उसने पूरी शक्ति से हाथ बँटाया और करखानों तथा मिलों में काम करनेवाले श्रमिकों की सभाओं में अनेक बार भाषण किया।

प्रथम रूसी क्रांति के विफल हो जाने पर लेनिन को फिर देश से बाहर चले जाना पड़ा। जनवरी, 1912 में सर्व रूसी दल का सम्मेलन प्राग में हुआ। लेनिन के निदेश से सम्मेलन ने क्रांतिकारी समाजवादी लोकतंत्र दल से मेनशेविकों को निकाल बाहर किया। इसके बाद लेनिन के क्रैको नामक स्थान में रहकर दल के पत्र ष्प्रावदाष का संचालन करने, उसके लिए लेख लिखने और चौथे राज्य ड्यूमा के बोलशेविक दल का निदेशन करने में अपने आपको लगाया।

सन् 1913-14 में लेनिन ने दो पुस्तकें लिखीं - ष्राष्ट्रीयता के प्रश्न पर समीक्षात्मक षविचारष तथा (राष्ट्रो का) आत्मनिर्णय करने का अधिकार।ष पहली में उसने बूर्जुवा लोगों के राष्ट्रवाद की तीव्र आलोचना की और श्रमिकों की अंतरराष्ट्रीयता के सिद्धांतों का समर्थन किया। दूसरी में उसने यह माँग की कि अपने भविष्य का निर्णय करने का राष्ट्रों का अधिकार मान लिया जाए। उसने इस बात पर बल दिया कि गुलामी से छुटकारा पाने का प्रयत्न करनेवाले देशों की सहायता की जाए।

प्रथम महासमर के दौरान लेनिन के नेतृत्व में रूसी साम्यवादियों ने सर्वहारा वर्ग की अंतरराष्ट्रीयता का, ष्साम्राज्यवादीष युद्ध के विरोध का, झंडा ऊपर उठाया। युद्धकाल में उसने मार्क्सवाद की दार्शनिक विचारधारा को और आगे बढ़ाने का प्रयत्न किया। उसने अपनी पुस्तक ष्साम्राज्यवादष (1916) में साम्राज्यवाद का विश्लेषण करते हुए बतलाया कि यह पूँजीवाद के विकास की चरम और आखिरी मंजिल है। उसने उन परिस्थितियों पर भी प्रकाश डाला जो साम्राज्यवाद के विनाश के अनिवार्य बना देती हैं। उसने यह स्पष्ट कर दिया कि साम्राज्यवाद के युग में पूँजीवाद के आर्थिक एवं राजनीतिक विकास की गति सब देशों में एक सी नहीं होती। इसी आधार पर उसने यह निष्पत्ति निकाली कि शुरू शुरू में समाजवाद की विजय पृथक् रूप से केवल दो तीन, या मात्र एक ही, पूँजीवादी देश में संभव है। इसका प्रतिपादन उसने अपनी दो पुस्तकों में किया - षदि यूनाइटेड स्टेट्स ऑफ यूरोप स्लोगनष (1915) तथा षदि वार प्रोग्राम ऑफ दि पोलिटिकल रिवाल्यूशनष (1916)। महासमर के समय लेनिन ने स्विटजरलैंड में अपना निवास बनाया। कठिनाइयों के बावजूद अपने दल के लोगों का संघटन और एकसूत्रीकरण जारी रखा, रूस में स्थित दल की संस्थाओं से पुनरू संपर्क स्थापित कर लिया तथा और भी अधिक उत्साह एवं साहस के साथ उनके कार्य का निदेशन किया। फरवरी-मार्च, 1917 में रूस में क्रांति का आरंभ होने पर वह रूस लौट आया। उसने क्रांति की व्यापक तैयारियों का संचालन किया और श्रमिकों तथा सैनिकों की बहुसंख्यक सभाओं में भाषण कर उनकी राजनीतिक चेतना बढ़ाने और संतुष्ट करने का प्रयत्न किया।

जुलाई, 1917 में क्रांतिविरोधियों के हाथ में सत्ता चली जाने पर बोलशेविक दल ने अपने नेता के अज्ञातवास की व्यवस्था की। इसी सम उसने षदि स्टेट ऐंड रिवाल्यूशनष (राज तथा क्रांति) नामक पुस्तक लिखी और गुप्त रूप से दल के संघटन और क्रांति की तैयारियों के निदेशन का कार्य जारी रखा। अक्टूबर में विरोधियों की कामचलाऊ सरकार का तखह्ता उलट दिया गया और 7 नवंबर, 1917 को लेनिन की अध्यक्षता में सोवियत सरकार की स्थापना कर दी गई। प्रारंभ से ही सोवियत शासन ने शांतिस्थापना पर बल देना शुरू किया। जर्मनी के साथ उसने संधि कर लीय जमींदारों से भूमि छीनकर सारी भूसंपत्ति पर राष्ट्र का स्वामित्व स्थापित कर दिया गया, व्यवसायों तथा कारखानों पर श्रमिकों का नियंत्रण हो गया और बैकों तथा परिवहन साधनों का राष्ट्रीकरण कर दिया गया। श्रमिकों तथा किसानों को पूँजीपतियों और जमींदारों से छुटकारा मिला और समस्त देश के निवासियों में पूर्ण समता स्थापित कर दी गई। नवस्थापित सोवियत प्रजातंत्र की रक्षा के लिए लाल सेना का निर्माण किया गया। लेनिन ने अब मजदूरों और किसानों के संसार के इस प्रथम राज्य के निर्माण का कार्य अपने हाथ में लिया। उसने षदि इमीडिएट टास्क्स ऑफ दि सोवियत गवर्नमेंटष तथा षदि प्रोले टेरियन रिवाल्यूशन ऐंड दि रेनीगेड कौत्स्कीष नामक पुस्तकें लिखीं (1918)। लेनिन ने बतलाया कि मजदूरों का अधिनायकतंत्र वास्तव में अधिकांश जनता के लिए सच्चा लोकतंत्र है। उसका मुख्य काम दबाव या जोर जबरदस्ती नहीं वरन् संघटनात्मक तथा शिक्षण संबंधी कार्य है।

बाहरी देशों के सैनिक हस्तक्षेपों तथा गृहकलह के तीन वर्षों 1928-20 में लेनिन ने विदेशी आक्रमणकारियों तथा प्रतिक्रांतिकारियों से दृढ़तापूर्वक लोहा लेने के लिए सोवियत जनता का मार्ग दर्शन किया। इस व्यापक अशांति और गृहयुद्ध के समय भी लेनिन ने युद्ध काल से हुई देश की बर्बादी को दूर कर स्थिति सुधारने, विद्युतीकरण का विकास करने, परिवहन के साधनों के विस्तार और छोटी छोटी जोतों को मिलाकर सहयोग समितियों के आधार पर बड़े फार्म स्थापित करने की योजनाएँ आरंभ कर दीं। उसने शासनिक यंत्र का आकार घटाने, उसमें सुधार करने तथा खर्च में कमी करने पर बल दिया। उसने शिक्षित और मनीषी वर्ग से किसानों, मजदूरों के साथ सहयोग करते हुए नए समाज के निर्माणकार्य में सक्रिय भाग लेने का आग्रह लिया।

जहाँ तक सोवियत शासन की विदेश नीति का प्रश्न है, लेनिन के अविकल रूप से शांति बनाए रखने का निरंतर प्रयत्न किया। उसने कहा कि ष्हमारी समस्त नीति और प्रचार का लक्ष्य यह होना चाहिए कि चाहे कुछ भी हो जाए, हमारे देशवासियों को युद्ध की आग में न झोंका जाए। लड़ाई का खात्मा कर देने की ओर ही हमें अग्रसर होना चाहिए।' उसने साम्यवाद के शत्रुओं से देश का बचाव करने के लिए प्रतिरक्षा व्यवस्था को सुदृढ़ बनाने पर बल दिया और सोवियत नागरिकों से आग्रह किया कि वे ष्वास्तविकष लोकतंत्र तथा समाजवाद के स्थापनार्थ विश्व के अन्य सभी देशों में रहनेवाले श्रमिकों के साथ अंतरराष्ट्रीय बंधुत्व की भावना बढ़ाने की ओर अधिक ध्यान दें।

माओत्से तुंग

लेनिन की तरह चीन का महान् विचारक माओ भी मार्क्स का अनुयायी था। उसका मार्क्सवादी क्रान्ति की अवधारणा में महत्वपूर्ण योगदान था। माओ का मुख्य उद्देश्य तीसरी दुनिया के राज्यों में क्रान्ति लाना था, जहां परिस्थितियां भिन्न थीं। इसलिए उसने मार्क्सवाद लेनिनवाद के क्रान्ति के सिद्धान्त में कुछ सुधार किए। माओ के महत्वपूर्ण सूत्र निम्नलिखित हैं

1. आर्थिक व राजनीतिक स्तर पर क्रान्ति लाने के लिए लोगों में वैचारिक क्रान्ति लाना आवश्यक है। यदि जन साधारण के विचार में परिवर्तन आ जाता है तो क्रान्ति आसानी से लाई जा सकती है।
2. क्रान्ति आर्थिक स्तर के साथ-साथ सामजिक स्तर पर भी लाई जानी चाहिए।
3. समाज के अन्य वर्गों को भी सफल क्रान्ति के आयोजन में साम्यवादी नेताओं का सहयोगी बनाया जा सकता है।
4. पिछड़े हुए तथा कृषि-प्रधान देशों में साम्यवादी दल के नेतागण केवल देश के शहरी क्षेत्रों में रहने वाले औद्योगिक श्रमिक-वर्ग पर निर्भर होने की बजाय किसान-वर्ग की भूमिका पर भरोसा कर सकते हैं।
5. क्रान्तिकारियों को गुरिल्ला युद्ध की रणनीति सहित हिंसा तथा आंतकवाद के सभी उपायों को अपनाना चाहिए।
6. जन समूह की भूमिका की धारणा को भी समझना होगा। यह साम्यवाद की ओर निरन्तर अग्रसर होने का सुझाव देती है।
7. क्रान्ति लाने में साम्यवादी दल की महत्वपूर्ण भूमिका है। उसके बिना क्रान्ति असम्भव है।
8. सफल सामाजिक क्रान्ति के बाद क्रान्तिकारियों का उत्साह बनाए रखना चाहिए। क्रान्ति चलती रहनी चाहिए, ताकि क्रान्तिकारी युग अतीत का हिस्सा बन जाए।

23

ग्राम्शी एवं फ्रैंकफर्ट स्कूल (Gramsci and the Frankfurt School)

अंतोनियो ग्राम्शी (1891- 1937) इटली की कम्युनिस्ट पार्टी के संस्थापक, मार्क्सवाद के सिद्धांतकार तथा प्रचारक थे। बीसवीं सदी के आरंभिक चार दशकों के दौरान दक्षिणपंथी फासीवादी विचारधारा से जूझने और साम्यवाद की पक्षधरता के लिए विख्यात हैं।

ग्राम्शी का जन्म 22 जनवरी 1891 को सरदानिया में कैगलियारी के एल्स प्रांत में हुआ था। फ्रांसिस्को ग्राम्शी और गिसेपिना मर्सिया की सात संतानों में से अंतोनियों ग्राम्शी चौथी संतान थे। पिता के साथ ग्राम्शी के कभी भी मधुर संबंध नहीं रहे लेकिन माँ के साथ उनका गहरा लगाव था। माँ की सहज बयान शैली, परिस्थितियों के अनुरूप लचीलापन और जीवंत हास्यबोध का उनके व्यक्तित्व पर गहरा प्रभाव पड़ा।

क्रांतिकारी गतिविधियों के लिए इटली की फासीवादी अदालत ने ग्राम्शी को 1928 में 20 वर्ष के कारावास की सजा सुनायी। मार्क्सवाद द्वारा प्राप्त क्रांतिधर्मी चेतना को ग्राम्शी ने अपने सामाजिक और राजनीतिक चिंतन में अभिव्यक्ति दी। ग्राम्शी का चिंतन और लेखन दो अवधियों में विभाजित किया जाता है   कारावास पूर्व (1910-26) और कारावास पश्चात (1929-35)। कारावास पूर्व लेखन का मूल स्वर जहाँ राजनीतिक था, वहीं कारावास के पश्चात ग्राम्शी ऐतिहासिक और सैद्धांतिक लेखन में प्रवृत्त हुए।

बीसवीं सदी के तीसरे दशक में यूरोप की कुछ कम्युनिस्ट पार्टियों के बीच यंत्रवादी दर्शन का बोलबाला था। ग्राम्शी ने, दक्षिणपंथी भटकाव का आधार, इस यंत्रवादी दार्शनिक विचारधारा का पर्दाफाश करने में महत्वपूर्ण भूमिका निभायी। दर्शन के क्षेत्र में ग्राम्शी ने ऐतिहासिक भौतिकवाद की समस्याओं की ओर प्रमुखता से ध्यान दिया। कारावास के दौरान लिखी गयी प्रिजन नोटबुक्स ग्राम्शी की विचारधारा और सैद्धांतिक लेखन की प्रतिनिधि दस्तावेज है। इसमें उन्होंने आधार तथा अधिरचना, सर्वहारा वर्ग और बुद्धिजीवी समुदाय के पारस्परिक संबंधों की

पड़ताल की। विचारधारा (दर्शन, कला, नीति आदि) की सापेक्ष स्वतंत्रता का गहन अध्ययन और विश्लेषण किया। इतावली संस्कृति का ग्राम्शी द्वारा किया गया अध्ययन, कैथोलिकवाद, क्रोचे के अभिव्यंजनावादी दर्शन और समाजशास्त्र में प्रत्ययवादी सिद्धांतों की आलोचना, मार्क्सवादी चिंतनधारा में महत्वपूर्ण स्थान रखते हैं।

कारावास के दौरान ग्राम्शी को जनवादी विचारधारा पर चिंतन करने से रोकने के लिए फासीवादी ताकतों ने लगातार प्रयास किये। अवरोधों का रचनात्मक प्रतिरोध करते हुए प्रिजन नोटबुक्स, में ग्राम्शी ने चिंतन प्रक्रिया में एक नए स्वसंदर्भित पद 'सबाल्टर्न' का प्रयोग किया। सबाल्टर्न, समाज के दलित और वंचित समुदाय की, अधीनस्थता का द्योतक है। सबाल्टर्न पद औपनिवेशिक परिवेश में वंचितों के हितों की पक्षधरता और उनकी समस्याओं पर सरोकार का प्रतीक बन गया। ग्राम्शी के चिंतन ने समानांतर इतिहास लेखन विषयक सबाल्टर्न अध्ययन धारा को गहराई से प्रभावित किया।

24

समाजवाद
(Socialism)

समाजवाद वास्तव में दर्शन का एक भरा पूरा संसार है। यह धर्म के क्षेत्र में नास्तिकता का, राज्य के क्षेत्र में लोकतन्त्रात्मक प्रणाली का, औद्योगिक क्षेत्र में जनवादी समष्ट्रिवाद को नैतिकता के क्षेत्र में एक अनन्त आशावाद का, आभ्यात्मवाद के क्षेत्र में एक प्रकृतिवादी भौतिकवाद का तथा पारिवारिक क्षेत्र में गृहस्थ सम्बन्धों तथा वैवाहिक बन्धनों की लगभग पूर्ण शिथिलता का सूचक हैं।

समाजवाद जो कि वर्तमान समय का सबसे अधिक लोकप्रिय शब्द है, का प्रयोग 1827 ई. में रॉबर्ट ओबन के विचारों का प्रचार करने के लिए स्थापित पत्रिका ओ नाइट कोऑपरेटिव में व्यक्तिवादी और उदारवादी विचारों के विरुद्ध भावों को प्रदर्शित करने के लिए किया गया। उसके बाद 1835 से रॉबर्ट ओवन की अध्यक्षता में स्थापित सब राष्ट्रों के सब वर्गों के समुदाय ने समाजवाद और समाजवादी शब्दों का प्रयोग किया। तत्पश्चात् फ्रांसीसी लेखक रेबांद ने अपनी रचना में इन शब्दों का खूब प्रयोग करते हुए इन्हें व्यापक रूप से प्रचलित कर दिया।

समाजवाद एक अत्यन्त अनिश्चित विचारधारा

समाजवाद आधुनिक युग की सबसे अधिक लोकप्रिय विचारधारा है एवं समाजवाद की इस अतिशय लोकप्रियता ने ही इसे अत्यधिक अनिश्चितता का रूप प्रदान कर दिया है। समाजवाद की इस अनिश्चितता के कारण ही प्रो. सी. ई. एम. जोड ने कहा है कि संक्षेप में समाजवाद एक ऐसे टोप की तरह है जिसकी आकृति भंग हो गयी है, क्योंकि प्रत्येक व्यक्ति ने इसे धारण करने का प्रयास किया है। समाजवाद की अनिश्चितता के प्रमुख कारण निम्न प्रकार है

1. समाजवाद एक राजनीतिक विचारधारा होने के साथ-साथ आर्थिक विचारधारा भी है। जोड के अनुसार समाजवादी दर्शन को पूर्णतया या मुख्यतया राजनीतिक समझ लेना त्रुटि

होगी। उनके शब्दों में इसके केवल राजनीतिक पक्ष का विवरण देना न केवल अव्यावहारिक वरन् अवांछनीय भी है। समाजवादी दर्शन में आर्थिक और राजनीतिक तत्व इस प्रकार गुंथे हुए हैं कि इस विचारधारा का स्पष्टतापूर्वक अध्ययन करना अत्यन्त कठिन हो जाता है। कुछ के द्वारा इसका विवेचन आर्थिक दृष्टि से किया गया है और कुछ के द्वारा राजनीतिक दृष्टि से और इसी कारण प्रो. बार्कर इसे एक सिद्धान्त मानते हैं, जो अपने लक्ष्य और उद्देश्य में बहुत अधिक अनिश्चित और भ्रामक हैं।

2. समाजवाद एक अत्यन्त व्यापक तथा अनेक रूपी विचारधारा है, जिसने विभिन्न राजनीतिक, सामाजिक तथा आर्थिक अवस्थाओं में विभिन्न रूप धारण कर लिए है। लाभ-हानि को एक दूसरे बांटने की सामान्य बात से लेकर राज्य को अधिकतम कार्य सौंपने की सभी बातें समाजवाद के अन्तर्गत आ जाती है। डॉ. शैडवेल के शब्दों में समाजवाद अत्यन्त जटिल अनेक तरफा और भ्रान्तियां से पूर्ण ऐसा प्रश्न है जिसने मानव मस्तिष्क को सबसे अधिक उलझाया है।
3. समाजवाद एक राजनीतिक विचारधारा और दर्शन ही नहीं वरन् एक आन्दोलन भी है। इस आन्दोलन की भी कोई एक निश्चित दिशा होने के स्थान पर विश्व के विभिन्न क्षेत्रों में यह विविध रूपों में है। कहीं पर यह शान्तिपूर्ण आन्दोलन के रूप में है तो कहीं पर हिंसक आन्दोलन के रूप में। कहीं पर यह प्रजातान्त्रिक पद्धति द्वारा संचालित है तो कहीं पर क्रान्तिकारी प्रक्रिया के रूप में एक ही देश में अनेक प्रकार के समाजवादी विचार और आन्दोलन देखे जा सकते हैं। भारत इसका उदाहरण है।
4. समाजवादी विचारधारा की इतनी अधिक धाराएं एवं उपधाराएं निकल चुकी हैं और निकलती जा रही है कि इसका एक निश्चित रूप निर्धारित करना लगभग सम्भव है। इसके अतिरिक्त ये विभिन्न समाजवादी उपधाराएं अपने उद्देश्यों और प्रणालियों में एक-दूसरे से इतनी भिन्न हैं कि इनके आधार पर समाजवाद को समझना एक प्रणालियों में एक-दूसरे से इतनी भिन्न हैं कि इनके आधार पर समाजवाद को समझना एक विफल प्रयत्न बनकर रह जाता है। इस स्थिति को एक लेखक ने इन शब्दों में व्यक्त किया है कि समाजवाद उस बहु सिर वाले जन्तु की तरह है जिसका जितनी देर में एक सिर भी नहीं कट पाता, उतनी ही देर में एक नया सिर उसके स्थान पर निकल पड़ता हैं।
5. समाजवाद के सम्बन्ध में अनिश्चितता का एक अन्य कारण यह है कि व्यवहार में एक बड़े वर्ग द्वारा समाजवाद और साम्यवाद को एक ही समझ लिया जाता है जबकि वस्तुतः इन दोनों में बहुत अन्तर है।

   समाजवाद की इस अनिश्चितता को रामोपोर्ट ने सुन्दर ढंग से अभिव्यक्त किया है। वे लिखते है, यदि मुझसे पूछा जाए कि क्या मैं समाजवादी हूं? तो मैं स्पष्ट रूप से उतर दूंगा कि मुझे मालूम नहीं। यह सब इस बात पर निर्भर करता है, कि कोई व्यक्ति समाजवाद से क्या समझता है?
6. समाजवाद एक प्रगतिशील और परिवर्तनशील दर्शन तथा कार्यक्रम है, जिसका स्वाभाविक गुण बदलती हुई आर्थिक तथा राजनीतिक आवश्यकताओं के साथ-साथ अपने स्वरूप

में परिवर्तन करना है। समाज के इस परिवर्तनशील वातावरण में समाजवाद के सम्बन्ध में आज निश्चित की गयी धारणा कल अनुपयुक्त हो सकती है। ऐसी स्थिति में अनिश्चितता समाजवाद का एक स्वाभाविक लक्षण हो गया है। वस्तुत : समाजवाद एक क्रियात्मक तथा व्यावहारिक दर्शन होने के कारण कोई बनी बनायी योजना तथा निश्चित पद्धति हो ही नहीं सकती है। समाजवाद के इस निरन्तर परिवर्तनशील स्वरूप को दृष्टि में रखते हुए रैजे म्योर ने कहा था, समाजवाद परिस्थितियों के अनुसार गिरगिट की तरह रंग बदलने वाला एक धर्म है। बाजार के एक कोने पर अथवा क्लब में भीड़ जमा करके व्याख्यान देने वाला व्यक्ति इसे वर्ग-संघर्ष के भड़कीले लाल रंग में प्रस्तुत करता है, बुद्धजीवियों के लिए यह अत्यधिक पीले रंग वाले लोहे के समान है, भावुक व्यक्तियों के लिए यह कोमल गुलाबी फूल की भांति है तथा पादरी वर्ग में यह श्वेत वस्त्रधारी और उदारवादी आकांक्षाओं का प्रेरक बन जाता है।

25

राष्ट्रवाद
(Nationalism)

सामान्य तौर पर राष्ट्र और राष्ट्रीयता को भी एक ही समझने की भूल की जाती है, परंतु इनमें आधारभूत अन्तर है। राष्ट्र एक राजनीतिक सोच है, जबकि राष्ट्रीयता अपने मूल रूप में एक आध्यात्मिक तथा सांस्कृतिक भावना है। राष्ट्रीयता विभिन्नता में एकता का तत्व रूप है। राष्ट्रीयता, भाषा, संस्कृति, धर्म, परम्परागत रीति-रिवाज तथा सामान्य भूमि, आदि के प्रति मानवीय भावनाओं का मिला-जुला रूप है। आधुनिक समय में राष्ट्रीयता का अर्थ हम एक ऐसी आध्यात्मिक भावना से लेते हैं जो किसी भू-भाग के नागरिकों के जीवन तथा आदर्शों से जुड़ी रहती है तथा सम्पूर्ण समाज का शारीरिक, मानसिक तथा आत्मिक कल्याण चाहती है। विद्वान जिमर्न ने राष्ट्रीयता को परिभाषित करते हुए कहा है कि राष्ट्रीयता मेरे लिए एक राजनीतिक प्रश्न बिल्कुल नहीं है। आवश्यक रूप से यह एक आध्यात्मिक प्रश्न है। राष्ट्रीयता धर्म की भांति व्यक्तिगत है, मनौवैज्ञानिक है, एक मानसिक स्थिति है और विचार करने, जीवित रहने और अनुभव करने का एक तरीका है।

प्रो. जे. एच. ने राष्ट ्रीयता की परिभाषा बड़े सरल शब्दों में की है। वे लिखते हैं कि राष्ट्रीयता हृदयों की वह एकता है जो एक बार बनने के बाद कभी भी नहीं टूटती है।

राष्ट्रीयता से सम्बन्धित इन परिभाषाओं के शब्दों में एक-दूसरे से बहुत अधिक अंतर होते हुए भी इन परिभाषाओं में यह बात सामान्यतः पायी जाती है कि राष्ट्रीयता एक होने की सांस्कृतिक और आध्यत्मिक भावना है। डॉ॰ बेनीप्रसाद का कहना है कि राष्ट्रीयता की निश्चित परिभाषा करना अत्यंत कठिन है, लेकिन यह स्पष्ट है कि ऐतिहासिक क्रम में यह पृथक् अस्तित्व की उस चेतना का प्रतीक है जो सामान्य आदतों, परम्परागत रीति-रिवाजों, स्मृतियों आकांक्षाओं अवर्णनीय सांस्कृतिक सम्प्रदायों तथा हितों पर आधारित है।

राष्ट्रीयता का इतिहास

राष्ट्रीयता की भावना का विकास कब और कैसे हुआ इस बारे में निश्चित रूप से कुछ भी नहीं कहा जा सकता है। सामान्य अनुमान के अनुसार केवल यही कहना संभव हो सकता है कि प्राचीनकाल में राष्ट ्रीयता का विकास तब हुआ होगा, जब लोगों ने अपनी मूल सामाजिक प्रवृत्तियों के फलस्वरूप समूहों और कबीलों में रहना आरंभ किया। परंतु यूनान के नगर राज्यों की परम्परा ने राष्ट्रीयता की जगह पर स्थानीयता की प्रवृत्ति को जन्म दिया और रोमवासियों की राष्ट्रीय प्रवृत्ति भी विशाल साम्राज्य की स्थापना के साथ लुप्तप्राय हो गयी। इसी प्रकार मध्ययुग भी पोप और राजाओं के पारस्परिक युद्ध के कारण राष्ट्रीयता के विकास के लिए अशुभ सिद्ध हुआ।

इटालियन विचारक तथा राजनीतिक मैकियावेली (1469-1527) को वर्तमान युग का प्रथम राष्ट्रवादी कहा जा सकता है। उसने इटली की जनता में राष्ट्रीयता की भावना जागृत करने की दिशा में बहुत कुछ सीमा तक सफलता प्राप्त की। इसी समय ब्रिटेन और फ्रांस के सप्तवर्षीय युद्ध ने इन दोनों में राष्ट्रीयता की भावना का विकास किया। 18वीं सदी के अन्त में यूरोप के इतिहास में पोलैण्ड के बंटवारे की दर्दनाक घटना घटी। पोलैण्ड के इस अन्यायपूर्ण विभाजन से पोलिश जनता में राष्ट्रीयता की प्रचण्ड भावना का विकास हुआ तथा पोलिश राष्ट्रवाद ने यूरोप के सामने राष्ट्रीयता का एक नया चित्र प्रस्तुत किया।

सन् 1789 की फ्रांस की राज्यक्रान्ति ने यूरोप में एक नवीन युग का सूत्रपात किया। यूरोप की यह लहर अटलाण्टिक महासागर के पार अमरीका तक पहुंची तथा फ्रांस एवं अमरीका की क्रान्तियों की इन लपेटों ने संपूर्ण विश्व में प्रबल राष्ट्रीय भावना जागृत की। नेपोलियन की नीति भी रूस, जर्मनी, इटली तथा स्पेन आदि देशों में राष्ट्रीयता की भावना का विकास करने में बहुत अधिक सहायक सिद्ध हुई। इसी समय बिस्मार्क ने अपनी लौह तथा रक्त नीति के बल पर जर्मनी का एकीकरण किया। मैजिनी, गेरीबाल्डी और केबूर ने इटली में राष्ट्रीय भावना को जागृत करके उसके एकीकरण को पूरा किया। उन्नीसवीं सदी में तो राष्ट्रीयता राज्यों के संगठन की आधारशिला बन बैठी। धीरे-धीरे यूरोप के सभी राज्य राष्ट्रीयता के आधार पर एक हुए और उन्होंने नवीन राजनीतिक इकाइयों का रूप प्राप्त किया। 1980 के बाद औद्योगिक क्रान्ति के फलस्वरूप एक नये प्रकार के राष्ट्रवाद का जन्म हुआ, जिसे आर्थिक राष्ट्रवाद की संज्ञा की जा सकती है।

बीसवीं सदी में राष्ट्रीयता की यह भावना एशिया और अफ्रीका में तीव्र गति से बढ़ने लगी और द्वितीय महायुद्ध के पश्चात् तो एशिया और अफ्रीका में राष्ट्रीयता का ज्वार सा आ गया। राष्ट्रीयता की प्रबलता के कारण स्वतन्त्रता संग्राम आरंभ हुए और इसी राष्ट्रीयता की भावना के कारण वर्तमान एशिया तथा अफ्रीका के अधिकतर देश स्वतन्त्रता प्राप्त कर चुके हैं तथा शेष परतन्त्र राज्य स्वतन्त्रता प्राप्ति के लिए संघर्ष कर रहे हैं। राष्ट्रीयता की यह भावना आधुनिक युग में रंगभेद और आर्थिक शोषण आदि के विरुद्ध भी संघर्ष कर रही है।

राष्ट्रीयता के निर्माणक तत्व

लॉस्की का कहना है कि राष्ट्रीयता के विचार को परिभाषित करना अत्यंत कठिन है, क्योंकि ऐसे कोई निश्चित तत्व नहीं हैं जिनमें इसकी खोज हो सके। राष्ट्रीयता एक भावात्मक एवं मनोवैज्ञानिक विषय है और राष्ट्रीयता के निर्माणक तत्वों के सम्बन्ध में कोई सर्वव्यापक और सर्वमान्य नियम नहीं है। इससे संबंधित केवल कुछ ऐसे सामान्य तत्वों का उल्लेख किया जा सकता है जो यद्यपि राष्ट्रीयता के लिए जरूरी नहीं है, परंतु जिनमें से कुछ की उपलब्धता के बिना राष्ट्रीयता का अस्तित्व संभव नहीं हो सकता। इन तत्वों को निम्न प्रकार से परिभाषित कर सकते हैं

(1) धार्मिक एकता राष्ट्रीयता के विकास में धर्म का एक महत्त्वपूर्ण योगदान रहा है। यहूदियों, तुर्कों और अरबों में राष्ट्रीयता का विकास मुख्य रूप से धर्म के कारण ही हुआ और पूर्व के अनेक देशों में तो अब तक भी धर्म को राष्ट्रीयता का एक मुख्य निर्माणक तत्व माना जाता है। परन्तु अब पश्चिमी देशों में धर्म का प्रभाव बहुत कम हो गया है। अमरीका के राष्ट्रीय जीवन में धर्म ने शायद ही कभी प्रवेश किया हो। इस प्रकार धर्म राष्ट्रीयता के निर्माण में अब पहले की तरह महत्त्वपूर्ण तत्व नहीं रहा। हेज के अनुसार अधिकांश रूप में वर्तमान राष्ट्रीयता धार्मिक विश्वास अथवा कार्यों की एकरूपता पर बिना जोर दिए ही फल-फूल रही है। राष्ट्रीयता पर धर्म के सम्बन्ध में रैम्जे म्योर का कहना है कि जहां कुछ उदाहरणों में धार्मिक एकता ने राष्ट्रीय एकता को जन्म देने और उसे सबल बनाने में बहुत योगदान दिया है, वहां दूसरे उदाहरणों में धार्मिक विद्वेष ने राष्ट्रीय एकता के मार्ग में भारी विरोध उत्पन्न किए हैं। सम्पूर्ण स्थिति को देखते हुए कहा जा सकता है कि धर्म अब राष्ट्रों के निर्माण में प्रथम महत्त्व का तत्व नहीं रह गया है।

(2) सामान्य संस्कृति तथा परम्पराएं राष्ट्रीयता के विकास में सामान्य संस्कृति और परम्पराओं का भी बहुत अधिक महत्त्व है। सामान्य संस्कृति का अर्थ उन आचार-विचार एवं रीति-रिवाजों से होता है जो एक समूह के मनुष्यों को एक सूत्र में बांधे रहते हैं। सामान्य साहित्य तथा इतिहास भी इसके अन्तर्गत है। सामान्य सांस्कृतिक तथा परम्पराओं के द्वारा मनुष्य में सहयोग तथा एकता की भावनाओं का विकास होता है तथा इस सांस्कृतिक परम्पराओं के द्वारा मनुष्य में सहयोग तथा एकता की भावनाएं विकसित होती हैं तथा इस सांस्कृतिक चेतना के आधार पर ही राजनीतिक चेतना का विकास सम्भव होता है। राष्ट्रीय इतिहास और सामान्य परम्पराएं इनमें एक ऐसे दृष्टिकोण का विकास करती हैं, जिसके द्वारा सामूहिक चेतना तथा राष्ट्रीय दृष्टिकोण की उत्पत्ति होती है। जे. एस. मिल का कथन है कि सामान्य सांस्कृतिक परम्पराएं और इतिहास राष्ट्रीयता के एकमात्र आवश्यक और जरूरी तत्व हैं। सामान्य परम्पराओं और एक निश्चित मस्तिष्क तथा चरित्र में प्रदर्शित होने वाली निश्चित संस्कृति के बिना राष्ट्रीयता की भावना का विकास असंभव है।

(3) भौगोलिक एकता राष्ट्रीयता के विकास में भौगोलिक एकता का भी महत्त्वपूर्ण हाथ रहता है। सर्वप्रथम तो भौगोलिक स्थिति और जलवायु का मनुष्यों के चरित्र और शारीरिक

गठन पर निश्चित प्रभाव पड़ता है, जिसके परिणामस्वरूप ऐसे मनोवैज्ञानिक कारण उत्पन्न होते हैं जो सामान्य राष्ट्रीयता के भाव को जन्म देते हैं। व्यक्ति अपने समीप के लोगों को जितना समझ सकते हैं और उनके प्रति उसमें जिस प्रकार की सहानुभूति पैदा हो सकती है, वह दूर बसे हुए लोगों के प्रति असंभव है। वस्तुतः देश की प्राकृतिक सीमाएं राष्ट्रीयता के विकास में अधिक बलशाली सिद्ध हुई हैं और हर मनुष्य में अपनी जन्मभूमि के प्रति अगाध प्रेम होता है। भारत या भारतमाता जैसे शब्दों को सुनकर हमारे शरीर में स्फूर्ति और उल्लास का जो संचार होता है, वह इस बात का प्रमाण है। मैजिनी का कहना है कि, हमारी जन्मभूमि ही हमारा घर है ऐसा घर जो ईश्वर ने दिया है। उनमें एक ऐसे परिवार का स्थान दिया है, जिसका हमारे प्रति तथा हमारा उनके प्रति अगाध प्रेम है। गिलक्राइस्ट के शब्दों में, एक निश्चित भू भाग पर निरन्तर एक साथ रहना राष्ट्र के विकास के लिए परम आवश्यक है।

परंतु इसके कुछ अपवाद भी हैं। 1948 तक यहूदियों के पास अपना कोई देश नहीं था, परंतु फिर भी उनमें राष्ट्रीयता की भावना प्रबल थी। इसी प्रकार जर्मनी और फ्रांस के बीच की सीमा प्राकृतिक नहीं है, फिर भी इन राज्यों के निवासियों में राष्ट्रीयता की भावना प्रबल रूप में विद्यमान है। लेकिन इन अपवादों के बावजूद सामान्य भौगोलिक एकता को राष्ट्रीयता के निर्माण में एक बहुत अधिक महत्त्वपूर्ण तत्व मानना ही होगा।

(4) भाषा की एकता भाषा की एकता भी राष्ट्रीयता का एक महत्त्वपूर्ण निर्माणक तत्व हैं और राष्ट्रीयता के विकास में जातीय एकता की अपेक्षा भाषा की एकता का महत्त्व अधिक है। रैम्जे म्योर का कहना है कि, राष्ट्र के निर्माण में भाषा जाति की अपेक्षा अधिक महत्त्वपूर्ण होती है। बर्नार्ड जोजफ का कथन है कि भाषा राष्ट्रीयता का सबसे शक्तिशाली तत्व है। फिक्टे ने तो यहां तक कहा है कि राष्ट्रीयता एक आध्यात्मिक वस्तु है, वह परमात्मा के मन की अभिव्यक्ति है, इस एकता का मुख्य बन्धन भाषा है। भारत में भी प्रबल जनमत के कारण भाषा के आधार पर राज्यों की जो रचना की गयी, उससे राष्ट्रीयता के निर्माण में भाषा का महत्त्व बिल्कुल स्पष्ट है। सामान्य भाषा ऐतिहासिक परम्पराओं को जीवित रखने में सहायक होती है और जिससे एक ऐसे राष्ट्रीयता का विकास होता है। परंतु सामान्य भाषा के बिना भी राष्ट्रीयता का विकास हो सकता है और एक भाषा क्षेत्र भी अलग-अलग राष्ट्र हो सकते हैं। उदाहरणार्थ स्विटजरलैण्ड और भारत में एक से अधिक भाषाएं प्रचलित होने पर भी ये एक राष्ट्र हैं, दूसरी ओर अमरीका और कनाडा में एक ही भाषा बोली जाने पर भी ये अलग-अलग राष्ट्र हैं।

(5) जातीय एकता जातीय एकता भी राष्ट्रीयता के निर्माण में एक जरूरी तत्व है तथा एक लम्बे समय तक इसे राष्ट्रीयता का एक आधार माना जाता रहा है। जिमर्न राष्ट्रीयता के विकास में जातीय एकता के महत्त्व को स्पष्ट करते हुए कहते हैं, राष्ट्रीयता में एक विशेष प्रकार की अत्यधिक चेतना का भाव विद्यमान होता है, जिसमें समान जातीयता का तत्व सबसे अधिक जरूरी है।

परंतु दिन-प्रतिदिन राष्ट्रीयता के निर्माणक तत्व के रूप में जातीयता का महत्त्व कम होता जा रहा है और प्रो. हेज के शब्दों को देखें तो यह स्पष्ट होता है कि कहीं रक्त की पवित्रता

मिल सकती है, तो वह केवल असभ्य जातियों के मध्य में ही सम्भव है। पिल्सबरी और रैम्जे म्योर द्वारा भी इसी प्रकार का विचार स्पष्ट किया गया है। स्विटजरलैण्ड, कनाडा, ब्रिटेन, उनमें राष्ट्रीय एकता के दृढ़ भाव दिखायी देते हैं तथा जातीय एकता का आधार मात्र एक कल्पना ही है। प्रो. जोजफ का कथन है कि राष्ट्रीयता जातीयता को छोड़कर पार निकल जाती है। इस सम्बन्ध में गार्नर का कहना है कि वंश केवल एक भौतिक तत्व है, जबकि राष्ट्रीयता आध्यात्मिकतापूर्ण और एक मिश्रित तत्व है। वंश और राष्ट्र को एक समझना चारित्रिक सद्विवेक को आंगिक जीवन के अधीन बनाना और पशुवृत्ति को उभारना है।

(6) सामान्य आर्थिक हित आधुनिक युग में राष्ट्रीयता के निर्माण में आर्थिक तत्व को पूर्ण शक्तिशाली माना जाता है और जापानी एवं ऑस्ट्रेलियन राष्ट्रीयता का विकास प्रमुख रूप से सामान्य आर्थिक हितों के आधार पर ही संभव है। सामान्य आर्थिक हित मनुष्यों में अपने हितों के प्रति चेतना उत्पन्न करते और उन्हें एकबद्ध रहने के लिए प्रेरित करते हैं।

राष्ट्रीयता के निर्माण में सामान्य आर्थिक हित का महत्त्व होने पर भी इस बात को स्वीकार नहीं किया जा सकता है कि अकेले सामान्य आर्थिक हित राष्ट्रीयता का निर्माण कर सकते हैं। डॉ. आशीर्वादम का कथन है, यदि आर्थिक हित ही राष्ट्रीयता के निर्माण के लिए पर्याप्त हों तो हमें अनेक ऐसी राष्ट्रीय जातियों की आशा करना चाहिए, जिनका निर्माण या तो केवल श्रमिकों द्वारा या केवल पूंजीपतियों द्वारा संभव है। रेनान ने सत्य ही कहा है कि आर्थिक हितों की एकता एक कस्टम संघ का निर्माण तो कर सकती है परन्तु एक राष्ट्र का नहीं।

(7) राजनीतिक चेतना तथा आकांक्षाएं सामान्य राजनीतिक चेतना और आकांक्षाएं भी राष्ट्रीयता के विकास में महत्त्वपूर्ण योगदान देती हैं। राष्ट्रीयता के विकास में यह राजनीतिक तत्व दो प्रकार से कार्य करता है। प्रथम, भूतकालीन राजनीतिक जीवन की समानता के रूप में और द्वितीय भविष्यकालीन राजनीतिक जीवन की आकांक्षाओं, समस्त भारतीयों के समान राजनीतिक जीवन की स्थापना और लोककल्याणकारी राज्य की स्थापना ने भारतीयों को राष्ट्रीयता के सूत्र में बांधने का कार्य किया। परंतु राष्ट्रीयता के विकास में अकेला यह तत्व बहुत अधिक शक्तिशाली नहीं हो सकता।

ऊपर जिन तत्वों की विवेचना की गयी है, ये राष्ट्रीयता के विकास और निर्माण में सहायक सिद्ध होते हैं, परंतु ये सीमा तत्व राष्ट्रीयता के लिए जरूरी नहीं हैं। डूगल महोदय का कहना है कि राष्ट्रीयता की वास्तविक खोज भौगोलिक प्रदेश, वंश, भाषा, इतिहास या आर्थिक समानता आदि में करना अनुचित है। इनमें से प्रत्येक और ये सभी तत्व यद्यपि वास्तविक और महत्त्वपूर्ण होते हैं और इतिहास के निर्माण एवं राष्ट्रों के अस्तित्व पर इनके द्वारा प्रभाव डाला जाता है, लेकिन राष्ट्रीयता के निर्माण में ये तत्व अप्रत्यक्ष रूप से प्राणियों के भावों, विचारों, विश्वासों और अनुभवों को प्रभावित करते हुए ही भाग लेते हैं।

राष्ट्रीयता के निर्माण में कौन-सा तत्व अधिक सहायक होता है और कौन-सा कम, यह विवाद बिल्कुल आवश्यक है। वास्तव में राष्ट्रीयता के निर्माणकारी तत्वों की उपमा उस ताने-बाने से दी जा सकती है जो अनेक धागों से बुना जाता है और जिसके बुनने की प्रक्रिया इतनी स्पष्ट नहीं होती है कि यह बताना अत्यन्त कठिन होता है कि उस ताने-बाने को कौन से धागे ने दूसरे

धागे से अधिक मजबूत बनाया है। वस्तुतः यह लोगों के आध्यात्मिक एवं मनोवैज्ञानिक जीवन का भेद है, जिसे समझना मुश्किल है।

(8) सामान्य आधिपत्य तथा कष्ट राष्ट्रीयता के विकास में सामान्य आधिपत्य और कष्टों का भी कोई महत्त्व नहीं है। विदेशी शासन के प्रति घृणा के भाव, समान शत्रु तथा आर्थिक अवनति की सामान्य दशा नागरिकों में एकता की भावना उत्पन्न करती है। भारत में राष्ट्रीयता के विकास के जहां अन्य कारण थे, वहां ब्रिटिश शासन का संगठित आतंक तथा प्रशासन में विदेशी भावना भी इसका कारण था। घाना और सोमालिलैण्ड जैसे राष्ट्रों का निर्माण तो इसी भावना के आधार पर हुआ है।

परंतु शासन उत्पीड़न तथा कष्ट सदैव राष्ट्रीयता की भावना उत्पन्न करने में सफल सिद्ध नहीं होते और प्रो. जोजफ के शब्दों में यह स्पष्ट कर सकते हैं कि किसी एक समूह का उत्पीड़न स्वतः ही उसे राष्ट्रीयता में बदल देता है।

26

सांस्कृतिक बहुतत्ववाद (Multiculturalism)

आधुनिक काल में अमेरिका और भारत में सांस्कृतिक बहुतत्ववाद देखा जा सकता है। अमेरिका में उत्तरी पश्चिमी यूरोप और दक्षिणी पूर्वी यूरोप में आने वाले लोगों की संस्कृतियों में भारी अन्तर दिखाई पड़ता है। इसी प्रकार अफ्रीका से आने वाले प्रवासियों और यूरोपीय प्रवासियों की संस्कृति में अन्तर देखा जा सकता है। आधुनिक अमेरिकन समाज इन सांस्कृतिक विभिन्नताओं को मिटाने के लिए प्रयत्नशील नहीं है। अमेरिकन समाज में स्विटजरलैंड, फ्रांस, जर्मनी, इटली आदि से आने वाले लोगों को उनके सांस्कृतिक अन्तर के बावजूद समान माना गया है। यह ठीक है कि अधिकतर अमेरिकन देश में बहुत अधिक भाषाएँ नहीं चाहते, क्योंकि उससे जनतन्त्र में विचारों के आदान-प्रदान में कठिनाई होती है, किन्तु इसके अतिरिक्त सांस्कृतिक विशेषताओं से अमेरिका समाज की समृद्धि बढ़ती है। चायना टाऊन, यहूदियों की खाद्य पदार्थ की दुकानें, इटली की बेकरियाँ, मैक्सिको के रेस्तां, यूनानी काफी की दुकान और सुदूर पूर्व के स्टार अमेरिकन जीवन को रंग-बिरंगा बनाते हैं। इस सांस्कृतिक विविधता को सभी लोग पसन्द नहीं करते हैं और आज भी अनेक लोग समान प्रजाति के दृष्टिकोण से सोचते हैं, किन्तु अमेरिका में कभी भी जनता को सांस्कृतिक समानता के लिए बाध्य करने का विचार प्रबल नहीं रहा। अनेक छोटे-छोटे सांस्कृतिक समूह भी अपनी विशेषता बनाए रहे। अनेक अमेरिकन इण्डियन आज भी देखे जा सकते हैं। मैक्सिन अमरीकन आज भी मैक्सिको में रुचि लेते दिखाई पड़ते हैं। ऐसा प्रतीत होता है कि निकट भविष्य में वह सांस्कृतिक विविधता और भी बढ़ेगी। जैसा कि एल्वर्ट डब्ल्यू. स्टवीर्ट और जैम्स ए. गिलिन ने संकेत किया है, “यह पुरानी मान्यता है कि सभी अल्पसंख्यक समूह पूर्ण सात्मीकरण चाहते हैं, पर्याप्त संदेह के लिए खुली है। कुछ समूहों के लिए कुछ-न-कुछ सांस्कृतिक बहुतत्ववाद अत्यधिक वांछनीय और पहचान बनाए रखने के साधन तथा समूह नैतिकता के लिए आवश्यक प्रतीत होते है।”11

उपयुक्त विवेचन को भारतीय समाज में सभ्य समाज और जनजातीय संस्कृति के अन्तर में देखा जा सकता है। भारत सरकार स्पष्ट रूप से जनजातियों की संस्कृति की सुरक्षा के लिए कटिबद्ध है। उनकी भाषाओं और साहित्य के विकास को सब तरह से प्रोत्साहित किया जाता है। उसके कुमारगृहों को बनाए रखने का प्रयास किया जा रहा है। उनके परिवेश को यथासम्भव प्राकृतिक रहने देने का प्रयास किया जा रहा है। फिर भी अनेक क्षेत्रों में जनजातीय समाज में सभ्य भारतीय समाज की संस्कृति से सात्मीकरण के उदाहरण देखे जा सकते हैं। हिन्दुओं के प्रभाव से जनजातियों में कन्या मूल्य रुपए के रूप में माँगा जाने लगा है और दहेज की तरह यह बढ़ता रहा है। हिन्दुओं के सम्पर्क से जनजातीय समाज में बाल-विवाह की समस्या उत्पन्न हुई। सभ्य समाज के सम्पर्क से जनजातीय समाज में विवाह विच्छेदनों की संख्या बढ़ रही है। ईसाई मिशनरियों और हिन्दुओं के सम्पर्क में प्रत्येक जनजाति में ऐसे लोग देखे जा सकते हैं, जिन्होंने वेशभूषा, रहन-सहन, आचार-व्यवहार ही नहीं, बल्कि मूल्यों में अपनी संस्कृति को जोड़कर हिन्दू या ईसाई संस्कृति अपना ली है। यहीं नहीं, बल्कि वे अपनी संस्कृति को इन संस्कृतियों से निम्न समझने में लगे हैं। समाज सुधार संस्थाओं एवं सरकार की ओर से इन लोगों को हतोत्साहित किया जाता है, यद्यपि इनकी संख्या बराबर बढ़ती जा रही है। जनजातियों में नृत्य, संगीत, ललित कला आदि निरन्तर घटते जा रहे हैं। यातायात और संदेशवाहन के साधनों के विकास से अब जनजातीय संस्कृति पर अन्य संस्कृतियों का प्रभाव पड़ना नितान्त स्वाभाविक हो गया है। फिर भी पूर्ण सात्मीकरण के प्रतिमान को स्पष्ट करते हुए हेरी एम. जान्सन ने लिखा है, ''सात्मीकरण अल्पसंख्यकों के लिए उर्द्धोन्मुख गत्यात्मकता की तीव्र गति के साथ चलता है।''

27

फासीवाद

(Facism)

विकासवादी समाजवादी, उदारवाद तथा सम्यवाद इन तीन विचारधाराओं चर्चा सूक्ष्म रूप से की गयी है। लेकिन आज के शती में एक और विचारधारा का उद्‌भव हुआ हो जिसे हम फासीवाद कहते है। और करीब 25 साल 1920-45 तक यूरोप में इस विचारधारा और इस पर आधारित तानाशाही का बोलबाला रहा। वस्तुतः फासीवाद एक विशेष प्रकार की तानाशाही है, किंतु हर तानाशाही फासीवाद नहीं होगी। सच्ची बात यह है कि फासीवाद तानाशाही का सबसे घिनौना, मानवताविरोधी तथा खूंखार रूप है। फासीवादी नेता जन समर्थन के बल पर सत्तारूढ़ हुए। फरेब, धोखाधड़ी, लुभावने समाजवादी नारे, अंधविश्वास, व्यक्तिपूजा, शक्तिपूजा, युद्धवाद, जातिवाद, एकता अनुशासन, निरंकुशवाद, उग्र राष्ट्रवाद, आदि को मिलाकर तैयार किया गया यह सिद्धांत इंसान तथा इंसानियत के सबसे दुश्मन के रूप में सामने आया। वैसे प्रथम महायुद्ध लोकतंत्र की सुरक्षा हेतु लड़ा गया था, किंतु इसके तुरंत बाद ही यूरोप में फासीवादी विचारों की लहर चलने लगी। यूरोप के भीतर इटली, जर्मनी, स्पेन, ऑस्ट्रिया, हंगरी और पुर्तगाल में तथा यूरोप के बाहर जापान, अर्जेंटीना आदि देशों में फासीवादी सरकारों की स्थापना हुई और यूरोप के तमाम देशों में फासीवाद का थोड़ा बहुत प्रभाव देखा गया। लोकतंत्र के सिरमौर इंग्लैण्ड को भी सर ओसवाल्ड मोसले के नेतृत्व में फासीवादी आंदोलनों की आंधी नेकाफी हद तक भयभीत कर दिया।

फासीवाद ने उपरोक्त तीनों विचारधाराओं का जमकर खुले शब्दों में खिलाफत किया और राज्य को सर्वशक्तिशाली मानकर व्यक्ति तथा व्यक्तिगत स्वतंत्रता को राज्य के अधीन समझा। फासीवाद की विस्तारवादी साम्राज्यवादी प्रवृत्ति ने दूसरे महायुद्ध की आग भड़काई और इस युद्ध में करोड़ों लोगो को अपनी जान से हाथ धोने पड़े। हिटलर के जातिवाद ने 60 लाख बेकसूर जर्मन यहूदियों की जान ले ली। करोड़ों इंसानों के खून से रंगा यह सिद्धांत दुनिया के अमनपसंद

इंसानों द्वारा घृणा तथा भय की दृष्टि से देखा जाता है और इसे आज एक राजनीतिक अपशब्द समझा जाता है।

फासीवाद का अभिप्राय

फासीवाद का उद्‌भव इंटालियन भाषा के फेसियो शब्द से निर्माण हुआ। इसका अभिप्राय है बालिकाओं से बंधा गटठर इससे अनुशासन और एकता का बोध होता है। वास्तव में फासीवाद का अर्थ उन तानाश ही पूर्ण शासनों से लिया जाता है जो मुसोलिनी के नेतृत्व में 1922 में इटली में, तथा हिटलर के नेतृत्व में 1933 में जर्मनी में स्थापित हुए। साधारण अर्थों में उग्र राष्ट्रवादी गैर लोकतंत्रीय, गैर मार्क्सवादी, प्रतिक्रियावादी उग्र आंदोलन एवं शासनों को फासीवादी कह दिया जाता है।

अक्सर कहा जाता है कि फासीवाद का निश्चित अर्थ बता पाना सरल नहीं है क्योंकि फासीवाद एक तरह के व्यवहार का द्योतक है, सिद्धातहीनता इसकी मुख्य विशेषता रही है। निश्चित सिद्धातों के अभाव में इसकी कोई निश्चित परिभाषा भी नहीं दी जा सकती। किंतु हर तरह के व्यवहार की कुछ अपनी विशेषताएं होती हैं और उनके और उनके आधार पर उसमें जुड़ी हुई विचारधारा या सिद्धांत का कुछ न कुछ पता लगाया जा सकता है। फासीवाद की भी कुछ मुख्य विशेषताएं हैं जिनके आधार पर इसकी व्याख्या की जा सकती है। फासीवाद सबसे घिनौनी, प्रतिक्रियावादी मानवताविरोधी, तानाशाही है जिसे पूंजीवादी समाजों में, पूंजीवाद के संकट के समय पूंजीवादी सामाजिक एवं आर्थिक व्यवस्था को बचाने हेतु स्वयं पूंजीवादी वर्ग स्थापित करता है। जब उदारवादी पूंजीवादी लोकतंत्र पूंजीवाद के आर्थिक हितों की रक्षा करने में असफल होने लगता है तब पूंजीपति वर्ग झूठे नारों, फरेब और गोलीबाजी से जो एकता अनुशासन तथा राष्ट्रहित के नाम पर जो क्रांतिविरोधी तानाशाही स्थापित करता है, उसे फासीवाद कहते हैं। यदि हम फासीवाद के विकास इटली तथा जर्मनी में इसके ऐतिहासिक उद्‌भव, इसके आर्थिक एवं सामाजिक आधार तथा इसके विपरीत सिद्धांत और व्यवहार पर विचार करें तो इसका अर्थ अधिक स्पष्ट हो जाएगा।

फासीवाद सिद्धांत एवं व्यवहार

उपर्युक्त विदित हो चुका है कि फासीवाद एक सुनिश्चित एवं स्पष्ट सिद्धांत के रूप में नहीं उभरा। यह एक कार्यक्रम के रूप में सामने आया और आंरभ में तो फासीवादियों ने सिद्धांतों एवं विचारधाराओं के प्रति उपेक्षा का दृष्टिकोण अपनाया। मुसोलिनों ने कहा था कि हम किसी भी परिपूर्ण व निश्चित विचाराधारों में अविश्वास करते है फासीवाद सत्ययता पर निर्भर है, हम सत्य का प्रयोजन हासिल करना चाहते है, हमारा प्रयोजन कार्य से है, और कार्य करना चाहते है, हम बोलना नहीं चाहते। देश काल तथा परिस्थितियों के अनुसार हम कुलीनतंत्रीय और जनंतत्रीय रूढ़िवादी और प्रगतिवादी प्रतिक्रियावादी और क्रांतिकारी तथा कानूनी और गैर कानूनी बन सकते हैं। फासीवादियों द्वारा किसी निश्चित सिद्धांत से अपने को न जोड़े जाने का मुख्य

कारण यह था कि वे पृथक्-पृथक् भाषा बोलते रहे और राजनीति में इसी को धोखा कहते है फासीबादी अपनी दुरंगी धोखेबाजी से भरी लफाजी से अपने घिनौने सिद्धांतो पर सदा परदा डालता रहा।

लेकिन हर राजनीतिक आंदोलन या कार्यक्रम की विचारधारा, वर्गचरित्र और सिद्धांत होता है। फासीवाद यद्यपि हिंसा, हत्या, आंतक और मारकाट पर आधारित अवसरवादी दर्शन था, परंतु उसे भी मार्क्सवाद तथा उदारवाद जैसे सिद्धांतों से लड़ने हेतु अपने सिद्धांत की जरूरत थी। मुसोलिनी ने 27 अगस्त, 1921 को माइकेल विचांची को मिलान में फासीवादी संस्कृति और प्रचार का स्कूल खोलने हेतु जो पत्र लिखा, उसमें कहा था, अगर फासीवाद मरना नहीं चाहता या आत्महत्या नहीं करना चाहता जो मरने से भी बदतर है, तो उसे अब अपने लिए एक सिद्धांत का प्रबंध करना होगा। सचमुच मेरी इच्छा है कि हमारी राष्ट्रीय सभा होने में जो 2 महीने बाकी हैं, उनमें फासीवादी दर्शन की रचना कर डाली जाए, इसी प्रकार हिटलर ने अपनी पुस्तक सिद्धां 'मेन कैम्फ' में लिखा विश्वव्यापी सिद्धांत के खिलाफ बलपूर्वक लड़ने का प्रत्येक प्रयास अंत में तबतक असफल रहता है, जब तक कि संघर्ष नए बौद्धिक विचार हेतु आक्रमण का रूप धारण करने में नाकाम होता है। अतः फासीवाद को भी सिद्वांत की जरूरत पड़ी। फासीवाद ने बहुत से सिद्धांतकारों से बहुत सी बाते ग्रहण की। इन सिद्धांतकारों में मुख्य है हरडर 1744-1803 पिक्टे 1762-1814 हीगेल 1770-1831 शॅापनहावर 1788-1860 डारविन 1809-1882 वेगनर 1813-1883 गोबिन्यू 1816-1881 नीत्से 1844-1900 सोरेल 1847-1922 चेम्बरलेन, पेरेटी आदि।

28

नारीवाद
(Feminism)

नारीवाद ऐसा सिद्धांत है जो स्त्री पुरुष के बीच यौन संबंधी असमानता को एक प्राकृतिक वास्तविकता नहीं अपितु राजनीतिक शक्ति की समस्या के रूप में पारिभाषित करता है। इनकी दृष्टि से पुरुष और स्त्री के बीच का अंतर सिर्फ शारीरिक नहीं है अपितु समाजशास्त्रीय और राजनीतिक भी है। शारीरिक दृष्टि से तो स्त्री और पुरुष भिन्न होते ही हैं किन्तु उन्हें सामाजिक नजरिए से भी पृथक माना, समझा और बनाया जाता है। शारीरिक दृष्टि से अधिक सशक्त पुरुष ने अपने आपको सभी बाह्य और सार्वजनिक मामलों का स्वामी मान लिया और कमजोर नारी को तुच्छ, दास और वस्तु समझने लगा।

नारीवाद विभिन्न राजनैतिक विचारधाराओं के रूप में उभरा है। उदारवादी नारीवाद पुरुष और स्त्री के बीच समानता का दावा करते हुए समान वैधानिक और राजनैतिक अधिकारों की मांग करता है। जबकि मानवीय नारीवादियों को नारी के शोषण में पूंजीवादी वर्ग विभेद की दुर्गन्ध आती है और वे दावा करते हैं कि पूंजीवादी समाज के विघटन के बाद ही पुरुषों की भांति नारियों का शोषण बंद हो पाएगा। उग्र नारीवाद सदियों से चले आ रहे पितृतंत्र द्वारा महिलाओं को जबरदस्ती गुलाम बनाए रखने का उद्धरण देते हुए कहते हैं कि शक्ति, राजनीति और सार्वजनिक जीवन को फुरुषों का कार्यक्षेत्र माना जाना ही गलत है। अतः इन कार्य क्षेत्रों की पुनर्व्याख्या कर हर तरह के पुरुष प्रधानता के माध्यमों को समाप्ति करना आवश्यक है। समाजवादी नारीत्व मार्क्सवादी और उग्रवादी अवधारणाओं को इकट्ठा कर पुरुष प्रधानता की भर्त्सना करते हुए कहते हैं कि जीवन के सभी क्षेत्रों को राजनीतिक माना जाए और पितृतंत्र को सिर्फ इतिहास की पुस्तकों तक सीमित कर दिया जाए।

नारीवादी चुनौती

नारीवाद उन सभी व्यवस्थाओं और विचारों को ध्वस्त करने का प्रयत्न करता है जो पुरुष को श्रेष्ठ सिद्ध करते हैं। उनकी दृष्टि में इतिहास पितृतंत्र का इतिहास है, यह पुरुष द्वारा नारी से पारिवारिक- सामाजिक और अन्य क्षेत्र में दुर्व्यवहार का इतिहास है। इसीलिए नारीवाद उन सब बातों का विरोधी है जिससे पुरुषत्व की गंध आती है। इनकी दृष्टि में प्रतियोगिता और आक्र मकता पुरुष का सहज गुण नहीं है अपितु इन्हीं गुणों के कारण समाज में कितनी ही समस्याएं पैदा हुई हैं। इसके विपरीत वे नारीत्व के गुण जैसे शांति प्रियता, आत्संयम व समभावना की सराहना करते हुए कहते हैं कि इन सहगुणों के माध्यम से समाज की संपूर्ण रचना और चरित्र को एक नई आशा प्रदान की जा सकती है।

नारावादी की शिकायत जीवन के प्रत्येक पहलू के वर्तमान स्वरूप से है, जिसमें राजनीतिक शक्ति भी शामिल है। उसका कहना है कि वर्तमान स्वरूप में 'राज्य भी पितृतंत्र की अभिव्यक्ति है जिसमें महिलाओं का दमन और सभी औपचारिक संस्थाओं से उन्हें बाहर रखने की लिंग भेदी प्रवृतियाँ बहुत गहरी जमी हुई हैं (ब्रायसन)।' नारीवादियों का विचार है कि राज्य और उसकी शक्तियाँ न तो सार्वजनिक हैं और न राजनीतिक, इसीलिए यह अपने आप में स्वायत भी नहीं है। इनका विचार है कि ये शक्तियाँ पारिवारिक और निजी तथा लिंग भेद जैसी गैर राजनीतिक बातों में बहुत बुरी तरह उलझी हुई हैं। इनका मानना है कि नारियों का विभिन्न सामाजिक और राजनीतिक ढांचों व संस्थाओं से पृथक होना न सिर्फ अन्यायी और दुर्भाग्यपूर्ण है अपितु यह पृथक्करण पुरुषों द्वारा जानबूझकर किया गया है जिससे कि पुरुषों का हित पूरा हो। वर्तमान व्यवस्था नारियों के हितों के खिलाफ है। उग्र नारीवाद तो शक्ति के लिए प्रतिस्पर्धा के विचार को ही पुरुषों के जीवन दर्शन से जुड़ा मान कर नकार देता है और इसी दलील के आधार पर समस्त परम्परागत राजनीतिक और नौकरशाही की व्यवस्था को अस्वीकार करता है। ब्रायसन का कहना है कि बेहतर होगा यदि वर्तमान संस्थाओं व संगठनों में भाग ही न लिया जाए और अधिक उग्र नारीवाद नारी संस्थाओं द्वारा संगठित हो कर अनुशासित रूप से पितृतंत्र को भीतर से चुनौती देने की बात करते हैं। मार्क्सवादियों के विपरीत नारीवाद नारीवर्ग को सिर्फ आर्थिक वर्ग नहीं मानते अपितु इनका कहना है कि नारी तो स्वयं शक्ति है और यह समाज की समग्र शक्तियां छीनने के योग्य भी है।

ब्रायसन ने नारीवादी दलीलों का निचोड़ निम्न तरह से दिया है : राजशक्ति अपने आप में कुछ नहीं है अपितु यह तो सर्वव्यापी पितृतंत्र की शक्ति व्यवस्था ही है इसीलिए यह पक्षपात से परे नहीं है। इसमें पुरुष और नारी समान नहीं समझे जाते अपितु इसकी मुख्य विशेषता यही है कि नारी पर पुरुष का वर्चस्व बना रहता है।

नारीवाद समानता के सिद्धान्त का पक्षधर है। नारीवाद उन सभी समाजों और मान्यताओं का विरोध करता है जहां लिंग के आधार पर नारी के साथ भेदभाव किया जाता है और नारी को घर की चौखट तक ही सीमित रखने का प्रयास करता है। नारीवाद भ्रूण हत्या और यौन के आधार पर सामाजिक भेदभाव का भ्ज्ञी मुखलाफत करता है।

समानता के विचार पर नारीवाद का आघात बहुत पुराना है। वोलस्टोनक्राफ्ट ने रूसो की कड़ी आलोचना की थी क्योंकि वह समानता की बात करते हुए भी महिलाओं को राजनीतिक व्यवस्था से बाहर रखने और उन्हें पुरुषों के खिलवाड़ की वस्तु मानता था। अतः आधी मानव जाति को शक्ति के केन्द्रों से दूर रखना अनैतिक, अनीतिक और अलोकतांत्रिक भी था। नारी वाद महिलाओं को मताधिकार से वंचित रखने वाली लोकतांत्रिक व्यवस्था को गलत मानते है। अब जबकि नारियों को यह मताधिकार मिल गया है, पुरुष उनके उस अधिकार के प्रयोग में तरह-तरह से हस्तक्षेप करते हैं। यह हस्तक्षेप भी अधिकारों से नारियों को वंचित रखने का प्रयत्न है। इतिहास गवाह है कि महिलाओं को शक्ति संरचना में भागीदारी के लोकतांत्रिक अधिकार से वंचित रखा गया है। यहाँ तक की बहुलवाद और नव बहुलवाद ने भी महिलाओं को सामाजिक शक्ति के प्रयोग में भागीदारी योग्य समूह या वर्ग के रूप में स्वीकार नहीं किया। डहल जैसा बहुलवादी भी 'पुरुष' शब्द की जगह 'सभी पुरुष और महिलाएँ' शब्द इस्तेमाल कर संतुष्ट हो गया है, तो ऐसा लगता है कि एक बहुत ही जटिल समस्या को बहुत साधारण दृष्टि से देखा जा रहा है।

यद्यपि मार्क्स ने वर्ग विभाजन का आधार आर्थिक रखा किन्तु उसने भी महिलाओं को पुरुषों के समान अधिकार नहीं दिया। मार्क्सवादियों का यह कहना काफी नहीं है कि जब र्गविहीन समाज बनेगा तब नारी शोषण स्वयमेव समाप्त हो जाएगा। इसीलिए वे कहते हैं कि पुरुषों की तरह महिलाओं का भी संपत्तिवान वर्गों के हाथों शोषण होता है। मार्क्सवादी विचारतंत्र में विभिन्न समाजों में महिलाओं के शोषण का ठीक से अध्ययन नहीं हुआ है अपितु ऐसा लगता है उन्हें तो यह विषय निरर्थक लगता है। मार्क्स ने अतंर्राष्ट्रीय मजदूर पुरुष संघ (International Working Men's Association) बनाया किन्तु कामकाजी महिलाओं का संस्था के गठन में कोई दिलचस्पी नहीं ली। यह कहा जा सकता है कि मार्क्सवादियों ने एक वर्ग अथवा शक्ति के रूप में महिलाओं को पूरी तरह से नजर अंदाज किया।

29

गांधीवाद एवं शांतिवाद

(Gandhism and Pcifism)

गांधीवाद के सम्बन्ध में सर्वप्रथम यह है कि क्या गांधीवाद नाम की कोई वस्तु है? स्वयं गांधीजी ने 1936 में सांवली सेवा संघ में प्रवचन करते हुए कहा था, गांधीवाद नामक कोई वस्तु नहीं है। मैं अपने याद कोई सम्प्रदाय छोड़ना नहीं चाहता मैं किन्हीं नये सिद्धान्तों या किसी मत को चलाने का दावा नहीं करता मैंने तो केवल अपने ढंग से आधारभूत सच्चाइयों को अपने नित्य प्रति के जीवन एवं समस्याओं पर लागू करने का प्रयत्न किया है। मैंने जो मत बनाये तथा निष्कर्ष निकाले है, वे सब अन्तिम नहीं है। मैं कल ही उन्हें परिवर्तित कर सकता हूं। दुनिया को सिखाने के लिए मेरे पास कुछ नहीं है। सत्य और अहिंसा उतने ही पुरातन है जितने कि पहाड़ा मैंने तो केवल इन दोनों को यथासम्भव विस्तृत क्षेत्र में प्रयोग का प्रयत्न किया है।.... आप इसे गांधीवाद न कहें, इसमें कोई वाद नहीं है।

इस प्रकार यदि वाद से अभिप्राय किन्ही सिद्धान्तों या मतों से है जो एक निश्चित सूत्र में पिरोये हुए हों तो निश्चित रूप से गांधीवाद जैसी कोई वस्तु नहीं है। गांधीजी कभी भी अपने विचारों के बारे में पूर्णता का दावा नहीं करते थे। वे तो सदा सत्य और अहिंसा के साथ प्रयोग करते रहे और ऐसा करने में उनसे जो भी भूले हुई उन्होंने उन भूलों को स्वीकार किया और उनसे सीखा। उन्होंने आत्मकथा को भी सत्य के साथ मेरे प्रयोग का नाम दिया है। गांधीजी ने अन्तिम रूप से या आगमी समय के लिए कोई मत प्रतिपादित नहीं किया और न वे यह चाहते थे कि उनके अनुयायियो के द्वारा उनका अन्धुकरण किया जाय। उन्होंने किसी प्रणाली का निर्माण नहीं किया और न ही किसी वाद का संस्थापन ही किया।

तो भी गांधीजी का एक निश्चित जीवन-दर्शन था। राष्ट्रीय और अन्तर्राष्ट्रीय जटिलताओं के समाधान के लिए उनके कुछ विशेष सिद्धान्त एवं उनकी अपनी पद्धति थी। उनके इन सिद्धान्तों और उनकी कार्य पद्धति को ही सामूहिक रूप से गांधीवाद के नाम से पुकारा जा सकता

है। गांधीवाद की परिभाषा का प्रयत्न करते हुए डॉ. पी. एस. रमाया लिखते है गांधीवाद नीतियो, सिद्धान्तों नियमों, आदेशों और निषेधों, आदि का सिद्धान्त ही नहीं, वरन् जीवन का एक रास्ता है। इनके द्वारा जीवन की समस्याओं के प्रति एक नवीन दृष्टिकोण का प्रतिपादन या पुरातन दृष्टिकोण की पुनव्याख्या करते हुए आधुनिक समस्याओं के लिए पुरातन हल प्रस्तुत किये गये है।

शांतिवाद

गांधीजी अहिंसा को मानव का नैसर्गिक गुण मानते थे और उनका कहना था कि मनुष्य स्वभाव से अहिंसाप्रिय है तथा वह परिस्थितियों के कारण ही हिंसावान बनता है। मनुष्य की अहिंसक प्रवृति का ही प्रमाण है कि प्राचीन काल का वह व्यक्ति जो स्थितियोंवश नरभक्षी के रूप में जीवन व्यतीत करता था, आज का सुसंस्कृत प्राणी बन गया है। इस प्रकार समस्त मानव इतिहास में हम देखते हैं कि मनुष्य की अहिंसक प्रवृत्ति का विकास हो रहा है। इसमें कोई सन्देह नहीं है कि विश्व में हिंसा का पूर्ण अस्तित्व नहीं है, यह विश्व में विद्यमान है और कभी-कभी अपना क्रोध रूप भी प्रकट करती है, परन्तु समाज के विकास का इतिहास यही बताता है कि मनुष्य मूल रूप से अहिंसा प्रवृत्ति का है और उसकी इस अहिंसक प्रवृत्ति के कारण ही मानव जाति लगातार बढ़ती जा रही है। इस प्रकार अहिंसा को मानव जगत का सर्वोच्च नियम मानते हुए गांधीजी का मत था कि अहिंसा के आधार पर ही एक सुव्यवस्थित समाज की स्थापना और मानव जीवन की भावी उन्नति सम्भव है।

गांधीजी का कहना था कि अहिंसा का अर्थ केवल हत्या करना ही नहीं है, बल्कि अहिंसा से उनका तात्पर्य अन्य किसी प्रकार से भी अपने विरोधी को कष्ट न पहुंचाना है। 9 मार्च 1920 के यंग इण्डिया के अंक में गांधीजी ने लिखा था कि पूर्ण अहिंसा सभी प्राणियों के प्रति दुर्भावना के अभाव का नाम है....इस प्रकार अहिंसा अपने क्रियात्मक रूप में सभी जीवधारियों के प्रति सद्भावना का नाम है। यह तो विशुद्ध प्रेम है।

कई मनुष्यों द्वारा भ्रमवश अहिंसा का मतलब यह समझ लिया जाता है कि बुराई को न रोकना या बुराई के सामने झुक जाना ही अहिंसा है। परंतु अहिंसा किसी भी रूप और किसी भी परिस्थिति में बुराई या अत्याचार को सहन करने या उसके सम्मुख समर्पण करने का आदेश नहीं देती, बल्कि इसके द्वारा तो बुराई का आध्यात्मिक बल के आधार पर प्रतिरोध का आदेश दिया जाता है। गांधीजी का कहना है कि, अहिंसा का तात्पर्य अत्याचारी के प्रति नम्रतापूर्ण समर्पण नहीं है, बल्कि इसका तात्पर्य है कि अत्याचारी के मनमानी का आत्मिक बल के आधार पर प्रतिरोध करना है।

महात्मा गांधी का दृढ़ विश्वास था कि मनुष्य और समाज की स्थिति में रक्तपूर्ण क्रान्ति के आधार पर नहीं, बल्कि अहिंसात्मक प्रवृत्ति के आधार पर ही सुधार सम्भव है। उनका विश्वास था कि अहिंसा में कठोर हृदय को भी पिघलाने की शक्ति है। अहिंसा आत्मिक बल की प्रतीक है, जिसके विरोध में भौतिक बल चाहे कुछ समय के लिए विजयी हो जाय, परंतु अंत में उसे

पराजित होना ही पड़ेगा। हिंसा केवल कुछ ही लोगों के लिए सम्भव है और वह भी अस्वाभाविक रूप से, जबकि अहिंसा जनसाधारण का स्वाभाविक धर्म है क्योंकि यह हम जैसे जीवों का शाश्वत कानून है।

गांधीजी का अहिंसा में पूर्ण विश्वास था और उन्होंने अहिंसा की निम्नलिखित तीन रूप बतलाएं है :

1. औचित्यपूर्ण अहिंसा अहिंसा के इस रूप को जीवन के क्षेत्र में किसी विशेष आवश्यकता के पड़ने पर औचित्यानुसार एक नीति के रूप में अपनाया जाता है। वह निर्बल व्यक्तियों की अहिंसा या असहाय व्यक्तियों का निष्क्रिय प्रतिरोध होती है। फिर भी यदि ईमानदारी, साहस और सावधानीपूर्वक एक नीति के रूप में अपनाया जाय, तो इससे कुछ सीमा तक वांछित लक्ष्य की प्राप्ति की जा सकती है। परंतु यह जाग्रत अहिंसा के समान प्रभावशाली सिद्ध नहीं हो सकती है। आन्तरिक विश्वास नहीं, बल्कि परिस्थितियों की मांग पर आधारित होने के कारण अहिंसा के इस रूप में आवश्यक होने पर हिंसा का प्रयोग भी किया जा सकता है।

2. जाग्रत अहिंसा इसे अहिंसा का सर्वोत्कृष्ट रूप कहा जा सकता है और यह साधन-सम्पन्न या बहादुर व्यक्तियों की अहिंसा है? अंहिसा के इस रूप को दुखद आवश्यकता के कारण नहीं, बल्कि नैतिक धारणाओं पर दृढ़ आस्था के आधार पर ही अपनाया जा सकता है। जाग्रत अहिंसा से पूर्ण व्यक्ति में प्रहार करने की क्षमता रहती है, परंतु वह इसका इच्छुक नहीं होता। अहिंसा के इस रूप को केवल राजनीतिक क्षेत्र में ही नहीं अपितु जीवन के सभी क्षेत्रों में दृढता के साथ लागू किया जाना चाहिए। अहिंसा के इस रूप में ही असम्भव को सम्भव में बदलने और पहाड़ों को हिला देने की अपार शक्ति निहित है।

3. भीरूओं की अहिंसा कई बार डरपोक और कायर व्यक्ति भी अंहिसा का राग भरते है, परंतु इनकी इस प्रवृत्ति को अहिंसा नहीं वरन् डरपोक और कायर व्यक्तियों की निष्क्रिय हिंसा ही कहा जाना उचित है। डरपोक संकट का सामना करने की अपेक्षा उससे भाग जाता है पर जो कि नितान्त अमानवीय अप्राकृतिक और असम्मानजनक हैं। गांधीजी के शब्दों में, कायरता और अहिंसा एक साथ नहीं रह सकते हैं, जिस प्रकार पानी और आग एक साथ रहना मुश्किल है।

अहिंसा वीरों का धर्म है और अपनी कायरता को अहिंसा की ओट में छिपाना निन्दनीय तथा घृणा करने योग्य है। यदि कायरता और हिंसा में से किसी एक को चुनना है तो गांधीजी के अनुसार हिंसा को स्वीकार करना उचित है। इस सम्बन्ध में उनका यह स्पष्ट विचार है कि यदि हमारे हृदय में हिंसा भरी है तो हम अपनी कमजोरी को छिपाने के लिए अहिंसा का आवरण पहने, इससे हिंसक होना अधिक अच्छा है। वस्तुतः गांधीजी कायरता के पक्ष में एकदम नहीं थे।

इस प्रकार गांधीवादी अहिंसा को कायरता का नाम देना अनुचित है। यह कारयरता या पलायनवादी प्रवृत्ति की घोतक नहीं है, बल्कि आत्मिक बल के रूप में वीरों का वास्तविक भूषण हैं।

30

वैश्विक विश्व के राजनीतिक सिद्धान्त (Political Theory in Globalising World)

अन्तर्राष्ट्रवाद

यदि 19वीं सदी राष्ट्रवाद का युग था, तो बीसवीं सदी को अन्र्तराष्ट्रवाद का युग कहा जा सकता है। आज से कुछ वर्षों पहले तक जिस अन्तर्राष्ट्रीय को एक अव्यावहारिक आदर्श व कल्पना मात्र समझा जाता था, आज के वैज्ञानिक युग में वह कल्पना सत्य के बहुत अधिक नजदीक दिखायी देती है। राष्ट्रवाद के समान ही अन्तर्राष्ट्रवाद की परिभाषा भी आसान नहीं है और साधारण शब्दों में यही स्पष्ट कर सकते है कि जिस प्रकार राष्ट्रवाद देश-प्रेम की भावना है, उसी प्रकार अन्तर्राष्ट्रवाद विश्व-प्रेम की भावना है। अन्तर्राष्ट्रवाद को यदि हम विश्व-बन्धुत्व की आध्यात्मिक भावना का राजनीतिक रूपान्तर कहें तो गलत नहीं होगा। वस्तुतः अन्तर्राष्ट्रवाद आध्यात्म मिश्रित एक ऐसी राजनीतिक कोशिश है, जिसका लक्ष्य प्रत्येक राष्ट्र की एकाकीपन और संकीर्णता के संकुचित बन्धनों से मुक्त करके एक ऐसे वातावरण में प्रवेश कराना है, जहां उसे प्रतिद्वन्द्विता के स्थान पर सहयोग, आर्थिक दासता के स्थान पर आर्थिक, राजनीतिक, सामाजिक तथा नैतिक समता का व्यवहार प्राप्त हो सके। गोल्डस्मिथ ने अन्र्तराष्ट्रीय की परिभाषा इस प्रकार की हैं, अन्तर्राष्ट्रवाद एक भावना है जिसके अनुसार व्यक्ति केवल अपने राज्य का ही सदस्य नही, वरन् समस्त विश्व का नागरिक है।

विलियम लॉयड गैरीसन ने स्पष्ट किया कि हमारा देश विश्व है हमारे देशवासी पूर्ण मानव जाति हैं, हम अपनी जन्मभूमि को उसी प्रकार प्रेम करते हैं, जिस प्रकार हम अन्य देशों से प्रेम करते हैं।

इसी प्रकार दूसरे लेखक के अनुसार अन्तर्राष्ट्रवाद विचार और कर्म का एक ऐसा क्रम है जिसका उद्देश्य विश्व के विभिन्न राज्यों में शान्तिमय सहयोग का विकास करना है।

गोल्डस्मिथ तथा गैरीसन इत्यादि विद्वानों द्वारा अन्तर्राष्ट्रवाद की जो भी परिभाषाएं की गयी है वे अस्पष्ट हैं। अन्तर्राष्ट्रवाद की अधिक स्पष्टतापूर्वक व्याख्या वाल्टर थिमर और पीटर ने इस प्रकार की है ,अन्तर्राष्ट्रवाद मानवता की आधारभूत एकता में विश्वास करते हैं और विभिन्न राष्ट्रों के बीच की बाधाओं को दूर या कम करना चाहते हैं। वे मानवता करते हैं और विभिन्न राष्ट्रों घृणा अहं तथा ईर्ष्या के भाव का विरोध करते है और घनिष्ठ अन्तर्राष्ट्रवाद सहयोग का प्रतिपादन करते हैं। उनका एकमात्र लक्ष्य है अन्तर्राष्ट्रवाद संघ या एक वास्तविक विश्वराज्य के पक्ष में राष्ट्रीय सम्प्रभुता को समाप्त करना। ईसाई मानवतावाद तथा नैतिक सिद्धान्त अन्तर्राष्ट्रवाद के आधार हैं और युद्ध को रोकना इसका प्राथमिक व्यावहारिक उद्देश्य है।

अन्तर्राष्ट्रवाद के मूल लक्षण

अन्तर्राष्ट्रवाद कोई निश्चित विचारधारा नहीं है और न ही आज तक अन्तर्राष्ट्रवाद कानून या व्यवस्था का कोई स्पष्ट तथा लिखित रूप विकसित हो सका है, फिर भी सामान्य तौर पर प्रचलित विचारों के आधार पर अन्तर्राष्ट्रवाद के मुख्य रूप में अग्रलिखित लक्षण कहे जा सकते हैं।

1. अन्तर्राष्ट्रवाद विश्वशान्ति का समर्थक है।
2. अन्तर्राष्ट्रवाद सामान्यतया सभी युद्धों और विशेषतया विश्वयुद्ध के विरोधी है।
3. अन्तर्राष्ट्रवाद विश्ववाद नहीं है।
4. अन्तर्राष्ट्रवाद एक विश्व सरकार की स्थापना करना चाहता है।
5. अन्तर्राष्ट्रवाद सहयोग सद्‌भावना तथा मैत्री का प्रतिपादक है।
6. अन्तर्राष्ट्रवाद राष्ट्रवाद का विरोधी नहीं हैं।

विश्व सरकार

विश्व सरकार का अभिप्राय यह है कि विश्व के नागरिकों और क्षेत्रों को एक समान मानते हुए विश्व के समस्त क्षेत्र के शासन का अन्तिम रूप में एक ही केन्द्र के माध्यम से किया जाए। विश्व सरकार की व्यवस्था आवश्यक रूप से संघवादी होगी और इसके अर्न्तगत कुछ विषयों के सम्बन्ध में विभिन्न इकाइयों को अपनी इच्छानुसार शासन प्रबन्ध करने का अधिकार होगा, परंतु सभी इकाइयों से समान रूप से सम्बन्धित मुख्य विषयों के सम्बन्ध में विश्व के लिए एक ही प्रकार से और एक ही केन्द्र से शासन किया जाएगा।

विश्व संघ की रूपरेखा का चित्रण बट्रेण्ड रसेल ने अपनी पुस्तक में इस प्रकार से किया है :

विश्व संघ की एक व्यवस्थापिका और कार्यपालिका होगी। व्यवस्थापिका का स्वरूप संघात्मक होगा। उन सब बातों के अलावा जो युद्ध और शान्ति से सम्बन्धित है, अन्य सभी प्रश्नों पर राष्ट्रों की स्वतन्त्रता होगी संघ की कार्यपालिका का अधिकार विश्व की सुरक्षा व्यवस्था

का निर्धारण होगा। आवश्यकता पड़ने पर कार्यपालिका व्यवस्थापिका के प्रति उत्तरदायी होगी। रसेल ने विश्व न्यायपलिका का कोई जिक्र नहीं किया है, परंतु विभिन्न देशों के विवादों का निर्णय करने के लिए विश्व न्यायालय की स्थापना जरूरी है। विश्व संघ को एक सेना का होना भी अत्यंत आवश्यक है और विश्व संघ की इकाइयों के द्वारा स्वाभाविक रूप से अपनी सेनाएं कर दी जाएगी। इसी प्रकार क्लेरेस ए. स्ट्रीट और लियोलन कर्टिस, आदि विचारकों के द्वारा भी विश्व संघ की रूपरेखा का विवरण प्रस्तुत किया गया है।

विश्व सरकार की जरूरत और इसके समर्थन में तर्क

विश्व सरकार वर्तमान समय की एक जरूरी आवश्यकता है और इसके समर्थन में प्रमुख रूप से निम्नलिखित तर्क दिए जाते हैं:

1. समस्त विश्व के आर्थिक विकास के लिए आवश्यक जब तक राष्ट्रीय राज्यों का अस्तित्व है, तब तक एक राष्ट्र अपने माल पर अनेक प्रकार के सीमा शुल्क लगाता है जिससे विभिन्न क्षेत्रों के आपसी व्यापार में रूकावट पहुंचती है। विश्व सरकार आर्थिक क्षेत्रों में इस प्रकार के सभी प्रतिबन्धों को समाप्त कर विश्व के विभिन्न क्षेत्रों को व्यापारिक और आर्थिक विकास की ओर अग्रसर करती है। इसके अलावा वर्तमान समय के कुछ राज्य आर्थिक दृष्टि से बहुत आगे बढ़े हुए हैं, और कुछ बहुत पिछड़े हुए हैं। ऐसी दशा में विश्व के सभी क्षेत्रों को उन्नति के सामान और पर्याप्त अवसर प्राप्ति हो सकें, इसके लिए विश्व सरकार अत्यंत आवश्यक है।

2. विश्व सरकार के बिना स्थायी शान्ति को स्थापना सम्भव नहीं समस्त विश्व में शान्ति बनाए रखने के उद्देश्य से प्रथम विश्वयुद्ध के बाद राष्ट्रसंघ और दूसरे विश्वयुद्ध के बाद संयुक्त राष्ट्रसंघ की स्थापना हुई, परंतु अन्तर्राष्ट्रीय संगठनों द्वारा अपने लक्ष्य में पूर्ण सफलता प्राप्त नहीं का जा सकी। वास्तव में स्थायी शान्ति उसी समय सम्भव है जबकि अन्तर्राष्ट्रीय क्षेत्र में राज्यों के द्वारा उसी प्रकार के सत्ता के आदेश का पालन किया जाए, जिस प्रकार एक राज्य के नागरिकों द्वारा राज्य की सत्ता के आदेशों का पालन किया जाता है और यह बात केवल विश्व सरकार के अन्तर्गत ही सम्भव है।

3. विश्व सरकार वर्तमान समय के लिए स्वाभाविक आज विज्ञान ने विश्व को एक कर दिया है, और दूरी को अर्थहीन बना दिया है। मडरियाणा का कथन है कि, विचारों और समाचारों की दृष्टि से आधुनिक संसार ने एक संयुक्त इकाई का रूप धारण कर लिया है। ऐसी दशा में राष्ट्रीय सरकारें नहीं बल्कि विश्व सरकार ही वर्तमान समय के लिए नितान्त स्वाभाविक है।

4. मानवीय दृष्टिकोण से आवश्यक आधुनिक युग में विश्व के विभिन्न क्षेत्रों में असमानता, उपनिवेशवाद साम्राज्यवाद दास-प्रथा और रंगभेद काली और गोरी जातियों का अंतर विद्यमान है। दक्षिण अफ्रीका, रोडेशिया और अन्य कुछ क्षेत्रों में इस प्रकार का रंग-भेद विशेष रूप से है। इस प्रकार की सभी बुराइयों को दूर करने के लिए विश्व सरकार की स्थापना अत्यंत आवश्यक है।

31

यथार्थवादी एवं नव-यथार्थवादी उपागम (Realist and Neo-Realist Approaches)

अन्तर्राष्ट्रीय सम्बन्धों के अध्ययन के लिए उसके उपागमों की विशेष भूमिका होती है, क्योंकि इन्हीं के आधार पर उसका तुलनात्मक तथा विश्लेषणात्मक अध्ययन सम्भव होता है। वस्तुतः यदि देखा जाय तो इसके अध्ययन के प्रमुख दो उपागम हैं; प्रथम; पारम्परिक उपागम तथा द्वितीय; आधुनिक उपागम। इस अध्याय में हम इन उपागमों की विशेषताओं तथा तृतीय विश्व में इस उपादेयता पर प्रकाश निक्षेप करेंगे।

राजनीतिक यर्थातवाद पूर्व मान्यताओं तथा अमूर्त आदर्शों के स्थान पर ऐतिहासिक घटनाओं को अपना आधार मानता है। यह अनुभव और तर्क पर आधारित है। इसमें तथ्यों और घटनाओं के वास्तविक स्वरूप का अध्ययन के पश्चात् तर्कसंगत निष्कर्ष निकाले जाते हैं और इसलिए इसको राजनीति यथार्थवादी सिद्धान्त कहा जाता है।

यथार्थवादी विचारधारा की अपनी कुछ मान्यताएँ हैं। यह विचारधारा मानती है कि संसार में दिखाई देने वाली विभिन्न अपूर्णताएँ मानव-स्वभाव में ही निहित कुछ मूलभूत प्रवृत्तियों का परिणाम हैं। इसलिए यदि इन अपूर्णताओं को दूर करना है तो इन प्रवृत्तियों के विरोध के स्थान पर उनसे मिलकर चलना होगा। यह विचारधारा यह भी मानती है कि संसार में अनेक परस्पर विरोधी स्वार्थ हैं, जो आपस में टकराते हैं, इसलिए किन्हीं नैतिक सिद्धान्तों पर आधारित ऐसी किसी भी आदर्श व्यवस्था को प्राप्त करना सम्भव नहीं है, जहाँ संघर्ष बिल्कुल न हो। इसलिए विभिन्न स्वार्थों के मध्य सन्तुलन की स्थापना करके इस संघर्ष को कम करना होता है।

यथार्थवादी विचारधारा 18वीं और 19वीं शताब्दी में प्रचलित थीं। 19वीं शताब्दी में ट्रीट्श्के (Treitschke) और नीत्शे (Nietzsche) ने इस विचारधारा को आगे बढ़ाया। एरिक कॉफमैन (Erich Kaufmann), फ्रेडरिक वाल्किन्स (Frederick Walkins), हैरॉल्ड लासवैल (Harold Lasswell), डेविड ईस्टन (David Easton) आदि राजनीतिक विचारकों ने राजनीति

के अध्ययन में यथार्थवादी विचारधारा के विभिन्न पहलुओं पर जोर दिया। इन सभी ने शक्ति-राजनीति (Power-Politics) पर विशेष बल दिया।

'यथार्थवादी विचारधारा द्वितीय विश्वयुद्ध के दौरान पुनः प्रतिष्ठित की गयी। येल विश्वविद्यालय के प्रोफेसर निकोलस जें स्पाइकमैन (***Nicholas J. Spykman***) ने 1942 ई. से पूर्व ही अन्तर्राष्ट्रीय राजनीति के अध्ययन में यथार्थवादी दुष्टिकोण पर विशेष बल दिया। कुछ अन्य विचारकों ने भी इस विचारधारा को आगे बढ़ाने में योगदान दिया।

सन् 1945 के बाद के अन्तर्राष्ट्रीय राजनीतिक विचारको; जैसे-ई.एच.कार, जॉर्ज श्वारजनबर्गर, क्विन्सी राइट, मॉर्गेन्थो आदि ने राजनीतिक यथार्थवादी को सम्बन्धों में लागू करने का प्रयास किया। अन्तर्राट्रीय सम्बन्धों के यथार्थवादी प्रतिमान को स्थापित करने में मार्गेन्थो को महत्त्वपूर्ण स्थान है। यह दृष्ट्रिकोण राष्ट्रो के मध्य संघर्ष के सभी पहलुओं पर विचार करता है। राजनीतिक यथार्थवाद पर उनके भाषण और उनकी पुस्तक ***Politics among Nations*** के प्रकाशन ने अन्तर्राष्ट्रीय सम्बन्धों के अध्ययन को बहुत प्रभावित किया। कैनैथ वी. थॉम्पसन (***kenneth V. Thompson***) ने तो यह अनुभव किया कि, 'अन्तर्राष्ट्रीय राजनीति का बहुत सा साहित्य मॉर्गेन्थो तथा उसके आलोचकों के मध्य स्पष्ट तथा अस्पष्ट संवाद मात्र ही है।

मॉर्गेन्थो ने ही यथार्थवाद को सैद्धान्तिक आधार प्रदान किया है। इसीलिए **डॉ. महेन्द्र कुमार** ने लिखा है कि, 'मॉर्गेन्थो केवल यथार्थवादी लेखक ही नहीं बल्कि पहले सिद्धान्तकार हैं। जिन्होंने यथार्थवादी साँचे को वैज्ञानिक ढंग से विकसित किया।' **स्टेनले हॉफमैन** के अनुसार, 'यद्यपि यथार्थवादी सिद्धान्त के अनेक तत्त्वों की व्याख्या मॉर्गेन्थो से पहले अनेक विद्वानों ने की थी, किन्तु इसके सैद्धान्तिक रूप का सबसे अधिक विशाद् और विस्तृत प्रतिपादन मॉर्गेन्थो ने पहली बार अपनी पुस्तक पॉलिटिक्स अमंग नेशन्स में इतनी सफलता के साथ किया कि यह अन्तर्राष्ट्रीय राजनीति का एक विशिष्ट सम्प्रदाय समझा जाने लगा।

मॉर्गेन्थो ने अपने सिद्धान्त में 'शक्ति' (Power) पर मुख्य रूप से बल दियाण इसीलिए इसे 'शक्तिवादी दृष्टिकोण' (Power approach) के नाम से भी जाना जाता है। शक्ति की परिभाषा करते हुए **मॉर्गेन्थो** ने कहा है कि, 'शक्ति मानव का अन्य व्यक्तियों के कार्यों तथा मस्तिष्क पर नियन्त्रण है।' मॉर्गेन्थो का मत है कि अन्तर्राष्ट्रीय राजनीति का मूल आधार 'शक्ति के रूप में परिभाषित हित की अवधारणा' (Concept of Interest defined in terms of Power) है। शक्ति के सन्दर्भ में राष्ट्रीय हित की महत्ता पर बल देने के कारण मॉर्गेन्थो का दृष्टिकोण यथार्थवादी है। **मॉर्गेन्थो** के शब्दों में, ' उनका सिद्धान्त यथार्थवादी इसीलिए होता है कि मानव स्वभाव को उसके यथार्थ में देखते हैं जो इतिहास में अनादि काल से बार-बार परिलक्षित होता रहा है।'

32

उदारवादी एवं नव उदारवादी उपागम

(Liberal and Neo-Liberal Approaches)

उदारवाद जिसे अंग्रेजी में लिबरलिज्म कहते है, शब्द की उत्पति लेटिन भाषा के शब्द से हुई है, जिसका शाब्दिक अर्थ है स्वतन्त्र व्यक्ति। इस प्रकार इस सिद्धान्त का सार यह है कि व्यक्तित्व को स्वतन्त्रता मिले जिससे वह अपने व्यक्ति का विकास कर सके। तुलनात्मक राजनीति को समझन में यह विचारधार बहुत ही उपयोगी है। यद्यपि उदारवाद में कई छोटी-छोटी विचारधाराएं शामिल हैं, परन्तु फिर भी इसके कुछ मूल सिद्धान्त हैं, जो इस प्रकार हैं

1. अतीत व परम्पराओं के प्रति उदासीनता उदारवाद मध्य युगीन परंपराओं, रूढ़ियों और अंध विश्वासों के खिलाफ है। यह विचारधारा निरंकुशता के विरोध में विकसित हुई है। फिर चाहे समय-समय पर राज्य सामंच और चर्च की निरंकुशता ही क्यों न हो। उदारवाद तो इन सबके विरुद्ध एक विद्रोह था। इस विचारधारा के अनुसार प्राचीन व्यवस्था का उन्मूलन करके नए आदर्शों के आधार पर नए समाज का निर्माण करना चाहिए। यही कारण है कि उदारवादियों ने इग्लैंण्ड की गौरवपूर्ण क्रान्ति और फ्रांस की क्रान्ति का समर्थन किया।

2. मनुष्य के विवेक में विश्वास उदारवाद की सबसे महत्वपूर्ण मान्यता मनुष्य के विवेक में विश्वास है। उदारवाद का विकास इसी के आधार पर हुआ है। परम्परागत अन्ध-विश्वासों के विरुद्ध किसी कारण से प्रतिक्रिया पैदा हुई। यूरोप में धर्म-सुधार तथा नव-जागरण के आन्दोलनों में यही दृष्टिकोण था। दूसरे शब्दों में, किसी भी सिद्धान्त या संस्था को उसी रूप में स्वीकार किया जा सकता है जब वह बुद्धि की कसौटी पर खरा उतरे।

3. प्राकृतिक अधिकारों को मान्यता उदारवादियों का विचार है कि व्यक्ति के अधिकार प्राकृतिक हैं। जॉन लॉक के अनुसार, जीवन सम्पति तथा स्वतंत्रता व्यक्ति के प्राकृतिक अधिकार है। राज्य का निर्माण तो इन अधिकारों की रक्षा के लिए हुआ है। चूंकि ये अधिकार व्यक्ति को राज्य या समाज द्वारा नहीं दिए गए है, इस कारण राज्य को इन्हें कम करने का कोई अधिकार नहीं है। दूसरे शब्दों में, उदारवादियों के अनुसार व्यक्ति के अधिकार प्राकृतिक

अधिकार के सिद्धान्त द्वारा निश्चित किए गए हैं, जिन्हें राज्य न कम कर सकता है और न समाप्त कर सकता है।

4. व्यक्ति साध्य है, राज्य साधन उदारवाद की एक मान्यता यह भी है कि व्यक्ति साध्य है तथा राज्य साधन है। व्यक्ति ने समाज, राज्य तथा अन्य संस्थाएँ निर्मित की हैं कि वे उसके विकास में सहायक बन सकें। उदारवादियों के अनुसार समाज व राज्य कृत्रिम संस्थाएँ है। उनके अनुसार राज्य, समाज, समुदाय, कानून या कोई संस्था ऐसी नहीं है जिसके नाम पर व्यक्ति का बलिदान किया जा सके। इन सब संस्थाओं का अस्तित्व ही व्यक्ति के लिए है। व्यक्ति के हितों के साधन के लिये यदि राज्य या समाज व्यक्ति के विकास के लिए नहीं करते तो उनके अस्तित्व का कोई औचित्य नहीं है।

5. राज्य व समाज कृत्रिम तथा मनुष्यकृत संस्थाए हैं उदारवादियों के अनुसार राज्य तथा समाज मनुष्यकृत संस्थाएँ हैं जो मनुष्य ने अपनी आवश्यकतानुसार बनाई है। इसलिए राज्य तथा समाज कृत्रिम तथा मनुष्यकृत संस्थाएँ हैं। मनुष्य ने राज्य व समाज का निर्माण अपने कल्याण के लिए किया है, इसलिए वह उनमें आवश्यकतानुसार परिवर्तन भी कर सकता है। जॉन लॉक ने तो यहाँ तक कहा है कि यदि राज्य मनुष्यों के कल्याण के लिए कार्य नहीं करता तो वे राज्य के विरुद्ध विद्रोह कर सकते है।

6. व्यक्ति की स्वतंत्रता का समर्थन उदारवाद व्यावहारिक रूप में स्वतंत्रवाद है। इसके अनुसार स्वतंत्रता व्यक्ति का प्राकृतिक तथा जन्मसिद्ध अधिकार है, इसलिए व्यक्ति का यह अधिकार है कि यह अपनी स्वतन्त्रता के लिये अपने विवेक के अनुसार कार्य करे। उसके ऊपर इस क्षेत्र में किसी बाहरी सत्ता का नियन्त्रण न हो। लास्की ने कहा है कि उदारवाद का स्वतन्त्रता से सीधा सम्बन्ध है क्योंकि इसका उदय ही समाज के किसी वर्ग के द्वारा जन्म अथवा धर्म के आधार पर प्राप्त किये गए विशेषाधिकारों का विरोध करने के लिये हुआ है।

इससे प्रत्यक्ष हो जाता है कि उदारवादी विचारधारा व्यक्ति हेतु उसकी स्वाधिनता का जीवन से जुड़ी समस्त क्षेत्रों में प्रतिपादन करती हैं।

7. स्वामियुक्त व्यक्ति की धारणा उदारवाद का एक प्रधान सिद्धान्त यह भी है कि व्यक्ति स्वतंत्र रूप से अपने आप में पूर्ण है। वह अपना मालिक खुद है। वह अपने व्यक्तित्व का विकास अपनी इच्छानुसार स्वयं ही कर सकता है। अन्य किसी के अधीन रहकर व्यक्ति का विकास सम्भव नहीं है। उदारवाद का व्यक्ति के व्यक्तित्व के विकास का विचार उदारवाद के नैतिक मूल्य सम्बन्धी विचार से जुड़ा है। इस विचार के अनुसार व्यक्ति में अपने विकास की शक्तियाँ निहित है। व्यक्ति अपनी पूर्णता को उसी स्थिति में प्राप्त कर सकता है, जबकि वह स्वयं बिना किसी के अधीन हुए अपना विकास करे। इस प्रकार उदारवादियों ने स्वामिमुक्त व्यक्ति की धारणा का समर्थन किया है।

8. राज्य का सीमित कार्य-क्षेत्र उदारवादी विचारक व्यक्ति की स्वतंत्रता के महान पोषक है। उनके अनुसार एक व्यक्ति अपने हित तथा अहित को अच्छी तरह समझता है। इसलिए व्यक्ति को अपने व्यक्तित्व का विकास करने के लिए उसकी इच्छानुसार अवसर मिलना चाहिए। राज्य को व्यक्ति के कार्यो में कम से कम हस्तक्षेप करना चाहिए इस प्रकार उदारवादियों

ने राज्य के सीमित कार्य क्षेत्र का समर्थन किया है। उनके अनुसार सर्वोतम सरकार वह है जो सबसे कम शासन करती है।

9. धर्म-निरपेक्षता में विश्वास उदारवाद धर्म-निरपेक्षता का समर्थक है। उसके अनुसार धर्म व राजनीति के क्षेत्र अलग-अलग हैं। धर्म व्यक्ति का व्यक्तिगत विषय है। इसलिए राज्य को व्यक्ति के धार्मिक मामलों में हस्तक्षेप नहीं करना चाहिए। लॉक व्यक्ति की धार्मिक स्वतंत्रता का महान समर्थक था। उदारवादियों ने यूरोप में धर्म के नाम पर होने वाले अत्याचारों के विरोध में ही धर्म-निरपेक्षता के सिद्धान्त का समर्थन किया था। वर्तमान समय में विश्व के अधिकतर राज्य धर्म-निरपेक्षता के सिद्धान्त का समर्थन किया था। वर्तमान समय में विश्व के अधिकतर राज्य धर्म-निरपेक्षता के समर्थक हैं। भारत में भी इसी सिद्धान्त को मान्यता देकर नागरिकों तथा व्यक्तियों को धार्मिक स्वतंत्रता प्रदान की गई है।

10. अन्तर्राष्ट्रीयतावाद का समर्थन उदारवाद विश्व शान्ति में आस्था रखता है। वह व्यक्ति की स्वतंत्रता के साथ-साथ राष्ट्रीय स्वतंत्रता का भी समर्थन करता है। इसलिए वह अन्तर्राष्ट्रीयता के सिद्धान्त का पोषक कहा जा सकता है। इसका अर्थ यह है कि 'जियो और जीने दो' के सिद्धान्त के आधार पर विश्व के सभी राज्यों के लोगों को स्वाधीनता पूर्वक अपना विकास करने का अधिकार है। इस प्रकार, उदारवाद इस बात का समर्थन करता है कि अन्तर्राष्ट्रीय समस्याएँ शान्तिपूर्ण साधनों द्वारा हल की जाएँ।

11. संवैधानिक शासन का समर्थन उदारवादी विचारधारा का जन्म ही निरंकुश राजतंत्र के विरोध में हुआ है। यह विचारधारा संवैधानिक शासन-व्यवस्था की समर्थक है। इसलिए राज्य का शासन निश्चित संविधान के द्वारा चलाया जा सकता है। जिससे सरकार के तीनों अंग विधानपालिका, कार्यपालिका तथा न्यायपालिका अपने-अपने क्षेत्र कार्य करें। इसके अलावा कानून के शासन पृथक्कीकरण तथा शक्तियों के विकेन्द्रीकरण को भी अपनाना आवश्यक है। नागरिकों की स्वतंत्रता की भी व्यवस्था संविधान द्वारा निश्चित की जानी चाहिए।

12. लोकतंत्रीय शासन में आस्था उदारवादियों ने व्यक्ति की स्वतंत्रता के लिए लोकतंत्रीय शासन-प्रणाली का समर्थन किया है। इसलिए उन्होंने लोकतंत्र के सिद्धान्तों जैसे वयस्क मताधिकार, प्रतिनिधि संस्थाएँ, उत्तरदायी सरकार, निष्पक्ष व स्वतंत्र चुनाव, कानून का शासन, स्वतंत्र प्रेस, स्वतंत्र व निष्पक्ष न्याय-व्यवस्था आदि का प्रतिपादन किया है। इस प्रकार लोकतंत्र को उदारवाद की आत्मा कहा जा सकता है।

ऊपर दिए गए वर्णन से स्पष्ट है कि उदारवादी विचारधारा एक दृष्टिकोण, एक जीवन-पद्धति एक राजनीतिक व आर्थिक व्यवस्था के प्रति एक आन्दोलन है जो व्यक्ति की स्वतन्त्रता को प्रधानता देता है। ये दृष्टिकोण वर्तमान अंतराष्ट्रीय सम्बन्धों का विश्लेषण करने में सर्वथा उपयुक्त हैं।

नव-उदारवाद

19वीं शताब्दी के मध्यकाल तक उदारवादी विचारधरा परंपरागत रूप में प्रचलित रही,

लेकिन इसके उपरान्त परिवर्तित परिस्थितियों के मद्देनजर उदारवाद के स्वरूप में व्यापक बदलाव हो गया। 1860 तक अधिकांश उदारवादी लोकतन्त्र और आर्थिक क्षेत्र में हस्तक्षेप की नीति में विश्वास करते थे। लेकिन इस समय तक परिस्थितियां कुछ तो परिवर्तित हो गयी थी और कुछ तेजी से परिवर्तित होती जा रही थीं। आर्थिक क्षेत्र में अहस्तक्षेप की नीति को अपनाने के परिणाम निर्धन श्रमिक वर्ग के लिए बहुत ही अधिक बुरे हुए थे और यह बहुत अधिक जरूरी हो गया था कि निर्धन व्यक्तियों के हितों की रक्षा के लिए राज्य द्वारा आर्थिक क्षेत्र में हस्तक्षेप किया जाए। इसके अतिरिक्त दूसरी बात यह थी कि ब्रिटेन उदारवाद का घर रहा है और ब्रिटेन में मताधिकार क्रमशः व्यापक होते जाने के कारण किसी भी राजनीतिक दल ब्रिटेन के उदार दल के लिए भी यह जरूरी हो गया था कि राजनीतिक प्रभुत्व प्राप्त करने के लिए निम्न वर्गों पर ध्यान केन्द्रित किया जाए। इन नवीन उदारवादियों द्वारा यह कहा गया कि निर्धन, साधनहीन और अशिक्षित जनता अपने हितों की रक्षा नहीं कर सकती और धनी वर्ग उनके शोषण का प्रयत्न करता है। अतः जनता के हित के सभी सम्भव कार्य सरकारी क्षेत्र में आ जाने चाहिए। इस दृष्टि से उदारवादियों ने राज्य द्वारा संचालित स्कूलों की व्यवस्था, मद्य-निषेध बच्चों तथा स्त्रियों के श्रम के अधिकाधिक नियमन, श्रमिकों के लिए क्षतिपूर्ति की व्यवस्था आदि का समर्थन प्रारम्भ किया। इसके बाद उनके द्वारा इस बात पर बल दिया गया कि राज्य द्वारा व्यापार, वृद्धावस्था के लिए पेंशन योजना तथा बेकारी और बीमारी बीमा योजना को अपनाया जाना चाहिए।

इस प्रकार 19वीं सदी के मध्य तक तो उदारवाद इस पक्ष में था कि राज्य का कार्यक्षेत्र संकुचित होना चाहिए, लेकिन इसके बाद उदारवाद के द्वारा राज्य के कार्यक्षेत्र में क्रमिक वृद्धि का प्रतिपादन किया गया। उदारवादी विचारधारा का यह नवीन रूप थॉमस हिल ग्रीन के साथ प्रारम्भ हुआ और इंग्लैण्ड का उदारवादी दल आज उदारवाद के इस रूप में ही विश्वास करता है। उदारवाद का यह नवीन रूप पूंजीवाद की अपेक्षा साम्राज्यवाद के ही अधिक समीप है।

समकालीन उदारवाद के प्रमुख समर्थक जॉन स्टुअर्ट मिल, ग्रीन तथा इसके बाद के विचारक लास्की, मैकाइवर, जी.डी. एच. कोच आदि है। समकालीन उदारवाद में व्यक्ति के हित के स्थान पर सामाजिक हित को महत्व दिया गया तथा राज्य के सकारात्मक स्वरूप पर बल देते हुए उसे कल्याणकारी कार्य करने का सुझाव दिया गया। इस धरातल पर अंतर्राष्ट्रीय राजनीति की विवेचना सरल है।

33

मार्क्सवादी उपागम

(Marxist Approaches)

मार्क्सवाद वर्तमान समय का सर्वाधिक प्रभावशाली और शक्तिशाली मत है। यह एक क्रमबद्ध दार्शनिक आर्थिक सामाजिक और राजनैतिक विचारधारा है। राज्य मार्क्सवाद एक ऐसे राज्य की स्थापना का पक्षधर है, जिसमें किसी नागरिक का शोषण कोई दूसरा नागरिक न कर सके और हर नागरिक समान रूप से स्वाधीनता और समानता का उपयोग कर सके। संसार में कोई भी ऐसा राज्य नहीं है, जिसमें इस विचारधारा का प्रभाव न पड़ा हो। कार्ल मार्क्स ने अपने विचारों को सैद्धान्तिक रूप प्रदान किया, वहां उन्हें व्यवहारिक रूप रेखा भी प्रदान की। सी. ई. एम. जोड़ की शब्दों में मार्क्स प्रथम समाजवादी लेखक है, जिसके कार्य को वैज्ञानिक कहा जा सकता है। उसने अपने वांछित समाज का चित्रण ही नहीं किया बल्कि उन स्थितियों का भी विस्तृत वर्णन किया है, जिसके माध्यम से इस लक्ष्य को प्राप्त किया जा सकता है। मार्क्सवाद के मुख्य प्रर्वतक कार्ल मार्क्स तथा एंजिल्स हैं। इन दोनों विचारकों की सामाजिक आर्थिक तथा राजनीतिक विचारधारा को मार्क्सवाद कहा जाता है।

मार्क्सवादी दर्शन ने समस्त विश्व के स्वरूप को ही परिवर्तित कर दिया है और आज मार्क्स का नाम विश्व में सर्वाधिक लोकप्रिय है। मार्क्सवाद राजनीतिक दर्शन के क्षेत्र में अपनी कई विशिष्ट देन के कारण सर्वाधिक लोकप्रिय है। मार्क्सवाद राजनीतिक दर्शन के क्षेत्र में अपनी कई विशिष्ट योगदान के कारण चिरस्मरणीय है। उसकी प्रमुख देन निम्नलिखित है

1. सामाजिक अध्ययन के क्षेत्र में समाजवाद की एक अन्य देन इतिहास की आर्थिक व्याख्या का सिद्धान्त है। इतिहास की आर्थिक व्याख्या को अपूर्ण मानते हुए भी हमें यह स्वीकार करना होगा कि समस्त सामाजिक जीवन और संस्थाओं ने आर्थिक तत्व के महत्व को स्पष्ट करते हुए सत्य की खोज की है। वैधानिक और राजनीतिक संस्थाओं तथा विद्यमान आर्थिक व्यवस्था की अन्तर्निर्भरता के प्रतिपादन ने मार्क्सवाद को आज के युग का सर्वाधिक महत्वपूर्ण दर्शन बना दिया है।

2. मार्क्सवाद वैज्ञानिक रूप से प्रतिपादित प्रथम समाजवाद है। मार्क्स प्रथम समाजवादी नहीं था और मार्क्स के पूर्व भी रॉबर्ट ओवन एफ. डी. मॉरिस चार्ल्स किंग्ले डॉ. हाल, प्रूधो तथा सेन्ट साइमन आदि समाजवादी विचारक हुए हैं, किन्तु इन लेखकों द्वारा प्रतिपादित समाजवाद को वैधानिक और व्यावहारिक रूप प्रदान करने का श्रेय मार्क्स को ही प्राप्त है। इस सम्बन्ध में लुईस बाशमैन ने ठीक ही लिखा है कि मार्क्स ने समाजवाद को एक षड्यन्त्र के रूप में पाया और उसे एक आन्दोलन के रूप में छोड़ा। समाजवाद ने उससे एक दर्शन और दिशा प्राप्त की।
3. इन सबके अतिरिक्त मार्क्सवाद की यदि कोई सबसे बड़ी देन है तो वह है श्रमिक वर्ग में वर्गीय चेतना और एकता को जन्म देना, उनकी स्थिति में सुधार करना, पूंजीपतियों के सम्मुख उनकी स्थिति को सबलता प्रदान करना और उन्हें पूंजीवाद के अन्तिम संघर्ष के लिए तैयार करना। पूँजीवाद का अन्त और साम्यवाद का आगमन अवश्यम्भावी है। विश्व के मजदूरों एक हो जाओ तुम्हारे पास खोने के लिए जंजीरें है और विजय करने के लिए समस्त विश्व पड़ा है   कार्ल मार्क्स का यह कथन पूर्णरूपेण सत्य नहीं है और इसकी व्यापक आलोचना भी की गयी है। लेकिन यह वास्तविकता है कि कार्ल मार्क्स के इन नारों ने श्रमिक वर्ग में चेतना पैदा करने में उल्लेखनीय सफलता प्राप्त की। यही वजह है कि मार्क्सवाद समाजशास्त्र का एक व्यावहारिक दर्शन है। यह बात मार्क्स की इस घोषणा से भी स्पष्ट है कि अब तक दार्शनिक ने विश्व की व्याख्या का सैद्धान्तिक विवेचन ही नहीं किया वरन् उसने प्रथम अन्तर्राष्ट्रीय मजदूर संघ का निर्माण कर श्रमिक वर्ग को संगठित भी किया। मार्क्स तथा उसकी विचारधारा का महत्व इस बात में है कि वह पूर्णतया शोषित वर्ग के कल्याण हेतु समर्पित है। इस बात को दृष्टि में रखते हुए केरयू हण्ट ने कहा है कि ईसाई धर्म के अभ्युदय के पश्चात् मार्क्सवाद सबसे महान् आन्दोलन था।
4. जीवन के विविध क्षेत्रों और आर्थिक क्रियाकलापों पर उसके असर का जैसा सूक्ष्म अध्ययन कार्ल मार्क्स ने किया है वैसा किसी अन्य ने वर्त्तमान काल में नहीं किया। मार्क्स पहला विचारक था जिसने व्यापाक चक्र अति-उत्पादन और बेरोजगारी के मध्य सम्बन्ध स्थापित किया। उसने ही यह अनुभव किया कि राष्ट्र की खुशहाली का एकमात्र साधन व्यापार नहीं है और यन्त्रीकरण के परिणाम स्वरूप अनेक दोष उत्पन्न होंगे। उसने ही सर्वप्रथम यह अनुभव किया कि उद्योगों के यन्त्रीकरण का प्रभाव राष्ट्रीकरण के परिणामस्वरूप श्रमिक वर्ग में वर्गीय चेतना का तीव्रता के साथ विकास होगा।
5. इसके अलावा यद्यपि हम साम्यवाद की आवश्कताओं को स्वीकार नहीं करते और यह मानते हैं कि पूंजीवाद का अन्त साम्राज्यवाद से नितान्त भिन्न सामाजिक व्यवस्था को जन्म दे सकता है, लेकिन यह मानना होगा कि पूंजीवाद में महत्वपूर्ण विकासों को पहले से देख लेने में मार्क्स ने उस सूक्ष्म अन्तदृष्टि का परिचय दिया है जिसका उसके समकालीन विचारकों में अभाव ही दीखता है। मार्क्स ने बिल्कुल सही रूप में इस बात का प्रतिपादन किया कि पूंजीवाद का परिणाम उत्पादन में वृद्धि होगा, किन्तु पूंजीवाद

अपने विद्यमान स्वरूप में अधिक समय तक जीवित नहीं रह सकता। 19वीं सदी का अबाधित पूँजीवाद अब भूत की वस्तु बन गया है, और 20वीं सदी का पूँजीवाद उससे बहुत अधिक भिन्न है।

इस बात से इंकार नहीं किया जा सकता कि मार्क्सवाद आज के युग का सर्वाधिक लोकप्रिय दर्शन है। ब्रिटेन के चोटी के राजनीतिक दार्शनिक जॉर्ज कैटलिन ने भी यह मत व्यक्त किया है कि पाश्चात्य जगत साम्यवादी देशों के मुकाबले में जहाँ तक विचारधाराओं के संघर्ष का सम्बन्ध है हार रहा है।

मार्क्सवाद का विशेष गुण यह है कि यह सैद्धान्तिक की अपेक्षा व्यावहारिक अधिक है और इसने सर्वसाधारण जनता की दशा सुधारने के अपने प्रयत्न में पर्याप्त सफलता प्राप्त की है। पोपर जैसे मार्क्सवाद के कटु आलोचक भी स्वीकार करते है कि कथनी के स्थान पर करनी पर बल देने वाली विचारधारा होने के कारण मार्क्सवाद निश्चय ही हमारे समय की सबसे अधिक महत्वपूर्ण सुधारवादी विचारधारा है।

34

नवीन मौलिक उपागम

(Neo-Radical Approaches)

कोई भी उपागम या विचारधारा हर समय प्रासंगिक नहीं होती। राजनीतिक परिवेश में परिवर्तन होने के कारण जब पारम्परिक उपागमों की क्रियाशीलता कम हो गयी तो आधुनिक उपागमों का अन्वेषण अनिवार्य समझा जाने लगा। कालान्तर में विश्लेषण की नवीन प्रणालियों का विकास हुआ। इस समय राजनीतिक के तुलनात्मक अध्ययन को वैज्ञानिक आधार प्रदान करने के लिए लार्ड ब्राइस, कार्ल जे. फ्रेडरिक, गेब्रियन ए. आमंड ने 'मॉडर्न डेमोक्रेसीज', 'कॉन्स्टिट्यूशनल गवर्नमेन्ट एण्ड डेमोक्रेसी' तथा 'कम्पैरेटिव पॉलिटिक्स': ए डेवलपमेण्टल एप्रोच से विशेष सहायता प्राप्त की। इन विद्वानों ने पश्चिमी और गैर-पश्चिमी सभी राजनीतिक व्यवस्थाओं को मिला कर, राजनीतिक प्रक्रियाओं को सामाजिक एवं आर्थिक दशाओं से सम्बद्ध करने की चेष्टा की। इस प्रयास में पश्चिमी तथा गैर-पश्चिमी राजनीतिक संस्थाओं की तुलना की गई। तुलनात्मक राजनीति का साहित्य निरन्तरता से बढ़ता जा रहा है और विभिन्न विद्वानों के दृष्टिकोण को समाहित करने वाली पुस्तकें गत दशकों में प्रकाश में आई हैं। इनमें हैरी एक्सीटन तथा डेविट ई. एप्टर द्वारा सम्पादित ग्रन्थ 'कम्पैरेटिव-ए रीडर' विशेष रूप से उल्लेखनीय है। यह एक विशद् ग्रन्थ है, जिसमें संकलित निबन्ध तुलनात्मक राजनीति के विभिन्न आयामों पर प्रकाश डालते हैं।

मैक्रीडिस एवं ब्राउन का विचार है कि तुलनात्मक राजनीति का आधुनिक दृष्टिकोण अधिक परीक्षण करने वाला, सघन खोज-बीन करने वाला और सुव्यवस्थित है। यह अध्ययन राजनीतिक संस्थाओं के मूल में जाने का प्रयास करता है और सामाजिक संरूपण, हित-समूह, राजनीतिक-दलों और विचारधाराओं से प्रभावित व्यवहारों आदि का विशेष अध्ययन करता है, जो राजनीतिक व्यवहार के स्वरूप का निर्माण करती है। इससे जनमत तथा विशिष्ट बौद्धिक वर्ग का ढाँचा स्पष्ट होता है। यह दृष्टिकोण अधिक व्यवस्थित रूप में है, यह राजनीति और

अन्य व्यवस्थाओं के सन्दर्भ में वास्तविक सम्बन्धों की खोज करता है। मैक्रीडिस एवं ब्राउन की यह मान्यता रही है कि किसी व्यवस्थित पद्धति के लिए राजनीतिक सिद्धान्त अथवा सर्वांगीण दृष्टि, एक पूर्व स्थिति है। आधुनिक पद्धति में राजनीति शास्त्र ने इसके लिए समाजशास्त्रीय सिद्धान्तों की बहुत सहायता की है। ऐसा करना ज्ञानार्जन की दृष्टि से इसलिए उपयोगी रहा है क्योंकि राजनीतिक व्यक्तियों तथा समूहों के बीच जो अंतःक्रियाएँ पाई जाती हैं, वे भी एक व्यवस्था का निर्माण करती हैं, जिसका उद्देश्य कुछ विशिष्ट लक्ष्यों को प्राप्त करना होता है।

व्यवस्थित एवं वैज्ञानिक उपागम

कार्यकारण तथा क्रिया-प्रतिक्रिया के सम्बन्ध पर आधारित होने के कारण इस उपागम में वैज्ञानिकता है। आधुनिक अध्ययन में यह प्रवृत्ति अधिकाधिक विकसित होती जा रही है, क्योंकि विश्लेषण के सामान्य नियमों के प्रयोग में परिकल्पनाओं की सत्यता आँकी जाती है और तब निष्कर्ष निकाले जाते हैं, जिससे कि विस्तृत रूप से सामान्यीकरण निर्धारित किए जा सकें। इस पद्धति के अन्तर्गत अध्ययन की सम्पूर्ण विधि का लक्ष्य जटिल राजनीतिक प्रक्रियाओं का सामान्यीकरण द्वारा सरलीकरण करना होता है। यह सामान्य से विशिष्ट की ओर अग्रसर होकर विस्तृत सामान्यीकरणों को सम्भव बनाती है।

राजनीतिक समाजशास्त्रीय उपागम

विभिन्न सामाजिक विषयों की सह सम्बद्धता राजनीति के साथ मानने के कारण विभिन्न सामाजिक संस्थाओं विषयों तथा परम्पराओं का आधुनिक उपागम के समर्थक अध्ययन करने लगे हैं। उदाहरणार्थ, बीसवीं शताब्दी तक सम्प्रभुता की परिभाषा वैधानिक थी, क्योंकि यह परिभाषा राजनीतिक संस्थाओं की कानूनी व्यवस्था के सन्दर्भ में की गई थी। इसमें सामाजिक नीतियों, मान्यताओं, रीति-रिवाजों, परम्पराओं आदि को तथा इनके प्रभावों को कोई महत्त्व नहीं दिया गया, परन्तु व्यवहार में यह सिद्ध होता है कि कोई सम्प्रभुता पूर्ण रूप से निरंकुश नहीं हो सकती, क्योंकि उस पर सामाजिक माँगों और दबावों का प्रभाव पड़ना अवश्यम्भावी है। व्यक्ति विभिन्न समुदायों का सदस्य होता है, अतः कई बार व्यक्ति ऐसे धर्म-संकट में पड़ जाता है कि वह राज्य की आज्ञा का पालन करे या सामाजिक संस्थाओं के निर्देश माने। कभी-कभी ऐसे अवसर भी उपस्थित होते हैं जब राजाज्ञाओं और सामाजिक संस्थाओं के निर्देशों में विरोधाभास लगने लगता है और व्यक्ति राजाज्ञाओं के स्थान पर सामाजिक संस्थाओं के निर्देशों के अनुरूप व्यवहार करते हैं।

अतः सम्प्रभुता की यह परिभाषा उपयुक्त प्रतीत नहीं होती कि 'सम्प्रभुता राजनीतिक व्यवस्था की सर्वोच्च शक्ति' है, जो राज्य के नागरिकों में समाहित रहती है। स्पष्ट है कि कानूनी आधार पर की गई परिभाषाएँ चाहे सही दिखाई दें लेकिन व्यवहार में इनमें संस्था या व्यवस्था विशेष की आन्तरिक वास्तविकताओं का ज्ञान नहीं हो सकता। अतः आधुनिक दृष्टिकोण के अनुसार यह उचित समझा गया है कि राजनीतिक प्रक्रियाओं, संस्थाओं और व्यवस्थाओं को

सामाजिक पर्यावरण में समझने का प्रयास किया जाए। सामाजिक तत्व भी राजनीतिक व्यापक पैमाने पर प्रभावित करते हैं।

विश्लेषणात्मक और व्याख्यात्मक उपागम

किसी भी उपागमके समझने में इसकी विश्लेषण वृत्ति बहुत सहायक होती है, क्योंकि इसके अभाव में राजनीतिक समस्याओं को समझ पाना काफी कठिन होता है। आधुनिक दृष्टिकोण में विवरण के स्थान पर विश्लेषण को अधिक महत्त्व दिया गया है। इस दृष्टिकोण में परिकल्पनाएँ की जाती हैं, परीक्षण किए जाते हैं तथा आँकड़ों के संग्रहीकरण पर बल दिया जाता है। इनका विश्लेषण सामान्यीकरण करने के उद्देश्य से तुलनात्मक ढंग से प्रस्तुत किया जाता है। विश्लेषणात्मक विधि राजनीतिक व्यवस्था की एक उपयुक्त परिभाषा देने का प्रयत्न करती है। यह हमें उन महत्त्वपूर्ण संरचनाओं का परिचय देती है जिनके माध्यम से एक राजनीतिक व्यवस्था कार्य करती है और अन्य व्यवस्था के समान अथवा असमान बनती है। विश्लेषणात्मक पद्धति विभिन्न परिकल्पनाओं के जाँच का वह आधार है, जिसके आधार पर उन परिकल्पनाओं का प्रतिपादन, संशोधन या खण्डन किया जाता है। तुलनात्मक अध्ययन के अनुसार अनुभव पर आधारित पर्यवेक्षण अनिवार्य है। सभी प्रकार के वैज्ञानिक अन्वेषणों में विश्लेषण की यह विधि इसलिए अनिवार्य है क्योंकि इससे हम उन दशाओं अथवा प्रतिबन्धक तत्वों के विषय में समुचित ज्ञान अर्जित कर सकते हैं, जिनकी उपस्थिति या अनुपस्थिति हमारी परिकल्पनाओं की वैधता अथवा खण्डन के लिए जिम्मेदार है।

व्यवस्था-परक उपागम

राजनीतिक व्यवस्था का अध्ययन संविधान के अध्ययन से अधिक तर्क संगत है, क्योंकि इसके कार्यों तथा संख्याओं के तुलनात्मक अध्ययन के परिणामस्वरूप ही हम संविधान की यथार्थता को समझ पाते हैं। ऐसे अध्ययन समस्याओं की तह तक पहुँचने में सहायक होते हैं। व्यवस्थापरक अध्ययन के विद्वान संस्थाओं के व्यवहार और राजनीतिक प्रक्रिया को संरचना से अधिक महत्त्व इसलिए देते हैं कि ढाँचे दिखावटी हो सकते हैं, जबकि प्रक्रियाएँ राजनीतिक के यथार्थ को स्पष्ट करती हैं। व्यवस्थापरक अध्ययन की दृष्टि व्यापक होने के कारण संस्थाओं के अन्तर्सम्बन्धों और व्यवहारों की जटिलताओं पर स्वयं को केन्द्रित कर एक समुचित चित्र उपस्थित करती है, जो तुलना करने पर रोचक यथार्थ का दर्शन कराती है। किसी राजनीतिक व्यवस्था में आधुनिक विद्वान निम्नवत तीन लक्षण अनिवार्य मानते हैं

(1) बाध्यकारी शक्ति (Cocrcive Power) (2) शक्ति का एकाधिकार (Monopoly of Power) (3) शक्तितन्त्र (Apparatus of Power)

उपरोक्त दोनों में से किसी एक अथवा तीनों का सन्दर्भ एक राजनीतिक व्यवस्था विशेष को अन्य राजनीतिक व्यवस्थाओं से भिन्न बनाता है और इसी के आधार पर किसी राजनीतिक व्यवस्था की वैधता (Legitimacy) अथवा अनौचित्यता का ज्ञान मिलता है।

उपरोक्त व्यवस्था को यदि आधार माना जाय तो राजनीतिक व्यवस्थाओं तथा विद्वानों में अरस्तू द्वारा वर्गीकृत श्रेणियों के अतिरिक्त भी कई श्रेणियों में इसे वर्गीकृत किया गया। अरस्तू ने अपने वर्गीकरण में इन तीन तत्वों को सन्दर्भ-स्थल नहीं बनाया था, जबकि आधुनिक वर्गीकरण इन तीन तत्वों को आधारभूत मानता है। इसी सन्दर्भ में आमण्ड ने राजनीतिक व्यवस्थाओं को निम्नवत चार श्रेणियों में वर्गीकृत किया है

1. पाश्चात्य अथवा आँग्ल-अमेरिकी व्यवस्था, 2. महाद्वीपीय व्यवस्था (Continental System), 3. पूर्व-औद्योगिक सामाजिक व्यवस्था एवं 4. सर्वाधिकारवादी व्यवस्था सर्वाधिकारवादी अथवा निरंकुश व्यवस्थाएँ अनेक प्रकार की हो सकती हैं। इनकी प्रकृति को स्पष्ट करने के लिए एच.ई.फाइनर ने आमण्ड के वर्गीकरण में एक व्यवस्था और जोड़ दी है, वह है 5. सैनिक शासन (Military Regimes) इन सभी राजनीतिक व्यवस्थाओं को संक्षेप में जान लेना आवश्यक है।

(क) पूर्व-औद्योगिक सामाजिक व्यवस्था विकास के प्रारम्भिक अवस्था में रहने वाले समाजों का वर्णन है। इन समाजों में पाई जाने वाली राजनीतिक व्यवस्था में परस्पर विरोधी मान्याताएँ हैं और व्यवस्था पर विरोधी खिंचाव और तनाव बहुत अधिक है। ऐसी राजनीतिक व्यवस्थाओं में राजनीतिक शक्ति स्थाई रूप से अपना औचित्य या वैधता नहीं रखती। यहाँ सत्ताधारी सत्ता की वैधता के लिए प्रयत्नशील रहते हैं और मार्ग में आने वाली रुकावटों, उत्पन्न खिंचावों और तनावों से राजनीतिक व्यवस्था को बचाए रखने का प्रयत्न करते हैं। स्थायित्व का तत्व इन व्यवस्थाओं में अत्यन्त दुर्बल है। इन राज्यों में मान्यताओं तथा राजनीतिक व्यवस्थाओं के लिए अपनाई गई संस्थाओं में काफी हद तक टकराव की स्थिति बनी रहती है। प्रथम तो कोई समुचित दलीय व्यवस्था होती ही नहीं है और यदि होती भी है तो उसका कोई ठोस वैचारिक आधार नहीं होता। इसलिए इन राज्यों में नए-नए राजनीतिक दलों के बनने-बिगड़ने का खेल एक सामान्य सी बात है।

(ख) महाद्वीपीय व्यवस्था में उन राजनीतिक व्यवस्थाओं को सम्मिलित किया गया है, जिनमें दलों, समाज के विभिन्न वर्गों और लोगों में राजनीतिक संस्थाओं, मान्यताओं, आस्थाओं और लक्ष्यों पर सहमति नहीं पाई होती है। यहाँ केवल राजनीतिक विभेद ही नहीं है, बल्कि महत्वपूर्ण राजनीतिक प्रक्रियात्मक व्यवस्थाओं पर सहमति का अभाव है। इटली, फ्रांस, जर्मनी आदि यूरोपीय राज्यों की व्यवस्थाएँ इसी श्रेणी में सम्मिलित की जा सकती हैं। इन राज्यों में राजनीति के आधारभूत सिद्धान्तों पर मतभेद और विभिन्नताएँ पाई जाती हैं, इसी कारण उन्हें बहुदलीय प्रणाली का जनक कहा जाता है। इन राज्यों की राजनीतिक व्यवस्था ब्रिटेन व अमेरिका की व्यवस्थाओं से अलग है।

(ग) पाश्चात्य अथवा एंग्लो अमेरिकी व्यवस्था में उन राजनीतिक व्यवस्थाओं को सम्मिलित किया गया है, जिनका राजनीतिक आदर्शों, आस्थाओं, मान्यताओं और संस्थाओं पर आधारभूत मतैक्य है। उदाहरणार्थ, अमेरिका और ब्रिटेन में राजनीतिक विभिन्नताएँ राजनीतिक दलों के माध्यम से प्रकट होती है, किन्तु इन दलों में राजनीतिक व्यवस्था के

आधारभूत नियमों पर मतैक्य पाया जाता है। ब्रिटेन और अमेरिका में अथवा इन्हीं की श्रेणी की अन्य राजनीतिक व्यवस्थाओं में सभी राजनीतिक दल, वर्ग और लोग 'राजनीतिक खेल के नियमों' पर एकमत हैं। यदि तुलनात्मक राजनीतिक में अमेरिका की स्थिति को देखा जाय तो वहां के लोग अध्यक्षात्मक तथा संघात्मक शासन व्यवस्था के पक्षधर हैं। इसी प्रकार ब्रिटेन में भी लोग यह मानते हैं कि संसदीय और एकात्मक व्यवस्था ही उनके राजनीतिक जीवन की आधारभूत संस्था रहनी चाहिए।

(घ) सैनिक शासन उन देशों की शासन-व्यवस्थाओं की गणना होती है, जो निरंकुश तो हैं, किन्तु जहाँ राजनीतिक व्यवस्था की सत्ता सैनिक अधिकारियों के हाथों में होती है। इन देशों में सेना का समर्थन ही सत्ता को स्थायित्व प्रदान करता है। बाँग्लादेश बनने से पहले पूर्वी पाकिस्तान में सत्ता का सम्पूर्ण आधार सेना में था। लैटिन अमेरिका, अफ्रीका के अनेक राज्य भी सैनिक शासन के उदाहरण हैं। इन देशों में राजनीतिक व्यवस्था, राजनीतिक संस्थाएँ और प्रतिक्रियाएँ सैनिक तानाशाहों के इर्द-गिर्द घूमती रहती हैं और सम्पूर्ण व्यवस्था में कोई अन्तःक्रियात्मक स्थायित्व और सुनिश्चितता नहीं पाई जाती।

राजनीतिक व्यवस्थाओं का वर्गीकरण विभिन्न भिन्नता तथा समानता के समझने का मूल आधार है। इससे सम्पूर्ण अध्ययन में वास्तविकता का पुट आता है। इस प्रकार के कार्य द्वारा एक राजनीतिक व्यवस्था के बारे में सामान्यीकरण सम्भव बनता है और अनेक व्यवस्थाओं का अध्ययन कर सामान्य नियमों का प्रतिपादन और उनकी पुष्टि की दिशा में आगे बढ़ा जा सकता है।

अन्तर-अनुशासनात्मक उपागम

आज के समय में इसका महत्त्व बढ़ा है, जिसका प्रमुख कारण अनुशासनात्मक अध्ययनों की आवश्यकता है। राजनीतिक संस्थाओं पर सामाजिक और आर्थिक तत्वों तथा परिस्थितियों का निर्णायक प्रभाव पड़ता है। इसीलिए आधुनिक समय में विद्वानों की मान्यता है कि राजनीतिक व्यवस्थाओं की जटिलताओं को सामाजिक और आर्थिक सन्दर्भ में भली प्रकार समझा जा सकता है। इसी कारण तुलनात्मक राजनीति के क्षेत्र में अन्तर-अनुशासनात्मक अध्ययन पद्धति महत्वपूर्ण बनती जा रही है। केवल राजनीति शास्त्र में ही नहीं वरन् अन्य सामाजिक विज्ञानों में भी इसका अधिकाधिक प्रयोग होने लगा है।

संरचनात्मक-कार्यात्मक उपागम

संरचनात्मक कार्यात्मक उपागम का आशय होता है विभिन्न प्रकार की राजव्यवस्थाओं तथा राजनैतिक सम्बन्धों में समन्वय स्थापित करना। अतः राजनीतिक व्यवस्थाओं का अध्ययन इन दोनों सन्दर्भों में किया जाना चाहिए। किसी संगठन अथवा राजनीतिक प्रणाली के सार्थक अध्ययन के लिए केवल उसके स्वरूप को जान लेना ही पर्याप्त नहीं है वरन् यह जानना आवश्यक है कि वह किस प्रकार कार्य करती है? किसी एक संस्था की संरचना और कार्य अन्य

संस्था की संरचना और कार्यों से सम्बद्ध नहीं होते। व्यवहार में देखने पर उनमें कार्य-कारण और क्रिया-प्रतिक्रिया के सम्बन्ध मिलते हैं। इसलिए यह आवश्यक है कि राजनीतिक व्यवस्था की अध्ययन-विधि में सम्पूर्ण व्यवस्था की संरचना और कार्य प्रक्रिया को सम्मिलित किया जाए।

संरचनात्मक-कार्यात्मक विश्लेषण में राजनीतिक व्यवस्था दो प्रकार से कार्यरत दिखाई देती है, जिन्हें आमण्ड ने दो विशिष्ट नाम दिए हैं प्रथम इनपुट कार्य एवं द्वितीय आउटपुट कार्य। किसी व्यवस्था के अन्तर्गत होने वाले कार्य आन्तरिक कार्य की श्रेणी में आते हैं और इसके कारण जो बाह्य कार्य सम्पादित होते हैं, वे बाह्य कार्य की श्रेणी में सम्मिलित किए जा सकते हैं। इन दोनों श्रेणियों के कार्यों का विवेचन राजनीतिक प्रक्रियाओं में इनकी उपयोगिता को स्पष्ट करता है। इनपुट और आउटपुट कार्य आपस में सावयवी तरीके से सम्बद्ध हैं तथा किसी राजनीतिक व्यवस्था का अध्ययन इन कार्यों के सन्दर्भ में न केवल सरल बन जाता है बल्कि अधिक गहन और समस्या-समाधानात्मक बनाया जा सकता है।

व्यवहारवादी उपागम

व्यवहारवादी धेय इसकी प्रमुख विशेषता है। व्यवहारवाद में राजनीति का अध्ययन करते समय राजनीतिक व्यवहार को आधार माना जाता है। राजनीतिक व्यवहार के अध्ययन के सन्दर्भ में राजनीति, उसकी संरचनाओं तथा प्रक्रियाओं का अध्ययन किया जाता है। व्यवहारवादी अध्ययन की परम्परा ने तुलनात्मक राजनीति को एक वैज्ञानिक स्वरूप प्रदान किया है।

आधुनिक दृष्टिकोण अनेक दृष्टियों में विशिष्ट, वैज्ञानिक और व्यावहारिक है। तुलनात्मक राजनीति के क्षेत्र में अब विस्तृत अवधारणाएँ बनाई जाने लगी हैं और गैर-राजनीतिक तत्वों की ओर ध्यान आकर्षित होने लगा है। कुछ निश्चित प्रकार के राजनैतिक व्यवहारों को सुनिश्चित करने वाले कारणों और कतिपय राजनैतिक संस्थाओं की आवश्यकताओं को आपस में सम्बन्धित कर समाधान ढूँढने पर बल दिया जाने लगा है। वर्तमान समय में राजनीतिक प्रक्रियाएं तुलनात्मक अध्ययन का तथा विश्लेषण का आधार बन चुकी हैं। सम्पूर्ण तुलनात्मक अध्ययन अभी विकास की स्थिति में है; भविष्य में इसका प्रयोग बढ़ेगा और अधिकाधिक परिष्कृत तकनीकी पद्धतियों का प्रचलन सम्भव हो सकेगा।

35

नारीवादी उपागम

(Feminist Approaches)

नारीवाद उन सभी व्यवस्थाओं और विचारों को ध्वस्त करने का प्रयत्न करता है जो पुरुष को श्रेष्ठ सिद्ध करते हैं। उनकी दृष्टि में इतिहास पितृतंत्र का इतिहास है, यह पुरुष द्वारा नारी से पारिवारिक- सामाजिक और अन्य क्षेत्र में दुर्व्यवहार का इतिहास है। इसीलिए नारीवाद उन सब बातों का विरोधी है जिससे पुरुषत्व की गंध आती है। इनकी दृष्टि में प्रतियोगिता और आक्र मकता पुरुष का सहज गुण नहीं है अपितु इन्हीं गुणों के कारण समाज में कितनी ही समस्याएं पैदा हुई हैं। इसके विपरीत वे नारीत्व के गुण जैसे शांति प्रियता, आत्संयम व समभावना की सराहना करते हुए कहते हैं कि इन सहगुणों के माध्यम से समाज की संपूर्ण रचना और चरित्र को एक नई आशा प्रदान की जा सकती है।

नारावादी की शिकायत जीवन के प्रत्येक पहलू के वर्तमान स्वरूप से है, जिसमें राजनीतिक शक्ति भी शामिल है। उसका कहना है कि वर्तमान स्वरूप में 'राज्य भी पितृतंत्र की अभिव्यक्ति है जिसमें महिलाओं का दमन और सभी औपचारिक संस्थाओं से उन्हें बाहर रखने की लिंग भेदी प्रवृतियाँ बहुत गहरी जमी हुई हैं (ब्रायसन)।' नारीवादियों का विचार है कि राज्य और उसकी शक्तियाँ न तो सार्वजनिक हैं और न राजनीतिक, इसीलिए यह अपने आप में स्वायत भी नहीं है। इनका विचार है कि ये शक्तियाँ पारिवारिक और निजी तथा लिंग भेद जैसी गैर राजनीतिक बातों में बहुत बुरी तरह उलझी हुई हैं। इनका मानना है कि नारियों का विभिन्न सामाजिक और राजनीतिक ढांचों व संस्थाओं से पृथक होना न सिर्फ अन्यायी और दुर्भाग्यपूर्ण है अपितु यह पृथक्करण पुरुषों द्वारा जानबूझकर किया गया है जिससे कि पुरुषों का हित पूरा हो। वर्तमान व्यवस्था नारियों के हितों के खिलाफ है। उग्र नारीवाद तो शक्ति के लिए प्रतिस्पर्धा के विचार को ही पुरुषों के जीवन दर्शन से जुड़ा मान कर नकार देता है और इसी दलील के आधार पर समस्त परम्परागत राजनीतिक और नौकरशाही की व्यवस्था को अस्वीकार करता है। ब्रायसन

का कहना है कि बेहतर होगा यदि वर्तमान संस्थाओं व संगठनों में भाग ही न लिया जाए और अधिक उग्र नारीवाद नारी संस्थाओं द्वारा संगठित हो कर अनुशासित रूप से पितृतंत्र को भीतर से चुनौती देने की बात करते हैं। मार्क्सवादियों के विपरीत नारीवाद नारीवर्ग को सिर्फ आर्थिक वर्ग नहीं मानते अपितु इनका कहना है कि नारी तो स्वयं शक्ति है और यह समाज की समग्र शक्तियां छीनने के योग्य भी है।

ब्रायसन ने नारीवादी दलीलों का निचोड़ निम्न तरह से दिया है : राजशक्ति अपने आप में कुछ नहीं है अपितु यह तो सर्वव्यापी पितृतंत्र की शक्ति व्यवस्था ही है इसीलिए यह पक्षपात से परे नहीं है। इसमें पुरुष और नारी समान नहीं समझे जाते अपितु इसकी मुख्य विशेषता यही है कि नारी पर पुरुष का वर्चस्व बना रहता है।

नारीवाद समानता के सिद्धान्त का पक्षधर है। नारीवाद उन सभी समाजों और मान्यताओं का विरोध करता है जहां लिंग के आधार पर नारी के साथ भेदभाव किया जाता है और नारी को घर की चौखट तक ही सीमित रखने का प्रयास करता है। नारीवाद भ्रूण हत्या और यौन के आधार पर सामाजिक भेदभाव का भ्ज़ी मुखलाफत करता है।

समानता के विचार पर नारीवाद का आघात बहुत पुराना है। वोलस्टोनक्राफ्ट ने रूसो की कड़ी आलोचना की थी क्योंकि वह समानता की बात करते हुए भी महिलाओं को राजनीतिक व्यवस्था से बाहर रखने और उन्हें पुरुषों के खिलवाड़ की वस्तु मानता था। अतः आधी मानव जाति को शक्ति के केन्द्रों से दूर रखना अनैतिक, अनीतिक और अलोकतांत्रिक भी था। नारी वाद महिलाओं को मताधिकार से वंचित रखने वाली लोकतांत्रिक व्यवस्था को गलत मानते है। अब जबकि नारियों को यह मताधिकार मिल गया है, पुरुष उनके उस अधिकार के प्रयोग में तरह-तरह से हस्तक्षेप करते हैं। यह हस्तक्षेप भी अधिकारों से नारियों को वंचित रखने का प्रयत्न है। इतिहास गवाह है कि महिलाओं को शक्ति संरचना में भागीदारी के लोकतांत्रिक अधिकार से वंचित रखा गया है। यहाँ तक की बहुलवाद और नव बहुलवाद ने भी महिलाओं को सामाजिक शक्ति के प्रयोग में भागीदारी योग्य समूह या वर्ग के रूप में स्वीकार नहीं किया। डहल जैसा बहुलवादी भी 'पुरुष' शब्द की जगह 'सभी पुरुष और महिलाएँ' शब्द इस्तेमाल कर संतुष्ट हो गया है, तो ऐसा लगता है कि एक बहुत ही जटिल समस्या को बहुत साधारण दृष्टि से देखा जा रहा है।

यद्यपि मार्क्स ने वर्ग विभाजन का आधार आर्थिक रखा किन्तु उसने भी महिलाओं को पुरुषों के समान अधिकार नहीं दिया। मार्क्सवादियों का यह कहना काफी नहीं है कि जब र्गविहीन समाज बनेगा तब नारी शोषण स्वयमेव समाप्त हो जाएगा। इसीलिए वे कहते हैं कि पुरुषों की तरह महिलाओं का भी संपत्तिवान वर्गों के हाथों शोषण होता है। मार्क्सवादी विचारतंत्र में विभिन्न समाजों में महिलाओं के शोषण का ठीक से अध्ययन नहीं हुआ है अपितु ऐसा लगता है उन्हें तो यह विषय निरर्थक लगता है। मार्क्स ने अतंर्राष्ट्रीय मजदूर पुरुष संघ (International Working Men's Association) बनाया किन्तु कामकाजी महिलाओं का संस्था के गठन में कोई दिलचस्पी नहीं ली। यह कहा जा सकता है कि मार्क्सवादियों ने एक वर्ग अथवा शक्ति के रूप में महिलाओं को पूरी तरह से नजर अंदाज किया।

36

पर्यावरणीय उपागम
(Environmental Approaches)

पर्यावरणीय समस्याओं के समाधान के लिए सम्पूर्ण विश्व का एकजूट प्रयास जरूरी है। यह ऐसी समस्या है जो विश्व के सामूहिक प्रयास से ही समाप्त हो सकता है। ऐसे में सभी राष्ट्रों का नैतिक दायित्व है कि वे पर्यावरण से जुड़े मुद्दों पर एक जूट हो। आपसी भेद-भाव को भूल कर अन्तर्राष्ट्रीय राजनीति में एक ऐसी परम्परा का विकास भी हुआ है। विश्व स्तर पर कई ऐसे सम्मेलनों की परिपार्टी का विकास हुआ।

पृथ्वी सम्मेलन 1992, 97, 2002 180 से अधिक देशों के सरकारी संगठनों के 20 हजार प्रतिनिधियों तथा गैर सराकारी संगठनों के 40 हजार प्रतिनिधियों ने इस सम्मेलन में भाग लिया। विश्व में व्याप्त पर्यावरण सम्बन्धी समस्याओं पर विचार करने के लिए पहला सम्मेलन 1972 में स्वीडन के स्टॉकहोम में आयोजित किया गया था। इसके बाद 1979 में जेनेवा में प्रथम विश्व जलवायु सम्मेलन आयोजित किया गया। प्रथम पृथ्वी सम्मेलन 1992 में ब्राजील की राजधानी रियो दे जेनेरो में आयोजित किया गया। रियो-92 हरित विश्व के लिए वैश्विक योगदान केन्द्रित था। इसमें विश्व के देशों के बीच विभिन्न मुद्दों पर कई महत्त्वपूर्ण सहमतियाँ हुई, जैसे जलवायु परिवर्तन को नियंत्रित करने की निश्चित रूपरेखा बनाना, पशु एवं वन्य संसाधनों के जैविक उपयोग को सुनिश्चित करना तथा उन्हें सुरक्षा प्रदान करना, एजेण्डा 21 या आने वाले दशक के रोडमैप, निर्धनता, विकास और पर्यावरण को आधार बनाकर प्रस्तुत किया गया रियो घोषणापत्र तथा वन्य संरक्षण के कई सिद्धान्तों का प्रतिपादन था। अमेरिका जो दुनिया का अग्रणी तथा अमीर देश है तथा अपने संसाधनों का अत्यधिक स्तर पर इस्तेमाल करता है, ने 1997 में जलवायु पर केन्द्रित क्योटो प्रोटोकोल में शामिल होने से इंकार कर दिया। जोहांसबर्ग में पृथ्वी सम्मेलन की शुरुआत करते हुए दक्षिण अफ्रीका के राष्ट्रपति श्री थाबो म्बेकी ने कहा कि जैविक विकास के लिए किया जा रहा संघर्ष, रंगभेद के विरुद्ध किये जाने वाले संघर्ष की भांति बहुत ही जटिल है।

जोहांसबर्ग के सैंडटन कन्वेशन केन्द्र में सम्पन्न हुए 2002 में पृथ्वी सम्मेलन में उत्तर-दक्षिण संवाद के सन्दर्भ में विभिन्न तत्वों पर सहमति बनी जिसे निम्नलिखित बिन्दुओं के द्वारा स्पष्ट किया जा सकता है

(i) **भूमण्डलीयकरण** इस सम्मेलन में यह तथ्य भली भाँति स्वीकारा गया कि भूमण्डलीकरण के अच्छे और बुरे दोनों ही पहलू होते हैं। इससे विश्व अर्थ व्यवस्था में विकास होता है और जीवन स्थितियों में सुधार के स्तर बढ़ते हैं। इसका दूसरा पहलू यह भी है कि इससे गरीब देशों की मुश्किलें बढ़ जाती हैं, जिनका ध्यान रखना अत्यन्त आवश्यक है।

(ii) **पर्यावरण मित्र योजना** इस सम्मेलन में ऊर्जा को बढ़ावा देने के लिए पर्यावरण मित्र योजना पर आम सहमति बनी, जबकि ऊर्जा का मुद्दा ही ऐसा था जो शिखर सम्मेलन में धरती को बचाने की योजना पर देशों की हार और अमेरिका तथा तेल निर्यातक देशों के संगठन (ओपेक) की जीत माना जा रहा है। इस समझौते के अन्तर्गत सभी देशों से सौर तथा पवन ऊर्जा जैसे वैकल्पिक ऊर्जा स्रोतों को ज्यादा प्रभावी बनाने का आह्वान तो किया गया, परन्तु इसके लिए किसी लक्ष्य का निर्धारण नहीं किया गया।

(iii) **जल एवं स्वच्छता** इस सम्मेलन में स्वच्छ पेयजल से वंचित लोगों की संख्या 2015 तक 50% कम करने की सहमति बनी, साथ ही साथ 2015 तक स्वच्छता सम्बन्धी असुविधाओं से अछूते लोगों की संख्या में भी 50% कमी लाने पर सहमति व्यक्त की गयी।

(iv) **वित्तीय सहायता** उत्तर के धनी देशों ने अपनी राष्ट्रीय आय का 0.7 प्रतिशत दक्षिण के गरीब देशों को सहायता देने की अपील की गयी। यह लक्ष्य 1970 में तय किया गया था, परन्तु केवल पाँच देश ही इस स्तर तक पहुँचे हैं। विकास के लक्ष्यों को पूरा करने के लिए धनी देशों द्वारा गरीब देशों के लिए वित्तीय सहायता बढ़ाने पर सहमति हुई।

(v) **रसायन** खतरनाक औद्योगिक कचरे के उचित प्रबन्धन को बढ़ावा देने के लिए सहमति के अतिरिक्त 2020 तक रसायनों के उत्पादन तथा प्रयोग को मनुष्यों और पर्यावरण के लिए सुरक्षित बनाने की बात स्वीकारी गयी।

(vi) **स्वास्थ्य** पेटेंट सम्बन्धी विश्व व्यापार का समझौता गरीब देशों के लिए दवाएँ उपलब्ध कराने को नहीं रोकने पर सभी देशों के बीच आम सहमति बनी।

(vii) **मत्स्य संसाधन** समुद्र के पारिस्थितिकीय सन्तुलन को बनाये रखने के लिए प्रमुख तत्व मछलियाँ जो गरीब देशों में भोजन का प्रमुख स्रोत हैं, के भण्डारण में आयी कमी को 2015 तक पूरा करने की बात पर सहमति बनी।

पृथ्वी सम्मेलन में सभी देशों ने जिन मुद्दों पर अपनी-अपनी सहमति जताई वह लिखित नहीं थी, बल्कि मौखिक रूप से ली जिससे आने वाले दिनों में इस सहमति से मुकरा भी जा सकता है। यह सहमति इस सम्मेलन की सबसे बड़ी कमी मानी जाती है।

37

एशिया, अफ्रीका एवं लैटीन अमेरिका के प्रति विश्व दृष्टिकोण

(World Views From Asia, Africa and Latin America)

उपनिवेश काल में एशिया, अफ्रिका एवं लैटीन अमेरिका की अधिकांश भागों पर युरोपिय देशों का उपनिवेश स्थापित था। इन क्षेत्रों का दोहन शोषण हो रहा था। लेकिन द्वितीय विश्व युद्ध के बाद एशिया और अफ्रिका में एक नई राजनीतिक व्यवस्था का जन्म हुआ। अधिकांश उपनिवेशिक देश स्वतंत्र हो गए। इससे विश्व में इनके प्रति जो सोच थी वह बदल गई। फिर शीत युद्ध के काल में दोनों महाशक्तियों ने इन देशों को अपने खेमें में लाने का प्रयास किया। कुछ देश इन खेमों में बँट गए। वहीं भारत द्वारा गुटनिपेक्ष आन्दोलन की शुरूआत हुई। कुछ देश भारत के इस दृष्टिकोण का समर्थन किया और गुटनिपेक्ष आन्दोलन का हिस्सा बन गए।

अफ्रिका में तो स्वतंत्रता की जैसी लहर ही चल पड़ी थी। लेकिन 1870 के बाद से ही यूरोपीय शक्तियों में अफ्रीका में उपनिवेशों की प्राप्ति की होड़ लग गई। 1870 के बाद केवल 20 वर्ष की अल्पवधि में ही यूरोपीय शक्तियों ने अफ्रीका के लगभग 9/10 भाग की आपस में विभक्त कर लिया। 1880 में उनके पास 1 लाख वर्गमील प्रदेश था जो 10 वर्ष बाद बढ़कर 6 लाख वर्गमील हो गया। इस तरह 19वीं सदी के अन्तिम चरण के समाप्त होते-होते समूचा अफ्रीका महाद्वीप यूरोपीय शक्तियों का उपनिवेश बन गया। प्रथम महायुद्ध से पूर्व केवल अबीसीनिया (Abyssinia) ही स्वतन्त्र राज्य रह गया था, किन्तु सन् 1936 में इसकी स्वतन्त्रता भी इटली द्वारा समाप्त कर दी गई, हालांकि द्वितीय महायुद्ध-काल में यह राष्ट्र पुनः स्वतन्त्र हो गया। जब द्वितीय महायुद्ध समाप्त हुआ तो सम्पूर्ण अफ्रीका में केवल अबीसीनिया, लाइबेरिया, दक्षिण अफ्रीका का संघ और मिश्र ही स्वतन्त्र अथवा अर्द्ध-स्वतन्त्र राज्य थे।

द्वितीय महायुद्ध के बाद कुछ ही वर्षों में अफ्रीका में स्वाधीनता आन्दोलन प्रारम्भ हो गए। जिस तेजी से यूरोप के राष्ट्रों ने अफ्रीका में अपने साम्राज्य का निर्माण किया था, उससे भी कई गुना ज्यादा तेजी से अफ्रीका में उनके साम्राज्य का अन्त हो गया। 20 वर्ष के अल्पकाल में ही अफ्रीका के 90 प्रतिशत देश स्वतन्त्र हो गए। जाति, भाषा, इतिहास, परम्परा, धर्म आदि की विभिन्नताओं के बावजूद अफ्रीका में राष्ट्रवाद ने अंगड़ाई ली। यह एक विलक्षण घटना थी।

38

शीतयुद्ध का अंत

(Eng of Cold War)

तनाव शौथिल्य शब्द का प्रयोग शीत युद्ध के सन्दर्भ में पूर्व-पश्चिम तनाव में कमी लाने के लिए किया गया। तनाव शैथिल्य की अवधि में शीत युद्ध समाप्त नहीं हुआ था, परन्तु तनाव में निश्चित रूप से कमी हुई थी, और समझौते के संकेत मिलने आरम्भ हो गये। तनाव में कितनी कमी आयी थी, यह तो नापा नहीं जा सकता था। यह पूर्व-पश्चिम संघर्ष के परिवेश में परिवर्तन कहा जाता था।

कोरल बेल (Coral Bell) के अनुसार, "तनाव शैथिल्य का अभिप्राय है तनाव में सोच-समझकर और जान-बूझकर की गई कमी।" इसका आशय यह है कि तनाव में शिथिलता अचानक नहीं आई, यह निश्चित प्रयासों का परिणाम थी। कोरल बेल कहती हैं कि, "शीत युद्ध जान-बूझकर तनाव को बनाये रखने की स्थिति है।" इसलिए तनाव शैथिल्य जान-बूझकर किये गये प्रयासों से उत्पन्न स्थिति है। हेनरी कीसिंगर का विचार है कि तनाव शैथिल्य "विरोधी शक्ति का प्रबन्ध करने का उपाय है।" अतः कीसिंगर के अनुसार, तनाव शैथिल्य विरोधी पक्ष का, तनाव में कमी करने के उद्देश्य से, प्रभावी और जान-बूझकर किये गये प्रबन्ध का परिणाम है।

सोवियत कम्युनिष्ट पार्टी के महासचिव तथा राष्ट्रपति ब्रेज़नेव ने तनाव शैथिल्य के लिए रूसी भाषा के Razrydka शब्द का प्रयोग किया था। इसका अभिप्राय "किसी अस्त्र को खाली करना"। शीत युद्ध के सम्बन्ध में इसका प्रयोग तनाव में शिथिलता लाने के लिए किया गया। ब्रेज नेव ने 1977 में तनाव शैथिल्य का अर्थ इस प्रकार स्पष्ट किया था "तनाव शैथिल्य का अर्थ है, सबसे पहले शीत युद्ध पर काबू पाना और फिर सामान्य स्थिति की ओर जाने, और राज्यों के मध्य स्थायी सम्बन्धों के लिए प्रयास करना। अन्य शब्दों में तनाव शैथिल्य का अर्थ है, मतभेद दूर करने और विवाद सुलझाने की इच्छा बल प्रयोग के द्वारा नहीं, धमकी और खींचातानी के द्वारा नहीं, परन्तु शान्तिपूर्ण उपायों से। ब्रेज नेव के इस कथन से स्पष्ट है कि सोवियत नेता के अनुसार शीत युद्ध की स्थिति से निकलकर राज्यों के मध्य सामान्य और स्थायी

सम्बन्धों के विकास की प्रक्रिया को तनाव शैथिल्य कहना चाहिए। जब हेनरी कीसिंगर ने विरोधी शक्ति का प्रबन्ध करने की बात कही तो उसका अभिप्राय था कि तनाव शैथिल्य विरोधियों के साथ मिलकर रहने की, अथवा विरोधी शक्ति को अस्थिर करने की कला है। Detente and Conflict नामक पुस्तक में डी. के. साइमन्स ने बताया है कि क्योंकि सोवियत संघ की प्राथमिक आवश्यकता उसकी रक्षा करनी थी, इसलिए उसने सुरक्षा के साधन के रूप में सहयोग और संघर्ष दोनों का प्रयोग किया। शीत युद्ध के कम तनाव वाले चरण में क्रियान्वित तनाव शैथिल्य का यही वास्तविक अर्थ था। अन्तर्राष्ट्रीय स्थिति पर 1976 में टिप्पणी करते हुए जॉर्ज कैनन ने कहा था कि "इस जटिल संसार में कोई ऐसा अन्तर्राष्ट्रीय सम्बन्ध नहीं हो सकता, जो या तो पूरी तरह शत्रुतापूर्ण हो अथवा पूरी तरह समान हित पर आधारित हो।" अमेरिका के राष्ट्रपति निक्सन (1969-74) को तनाव शैथिल्य का जन्मदाता कहा गया है। यह कथन चीन-अमरीकी तनाव शैथिल्य के सन्दर्भ में अधिक उपयुक्त है।

तनाव शैथिल्य की प्रगति जब क्यूबा संकट उत्पन्न हुआ, तो विश्व के कई प्रमुख नेताओं ने अनुभव किया कि विश्व तीसरे विश्व युद्ध के कगार पर पहुँच चुका है। दोनों महाशक्तियों को विश्वास हो गया कि यदि परमाणु युद्ध हुआ तो वह आत्मघाती सिद्ध होगा। यह निश्चय किया गया कि बुद्धिमत्ता इसी में है कि शान्ति की रक्षा की जाये। क्यूबा संकट ने यह स्पष्ट कर दिया था कि भविष्य में इस प्रकार की स्थिति को टालना है तो अमेरिका और सोवियत संघ को निरन्तर एक-दूसरे के सम्पर्क में रहना होगा। अतः मास्को और वाशिंगटन के बीच सीधा दूरभाष सम्पर्क (hot line) स्थापित किया गया। इसके द्वारा दोनों देशों के शिखर नेता किसी भी संकट के समय तुरन्त प्रत्यक्ष सम्पर्क स्थापित कर सकते थे। शीत युद्ध के दौरान जिस प्रकार से यूरोप में तनाव की स्थिति उत्पन्न हुई थी उस स्थिति से निपटना तनाव शैथिल्य का मुख्य उद्देश्य था।

1960 के दशक के मध्य में तनाव में शिथिलता आने लगी थी। सबसे महत्त्वपूर्ण तथ्य बर्लिन के भविष्य का और जर्मनी के दो देशों में विभाजित रहने का था। पश्चिम जर्मनी में 1969 सत्ता परिवर्तन से तनाव में अवश्य कमी आई। विली ब्रैण्डट (Willy Brandt) के प्रधानमन्त्री बनने पर जर्मनी ने पूर्वी की ओर मित्रता का हाथ बढ़ाया। इस नीति को जर्मन भाषा में Ostpolitik कहा गया। विली ब्रेण्डट सरकार ने हंगरी, पोलैण्ड तथा बुल्गारिया के साथ सामान्य राजनयिक सम्बन्ध स्थापित किये। सोवियत संघ स्तर और पोलैण्ड के साथ मैत्री सन्धियों पर हस्ताक्षर किये गये। 1971-72 में पश्चिमी जर्मनी ने कुछ अन्य महत्त्वपूर्ण समझौतों पर भी हस्ताक्षर किये। दोनों जर्मन (पूर्व और पश्चिम) देशों ने एक-दूसरे को मान्यता प्रदान की तथा दोनों महाशक्तियों ने भी दोनों जर्मन राज्यों की मान्यता स्वीकार की। पश्चिम जर्मनी की पूर्व के साथ मित्रता की नीति Ostpolitik को संयुक्त राज्य अमेरिका तथा पश्चिमी गुट के अन्य सदस्य देशों के सहयोग के बिना लागू नहीं करवाया जा सकता था।

सर्वप्रथम पश्चिमी जर्मनी ने पूर्वी यूरोप के देशों के साथ सम्बन्धों को सामान्य बनाने का कार्य आरम्भ किया। अगस्त 1970 में सोवियत संघ तथा पश्चिमी जर्मनी के एक सन्धि पर हस्ताक्षर करके ये घोषणा की कि वे पूर्वी यूरोप की तत्कालीन सीमाओं में परिवर्तन करने के

लिए बल प्रयोग नहीं करेंगे। यह पश्चिमी जर्मनी द्वारा दी गई एक बड़ी रियायत थी, क्योंकि इसके पूर्व जर्मनी यह मानता था कि पूर्वी यूरोपीय देशों की व्यवस्थाओं में बदलाव करना चाहिए।

जब विश्व में तनाव शैथिल्य की स्थिति उत्पन्न हुई थी, तब उस दौरान पूर्व और पश्चिमी देशों में कई शिखर सम्मेलन हुए। इससे पूर्व 1961 में वियना में अमेरिकी राष्ट्रपति कैनेडी और सोवियत नेता ख्रुश्चेव की भेंटवार्ता हुई थी। उसके पश्चात् 1967 में एक बार ग्लासबरो (Glassboro) में राष्ट्रपति जॉनसन और प्रधानमन्त्री कोसीजिन की भेंट हुई किन्तु सत्तर के दशक में तो शिखर स्तर की बैठकें एक वार्षिक बात हो गई। निक्सन की 1972 की मास्को यात्रा को सर्वाधिक सफल माना गया। वहाँ दोनों देशों ने, साल्ट-1 सहित, कई समझौतों पर हस्ताक्षर किये, इनमें से एक समझौता था "संयुक्त राज्य अमेरिका और सोवियत संघ (U.S.S.R.) के मध्य पारस्परिक सम्बन्धों के मूल सिद्धान्त।" वर्ष 1973 में परमाणु युद्ध को न होने देने वाला समझौता भी सम्पन्न हुआ। दोनों ही समझौतों का उद्देश्य पारस्परिक सम्पर्क और भविष्य के संघर्ष को रोकने के नियम निर्धारित करना था। राष्ट्रपति निक्सन और सोवियत संघ महासचिव ब्रेजनेव के मध्य 1973 तथा फिर 1974 में दो शिखर वार्ताएं हुई। निक्सन के त्यागपत्र देने के पश्चात्, उनके उत्तराधिकारी राष्ट्रपति फोर्ड ने नवम्बर 1974 में ब्लाडीवास्टक में ब्रेज नेव से भेंट की। इसके पश्चात् 1975 के प्रसिद्ध हेल्सिंकी सम्मेलन के अतिरिक्त, कुछ समय तक पूर्व-पश्चिम शिखर वार्ता नहीं हुई।

कीसिंगर ने 1971 में चीन की गोपनीय यात्रा पर गये तथा चीनी नेताओं से बातचीत करके इस बात का रास्ता साफ कर दिया कि साम्यवादी चीन को संयुक्त राष्ट्र में प्रतिनिधित्व मिल सके। 26 अक्टूबर, 1971 को अमेरिका के समर्थन से राष्ट्रवादी चीन की ताईवान सरकार को संयुक्त राष्ट्र से निष्कासित करके, जनवादी चीन को संयुक्त राष्ट्र में प्रतिनिधित्व दिलवा दिया गया।

इस प्रकार लगभग 22 वर्ष तक संयुक्त राष्ट्र में प्रतिनिधित्व के औचित्यपूर्ण अधिकार से वंचित रहने के बाद तनाव शैथिल्य की प्रक्रिया के फलस्वरूप चीन को अपना वैध अधिकार प्राप्त हो गया। जैसा कि कोरल बेल ने कहा है कि तनाव शैथिल्य का यह पक्ष अधिक महत्त्वपूर्ण था, क्योंकि अमेरिका-सोवियत तनाव की अपेक्षा, चीन-अमेरिका संघर्ष और तनाव कहीं अधिक गम्भीर था। फिर भी, चीन-अमेरिका तनाव शैथिल्य के बावजूद दोनों विशालकाय साम्यवादी देशों, चीन और पूर्व सोवियत संघ के सम्बन्ध सामान्य नहीं हुए। संयुक्त राष्ट्र में चीन को प्रतिनिधित्व मिलने के बाद राष्ट्रपति निक्शन स्वयं 1972 में चीन की औपचारिक यात्रा पर गये और तनाव में शिथिलता लाने के प्रयास किये। चीन और सोवियत संघ के मध्य 'शीत युद्ध' के चलते अन्तर्राष्ट्रीय व्यवस्था में एक तीसरा ध्रुव उभरता दिखाई दे रहा था। चीन की विशाल आकृति, उसकी जनसंख्या तथा स्पष्ट वैचारिक अभिव्यक्ति ने उसे एक 'स्वाभाविक विद्रोही' बना दिया और दो-ध्रुवी व्यवस्था के लिए एक चुनौती उपस्थिति हो गई। चीन-अमेरिका में तनाव शैथिल्य के बाद चीन के आचरण में स्पष्ट अन्तर आ गया। उसने क्रान्तिकारी शक्तियों का नेता बनने की आकांक्षा छोड़ दी, और वह दोनों महाशक्तियों सहित विभिन्न प्रमुख देशों के साथ सम्बन्धों को विकसित करने लगा।

39

शीत युद्धोत्तर विश्व के मुद्दे
(Post-Cold War Issues)

लगभग 45 वर्षों तक दो महाशक्तियों के नेतृत्व में संसार दो गुटों में बंटा रहा। उस व्यवस्था को मॉर्टन कैप्लन ने ढीली द्विध्रुवीय व्यवस्था कहा था, क्योंकि संसार के सभी देश दो गुटों में शामिल नहीं थे। दो गुटों (दो ध्रुवों) के अतिरिक्त अनेक देश गुट निरपेक्षता की नीति के अनुयायी होने के कारण किसी भी शक्ति गुट में शामिल नहीं थे। उनकी भूमिका कम महत्त्वपूर्ण नहीं थी। इनके अतिरिक्त, संयुक्त राष्ट्र व्यवस्था की विश्व में प्रमुख भूमिका थी। यह दो ध्रुवीय व्यवस्था तब विखण्डित हो गई, जब 1989 के अन्तिम दिन अमेरिका एवं सोवियत संघ के राष्ट्रपतियों ने शीत युद्ध समाप्त करने की औपचारिक घोषणा कर दी। 1990-91 में सोवियत गुट के अनेक देश साम्यवाद को त्यागने के प्रयास करने लगे। स्वयं सोवियत संघ के कुछ गणराज्यों ने अलग हो जाने की एकतरफा घोषणाएं कीं।

प्रथम खाड़ी युद्ध में कुवैत को ईराक से मुक्त करवाने के प्रयास में अमरीकी नेतृत्व का किसी ने विरोध नहीं किया। स्वयं सोवियत संघ का दिसम्बर 1991 में विघटन हो गया। तब लगा कि संसार एक ध्रुवीय हो जायेगा, क्योंकि अमेरिका एक मात्र महाशक्ति रह गया था। परन्तु तेजी से बदलती हुई परिस्थितियों ने शीत युद्धोत्तर विश्व में किसी निश्चित को पनपने नहीं दिया।

शीत युद्ध के अन्त का श्रेय दो ऐसे नेताओं को मिला जिनके एक-दूसरे के साथ सहयोग करने की कोई सम्भावना नहीं थी। वे थे अमरीकी राष्ट्रपति रोनल्ड रीगन तथा सोवियत नेता मिखाइल गौर्वाचोव। वे परस्पर विरोधी प्रतीत होते थे। राष्ट्रपति रीगन का निर्वाचन परम्परागत अमरीकी मूल्यों की रक्षा करने के लिए हुआ था। उनसे यह अपेक्षा थी कि वह साम्यवाद के प्रसार को रोकने का कार्य करेंगे, उसे पराजित करने का नहीं। वह अमरीकी समाज के दक्षिणपंथियों का प्रतिनिधित्व करते थे। उधर गौर्बाचोव का यह प्रयास था कि वह सोवियत विचारधारा की श्रेष्ठता को बल देकर और भी सुदृढ़ करेंगे। रीगन तथा गौर्बाचोव दोनों का

अनुमान था कि अन्त में विजय उन्हीं की विचारधारा की होगी। पूर्व अमरीकी विदेश मन्त्री हेनरी कीसिंगर ने दोनों नेताओं की तुलना करते हुए लिखा था कि, जहाँ रीगन को अपने समाज की आकांक्षाओं का पूर्ण ज्ञान था, वहाँ गौर्वाचोव का अपने समाज से सम्पर्क ही टूट गया था, परन्तु परेशानी तब आरम्भ हुई जब गौर्वाचोव का सोवियत संघ में स्वतन्त्र और लोकतान्त्रिक समाज की स्थापना का स्वप्न साकार नहीं हो सका।

रीगन के 1981 में राष्ट्रपति बनने के पश्चात् अमेरिका की प्रतिष्ठा का तेजी से ह्रास होना प्रारम्भ हो गया था। अमेरिका वियतनाम में विफल हो गया था, तथा अंगोला से वह भाग खड़ा हुआ था। उधर, सोवियत संघ क्यूबा की सेना को अंगोला से लेकर इथियोपिया (अबीसीनिया) तक फैला चुका था। उनके साथ हजारों सोवियत लड़ाकू परामर्शदाता भी थे। अफ गानिस्तान पर 90,000 सोवियत सैनिकों का अधिकार था। पश्चिम-समर्थक ईरान के शाह को सत्ता से उखाड़ फेंका गया था, उसके स्थान पर एक विप्लवकारी अमेरिका-समर्थक इस्लामी शासन सत्तारूढ़ हुआ था। उसके समर्थक कट्टरपंथी युवकों ने एक वर्ष से भी अधिक समय (1989-90) तक, 52 अमरीकी राजनयिकों और कर्मियों को तेहरान में अमरीकी दूतावास में बंधक बनाकर रखा। अमेरिका शक्तिहीन प्रतीत हो रहा था। जनमत सरकार विरोधी हो गया था और 1980 के राष्ट्रपति चुनाव में कार्टर पुनः निर्वाचित होने में असफल रहे। अन्तर्राष्ट्रीय परिस्थिति साम्यवाद के पक्ष में थी। उस परिवेश में ऐसा लग रहा था कि साम्यवाद अपने समक्ष किसी को टिकने नहीं देगा, और वैचारिक संघर्ष में विजयश्री उसके पक्ष में होगी। परन्तु गौर्वाचोव के सुधार अपेक्षित परिवर्तन नहीं कर सके और गौर्वाचोव का संकल्प बिल्कुल विफल हो गया।

शीत युद्ध के समाप्त होते-होते पूर्वी यूरोप डगमाने लगा और 1990-91 में एक-एक करके सभी साम्यवादी सरकारें धराशायी हो गईं। **कीसिंगर** के अनुसार राष्ट्रपति रीगन ने कुछ थोड़ी-सी बातें समझ ली थीं। वह तुष्टीकरण के खतरों को समझता था, उसको साम्यवाद की बुराई तथा अपने देश की महानता में विश्वास था; परन्तु किसी ठोस और गम्भीर विषय से उसे कुछ लेना-देना नहीं था। कीसिंगर ने रीगन के भाषण-लेखकों की प्रशंसा की है। रीगन की यह हार्दिक इच्छा थी कि वह गौर्वाचोव को अमेरिका के दौरे पर ले जाए और सोवियत नेता को दिखाए कि पूँजीवादी व्यवस्था में लोग कितने प्रसन्न थे। वह सोचता था कि श्रमिक लोग गौर्वाचोव को बताएँगे कि अमेरिका में निवास करना कितनी अद्भुत और गर्व की बात है। रीगन को, कीसिंगर के अनुसार, यह विश्वास था कि यह उसका कर्तव्य था कि वह गौर्वाचोव को यह स्वीकार करने के लिए सहमत करवा सके कि साम्यवादी विचारधारा कितनी गलत थी।

रीगन और गौर्वाचोव ने मिलकर सम्पूर्ण विश्व को परमाणु युद्ध के भय से मुक्त कराने के दिशा में कठिन प्रयास किए। चार वर्ष में उनकी चार शिखर वार्ताएँ हुई और अन्त में उन्होंने एक महत्त्वपूर्ण सन्धि पर हस्ताक्षर किए न जिसके द्वारा मध्यम दूरी तक मार करने वाले प्रक्षेपास्त्रों को नष्ट करने का वचन दिया गया। एक शिखर बैठक (रेकेविक, आईसलैण्ड, 1986) में रीगन और गौर्वाचोव में लगभग सहमति हो गई थी कि पाँच वर्ष में वे अपनी रणनीतिक रक्षा सेनाओं की संख्या 50 प्रतिशत घटा देंगे, तथा दस वर्ष में सभी प्रक्षेपास्त्रों को नष्ट कर देंगे। यद्यपि

गोर्वाचोव के सत्ता में आने पर अभूतपूर्व शक्ति प्राप्त हुई थी, लेकिन इसके बावजूद भी सोवियत संघ के विघटन को रोका न जा सका।

जब 1985 में गौर्वाचोव ने सत्ता सँभाली थी तब सोवियत संघ एक परमाणु महाशक्ति अवश्य था, परन्तु उसकी अर्थव्यवस्था का तेजी से ह्रास हो रहा था। जब 1991 में उन्होंने राष्ट्रपति पद से त्यागपत्र दिया, उस समय सोवियत सेना ने उनका साथ छोड़कर रूसी गणराज्य के राष्ट्रपति बोरिस येल्तिसन का साथ देना प्रारम्भ कर दिया था, सोवियत संघ के साम्यवादी संघ के साम्यवादी दल को अवैध घोषित कर दिया गया था, तथा वह साम्राज्य जो पीटर महान से लेकर विभिन्न शासकों ने क्रूरता से निर्मित किया था, उसका विघटन हो गया। यह कहा गया कि गौर्वाचोव ने अपने समय की सबसे महत्त्वपूर्ण क्रान्ति का नेतृत्व किया। उस पर आरोप लगाया गया कि उसने उसी कम्युनिष्ट पार्टी को नष्ट कर दिया जिसने 1917 से जीवन के हर पक्ष का नियन्त्रण किया था। देश का विघटन हो गया और गौर्वाचोव को विफल सुधार प्रयासों के लिए दोष दिया गया। अमेरिका 1947 से ही साम्यवाद का विरोधी था। कीसिंगर ने जॉर्ज कैनन की प्रशंसा की है। कैनन 1947 में सोवियत संघ में अमेरिका का राजनयिक था। कीसिंगर के अनुसार, "शीत युद्ध का अन्त तो वैसे ही हुआ जैसा कि 1947 में जॉर्ज कैनन ने भविष्यवाणी की थी। सोवियत संघ का अस्तित्व में बने रहने के लिए एक स्थायी बाहरी शत्रु की आवश्यकता थी। जब गौर्वाचोव की अध्यक्षता में सोवियत कम्युनिस्ट पार्टी की 27वीं काँग्रेस ने सह-अस्तित्व की नीति के स्थान पर पारस्परिक-निर्भरता की नीति अपनाने का निर्णय किया, तब शीत युद्ध का आधार ही समाप्त हो गया था। गौर्वाचोव आन्तरिक दमन समाप्त करने में सफल रहा इसलिए, जैसा कि कैनन ने भविष्यवाणी की थी कि जिन लोगों को कड़े अनुशासन और सम्पूर्ण आज्ञाकारिता की शिक्षा दी गई थी, वे अचानक स्वतन्त्र अंग लोकतान्त्रिक परिवेश में "एक महाशक्ति से परिवर्तित होकर सबसे शक्तिहीन और दयनीय राष्ट्रीय समाज के रूप में रह गया।"

जहाँ तक अमेरिका का सवाल है, साम्यवाद के प्रसार को रोकने हेतु कैनन द्वारा सुझाई गई नीति सफल रही, चाहे इसमें 40 वर्ष का समय लग गया। इस बीच तनाव और संघर्ष के कई चरण देखे गए। यदि अमेरिका ने प्रतिरोध न किया होता तो शायद कम्युनिस्ट पार्टियाँ विश्व के अधिकांश देशों पर छा गई होतीं। जिस प्रकार शीत युद्ध का अन्त हुआ, उसका श्रेय अमेरिका ने ले लिया और इसे लोकतन्त्र तथा पूँजीवाद की विजय माना। अमेरिका ने इस बात का भी श्रेय लेने का दावा किया कि उसके प्रयासों के कारण संसार के सन्तुलन को बचाया जा सका और विश्व शान्ति सुनिश्चित की जा सकी। उत्तर-शीत युद्ध काल में भी अनेक संकट उत्पन्न होते रहे हैं, परन्तु अमेरिका के लिए कोई वैचारिक चुनौती उत्पन्न नहीं हुई। चीन के साम्यवादी शासकों ने भी, अपने ढंग से, आर्थिक उदारीकरण की प्रक्रिया आरम्भ की है। चीन भी अब अमेरिका के लिए वैचारिक चुनौती नहीं रह गया है। चीन की राजनीतिक व्यवस्था अभी जनवादी लोकतन्त्र की है, परन्तु वह अमेरिका के बहुत निकट आ गया है।

40

उद्‌यीमान शक्तियाँ
(Emergnal Powers)

द्वितीय महायुद्ध के समाप्त होने के बाद विश्व की दो महाशक्तियाँ संयुक्त राज्य अमेरिका तथा सोवियत के मध्य विकसित हुए मतभेदों की स्थिति की व्याख्या करने के लिए जिस शब्द का प्रयोग किया गया था, वह शब्द शीत युद्ध ही था। शील युद्ध को शस्त्रविहीन युद्ध कह कर पुकारा गया है। जर्मनी द्वारा जून, 1941 में सोवियत संघ पर अचानक आक्रमण तथा दिसम्बर, 1941 में जापानी लड़ाकू विमानों द्वारा अमेरिका का पर्ल हार्बर पर भारी बमवर्षा के साथ ही इन दोनों परस्पर विरोधी विचारधाराओं वाले देशों में ऐसी मित्रता हो गयी जिसकी किसी को आशा नहीं थी। फासिस्ट तानाशाही को परास्त करने के लिए साम्यवादी सोवियत संघ और अमेरिका ने मिलकर दृढ़ संकल्प लिया। इन दोनों देशों ने ब्रिटेन, फ्रांस, चीन तथा अन्य मित्र राष्ट्रों के साथ मिलकर नात्सी-फासिस्ट धुरी को पराजित कर दिया, परन्तु इस युद्ध के दौरान ही मित्र राष्ट्रों में आपस में दरार पड़ गयी थी। इस अद्‌भुत मित्रता ने तनाव में परिवर्तित होकर एक विचित्र युद्ध का रूप धारण कर लिया। इस युद्ध में सेनाओं तथा हथियारों की मदद के बिना एक विचित्र लड़ाई शुरू हो गयी जिसे शीत युद्ध की संज्ञा दी गयी।

अमेरिका का परमाणु शक्ति के रूप में उद्‌भव मानव इतिहास में पहली बार, जुलाई 1945 में अमेरिका ने अपने अणु बम का परीक्षण किया। अगस्त में उसने जापान के दो नगरों हिरोशिमा तथा नागासाकी पर अणु बम गिराकर जापान को आत्मसमर्पण के लिए विवश कर दिया। इस प्रकार अमेरिका को जो विजय प्राप्त हुई, उससे सुदूर पूर्व में सोवियत संघ को केवल नाममात्र का अंश ही प्राप्त हुआ। अमेरिका अगले पाँच वर्षों तक ही परमाणु सम्पन्न देश कहलाया, क्योंकि सोवियत संघ ने (जो कि द्वितीय विश्व युद्ध के पश्चात् आर्थिक रूप से काफी कमजोर हो चुका था) जल्द ही परमाणु शक्ति हासिल कर ली। सोवियत संघ का पहला परमाणु परीक्षण 1949 में किया गया। नागासाकी पर अमेरिका ने जो अणु बम गिराया था, उसके पश्चात्

किसी को भी यह पता नहीं था कि क्या अमेरिका के पास कोई तीसरा बम भी था, या नहीं। यदि अमेरिका के पास तीसरा बम था, अथवा यदि वह शीघ्र ही एक और बम का निर्माण कर सकता था, तो वह उसे कभी भी मॉस्को पर गिराकर सोवियत संघ को बर्बाद कर सकता था। इसीलिए सोवियत संघ, सब कुछ भुलाकर, युद्धोपरान्त अपना पुनर्निर्माण भी भुलाकर अमेरिका जैसी सैनिक प्रौद्योगिकी तथा क्षमता प्राप्त करने में व्यस्त हो गया। सोवियत संघ द्वारा 1949 में किए गए परमाणु परीक्षण ने अमेरिका के परमाणु क्षमता पर बनें एकाधिकार को समाप्त कर दिया।

सन् 1949 के पश्चात् भी, सोवियत संघ की अपेक्षा अमेरिका का सैनिक और असैनिक दोनों ही प्रकार की प्रौद्योगिकी का ज्ञान कहीं अधिक था। अमेरिका की वायु सेना संसार में सबसे शक्तिशाली थी तथा उसकी नौसेना का स्थान बहुत उच्च स्तर पर था। भूमण्डलीय शक्ति के रूप में अमेरिका को अब कोई देश चुनौती नहीं दे सकता था। जैसा कि **काल्वोकोरेसी** ने लिखा है, "रूस की प्रगति के बावजूद, लगभग 1953 तक (परमाणु क्षेत्र में) अमेरिका का प्रभुत्व बना रहा।" क्योंकि उसके पास विमानों तथा रॉकेटों की मारक शक्ति उससे कहीं अधिक थी, चाहे यह सामर्थ्य थी दोनों के पास। अतः द्वितीय विश्व युद्ध के पश्चात् परिस्थितियों ने संयुक्त राज्य अमेरिका तथा सोवियत संघ दोनों को महाशक्ति बना दिया था।

41

क्षेत्रीय सहयोग (Regional Groupings)

राजनीतिक, आर्थिक, समाजिक, पर्यावरणीय मुद्दों पर अंतर्राष्ट्रीय स्तर पर सहयोग की आवश्यकता महसूस की गई। इससे क्षेत्रिय संगठनों की स्थापना को बल मिला। सभी ने अपने हितों को ध्यान में रखकर परस्पर सहयोग की भावना से प्रेरित होकर क्षेत्रिय संगठनों का निर्माण किया। इस दिशा में कई पहल हुए। आज ये क्षेत्रिय संगठन अन्तर्राष्ट्रीय संबंध में धूरी का कार्य कर रहे हैं।

दक्षिण एशियाई क्षेत्रीय सहयोग संगठन (सार्क)

भारत और दक्षिण एशियाई क्षेत्रीय संगठन (सार्क) की स्थापना 1985 में ढाका में की गयी। संयुक्त राष्ट्र चार्टर के अनुच्छेद 52 में क्षेत्रीय संगठनों के विषय में उल्लेख किया गया है। इसमें व्यवस्था है कि "ऐसी क्षेत्रीय व्यवस्थाएँ या एजेन्सियाँ स्थापित की जा सकती हैं, जो अन्तर्राष्ट्रीय शान्ति और सुरक्षा बनाये रखने के उन राष्ट्र के उद्देश्यों और सिद्धान्तों के अनुरूप होना चाहिए। द्वितीय विश्व युद्ध के पश्चात्, स्थापित कुछ क्षेत्रीय संगठन तो सैनिक सन्धियों के रूप में थे। इनमें उत्तर अटलाण्टिक सन्धि संगठन (NATO) (1949), दक्षिण-पूर्ण एशिया सन्धि संगठन (SEATO) (1954), अन्तः अमरीकी रक्षा व्यवस्था (1948) ऑस्ट्रेलिया न्यूज लैण्ड-संयुक्त राज्य समझौता (1952) तथा वारसा समझौता (1955) को सम्मिलित किया गया है।

वारसा समझौते के अतिरिक्त अन्य सभी सन्धि संगठन अमरीकी नेतृत्व में, साम्यवाद का विरोध करने के उद्देश्य से स्थापित किये गये थे। ये सब शीतयुद्ध का परिणाम था। दूसरी ओर वारसा समझौता, "साम्राज्यवादी और पूँजीवादी" पश्चिम के विरुद्ध सोवियत संघ के नेतृत्व में समाजवादी राज्यों की सुरक्षा के लिए स्थापित किया गया था। इन रक्षात्मक सन्धि संगठनों

के अतिरिक्त कई क्षेत्रीय आर्थिक सहयोग संगठन भी स्थापित किये गये। इन्हीं संगठनों में एक सार्क सहयोग संगठन भी है।

दक्षिण एशियाई विकास कोष

दक्षिण एशियाई विकास कोष 1991 में भूटान के नरेश ने स्थापित करने के लिए अपना विचार प्रस्तुत किया। इस कोष को स्थापित करने का उद्देश्य यह था कि सार्क देशों की विकास परियोजनाओं में क्षेत्रीय स्तर पर पूँजी निवेश को प्रोत्साहन दिया जा सकें। इस बात की भी आवश्यकता थी कि पूँजी निवेश सर्वेक्षण किया जाये, ताकि उत्पादन क्षमता और निर्यात योग्य वस्तुओं की पहचान की जा सके। भूटान नरेश के प्रस्ताव को 1995 के नई दिल्ली शिखर सम्मेलन में विधिवत् स्वीकार कर लिया। दक्षिण एशियाई विकास कोष (SADF) की औपचारिक स्थापना जून 1996 में की गयी। इसकी स्थापना की घोषणा, बांग्लादेश के पूँजीनिवेश निगम के प्रबन्ध निदेशक खैरूल हूडा ने की थी। हूडा को ही दक्षिण एशियाई विकास कोष बोर्ड का अध्यक्ष नियुक्त किया गया था। विकास कोष का मुख्यालय और सचिवालय ढाका में स्थापित किया गया।

विकास कोष का मुख्य उद्देश्य ऐसी परियोजनाओं को स्थापित और प्रोत्साहित करना है, जिनसे दक्षिण एशियाई (सार्क) क्षेत्र के दो या दो से अधिक देशों को लाभ होता हो। इस कोष की आरम्भिक पूँजी के रूप में जून 1996 तक सदस्य देशों ने 50 लाख अमरीकी डॉलर की राशि जमा कर ली थी। इसमें सबसे अधिक राशि 1,605,000 डॉलर, भारत ने दिये, जबकि पाकिस्तान ने 1,192,500 डॉलर का योगदान दिया। बांग्लादेश ने 567,500 डॉलर तथा इतनी ही राशि का योगदान श्रीलंका ने दिया। दो कोष जो पहले से स्थापित थे क्षेत्रीय परियोजनाओं के लिए सार्क, तथा सार्क क्षेत्रीय कोष, उन दोनों का इसी नये विकास कोष में विलय कर दिया गया।

उत्तर अटलांटिक संधि संगठन

उत्तर अटलांटिक संधि संगठन का औपचारिक नाम ऑर्गेनाइजेशन डू ट्रेटे डी आई अटलांटिक नॉर्ड अटलांटिक नॉर्ड ओटीएएन है। यह संगठन राजनीतिक, सैनिक आर्थिक एवं वैज्ञानिक क्षेत्रों में सहयोग एवं परामर्श के द्वारा यूरोप और उत्तरी अमेरिका के 19 देशों को उनकी सामूहिक सुरक्षा के लिये एकजुट करता है। इसका मुख्यालय बेल्जियम के ब्रूसेल्स में है। इसके सदस्य देश हैं बेल्जियम, कनाडा, चेक गणराज्य, डेनमार्क, फ्रांस, जर्मनी, यूनान, हंगरी, आइसलैंड, इटली, लक्जमबर्ग, नीदरलैंड, नार्वे, पोलैंड, पुर्तगाल, स्पेन, तुर्की, यूनाइटेड किंगडम और संयुक्त राज्य अमेरिका। इसकी आधिकारिक भाषाएं अंग्रेजी और फ्रांसीसी है।

दक्षिण-पूर्व एशियाई राष्ट्र संघ (आसियान)

आसियान अर्थात् दक्षिण-पूर्व एशियाई संघ का गठन दक्षिण-पूर्व एशियाई राष्ट्रों ने

किया था। यह एक ऐसा क्षेत्रीय अन्तर्सरकारी संगठन है, जिसका गठन दक्षिण-पूर्व एशिया में आर्थिक सामाजिक और सांस्कृतिक विकास सुनिश्चित करने तथा शांति और सुरक्षा को प्रोत्साहन देने के उद्देश्य से किया गया है। इसका मुख्यालय जकार्ता (इण्डोनेशिया) में है। ब्रुनेई, कम्बोडिया, लाओस, मलेशिया, म्यांमार, फिलीपीन्स, सिंगापुर, थाईलैण्ड और वियतनाम इसके प्रमुख सहयोगी देश हैं, संवाद सहयोगी देश है ऑस्ट्रेलिया, कनाडा, चीन, यूरोपीय, संघ, भारत, जापान, कोरिया गणतंत्र, न्यूजीलैंड, रूस और संयुक्त राज्य अमेरिका। इनकी आधिकारिक भाषा अंग्रेजी है।

दक्षेस

दक्षिण क्षेत्रीय सहयोग संगठन सात देशों क्रमशः भारत, पाकिस्तान, श्रीलंका, बंगलादेश, नेपाल, भूटान और मालद्वीप से मिल कर बना है। इसका जन्म 7-8 दिसम्बर, 1985 को ढाका शिखर सम्मेलन में हुआ, इसको स्थापित करने के निर्णय के साथ ही यह निश्चित किया गया कि इसका मुख्यालय काठमांडू (नेपाल) में स्थित रहेगा।

भारत और हिन्द महासागर क्षेत्रीय संगठन

भारत तथा हिन्द महासागर क्षेत्रीय संगठन का भारत की विदेशी नीति में भी महत्त्वपूर्ण स्थान है। भौगोलिक रूप से भारत तट क्षेत्र में आंतरिक श्रृंखला में केन्द्र पर स्थित है। यह भारत की रणनीति का आवश्यक अंग है। इस क्षेत्र में जनसंख्या की दृष्टि से भारत सबसे विशाल देश है तथा 10 मुख्य देशों के साथ इसकी सीमाएं जुड़ी हुई हैं। भारत की भौगोलिक स्थिति और यातायात सुविधाओं से जुड़े होने के कारण उसकी भू-रणनीति स्थिति महत्त्वपूर्ण है। आर्थिक दृष्टि से हिम तटीय क्षेत्रीय संगठन के सदस्य देशों के साथ व्यापार एवं वित्त विनिमय के सम्बन्धों में लगातार बढ़ोत्तरी हुई। 1995-96 में हिम तटीय क्षेत्र के सदस्य देशों के साथ भारत का कुछ व्यापार 7.3 बिलियन डॉलर का रहा, जिसमें 3.6 बिलियन डॉलर का निर्यात और 3.7 बिलियन अमेरिकी डॉलर का व्यापार हुआ, जो भारतीय विश्व व्यापार का 10% हिस्सा है। पिछले वर्षों की तुलना में यह 46% की वृद्धि है। इस क्षेत्र के देशों में सिंगापुर 26% और आस्ट्रेलिया 18% व्यापार के कारण भारत के बड़े व्यापारिक हिस्सेदार हैं। इस क्षेत्र के संगठन देशों के साथ भारत में नियोजन में भी काफी बढ़ोत्तरी हुई है, 1991 के 1.2 बिलियन नियोजन के स्थान पर 1995 में यह बढ़ कर 1.7 बिलियन हो गया है। इसमें मॉरीशस और आस्ट्रेलिया बड़े विनियोजक रहे।

सामूहिक क्षेत्र में भारत और सदस्य देशों के बीच 100 बिलियन डॉलर का विनियोजन किया गया। इस दिशा में भारत पर्याप्त भागीदारी निभा रहा है ताकि इससे सम्बन्धित विकास को सुनिश्चित किया जा सके। पूर्व प्रधानमन्त्री (गुजराल) ने इस संगठन को भारत के साथ हिन्द महासागर के देशों और क्षेत्र के लोगों के साथ महत्त्वपूर्ण सम्बन्धों की फिर से खोज बतलाया। भारत के विदेश मन्त्री के रूप में पहली मन्त्रीमण्डलीय बैठक में भाग लेते हुए उन्होंने स्पष्ट किया कि ये एशियाई अफ्रीकी साझेदारी को स्थापित करने की महत्त्वपूर्ण योजना है। भारत ने इस

संघ के घोषणापत्र को लिखने में महत्त्वपूर्ण भूमिका अदा की। इसके व्यापारिक एवं बौद्धिक संगठन को विकसित करने में भी महत्त्वपूर्ण सहयोग किया।

इस्लामिक सम्मेलन संगठन (ओआईसी)

इस्लामिक सम्मेलन संगठन (O.I.C.) का औपचारिक नाम मुनाजमत अल-मुतामिर अल हस्लामी अरबी है। इसका उद्देश्य इस्लामिक राष्ट्रों के मध्य सभी विषयों में सहयोग को बढ़ावा देना है। इसका मुख्यालय जैदा, सऊदी अरब में है। इसके प्रमुख सदस्य देश हैं अफगानिस्तान, अल्बानिया, अल्जीरिया, अजरबैजान, बहरीन, बांग्लादेश, बेनिन, बोस्निया, हर्जेगोविना, ब्रुनेई, बुर्किना फासो, कैमरून, चाड, कोमोरो द्वीप समूह, जिबूती मिस्र, गैबन, गैम्बिया, गिनी बिसाऊ, इण्डोनेशिया, ईरान, इराक, जॉर्डन, कजाकिस्तान, कुवैत, किर्गिजिस्तान, लेबनान, लीबिया, मलेशिया, मालदीव, माली, मॉरिटानिया, मोरक्को, मोजाम्बिक, नाइजर, नाइजीरिया, ओमान, पाकिस्तान, फिलीस्तान मुक्ति संगठन, कतर, सऊदी अरब, सेनेगल, सिएरा लिओन, सोमालिया, सूडान, सूरीनाम, सीरिया, तजाकिस्तान, टोगो, ट्यूनीशिया, तुर्की, तुर्कमेनिस्तान, युगांडा, संयुक्त अरब अमीरात, उज्जबेकिस्तान और यमन। आधिकारिक भाषाएं: अरबी, अंग्रेजी और फ्रांसीसी हैं।

पेट्रोलियम निर्यातक राष्ट्र संगठन ओपीईसी/ओपेक

पेट्रोलियम निर्यातक राष्ट्र संगठन का मुख्यालय ऑस्ट्रिया की राजधानी वियना में है। यह संगठन विश्व के ज्यादातर तेल निर्यातक देशों को एकजुट करता है जिसका उद्देश्य इन देशों की पेट्रोलियम नीतियों में समन्वय कायम करना तथा उन्हें तकनीकी और आर्थिक मदद देना है। इसके प्रमुख सदस्य देश अल्जीरिया, इंडोनेशिया, ईरान, इराक, कुवैत, लीबिया, नाइजीरिया, कतर, सऊदी अरब, संयुक्त अरब अमीरात और वेनेजुएला है। इस संगठन की आधिकारिक भाषा अंग्रेजी है।

ओपेक की स्थापना 1900 में बगदाद (इराक) में हुई तथा 1961 में ईरान, इराक, कुवैत, सऊदी अरब और वेनेजुएला के द्वारा इसका औपचारिक गठन किया गया। उसके उपरान्त कतर 1961 इंडोनेशिया और लीबिया 1962, अबू-धाबी को मिली सदस्यता 1967-1974 में संयुक्त अरब अमीरात को स्थानान्तरित कर दी गई, अल्जीरिया 1969, नाइजीरिया 1971, इक्वेडोर 1973 तथा गैबन 1975 में ओपेक के सदस्य बने। इक्वेडोर 1993 के संगठन का सदस्य नहीं है। 1965 में ओपेक के मुख्यालय को जेनेवा से स्थानान्तरित करके वियना कर दिया गया।

विश्व में एक तिहाई तेल के उत्पादन की जिम्मेदारी ओपेक के सदस्य की ही है। 1973 और 1980 में यह क्रमशः 55% और 45 प्रतिशत तेल उत्पादन हेतु जिम्मेदार था और विश्व के कुल तेल भण्डारों का तीन-चौथाई ओपेक देशों में है।

हिन्द महासागर तटीय क्षेत्रीय संगठन (हिम तक्षेस) और भारत

यह 14 देशों का वह संगठन है, जिसकी स्थापना मार्च 1997 में हुई थी। यह अन्तर्राष्ट्रीय

आर्थिक सहयोग की स्थापना की एक महत्त्वपूर्ण कोशिश है। जैसे तीन राष्ट्रों का उत्तरी अमेरिकी मुक्त व्यापार संगठन, 16 देशों का यूपरोपीय संगठन, 18 राष्ट्रों का एशिया पेसीफिक आर्थिक समुदाय है, उसी तरह का यह संगठन है जिसका आधार आर्थिक सहयोग है न की आर्थिक एकीकरण।

मूलतः यह विश्व व्यापार संगठन के सिद्धान्त के अनुरूप है जिसके अन्तर्गत किसी भेदभाव के बिना आर्थिक सहयोग की बात कही गई है। इसके 14 राष्ट्र, 7 हिन्द महासागीय 3 क्षेत्रों का प्रतिनिधित्व करते हैं। वे हैं दक्षिणी और पूर्वी अफ्रीका, पश्चिमी उत्तरी और पूर्वी एशिया, आस्ट्रेलिया और हिन्द महासागर के द्विपीय देश। प्रारम्भ में 7 संस्थापक सदस्य जो प्रत्येक उपक्षेत्र का प्रतिनिधित्व करते हैं, मॉरीशस में मार्च 1996 में संगठित हुए थे। ये देश थे दक्षिण अफ्रीका, केनिया, ओमान, भारत, सिंगापुर, आस्ट्रेलिया और मॉरीशस। पांच महीने के अन्दर ही यह फैसला लिया गया कि संगठन की सदस्यता दोहरी कर दी जाए और हर क्षेत्र में एक-एक देश और सम्मिलित कर लिया जाए। ये नये राज्य थे मोजाम्बिक, तंजानिया, यमन, श्रीलंका, मलेशिया, इण्डोनेशिया और मेडागास्कर तथा मार्च में इसकी स्थापना की जाए एवं सभी सदस्यों को एक समान दर्जा दिया जाए।

यह एक ऐसा जल क्षेत्र है, जो दुनिया के 20% हिस्से पर फैला है। ये क्षेत्र है अफ्रीका, एशिया, आस्ट्रेलिया और अण्टार्कटिका एशिया और अफ्रीका के बीच कई वर्षों से सांस्कृतिक, व्यापारिक सम्बन्धों को बढ़ाने का काम करता रहा है। इसका नाम भारतीय हिन्द महासागर है, भारतीय तटों को छूने के कारण काफी अनिश्चितता है। हिन्द महासागर को रिम और क्षेत्र को विभाजित करने का प्रयास है। हिन्द महासागर क्षेत्र में आने वाले 29 देश ऐसा मानते हैं। कुछ का विचार है ये 35 राष्ट्रों की संख्या उचित है, क्योंकि 29 तटीय राष्ट्र और 6 द्वीपीय राष्ट्र इसके सदस्य हैं। इसी तरह हिन्द महासागर के क्षेत्र कम से कम 35 जो सभी रिम राष्ट्र हैं और 12 भूबद्ध राष्ट्र भी शामिल हैं। कुछ क्षेत्र के अधिकतम राष्ट्रों की संख्या 52 बताते हैं जिनमें 5 मध्य एशिया के देश भी सम्मिलित हैं।

हिन्द महासागर तटीय क्षेत्र प्राकृतिक खनिज तथा समुद्री संसाधनों से काफी समृद्ध है। विश्व के दो-तिहाई कच्चे तेल, एक-तिहाई प्राकृतिक गैस के संसाधन यहां मौजूद हैं। इस क्षेत्र में खनिज जैसे सोना, हीरे, यूरेनियम आदि उपलब्ध हैं। इस क्षेत्र की जनसंख्या 1.87 मिलियन है। संसार में जनसंख्या के दृष्टिकोण से इसका तृतीय स्थान है। हिन्द महासागर की भौगोलिक तथा सामरिक स्थिति बहुत महत्त्वपूर्ण है। यह अटलांटिक और प्रशांत सागरीय देशों के साथ कम दूरी का प्रभावी सम्पर्क सूत्र है। जलीय यातायात का भी यहां सबसे ज्यादा प्रचलन है, जो इस क्षेत्र के महत्त्व को निरन्तर बढ़ाता है।

हिन्द महासागर तटीय व्यापारिक मंच

संगठन के तीन स्तर पर कार्यक्रम करने के कारण जैसे सरकार, उद्योगपति, बुद्धिजीवियों के कारण, व्यापारिक मंच को महत्त्वपूर्ण भूमिका दी गई इन्हें संगठन की प्राथमिकताओं को

निर्धारित करने का, समन्वय करने का और वित्तीय संसाधनों को जुटाने का कार्य सौंपा गया। व्यापारिक मंच और बौद्धिक संगठन दोनों की बैठकें मन्त्रिमडण्लीय समिति के साथ आयोजित करने की बात कही गई।

हिन्द महासागर तटीय बौद्धिक संगठन

हिन्द महासागर तटीय संगठन को बौद्धिक प्रक्रियाएं प्रदान करने के लिए बौद्धिक संगठन का निर्माण किया गया। इसकी प्रमुख स्वीकृत 6 योजनाएं इस प्रकार है मानवीय संसाधन विकसित करने के लिए जिनमें तकनीकी और व्यावसायिक शिक्षा, हिन्द महासागर तटीय अध्ययन की चेयर और छात्रवृत्तियां स्थापित की गईं, व्यापारिक विकास करना, सूचना स्रोत विकसित करना, मूल सुविधाओं सम्बन्धी व्यवस्थाओं को विकसित करने का आग्रह किया गया, विनियोजन नीति विकसित करना एवं सुविधाएं प्रदान करना।

निष्कर्ष रूप में यह कहा जा सकता है कि गुट-निरपेक्ष आन्दोलन, आसियान, सार्क, हिन्द-महासागर तटीय क्षेत्रीय सहयोग संगठन एवं बांग्लादेश, भारत, म्यांमार, थाइलैंड आर्थिक सहयोग आदि संगठनों ने दक्षिण-दक्षिण सहयोग में अपनी-अपनी बैठकें इस दिशा में समस्याग्रस्त क्षेत्रों की ओर चिन्ता प्रकट की है तथा इन्हें एकजुट होकर लड़ने की हिमायत की है।

42

वैश्वीकरण
(Globalisation)

वैश्वीकरण एक व्यापक प्रक्रिया है जिसके माध्यम से विश्व के प्रत्येक देशों अथवा समाजों के सामाजिक सम्बन्धों एवं उसकी अंतर्निर्भरता को गहराई से समझने में एक नई पहचान कायम की जा सके। वैश्वीकरण की इस प्रक्रिया के तहत् स्थापित किये गये अनेक देशों में सुपर बाजारों में उत्तम एवं गुणात्मक उत्पादों के लाने में अनेक वस्तुएं सामने लाई गईं जिसे उपभोक्ताओं ने पसन्द किया। इसी प्रकार आज के बाजारों में सैकड़ों देशों के उत्पाद एक साथ बिक्री के लिए उपलब्ध हो जाते हैं। नए से नए उत्पाद आने लगे हैं जो कुछ वर्षों पूर्व अस्तित्व में ही नहीं थे। इस वैश्वीकरण ने विश्व के लोगों को देखने के ढंग में परिवर्तन लाया है और साथ ही, जिस तरीके से हम संसार को देखते हैं उसे भी बदल दिया है। वैश्वीकरण तो एक परिप्रेक्ष्य या नजरिया देता है कि हम दुनिया के अन्य समाजों के साथ कैसे सम्बन्ध रखें। विश्व के किसी भी क्षेत्र की समस्याएं हमारे जीवन पर प्रभाव डाल सकती हैं। अतः वैश्वीकरण ऐसे नए विश्व परिदृश्य को स्थापित करता है जिससे आर्थिक, राजनैतिक, सामाजिक, धार्मिक आदि सभी संस्थागत क्षेत्रों में तीव्र बदलाव तथा विश्व समाजों की बढ़ती अंतर्निर्भरता परिलक्षित होती है। राष्ट्र-राज्य इकाइयां इस प्रक्रिया में कमजोर पड़ रही हैं तथा राष्ट्रों की अंतर्निर्भरता में वृद्धि हो रही है।

वैश्वीकरण के आयाम

वर्तमान समय में वैश्वीकरण को तीव्र गति देने में टेली बैंकिंग, इंटरनेट बैंकिंग तथा मीडिया का विशिष्ट योगदान रहा है। आर्थिक शक्तियों के अलावा वैश्वीकरण को लाने में सामाजिक, सांस्कृतिक एवं राजनैतिक कारकों के साथ आर्थिक कारकों के संश्लेषण की परिस्थिति भी जिम्मेदार है। इन सभी को विकसित करने में सूचना एवं संचार तकनीकियों के

विकास ने भी विशिष्ट भूमिका का निर्वहन किया है जो गत दो-तीन दशकों में पूरे विश्व में अति तीव्र वेग से घटित हुआ है। वर्तमान दौर में प्रत्येक घटना, दुर्घटना, संयोग-वियोग आदि की परिस्थिति जो किसी भी एक स्थान पर घटती है, चैनलों पर इसका प्रसारण इस प्रकार प्रस्तुत होने लगता है कि जैसे वह स्थानीय लोगों के सामने की ही घटना हो और उनका जीवन भी उससे प्रभावित हो रहा हो। सन् 2000 में योगेन्द्र सिंह ने वैश्वीकरण के अनेक आयामों को प्रस्तुत किया है जो निम्नवत हैं

1. उपभोक्ता उत्पादों एवं बाजार प्रक्रियाओं, दोनों में वस्तुओं एवं सांस्कृतिक प्रतिमानों तथा पद्धतियों एवं व्यवहार प्रतिमानों में एकरूपता लाना।
2. टेलीविजन, दूरदर्शन, फैक्स, इ-मेल, इंटरनेट आदि के माध्यम से इलेक्ट्रॉनिक मीडिया के क्षेत्र में वृद्धि करना जिससे राज्य तथा सरकार की प्रभुसत्ता एवं स्वायत्तता की परम्परागत धारणाओं पर नए दबाव बढ़ने लगे। इनसे राजनैतिक मूल्यों, विचारधारा एवं आंदोलन को प्रभावित होने लगे।
3. आधुनिक बाजारों एंव वित्तीय व्यवस्थाओं की विश्व स्तरीय मानक रूप में खोज करते हुए विश्व में आर्थिक पूंजी का प्रसारण तथा उच्च स्तरीय तकनीकी को अपनाते हुए श्रम-विभाजन एवं वेतन संरचनाओं का नए सिरे से विश्वस्तरीय निर्धारण करना।
4. कम से कम संभावित समय में संदेशों एवं प्रतीकों के विश्व-स्तर पर प्रसार, संचार एवं सूचना तकनीकी सेवाओं में क्रांति तथा ऐसा करने में तकनीकी साधनों के विस्तार तथा वैश्वीकरण को बढ़ाना।
5. समूहों एवं सभ्यताओं व संस्कृतियों की सीमा को लांघते हुए मानव-शक्ति का उच्च एवं गहन तादात का परिचालन होने लगा तथा प्रवसन आबादी के स्पष्ट एवं सांस्कृतिक रूप से निर्धारित डायसपोरा का भी निर्माण होने लगा।

अतः उपरोक्त आयामों के साथ-साथ वैश्वीकरण की अवधारणा के दो परिणाम परिलक्षित होने लगे है। एक तरफ जहां स्थानीय संस्कृति एवं सामाजिक रीति-रिवाजों को उनके समाप्त होने का खतरा महसूस किया जाने लगा है क्योंकि बाहरी शक्तियों, प्रचार एवं प्रोपेगेन्डा विज्ञान एवं तकननकी विकास आदि ने कई स्थानीय परम्पराओं-परिपाटियों को अप्रासंगिक बना दिया है। किन्तु उसके साथ ही दूसरी प्रवृत्ति ने भी बड़ी शक्ति के साथ अपनी शुरुआत की है कि स्थानीय या क्षेत्रीय संस्कृति तथा समुदाय की पहचान का सुदृढ़ीकरण एवं उसकी पुनर्स्थापना की जाने लगी है। मीडिया का इस प्रवृत्ति में भी महत्वपूर्ण भूमिका रही हो।

43

वैश्विक भिन्नता

(International Inequities)

धरातल के भिन्न-भिन्न भागों में आर्थिक भू-दृश्य में अन्तर मिलती है। इसका प्रधान कारण यह है कि विभिन्न आर्थिक कार्यों का अलग-अलग वितरण प्रतिरूप (Distributional Pattern) होता है। इसके अतिरिक्त विभिन्न प्राकृतिक, जैविक एवं सांस्कृतिक प्रक्रियाओं के कारण उनकी परस्पर क्षेत्रीय सम्बद्धता भी भिन्न तरह की होती है उदाहरण के लिए कृषि, उद्योग, उत्खनन, व्यापार, सेवा कार्य आदि में प्रत्येक का विश्व-वितरण प्रतिरूप अलग-अलग होता है। इसके अतिरिक्त इनकी परस्पर सम्बद्धता भी भिन्न-भिन्न क्षेत्रों में अलग-अलग प्रकार की होती है। विश्व के ज्यादा भागों में ये सभी आर्थिक कार्य न्यूनाधिक मात्रा में मिलते हैं लेकिन इनके परस्पर सम्बन्ध स्वरूप में प्रादेशिक अन्तर हो जाती है। विश्व में किसी विशेष आर्थिक तत्त्व अथवा तत्त्व-समूह पर आधारित कृषि प्रदेश, औद्योगिक प्रदेश आदि का सीमांकन किया जा सकता है तथा साथ ही इनकी क्षेत्रीय सम्बद्धता की समरूपता के आधार पर आर्थिक प्रदेशों का भी सीमांकन किया जा सकता है। इससे आर्थिक भू-दृश्य में मिलने वाले क्षेत्रीय अन्तर का कुछ सामान्य विशेषताओं के आधार पर वर्गीकरण करना आसान होता है इससे आर्थिक प्रदेशों की परिसीमा में अर्थतन्त्र का समुचित एवं सार्थक विश्लेषण करना सम्भव होता है। इस तरह आर्थिक प्रदेशों के द्वारा आर्थिक भू-दृश्य का प्रकारात्मक वर्गीकरण (Typology) करने एवं उनके सम्यक विवेचन में मदद मिलती है। जैसाकि पहले वर्णन किया जा चुका है, आर्थिक भू-दृश्य किसी प्रदेश विशेष के भिन्न-भिन्न आर्थिक तत्त्वों एवं उनकी उस प्रदेश के अन्य प्राकृतिक-मानवीय तत्त्वों के साथ क्षेत्रीय सम्बद्धता का समुच्चयिक स्वरूप होता है।

आर्थिक प्रदेश की परिसीमा में इन भिन्न-भिन्न तत्त्वों के स्वतन्त्र विषय-वस्तुगत विश्लेषण का भौगोलिक परिप्रेक्ष्य में संश्लेषण (Synthesis) होता है। इसके आधार पर ही वर्तमान वैश्विक आर्थिक संबंध विकसित हुआ है। इसी असमानता के कारण दुनिया के कुछ देश गरीब

हैं और कुछ देश अमीर हैं। इसके साथ ही कुछ ऐसे भी देश हैं जिनके पास कुछ जरूरी संसाधन पर्याप्त मात्रा में है वहीं दूसरे देशों के पास उस संसाधन को लेश मात्र ही है। उदाहरण के तौर पर खाड़ी देशों के पास खनिज तेल पर्याप्त मात्रा में हैं, वहीं दूनिया के अन्य देशों के पास यह बहुत ही अल्प मात्रा में है। आज वैश्विक सम्बन्ध इससे प्रभावित है।

44

अन्तर्राष्ट्रीय आर्थिक सम्बन्ध के घटक

(Elements of International Economic Relations)

अन्तर्राष्ट्रीय आर्थिक सम्बन्ध के मूल घटक हैं अर्थव्यवस्था, संसाधन, जनसंख्या, संचार एवं परिवहन के साधन आदि। वर्तमान अन्तर्राष्ट्रीय आर्थिक सम्बन्ध में परस्पर हितों को ध्यान में रख कर वैश्विक व्यवस्था को अपनाया जा रहा है। अन्तर्राष्ट्री ऋण का भी इस सहयोग में महत्वपूर्ण भूमिका है।

सोवियत संघ के विघटन के बाद इस धारणा का तेजी से प्रचार होना प्रारम्भ हो गया था कि अब द्विध्रुवीय व्यवस्था की जगह एक ध्रुवीय व्यवस्था ने जन्म ले लिया है। यह सोचा जा रहा था कि संयुक्त राष्ट्र ऐसा केन्द्र बिन्दु होगा, जिसके ईद-गिर्द सभी शान्तिप्रिय तत्व एकत्र हो जाएँगे। अमेरिका के राष्ट्रपति जॉर्ज बुश ने, विल्सन के आदर्शवादी अन्दाज में कहा कि, "हम राष्ट्रों को ऐसी भागीदारी का स्वप्न देख रहे हैं, जो कि शीत युद्ध से दूर होगी। एक ऐसी भागीदारी जो कि परामर्श, सहयोग तथा सामूहिक कार्यविधि पर, विशेषकर अन्तर्राष्ट्रीय एवं भूमण्डलीय संगठनों के माध्यम से कार्य करेगी।" बुश ने यह आशा व्यक्त की थी कि यह भागीदारी "सिद्धान्तों तथा विधि के शासन पर आधारित होगी।" जिसमें सब राष्ट्रों की एक जैसी प्रतिबद्धता होगी तथा वह उसका एक जैसा व्यय वहन करेंगे। इस भागीदारी के लक्ष्यों की समीक्षा करते हुए बुश ने कहा था कि उसका उद्देश्य "लोकतन्त्र का विस्तार करना, समृद्धि में बढ़ोत्तरी करना, शान्ति में वृद्धि करना तथा अस्त्रों में कमी करना होगा।" जिस प्रकार संयुक्त राज्य अमेरिका ने लोकतन्त्र और अभिव्यक्ति की स्वतन्त्रता के अपने मूल्यों को विश्व में लागू करने का प्रयास किया, वैसे ही अनेक देशों के नेताओं ने अपनी कल्पना की विश्व व्यवस्था स्थापित करने की बात सोची थी। यह ऐसी विश्व व्यवस्था की कल्पना थी जिसमें शोषण के लिए कोई स्थान नहीं होगा, जिसमें सभी जातियों तथा सभी लोगों की समानता होगी तथा जिसमें न भूख

होगी, न निर्धनता होगी और न बीमारी होगी। आधुनिक युग में अन्तर्राष्ट्रीय व्यापार पूरी अर्थव्यवस्था के लिये आवश्यक हो गया है किन्तु आर्थिक विकास पर भी ये कुछ प्रतिकूल छाप छोड़ रहे हैं, जिनपर निम्न प्रकार प्रकाश डाला गया है

1. समस्त विकास की अवहेलना उत्पादन क्षेत्र में निर्यात व्यापार बढ़ने के कारण उनका पूरा लाभ हुआ है, किंतु अर्थव्यवस्था के अन्य क्षेत्र उपेक्षित रह गये हैं। निर्यात के अतिरिक्त अन्य क्षेत्रों में पर्याप्त विनियोग नहीं हो पाता है। परिणामस्वरूप असंतुलित आर्थिक वृद्धि होती है।

2. कीमतों में असमानता आलोचकों के मतानुसार अन्तर्राष्ट्रीय व्यापार ने संसाधनों के मूल्यों में समानता नहीं रखी जिसके फलस्वरूप इकट्ठा करने की व्यवस्था का उदय हुआ है। ऐसा होने से साधनों के अनुपातों में समानता और उनकी कीमतों में संतुलन का बिंदु दूर हटता गया है। अन्तर्राष्ट्रीय समानता की बात तो दूर इससे देश के विभिन्न क्षेत्रों में भी साधनों और उनकी कीमतों में समानता स्थापित नहीं हो सकती है। कहा जाता है कि अन्तर्राष्ट्रीय व्यापार के कारण ऐसी संचयी शक्तियाँ कार्यरत हो जाती हैं कि साधन अनुपात एवं साधन मूल्य की एक रूपता परिवर्तित हो जाती है।

3. व्यापारिक शर्तों में दीर्घकालिक प्रतिकूलता अन्तर्राष्ट्रीय शक्तियों की प्रभुख आलोचना इस आशय को दर्शाती है कि निर्धन देशों की व्यापार शर्तों के काफी समय तक प्रतिकूल रहने से उनकी आय धनी देशों को जाती रही है जिससे विकास के कार्यक्रम में बाधा पहुँचती है। यदि व्यापार प्राथमिक वस्तुओं अर्थात् कृषि वस्तुओं के उत्पादन करने वाले देशों (निर्धन देशों) तथा औद्योगिक वस्तुओं के उत्पादक देशों के बीच हो रहा हो तो व्यापार की शर्तें हमेशा औद्योगिक देशों के पक्ष में हो जाती हैं। कारण यह है कि कृषि वस्तुओं की माँग की एक सीमा होती है और इनके मूल्यों में अत्यधिक अस्थिरता रहती है, जबकि औद्योगिक वस्तुओं के मूल्य मंदी के समय भी धीरे-धीरे गिरते हैं और एक निश्चित सीमा के बाद शायद नहीं गिर सकते। इसके अतिरिक्त कृषि से सम्बन्धित वस्तुएँ औद्योगिक वस्तुओं की तुलना में शीघ्र नष्ट हो जाती हैं और कृषकों के पास कृषि वस्तुओं को अपने पास रोककर रखने की शक्ति भी कम होती है। औद्योगिक वस्तुओं को रोककर रख जा सकता है और ये शीघ्र ही नष्ट भी नहीं होती हैं। उपरोक्त कारणों से कृषि उत्पाद पैदा करने वाले राष्ट्र प्रतिकूल एवं औद्योगिक उत्पाद पैदा करने वाले राष्ट्रों के अनुकूल होती है।

4. विकसित देशों से प्रतिस्पर्धा मुख्यतः विकसित राष्ट्र इस प्रकार का वातावरण बनाते हैं कि अल्प विकसित राष्ट्रों को आर्थिक विकास में बाधा आती हैं जो निम्न हैं

1. कभी-कभी मशीन व उपकरणों की संरचना अर्द्ध-विकसित देशों की परिस्थितियों के अनुकूल नहीं होती।
2. विदेशों से महंगी वस्तुएं खरीदने में काफी खर्च होता है, क्योंकि अर्द्ध-विकसित देशों में यातायात के साधन ऐसे नहीं होते जो कि भारी मशीनरी को कारखाना स्थल तक पहुँचा सकें।

3. आधुनिक मशीनों का निर्यात रोक दिया जाता है, ताकि अर्द्ध-विकसित देश उनसे प्रतिस्पर्धा न कर सकें।
4. उत्पादन की आधुनिक जानकारी छिपाकर रखते हैं। जिससे विकसित देशों का स्वामित्व बना रहे।
5. अर्द्ध-विकसित राष्ट्रों में बाहर से मंगायी गयी मशीनों के लिये कच्चे माल की अनुपलब्धता।

इस प्रकार स्पष्ट है कि अन्तर्राष्ट्रीय व्यापार और आर्थिक विकास में कोई विरोधाभास नहीं है और न ही विदेशी व्यापार अर्द्धविकसित देशों के विकास में बाधक है। हाँ, यदि चाहते हैं कि अन्तर्राष्ट्रीय व्यापार आर्थिक विकास पर अनुकूल प्रभाव डाले तो हमें घरेलू अर्थव्यवस्था के कुछ मूलभूत तत्वों में परिवर्तन करना होगा।

5. राष्ट्रीय संपदा और एडम स्मिथ का योगदान अट्ठारहवीं शताब्दी में 'व्यापारवाद' का विरोध करने वाले अनेक विचारक थे, परंतु सिर्फ कुछ विचारकों ने ही पूर्ण मुक्त व्यापार (Complete Free Trade) की वकालत की और मुक्त व्यापार की आवश्यकता पर बल देते हुए इसके लिए व्यवस्थिति कारण भी बताये।

45

अन्तर्राष्ट्रीय सम्बन्धों का प्रबंधन
(Management of International Relations)

द्वितीय विश्व युद्ध के पश्चात संयुक्त राष्ट्र संघ की स्थापना की गई। दुनिया के शक्तिशाली देशों ने भविष्य में युद्ध न हो इसके लिए इस संस्था की स्थापना की। कुछ कटुताओं, सफलता व विफलताओं के साथ यह संस्था विश्व शांति को कायम रखने में अब तक सफल रही है। आइए इस परिदृश्य में आधुनिक विश्व की कुछ महत्वपूर्ण घटनाओं पर नज़र डालें।

इजराइल की स्थापना

फिलीस्तीन का 1948 में विभाजन और इजराइल की स्थापना ने पश्चिम एशिया में अशांति का बीजारोपण कर दिया। आरम्भ से अब लोगों का दृष्टिकोण शत्रुतापूर्ण रहा और सत्तर के दशक तक अधिकांश अरब राज्यों ने इज रायल के अस्तित्व को ही मानने से इनकार किया। अरब राज्यों तथा इज रायल के मध्य 1948, 1956, 1967 तथा 1973 में चार युद्ध हुए, परन्तु इज रायल को पराजित नहीं किया जा सका।

वास्तव में प्रत्येक युद्ध के पश्चात् इज रायल ने अपने प्रदेश का विस्तार किया। अरब राज्यों से उसने, पश्चिमी किनारा, गाजा पट्टी तथा गोलान पहाड़ियाँ अपने कब्जे में कर लिया। येरूसलम ईसाइयों, यहूदियों तथा मुसलमानों तीनों का पवित्र नगर माना जाता है। इज रायल को 1948 में नगर का एक ही भाग मिला था। 1967 के युद्ध में उसने पूरे पवित्र नगर पर कब्जा कर लिया। फिलीस्तीनियों ने अपने अधिकारों की रक्षा तथा अपनी भूमि की वापसी के लिए कई संगठन बनाए। उनमें से कुछ उग्रवादी संगठन भी थे, परन्तु यासिर अराफात के नेतृत्व में फिलीस्तीन मुक्ति संगठन सबसे लोकप्रिय संगठन सिद्ध हुआ। इसे भारत सहित अनेक तृतीय विश्व के तथा कुछ पूर्वी यूरोपीय देशों ने फि लीस्तीनियों को निर्वासित सरकार के रूप में मान्यता

प्रदान की गई थी। पश्चिमी देश पूरी तरह इज रायल का समर्थन करते रहे। शीत युद्ध के सन्दर्भ में इजरायल को पश्चिमी गुट की, मध्य पूर्व में, प्रमुख चौकी माना गया था।

बर्लिन की दीवार का पतन

शीत युद्ध की समाप्ति के बाद, उसके प्रथम परिणामों में था, जर्मनी का एकीकरण होना। सोवियत पहल पर निर्मित बर्लिन की दीवार को उस नगर की जनता ने कभी स्वीकार नहीं किया था। केवल इसलिए कि एक ही परिवार के सदस्य, निकट सम्बन्धी तथा घनिष्ठ मित्र बर्लिन नगर के दो भागों में रहते थे, इस दीवार ने उन्हें एक-दूसरे से बिल्कुल अलग कर दिया। पूर्वी बर्लिन के निवासियों को अपने बीमार पड़ोसियों से मिलने के लिए पश्चिमी बर्लिन जाने भी नहीं दिया जाता था। कई बार, उन लोगों को जो छिपकर पश्चिमी बर्लिन जाने का प्रयास कर रहे थे, गोली मार दी गई। जर्मनी के दोनों भागों (पूर्वी और पश्चिमी जर्मनी GDR तथा FRG) में आर्थिक परिस्थितियाँ तथा राजनीतिक व्यवस्थाएँ बिल्कुल एक-दूसरे से भिन्न थीं। पश्चिमी जर्मनी, अर्थात् संघीय गणराज्य का बहुत तीव्र गति से औद्योगीकरण हुआ था तथा उस समय में समृद्धिव विकास का स्तर बहुत ऊँचा उठा था। वह इतना समृद्ध हो गया था कि उसने तृतीय विश्व के अनेक देशों को आर्थिक सहायता देना आरम्भ कर दिया था। दूसरी ओर, पूर्वी जर्मनी (जर्मन लोकतान्त्रिक गणराज्य) की समाजवाद में आस्था थी, परन्तु वह आर्थिक रूप से बहुत पिछड़ा हुआ तथा समृद्धि विहीन था।

प्रथम खाड़ी युद्धः शीत युद्ध के पश्चात् प्रथम गम्भीर संकट

इस अन्तर्राष्ट्रीय संकट का आरम्भ तेल'-सम्पन्न कुवैत पर ईराक द्वारा आक्रमण किए जाने के साथ हुआ। ईराक ने पड़ोसी कुवैत पर आक्रमण किया, छह घण्टे में उसको पराजित किया और कुछ ही दिन में कुवैत का ईराक में उन्नीसवें प्रान्त के रूप में विलय कर लिया गया। यह संकट का प्रथम चरण था। जब ईराक को कुवैत पर अपना कब्जा समाप्त करने के लिए समझाने-बुझाने के प्रयास असफल हो गए और शान्तिपूर्ण समाधान असम्भव प्रतीत होने लगा, तब सुरक्षा परिषद की अनुमति से, अमेरिका के नेतृत्व में 28 देशों की मिली-जुली सेना ने ईराक के विरुद्ध युद्ध करके कुवैत को स्वतन्त्र करवा दिया। कुवैत ने 1961 में ब्रिटेन से स्वतन्त्रता प्राप्त की थी।

ईरान-इराक युद्ध के बाद, इराक के राष्ट्रपति सद्दाम हुसैन ने यह निश्चय किया कि वह छोटे पड़ोसी देश कुवैत को अपने देश में मिलाकर ईराक का विस्तार करे। कुवैत आर्थिक रूप से बहुत सम्पन्न, परन्तु सैनिक दृष्टि से शक्तिहीन देश है। ईरान ने 1961 में ही कुवैत के अस्तित्व की वैधता को चुनौती दी थी। वह तभी से कुवैत पर अपना अधिकार स्थापित करना चाहता था। ईरान-इराक युद्ध के पश्चात् इराक का सैनिक सामर्थ्य बहुत-सशक्त था, उसके पास 10 लाख जवानों की सेना थी, उत्तम श्रेणी के सोवियत टैंक और लड़ाकू विमान थे, तथा

रासायनिक अस्त्रों का विशाल भण्डार था; परन्तु साथ ही इराक के ऊपर अन्य अरब देशों से लिए हुए ऋण का काफी बड़ा बोझ था। उसकी अर्थव्यवस्था खराब हालत में थी। ईरान के साथ युद्ध में उसकी आर्थिक क्षति हुई थी और उसे ऋण लेने पड़े थे। ईराक का अनुमान था कि तेल सम्पदा से सम्पन्न कुवैत को वह जीतकर अपने क्षेत्र में मिला ले तो उसकी आर्थिक कठिनाई भी कम हो जाएगी। इराक और कुवैत के बीच काफी पुराना सीमा विवाद चला आ रहा था। इस प्रादेशिक विवाद का सम्बन्ध रणनीतिक महत्त्व के बुबियान एवं वार्बा द्वीपों तथा रूमालिया के बहुमूल्य तेल कूपों से था।

यूरोप में साम्यवाद का पतन

सोवियत संघ के विघटन के पश्चात् यूरोप में साम्यवाद का वर्चस्व खत्म हो गया। यह विघटन कई चरणों में हुआ। पहले लैटविया, लिथुआनिया तथा ऐस्टोनिया नामक बाल्टिक सागर स्थित गणराज्यों द्वारा स्वतन्त्रता की घोषणा करने के पश्चात् विघटन की प्रक्रिया में तेजी आई। **दूसरी ओर,** यह हुआ कि पूर्वी यूरोप के साम्यवादी देश एक-एक कर साम्यवाद को त्यागकर, बहुदलीय लोकतन्त्र अपनाने लगे, तथा सोवियत गुट का ही 1991 का अन्त आते-आते विखण्डन हो गया। सबसे पहले 1989 के उत्तरार्द्ध में पोलैंड तथा हंगरी में परिवर्तन आरम्भ हुआ। अगस्त 1989 में पोलैंड के साम्यवादी दल के नेता जनरल जेरूजेलेस्की सत्तारूढ़ होने में असफल रहे। वहाँ सौलिडैरिटी (Solidarity) की सरकार बनी तथा इस संगठन के नेता लेक वालेसा राष्ट्रपति चुने गए। यह साम्यवाद को पहला धक्का था। गौर्वाचोव ने 1988 में संयुक्त राष्ट्र में यह कहा था कि सोवियत संघ अपनी सैन्य शक्ति में भारी कमी करने के साथ-साथ पूर्वी यूरोप के देशों जैसे हंगरी, पूर्वी जर्मनी तथा चैकोस्लोवाकिया से अपने 50,000 सैनिकों को हटा लेगा। इस घोषणा तथा सोवियत संघ में तेजी से चले घटनाक्रम ने पूर्वी यूरोप को पूरी तरह प्रभावित किया।

सितम्बर 1989 में हंगरी ने अपनी सीमाओं को खोलकर पूर्वी (साम्यवाद) जर्मनी के लोगों को हंगरी को और फिर ऑस्ट्रिया के रास्ते पश्चिमी (पूँजीवादी) जर्मनी में जाने की सुविधा प्रदान की। इस निर्णय को सोवियत का समर्थन प्राप्त था, परन्तु इसका अर्थ यह हुआ कि साम्यवादी देश अब पश्चिम की ओर देखने लगे थे। उस समय चेक विदेश मन्त्री ने कहा था कि यह साम्यवादी गुट के अन्त का सूत्रपात था। शीघ्र ही बहुतदलीय व्यवस्था अपनाई गई, तथा साम्यवादी दल का नाम बदल कर 'हंगरी का समाजवादी दल' कर दिया गया। इसके फलस्वरूप लेनिनवाद का त्याग हुआ, देश का नाम जनवादी गणराज्य से बदल कर केवल हंगरी गणराज्य कर दिया गया, तथा 1990 के चुनाव में वहाँ एक के स्थान पर 51 दलों ने भाग लिया।

हंगरी और पोलैण्ड के बाद पूर्वी जर्मनी (जर्मन लोकतान्त्रिक गणतन्त्र) तथा चेकोस्लोवाकिया में भी साम्यवादी शासन का अन्त हुआ। एरिक होलेकर को अक्टूबर, 1989 में पूर्वी जर्मनी के साम्यवादी दल तथा सरकार ने दोनों को प्रमुख पदों से हटा दिया। लोकतन्त्र की बहाली के लिए व्यापक प्रदर्शन हुए। अनेक युवक देश छोड़कर जाने लगे। अन्ततः पूर्वी जर्मनी ने अपने नागरिकों पर से यात्रा प्रतिबन्ध हटा लिए।

हमने देखा है कि बर्लिन की दीवार को किस प्रकार गिराकर सभी बर्लिनवासी एक हो जाने के लिए उत्सुक हो उठे। पार्टी का नाम बदलकर जनवरी 1990 में कम्युनिस्ट डेमोक्रेटिक सोशलिस्ट पार्टी कर दिया गया। अन्ततः पूर्वी तथा पश्चिमी जर्मनी के एकीकरण के लिए सोवियत संघ, फ्रांस, ब्रिटेन तथा अमेरिका सहमत हो गए। प्रथम उपाय के रूप में पश्चिमी जर्मनी की मुद्रा को पूर्वी जर्मनी में भी लागू करके एकीकरण का मार्ग प्रशस्त कर दिया गया।

रूमानिया में खूनी संघर्ष के बाद ही साम्यवाद और वर्षों से चला आ रहा निकोलाई चेचेस्क्यू का तानाशाही शासन समाप्त हो सका। रूमानिया के पार्टी प्रधान चेचेस्क्यू की तुलना हिटलर से की गई, क्योंकि उसके दमन और अत्याचार की कोई सीमा ही नहीं थी। नवम्बर, 1989 में पार्टी के 14वें सम्मेलन में उसने सुधारों का कड़ा विरोध किया था। जिस समय समस्त पूर्वी यूरोप में साम्यवाद चरमरा रहा था, उस समय हंगरीवासियों के अधिकारों की रक्षा करने वाले एक धार्मिक नेता को रूमानिया में गिरफ्तार कर लिया गया। इसके बाद मानो रूमानिया में भूकम्प आ गया। विरोध प्रदर्शनों की बाढ़ आ गई। 1990 में सेना भी विद्रोहियों के साथ जा मिली। देश में रक्तपात आरम्भ हो गया। चेचेस्क्यू और उसकी पत्नी को बन्दी बना लिया गया, सरकार का पतन हो गया। सैनिक न्यायालय के आदेश पर चेचेस्क्यू और उसकी पत्नी को गोली मार कर हत्या कर दी गई। देश के नए संगठन नेशनल साल्वेशन फ्रंट की सरकार को सोवियत संघ ने मान्यता दे दी। रूमानिया ने भी साम्यवाद का मार्ग त्याग कर उदार लोकतन्त्र अपना लिया। चेकोस्लोवाकिया की साम्यवादी सरकार ने बहुदलीय लोकतन्त्र की माँग कर रहे प्रदर्शनकारियों को कुचलने का असफल प्रयास किया। परन्तु, जनता ने अन्ततः नवम्बर 1989 में सरकार और पार्टी के नेतृत्व को उखाड़ फेंका। दो दिन की देशव्यापी हड़ताल ने साम्यवाद को हिला कर रख दिया, तथा 29 दिसम्बर, 1989 को संसद (संघीय सभा) के एक विशेष सत्र में वाक्लाव हरवेल को राष्ट्रपति चुनकर 30 वर्ष से अधिक चले सोवियत समर्थक शासन को उखाड़ फेंका।

उसी वर्ष, 1989 के नवम्बर मास में लोकतन्त्र समर्थक एक भीड़ ने बुल्गारिया की राजधानी सोफिया में विधायिका के मामले में भारी प्रदर्शन किया। एक सप्ताह के भीतर ही साम्यवाद दल के महासचिव जिंकोव को पद त्यागना पड़ा। दिसम्बर 1989 में नौ स्वतन्त्र संगठनों ने मिलकर 'लोकतान्त्रिक शक्तियों के एक संगठन' की स्थापना की। इस संगठन ने देश में राजनीतिक बहुलवाद, कानून के शासन और बाजार-आधारित अर्थव्यवस्था की स्थापना का बीड़ा उठाया। अन्नतः जनवरी, 1990 में बुल्गारिया में कट्टरपंथी साम्यवादियों का सफाया हो गया, तथा 153 सदस्यों की एक जनप्रतिनिधि परिषद् की स्थापना कर दी गई।

पूर्व यूगोस्लाविया में गृह युद्ध

यूगोस्लाविया राष्ट्रपति टीटो के नेतृत्व में सोवियत गुट से 1948 में ही बाहर हो गया था। वह गुट-निरपेक्ष आन्दोलन का संस्थापक सदस्य था। उसका विघटन अप्रत्याशित और विचित्र घटना थी। यूगोस्लाविया नाम अब केवल सर्बिया मॉँटेनीग्रो का रह गया।

बोस्निया हर्जेगोविना, क्रोएटिया, स्लोवेनिया तथा मेंसेडोनिया अलग होकर स्वतन्त्र देश बन गए थे। सर्ब जाति के लोग जो कि बोस्निया, क्रोएटिया में अल्प संख्या में थे, उन्होंने क्रोएटिया का लगभग एक-तिहाई तथा बोस्निया-हर्जेगोविना (संक्षेप में बोस्निया) का दो-तिहाई भाग छीन कर वृहत सर्बिया के नाम से निकट के सर्बिया में मिला लेने का निर्णय कर लिया। पूर्व यूगोस्लाविया की अधिकांश सेना पर सर्बिया का नियन्त्रण था। उस सेना की सहायता से सर्बों ने लाखों मुसलमानों को जो बोस्निया में थे तथा लाखों क्रोएटिया वासियों को मौत के घाट उतार दिया। इनके अतिरिक्त लाखों अन्य लोगों को घर बार छोड़कर भाग जाने के लिए विवश किया गया।

अन्तर्राष्ट्रीय समुदाय ने बोस्निया, क्रोएटिया आदि को मान्यता अवश्य दी, और उन्हें संयुक्त राष्ट्र का सदस्य भी बना लिया गया, परन्तु उनकी प्रादेशिक अखण्डता तथा जनता की रक्षा के लिए उठाए गए कदम इतने अपर्याप्त थे कि यह प्रदेश भीषण मानव पीड़ा से ग्रसित हो गए। संयुक्त राष्ट्र सर्बिया को आक्रामक घोषित करने के बावजूद उसके विरुद्ध वैसी कोई कार्यवाही नहीं की गई जैसे कि इराक के विरुद्ध की गई थी। संयुक्त राष्ट्र ने लगभग 40,000 शान्ति रक्षक भी बोस्निया में भेजे। सन् 1995 तक संयुक्त राष्ट्र शान्ति स्थापना में सफल नहीं हो पाया था। तब नाटो (NATO) ने हस्तक्षेप किया। उसके लगभग 60,000 सैनिक बोस्निया भेजे गये।

निरस्त्रीकरण और भारत का परमाणु परीक्षण

निरस्त्रीकरण सम्मेलन की विफलता के पश्चात्, संयुक्त राष्ट्र महासभा द्वारा व्यापक परमाणु निषेध सन्धि (CTBT) को भारी बहुमत से पास किए जाने, और अमेरिका सहित अनेक देशों द्वारा उस पर हस्ताक्षर किए जाने में भी उसका इस आधार पर विरोध किया कि वह भेदभावपूर्ण थी। उधर, चीन बेधड़क उत्तरी कोरिया के माध्यम से पाकिस्तान को परमाणु प्रौद्योगिकी की आपूर्ति कर रहा था। इस प्रकार भारत के निकटवर्ती क्षेत्र में परमाणु प्रसार बढ़ता जा रहा था, चाहे वह चीन ने 1992 में परमाणु अप्रसार सन्धि (NPT) पर हस्ताक्षर कर दिए थे। भारत ने अप्रसार सन्धि को भी भेदभावपूर्ण कहकर उस पर हस्ताक्षर नहीं किया था। भारत के लिए सुरक्षा सम्बन्धी खतरे का सामना करना आवश्यक हो गया था।

इस परिवेश में भारत ने 11 मई, 1998 को तीन परमाणु परीक्षण करके संसार को चकित कर दिया। यह परीक्षण 24 वर्ष के अन्तराल के पश्चात् उसी स्थान पोखरण में सम्पूर्ण गोपनीयता से किए गए, जहाँ 1974 में पहला शान्तिपूर्ण परमाणु परीक्षण किया गया था। वाजपेयी सरकार द्वारा भारत के प्रतिभावान वैज्ञानिकों को हरी झंडी दिखा देने पर यह तीन अलग-अलग क्षमता के परीक्षण एक साथ किए गए। इनमें एक थर्मोन्यूक्लियर परीक्षण भी था। दो दिन पश्चात् भारत ने दो अन्य परीक्षण किए और फिर भविष्य में अन्य कोई परीक्षण न करने की घोषणा कर दी। भारत ने यह भी स्पष्ट कर दिया कि वह परमाणु अस्त्रों का प्रयोग कभी भी आक्रमण के लिए नहीं करेगा।

अफगान संकट, 2001

सितम्बर 2001 में रब्बानी की सरकार, जिसे उत्तरी गठबन्धन कहते थे, उसके पास गृह युद्ध में पराजित होते-होते, देश का केवल 5 प्रतिशत क्षेत्र बचा था। शेष समूचा देश तालिबान शासन के अधीन आ गया था। परन्तु केवल तीन देशों (पाकिस्तान, सऊदी अरब या संयुक्त अरब अमीरात) ने ही तालिबान को मान्यता दी थी। भारत सहित, शेष अन्तर्राष्ट्रीय समुदाय रब्बानी के नेतृत्व वाली उत्तरी गठबन्धन सरकार को ही मान्यता देता रहा है। सितम्बर, 2001 में इस सरकार के वरिष्ठ नेता और रक्षा मन्त्री अहमद शाह मसूद की हत्या कर दी गई। इसके लिए भी तालिबान को दोषी ठहराया गया।

11 सितम्बर, 2001 के आतंकवादी हमले के बाद अमेरिका ने आतंकवाद के विरुद्ध एकजुट का आह्वान किया। इस बीच भारत की संसद पर भी 13 दिसम्बर 2001 को आतंकवादी हमला हुआ था। अमेरिका के नेतृत्व में एक गठबन्धन ने अल-कायदा तथा तालिबान को नष्ट करने का निर्णय किया। भारत तथा रूस ने इसका पूर्ण समर्थन किया, परन्तु अपनी सेनाएँ नहीं भेजी। सबसे आश्चर्य की बात यह है कि पाकिस्तान जहाँ स्वयं आतंकवाद पनपता है और जिसने तालिबान को प्रशिक्षित किया था, उसने अमेरिका को पूर्ण सहयोग दिया तथा अफ गानिस्तान में तालिबान के विरुद्ध सैनिक कार्यवाही के लिए अपने सैनिक अड्डे भी दिए।

द्वितीय खाड़ी युद्ध 2003

अमेरिका पर 11 सितम्बर, 2001 को हुए आतंकवादी हमले के पश्चात् अमेरिका को आशंका हुई कि इराक के पास, जिसने 1990 के खाड़ी युद्ध में जन संहारक हथियारों का इस्तेमाल किया था, बड़े पैमाने पर जनसंहारक हथियार उसने इकट्ठा कर लिया है। इस तथ्य की पुष्टि के लिए अमेरिका ने संयुक्त राष्ट्र संघ से जांच कराने की सिफारिश की। लेकिन संयुक्त राष्ट्र ने जो अस्त्र निरीक्षक डॉ. हंस ब्लिक्स के नेतृत्व में नियुक्त किए थे, उन्हें इराक सरकार का पूरा सहयोग नहीं मिला। अन्ततः संयुक्त राष्ट्र सुरक्षा परिषद ने 8 नवम्बर, 2002 को सर्वसम्मति से प्रस्ताव संख्या 1441 पारित किया। इसमें कहा गया था कि इराक ने अभी तक सार्वजनिक विनाश के अस्त्रों (WMD) को नष्ट न करके, 1991 के परिषद् के प्रस्ताव 687 की अवहेलना की थी। अतः उसे अन्तिम चेतावनी दी गई कि वह तुरन्त अस्त्र निरीक्षकों को पूरी सुविधा दे ताकि उन्हें सन्तोष हो जाए कि इराक ने अपने अस्त्र नष्ट कर दिए थे। राष्ट्रपति सद्दाम हुसैन को अपदस्थ करने का निर्णय अमरीकी और ब्रिटिश सरकारों ने कर लिया। अस्त्र निरीक्षक कुछ और समय चाहते थे, परन्तु अमेरिका, ब्रिटेन तथा स्पेन ने जिद की कि इराक के विरुद्ध सैनिक कार्यवाही की जाए ताकि उसे निरस्त किया जा सके तथा सद्दाम हुसैन को अपदस्थ करके इराक में सत्ता परिवर्तन करवाया जाए।

अमेरिका ने जनवरी-फरवरी, 2003 में इस बात के भरसक प्रयास किए कि सुरक्षा परिषद् एक प्रस्ताव स्वीकार कर ईराक के विरुद्ध सैनिक कार्यवाही की अनुमति दे। परन्तु सुरक्षा परिषद् के केवल तीन सदस्य अमेरिका, ब्रिटेन (स्थायी) तथा स्पेन (अस्थायी सदस्य) सैनिक कार्यवाही

के पक्ष में थे। फ्रांस, रूस तथा चीन जिनके पास निषेधाधिकार है, तथा जर्मनी ने स्पष्ट कर दिया कि वे इस प्रस्ताव के विरुद्ध थे, तथा वे इराक को निरस्त्रीकरण के लिए कुछ समय देना चाहते थे। जब फ्रांस और रूस ने स्पष्ट कर दिया कि वे ऐसे प्रस्ताव पर निषेधाधिकार का प्रयोग करेंगे, जो ईराक के विरुद्ध सैनिक कार्यवाही के लिए लाया गया था, तब अमेरिका और उसके सहयोगियों ने प्रस्ताव पारित करवाने के प्रयास छोड़ दिए।

इस पृष्ठभूमि में 20 मार्च, 2003 को संयुक्त राज्य अमेरिका, ब्रिटेन तथा आस्ट्रेलिया ने इराक पर भी भीषण आक्रमण कर दिया। विमानों में बमबारी के साथ भूमि पर सेनाओं ने आक्रमण भी किए। एक महीने से भी कम समय पर पूरे इराक पर गठबन्धन सेनाओं का कब्जा हो गया।

सन् 2003 के अन्त में स्वय सद्दाम हुसैन को एक सुरंग से गिरफ्तार कर लिया गया। अमरीका और उसके सहयोगियों द्वारा संयुक्त राष्ट्र की अनदेखी करने पर ऐसा लगा कि विश्व संगठन पंगु हो जाएगा और एक ध्रुवीय व्यवस्था स्थापित हो जायेगी। परन्तु, युद्ध के पश्चात् जहाँ फ्रांस और रूस ने बीती बात को बिसार कर अमेरिका से पुनः मई, 2003 में सम्बन्ध सुरधारने शुरू हुए वहीं ब्रिटेन तथा अमेरिका ने भी इराक में सत्ता परिवर्तन के अपने उद्देश्य की प्राप्ति के बाद, संयुक्त राष्ट्र की भूमिका स्वीकार की, यद्यपि उन्होंने अस्थायी रूप से (संयुक्त राष्ट्र सुरक्षा परिषद् के 22 मई, 2003) के प्रस्ताव संख्या 1483 की अनुमति से इराक पर कब्जा बनाए रखने का निर्णय किया। इरान के सम्बन्ध में अमेरिका जो चाहता था वहीं हुआ किन्तु भारत, रूस, चीन सहित अन्य देश इस प्रयतन में लग गये कि शीत युद्धोत्तर विश्व में बहु-धुव्रीय व्यवस्था स्थापित की जाए।

46

भारत एक नई वैश्विक व्यवस्था की ओर

(India in the New Global Order)

स्वतंत्रता के पश्चात भारत ने विश्व मंच पर अपनी एक अलग ही छवी बनाई। शीत युद्ध के समय रूस से नजदीकी होने के बाद भी वह शीत युद्ध में शामिल नहीं हुआ। भारत ने तटस्थ रहकर गुटनिरपेक्षता की नीति का सूत्रपात किया। भारत में गुट निरपेक्षता नीति अन्तर्राष्ट्रीय स्तर पर सम्बन्धों के परिप्रेक्ष्य में एक घनात्मक सिद्धान्त है। पं. जवाहरलाल नेहरू भारत के प्रधानमन्त्री बनने के तुरन्त पश्चात् एक विदेश नीति की घोषणा की, जो कुछ समय पश्चात् गुटनिरपेक्षता के रूप में विकसित होने लगी। इस अवधारणा का सीधा सम्बन्ध शीतयुद्ध से माना जाता है। 'शीतयुद्ध' शब्द का प्रयोग इस तनाव की स्थिति के लिए किया गया जोकि द्वितीय विश्व युद्ध के बाद संयुक्त राज्य अमेरिका और सोवियत संघ के बीच उत्पन्न हो गया था। ये दोनों देश 1939-1945 के महायुद्ध में मित्र राष्ट्रों के रूप में भागीदार थे। युद्ध के दिनों में जो विद्वेष धीरे-धीरे पनप रहा था, वह अचानक सामने आ गया। ब्रिटेन, फ्रांस, संयुक्त राज्य अमेरिका, सोवियत संघ तथा अन्य मित्र राज्यों की युद्ध में स्पष्ट विजय हुई थी। उन्होंने जर्मनी, इटली और जापान को पराजित किया था, परन्तु विजयी देश अपने वैचारिक मतभेद स्थायी रूप से भुला दिया और न अस्त्रों का प्रयोग हुआ। यह एक ऐसा युद्ध था जो दो विरोधी गुटों के बीच राजनयिक रूप से लड़ा गया। विश्व के देशों का जिन दो वर्गों में विभाजन किया गया था उनमें अमेरिका के नेतृत्व में पूंजीवादी गुट या पश्चिमी गुट या लोकतांत्रिक गुट और सोवियत संघ के नेतृत्व में पूर्वी गुट या समाजवादी गुट या सोवियत गुट।

देश की आन्तरिक समस्याओं व पड़ोसी देशों के साथ अपनाये जाने वाले विरोधात्मक रवैये के कारण यह आवश्यक हो गया था कि विदेश नीति को प्रभावशाली बनाया जाय। नेहरू जी ने इस दिशा में विशेष ध्यान दिया और एक आदर्श विदेश नीति बनाया भारतीय विदेश नीति के आधारभूत सिद्धांतों की व्याख्या इस प्रकार की जा सकती है:

(i) भारत कभी भी द्विपक्षीय या बहुपक्षीय सैन्य संधि के पक्ष में नहीं रहा है। विश्व की समस्याओं को सुलझाने में सैन्य शक्ति की भूमिका का भारत ने हमेशा विरोध किया है। शीत युद्ध शुरू होने के बाद अमरीका और सोवियत संघ में अस्त्र बढ़ाने की होड़ लग गई। नए-नए आण्विक अस्त्र तैयार हुए और नई-नई सैन्य संधियाँ कायम की गईं। भारत का विचार था कि ऐसा करने से देशों के बीच तनाव बढ़ेगा और इसकी परिणति सशस्त्र संघर्ष में होगी। अतः भारत ने शांति कायम करने की दृष्टि से अपने को हर तरह के गुटों से अलग रखा।

(ii) भारतीय विदेश नीति अपने आप में स्वतंत्र है, भारत दो बड़ी शक्तियों में से किसी के गुट में शामिल नहीं है। पर ऐसा मानना सही नहीं कि भारत की विदेश नीति "तटस्थ" है। वस्तुतः अंतर्राष्ट्रीय मुद्दों पर भारत कभी "तटस्थ" नहीं रहा बल्कि इसके गुण और दोष के आधार पर विभिन्न अंतर्राष्ट्रीय मंचों से अपनी सम्मति स्पष्ट रूप से जाहिर करता रहा है। भारत की इस नीति से कुछ बड़ी शक्तियाँ खुश नहीं थीं लेकिन तीसरे विश्व के कई देशों ने भारत की इस नीति की प्रशंसा की।

(iii) भारत ने सभी देशों से मित्रता बनाए रखने की कोशिश की। खास बात यह है कि भारत ने अमरीकी गुट (पूँजीवादी व्यवस्था) और सोवियत गुट (साम्यवादी व्यवस्था) के देशों से बिना किसी भेदभाव के मित्रता की। भारत ने कभी भी एक देश को दूसरे देश से लड़ाने की नीति पर अमल नहीं किया। भारत में सरकार का ढाँचा लोकतांत्रिक है। लेकिन विदेश नीति के मामले में भारत न पश्चिमी लोकतांत्रिक देशों से अधिक जुड़ा और न ही साम्यवादी देशों से इस कारण दूर हुआ।

(iv) भारत बहुत दिनों तक ब्रिटेन का उपनिवेश रहा, अतः इसने स्वतंत्रता प्राप्ति के बाद से ही उपनिवेशवाद विरोधी नीति का अनुगमन किया। विश्व के मानचित्र पर भारत के एक स्वतंत्र शक्ति के रूप में उभरने के साथ ही एशिया- अफ्रीका-लातिनी अमरीका के देशों में उपनिवेशों के स्वतंत्र होने का सिलसिला शुरू हुआ। भारत की आजादी के बाद श्रीलंका, बर्मा और इंडोनेशिया आजाद हुए। इसके बाद भारत ने विभिन्न अंतर्राष्ट्रीय मंचों से उपनिवेशवाद के खिलाफ बोलकर अफ्रीकी देशों की स्वतंत्रता में महत्त्वपूर्ण भूमिका निभाई।

(v) भारत ने अपनी विदेश नीति के तहत नस्लवाद विरोधी नारा बुलंद किया। गांधी जी ने 19वीं शताब्दी के आरंभ में दक्षिण अफ्रीका में नस्लवाद के खिलाफ संघर्ष किया था। लेकिन मानव सभ्यता के लिए यह शर्मनाक बात है कि नस्लवाद अपने क्रूर रूप में आज भी दक्षिण अफ्रीका में मौजूद है। यह नस्लवाद विश्व मत और सभ्यता के सभी सिद्धांतों को नकारता हुआ आज भी वर्तमान है। भारत ने सबसे पहले 1946 में संयुक्त राष्ट्र संघ में यह मुद्दा उठाया था। उसके बाद आज तक भारत विश्वव्यापी नस्लवाद विरोधी आंदोलन में सक्रिय हिस्सा ले रहा है।

(vi) भारत इस विचार का समर्थक रहा है कि अस्त्रों की होड़ और सैन्य संधियों को रोके बिना विश्व-शांति कायम करना असंभव है। भारत निरस्त्रीकरण को विश्वशांति की कुंजी

मानता है। इसके अतिरिक्त निरस्त्रीकरण से अस्त्रों पर खर्च की जाने वाली विशाल राशि की बचत होगी और इस राशि का उपयोग गरीब देशों के विकास के लिए किया जा सकता है।

भारतीय विदेश नीति विश्व के अन्य देशों की अपेक्षा काफी अलग थी। इसलिये स्वतंत्रता के आरंभिक वर्षों में कुछ लोग भारतीय विदेश नीति को ''तटस्थ'' मानते थे। क्योंकि भारत दोनों गुटों (पश्चिमी गुट और सोवियत गुट) से अलग था, लेकिन तटस्थता एक विधिक अवधारणा है और इस दृष्टि से भारत कभी भी ''तटस्थ'' नहीं रहा। वस्तुतः इसने सभी महत्त्वपूर्ण अंतर्राष्ट्रीय मुद्दों पर उनकी गुणवत्ता के आधार पर अपनी राय (सम्मति) प्रकट की है। अतः भारत की विदेश नीति को स्वतंत्र विदेश नीति कहना चाहिए न कि तटस्थ। 1955 की बाडुंग कांफ्रेंस के बाद ''गुट निरपेक्ष'' शब्द सामने आया और गुट-निरपेक्ष देशों की पहली कांफ्रेंस 1961 में बेलग्रेड में हुई। पहली बार जब भारतीय विदेश नीति के सिद्धांत सामने आए, उस समय विश्व दो गुटों में बंटा हुआ था। संयुक्त राज्य अमरीका और सोवियत संघ इन दो गुटों का प्रतिनिधित्व कर रहे थे और इनके बीच विश्व पर प्रभाव जमाने के लिए प्रतिस्पर्धा चल रही थी। पचास और साठ के दशकों में भारत ने कई अंतर्राष्ट्रीय मुद्दों पर अपनी अलग राय व्यक्त की। जिसे सशक्त देशों ने कई बार मानने से इंकार कर दिया।

धीरे-धीरे लोगों की धारणा में बदलाव आया और भारतीय विदेश नीति की प्रशंसा की जाने लगी। दो बड़ी शक्तियों के बीच तनाव में कमी आने पर भारतीय विदेश नीति का महत्त्व और भी बढ़ गया। दोनों देशों के बीच आण्विक और परंपरागत अस्त्रों की होड़ ने विश्व में एक नई स्थिति उत्पन्न कर दी।

47

आत्म निर्णय का अधिकार
(Right to Self-determination)

विश्व शांति की स्थापना के लिए संयुक्त राष्ट्र संघ की स्थापना की गई। इसी समय सर्वसम्मति से यह भी स्वीकार्य किया गया कि हर राष्ट्र को स्वतंत्र रहने का अधिकार है। उसे जबरदस्ती किसी शक्तिशाली राष्ट्र द्वारा अपने अधिन नहीं किया जाएगा। इससे विश्व बंधुत्व को बढ़ावा मिलेगा। छोटे राष्ट्र भी अपने को सुरक्षित महसूस करेंगे। इस तरह हर छोटे बड़े राष्ट्रों को आत्म निर्णय का अधिकार दिया गया। भारत को इस तरह का अधिकार प्रदान किया गया।

अमेरिकी सीनेट में भारत के आत्मनिर्णय का प्रश्न पेरिस में हुए शांति सम्मेलन में यह निर्णय किया गया था कि विश्व में शांति स्थापित करने के लिए राष्ट्रसंघ की स्थापना की जाए। अमेरिका भी वर्साय की संधि पर हस्ताक्षर करने वाले देशों में एक था। परंतु अमेरिकी संविधान के अनुसार अमेरिकी राष्ट्रपति द्वारा की गई प्रत्येक संधि पर सीनेट की पुष्टि आवश्यक थी। अतः वर्साय की संधि पर भी सीनेट में वाद-विवाद हुआ।

अमेरिका के राष्ट्रपति बुडरों विल्सन ने यह कहा था कि युद्ध के बाद भारत को आत्मनिर्णय का अधिकार दिया जायेगा। क्योंकि इस संधि में भारत के लिए आत्मनिर्णय का प्रावधान नहीं किया गया था, इसलिए भारतीयों को इस पर स्वाभाविक रूप से रोष था। कांग्रेस ने कहा कि अमेरिका की सीनेट में भी वर्साय की संधि पर बहस के समय यह बात उठाई जाये। अतः अमेरिका में रहने वाले भारतीयों को इस बारे में लिखा गया। उन्होंने अमेरिका सीनेटरों से संपर्क स्थापित किया 29 अगस्त 1919 को अमेरिका के सीनेटर डडले फील्ड मेलोन ने कहा कि सीनेट की विदेशी मामलों की समिति के वायदे को संधि में स्थान नहीं दिया गया है, इसलिए वर्साय संधि को अस्वीकार कर दिया जाये। उन्होंने यह भी कहा कि भारत को तुरंत स्वतंत्र किया जाये।

अमेरिका की सीनेट में भारतीय स्वतंत्रता का प्रश्न उठाया गया, इसी से स्पष्ट है कि कांग्रेस विदेश नीति के प्रति कितनी जागरूक थी। विदेश नीति के क्षेत्र में कांग्रेस के द्वारा चलाया गया यह पहला सफल कूटनीतिक अभियान था।

राष्ट्रसंघ में भारत वर्साय संधि के अनुरूप 1919 में राष्ट्रसंघ की स्थापना हुई। भारत को भी राष्ट्रसंघ का सदस्य बनाया गया। राष्ट्रसंघ में भारत का प्रतिनिधित्व करने के लिए जिन लोगों को चुना गया वे वास्तव में भारतीय मानस का नहीं, ब्रिटिश हितों का प्रतिनिधित्व करते थे। इस प्रतिनिधि मण्डल का नेतृत्व एक अंग्रेज करता था। दो अन्य सदस्य भी प्रतिनिधिमंडल में होते थे। वे भारतीय थे, परंतु वे भारत की गोरी सरकार द्वारा मनोनीत किये जाते थे। इसलिए लगातार 1922 से 1927 तक भारत के केन्द्रीय विधानमंडल में यह माँग की जाती रही कि राष्ट्रसंघ में जो प्रतिनिधिमंडल भेजा जाता है उसका नेतृत्व किसी भारतीय को दिया जाये। अंत में 1929 में कांग्रेस की बात मानी गई और एक भारतीय मुहम्मद हबीबुल्ला को राष्ट्रसंघ में भारतीय प्रतिनिधिमंडल का नेता बनाया गया। जनाब हबीबुल्ला साहब जनता के नुमाइंदे नहीं, बल्कि ब्रिटिश सरकार के प्रतिनिधि थे इसलिए राष्ट्रसंध में वही विचार व्यक्त करते थे, जो ब्रिटिश सरकार चाहती थी। जैसे 1932 में जापान ने चीन पर आक्रमण किया। भारत में कांग्रेस की सहानुभूति चीन के साथ थी, लेकिन राष्ट्रसंघ में भारतीय प्रतिनिधि अंग्रेजों के इशारों पर जापान का समर्थन कर रहे थे। कांग्रेस ने इस स्थिति का लगातार विरोध किया।

48

हस्तक्षेप या हमला

(Intervention/Invation)

हस्तक्षेप एक ऐसी राजनीतिक स्थिति है जिसमें किसी सम्प्रभूसत्ता प्राप्त देश के आंतरिक मामले में किसी अन्य सम्प्रभूसत्ता प्राप्त देश द्वारा दखल दिया जाता है। दूसरा हमला से आशय सैनिक कार्यवाही से है जो एक सम्प्रभूसत्ता प्राप्त देश दूसरे सम्प्रभूसत्ता प्राप्त देश पर किया जाता है। ये दोनों ही स्थितियाँ अंतर्राष्ट्रीय संबंध को प्रभावित करता है। विश्व इतिहास में ऐसे कई उदाहरण हैं जिसमें हस्तक्षेप या हमला किया गया है। उदाहरण के तौर पर भारत पर ही 1962 में चीन ने हमला किया था। पाकिस्तान भी भारत पर कई बार हमला कर चुका है।

चीन द्वारा भारतीय सीमा पर की जाने वाली दखलअन्दाजी ने अक्टूबर, 1962 में उग्र रूप ले लिया। उत्तरी पूर्वी सीमांत एजेंसी (NEFA नेफा, आधुनिक अरुणाचल प्रदेश) और लद्दाख पर आक्रमण कर दिया। इस प्रकार चीन और भारत के बीच युद्ध शुरू हो गया जिसमें भारत की हार हुई। नवंबर, 1962 में चीन ने वापस लौटने की एकतरफा घोषणा कर दी। युद्ध के दौरान पश्चिमी शक्तियों ने भारत को सैनिक सहायता दी। सोवियत संघ ने भी भारत का समर्थन किया। लेकिन चीन ने लद्दाख के बड़े भाग पर अपना अधिकार जमाए रखा। इससे चीन के अधिकार क्षेत्र में सिन कियांग और दक्षिणी चीन को जोड़ने वाला सामरिक महत्त्व का क्षेत्र कब्जे में आ गया। फलस्वरूप लोग भारत की विदेश नीति पर सवाल उठाने लगे। भारत ने ऐसा राजनयिक (Diplomatic) रास्ता खोजने की कोशिश की जिसमें चीन पर यह दवाब डाला जा सके कि वह भारत का हिस्सा लौटा दे। पर उसे सफलता नहीं मिली। 1962 में कोलंबों में भारत-चीन विवाद के शांतिपूर्ण समझौते के लिए अफ्रीका और एशिया के देशों की एक बैठक हुई। इसमें इंडोनेशिया, कंबोडिया, बर्मा, संयुक्त अरब गणराज्य, घाना और श्रीलंका शामिल हुए। पर चीन के नकारात्मक रवैये के कारण कोई समाधान नहीं निकल सका और दोनों देशों के बीच सीमा विवाद के कारण तनाव बना रहा।

1962 के बाद चीन ने दक्षिण और दक्षिण पूर्व एशियाई क्षेत्र में अपनी स्थिति मजबूत करनी शुरू कर दी। जहाँ भी संभव हुआ उसने भारतीय प्रभाव को रोकने की कोशिश की और पाकिस्तान तथा बर्मा के साथ गहरे संबंध स्थापित किए। दूसरी ओर, इन परिस्थितियों के दबाव में आकर भारत अपनी सैन्य शक्ति बढ़ाने के लिए मजबूर हुआ।

49

नाभिकीय प्रसरण

(Nuclear Proliferation)

वितीय विश्व युद्ध काल में ही विश्व को परमाणु शक्ति का पता चल गया था कि किस तरह यह शक्ति मानव जीवन में विनाश ला सकता है। इससे दुनिया के देश परमाणु प्रसार को रोकना या ये कहिए किस सीमित करना चाहते थे। लेकिन इसके लिए एक सर्वमान्य नीति नहीं होने के कारण भारत ने इस नीति का विरोध किया।

परीक्षण निषेध वार्ता संयुक्त राज्य अमेरिका द्वारा प्रथम आण्विक परीक्षण 16 जुलाई, 1945 को किया गया। पहली बार, 20,000 टन परम्परागत विस्फोटक को प्लूटिनम के अणु के रूप में परिवर्तित और परिष्कृत करके परीक्षण किया गया था। तीन सप्ताह पश्चात् अमेरिका ने जापान को पराजित करने के उद्देश्य से जापानी नगर हिरोशिमा पर एक अणु बम गिराया और तीन दिन पश्चात् उसी श्रेणी का एक अन्य बम नागासाकी पर भी गिराया गया। इस अभूतपूर्व सर्वनाश ने जापानी को आत्म-समर्पण के लिए बाध्य कर दिया। पूर्व सोवियत संघ ने अमरीकी कार्यवाही को एक चुनौती के रूप में लिया। जैसे ही शीतयुद्ध आरम्भ हुआ, सोवियत संघ अणु बम की खोज में व्यस्त हो गया। जब 1949 में सोवियत संघ ने अपना प्रथम अणु विस्फोट किया तब अमेरिका का अणु एकाधिकार समाप्त हो गया। ब्रिटेन ने 1952 अणु विस्फोट किया तब अमेरिका का अणु एकाधिकार समाप्त हो गया। ब्रिटेन ने 1952 में, फ्रांस ने, 1960 में और चीन ने, 1964 में परमाणु बमों का निर्माण और परीक्षण किया, और ये पांचों देश परमाणु क्ल कहलाने लगें सन् 1995 तक संसार में कुल 2008 परमाणु परीक्षण किए जा चुके थे। इनमें भारत का एकमात्र परीक्षण भी शामिल है। अन्य विकासशील देशों की भांति भारत भी सिद्धांत रूप में परमाणु अस्त्रों के निर्माण, परीक्षण और धारण के विरुद्ध है।

जब जापान पर पहले दो बम गिराए गए थे तब मानव समाज आतंकित होकर स्तब्ध रह गया था। परमाणुधर्मीकरण के खतरों को तब उजागर किया जब अमेरिका ने 1 मार्च, 1954

को नामू द्वीप पर 15 मेगाटन के एक हाइड्रोजन बम का विस्फोट किया। यह परीक्षण अमेरिका के ऑपरेशन कासल नामक परमाणु परीक्षण श्रृंखला का एक अंश था। एक अधिकृत वक्तव्य के अनुसार, परमाणुधर्मीकरण से 28 अमरीकी नागरिकों और निकटवर्ती मार्शल द्वीप के 236 निवासियों के स्वास्थ्य पर विपरीत प्रभाव पड़ा। एक जापानी नौका के चालक दल पर परमाणु धर्मीकरण का गम्भीर प्रभाव पड़ा और एक चालक की मृत्यु हो गयी। जब इन प्रयोगों से दूषित नौका जापान पहुंची तो लोगों में आतंक फैल गया। परिणामस्वरूप संसार में परमाणु परीक्षणों के बंद करने की मांग उठी।

भारत ऐसा पहला देश था जिसने परमाणु परीक्षणों के पूर्ण निषेध की अधिकृत रूप से मांग की। प्रधानमंत्री नेहरू ने अप्रैल 1954 में संसद में कहा कि "परमाणु परीक्षण मानवता के विरुद्ध अपराध है, वे मानव जाति के जीवित बने रहने के विरुद्ध अपराध हैं। किसी भी देश को अपनी सुरक्षा के नाम पर परमाणु सर्वनाश के अधिकार की अनुमति नहीं दी जा सकती।" नेहरू ने प्रस्ताव किया कि परमाणु परीक्षणों को तुरन्त रोकने का एक समझौता किया जाए। उन्होंने कहा था कि परमाणु परीक्षण शस्त्रास्त्रों की दौड़ का प्रतीक है। इसका परिणाम सर्वनाश हो सकता है। भारत ने दिसम्बर 1954 में संयुक्त राष्ट्र महासभा में परमाणु परीक्षण रोकने के लिए एक औपचारिक प्रस्ताव रखा, परन्तु उसने उस पर मतदान के लिए मांग नहीं की। परन्तु, महासभा ने भारत के उस प्रस्ताव को, जिसमें उसने विकिरण के प्रभाव की जांच करने के लिए एक वैज्ञानिक समिति की स्थापना की मांग की थी, सर्वसम्मति से स्वीकार कर लिया।

परमाणु अस्त्र सम्पन्न राज्यों ने परमाणु परीक्षणों के औचित्य के पक्ष में अपने तर्क प्रस्तुत किए। प्रथम, जो अस्त्र विकसित करके जमा किए गए हैं उनके प्रभावीपन और उनकी विश्वसनीयता निर्धारित करने के लिए परामाणु परीक्षण आवश्यक थे। द्वितीय, परमाणु अस्त्र सम्पन्न राज्यों को परीक्षणों के द्वारा अस्त्रों के आधुनिकीकरण करने में सहायता मिलती है ताकि वे अपने विपक्षियों से अधिक शक्ति-सम्पन्न हो सकें। तृतीय, कुछ परीक्षण इसलिए भी किए गए ताकि परमाणु विस्फोटों के प्रभाव का मूल्यांकन किया जा सके। अन्तिम, तर्क यह दिया गया कि जिन परमाणु अस्त्रों का विकास हो चुका है उनकी सुरक्षा सुनिश्चित करने के लिए परीक्षण आवश्यक थे।

दूसरी ओर, परमाणु परीक्षणों के निषेध की, अन्तर्राष्ट्रीय समुदाय द्वारा मांग किए जाने के अनेक कारण थे। जैसा कि ऊपर उल्लेख किया गया है, अमेरिका द्वारा मार्च 1954 में किए परीक्षण से जब जापानी नौका चालक दल के एक सदस्य की विकिरण से मृत्यु हो गयी तो विश्व जनमत जागृत हो गया, और लोगों में व्यापक चिन्ता व्याप्त हो गयी। एशिया के देशों पर परमाणु परीक्षणों का सर्वाधिक प्रभाव पड़ रहा था। इसीलिए नेहरू ने परीक्षणों को तुरन्त रोकने की मांग की थीं। परीक्षणों के व्यापक निषेध की मांग करने के मुख्य कारण थे (क) सब प्रकार की परमाणु अस्त्र दौड़ पर रोक लगाना, (ख) पर्यावरण को विनाश से बचाना; तथा (ग) मानवता के सामाजिक आर्थिक उत्थान के लिए कार्य करना। जैसा कि श्रीलंका ने 1991 में आंशिक परीक्षण निषेध संधि संशोधन सम्मेलन में कहा "यह सभी सभ्य मूल्यों के और नैतिक धारणाओं

के विरुद्ध है कि करोड़ों लोगों को भोजन, कपड़ा, आवास तथा चिकित्सा जैसी मूल आवश्यकताओं तथा जीवन की अन्य मौलिक वस्तुओं से वंचित रखा जाए, जबकि अन्तर्राष्ट्रीय समुदाय विध्वंसक उद्देश्यों के लिए करोड़ों डॉलर व्यय कर रहा हैं"

परमाणु शक्ति से संबंधित आंशिक परीक्षण निषेध संधि पर 1963 में जब हस्ताक्षर किए गए तो वह प्रथम महत्वपूर्ण उपलब्धि थी। यह परमाणु परीक्षणों के विरुद्ध पहला कदम था। भारत द्वारा 1954 में महासभा में औपचारिक रूप से प्रस्तुत प्रस्ताव पर तो कोई कार्यवाही हुई ही नहीं थी। अन्तर्राष्ट्रीय स्तर पर परमाणु परीक्षण निषेध संबंधी वार्ता तब आरम्भ हुई जब सोवियत प्रधानमंत्री बुल्गानिन ने अक्टूबर 1956 में परमाणु परीक्षणों की समाप्ति का प्रस्ताव किया। परन्तु उन्होंने इस सुझाव को अस्वीकार कर दिया कि परीक्षण निषेध का अन्तर्राष्ट्रीय निरीक्षण किया जाए। दूसरी ओर, संयुक्त राज्य अमेरिका अन्तर्राष्ट्रीय निरीक्षण को परीक्षण निषेध की सफलता की एक आवश्यक शर्त मानता था। कई अन्य सुझाव भी दिए गए। उदाहरण के लिए, जनवरी 1957 में संयुक्त राज्य अमेरिका ने यह प्रस्ताव किया कि परमाणु अस्त्रों का उत्पादन तुरन्त बन्द किया जाए और तत्पश्चात् परीक्षणों पर प्रतिबन्ध लगाया जाए। ग्रेट ब्रिटेन ने परमाणु शक्ति के एक थर्मोन्यूक्लियर बम का परीक्षण किया; और इस आधार पर परमाणु परीक्षणों पर प्रतिबन्ध का विरोध किया कि उसके पास हाइड्रोजन बमों का बहुत छोटा भण्डार था और वह इन अस्त्रों को और विकसित करना चाहता था। फ्रांस ने उस समय तक परमाणु बम का निर्माण पूरा नहीं किया था। समय-समय पर परीक्षण निषेध वार्ताएं होती रहीं। उनके मार्ग में अनेक कठिनाइयां उत्पन्न हुई। U-2 नामक अमरीकी गुप्तचर विमान को 1 मई, 1960 को, बिना अनुमति सोवियत संघ के हवाई क्षेत्र में उड़ान भरते समय सोवियत वायु सेना ने मार गिराया, और उसके चालक को बंदी बना लिया। इस घटना से परीक्षण निषेध वार्ता को धक्का लगा। कुछ समय पूर्व ही, फरवरी 1960 में, फ्रांस ने अपना पहला परमाणु परीक्षण किया था। अप्रैल 1961 में बे ऑफ पिग्स काण्ड हुआ, जब अमेरिका के प्रोत्साहन से क्यूबा के विस्थापितों ने फिडेल कास्त्रों को अपदस्थ करने का असफल प्रयास किया। कुछ ही समय पश्चात् अगस्त 1961 में सोवियत प्रेरणा से, बर्लिन को दो भागों (सोवियत-समर्थक पूर्वी और अमरीकी-समर्थक पश्चिमी बर्लिन) में विभाजित करने वाली एक दीवार का निर्माण किया गया, जिससे एक ही नगर के दो भागों के निवासी पराए हो गए। सोवियत संघ ने 31 अगस्त, 1961 में परमाणु परीक्षणों की एक बड़ी श्रृंखला आरम्भ कर दी। फिर, अक्टूबर 1962 में क्यूबा के प्रक्षेपास्त्र संकट ने अमरीका और सोवियत संघ को एक परमाणु युद्ध के कगार तक पहुंचा दिया। सोवियत युद्ध पोतों पर परमाणु प्रक्षेपास्त्र क्यूबा ले जाये जा रहे थे। अमेरिका के लिए ये अस्त्र एक भयंकर खतरा उत्पन्न कर सकते थे। अतः राष्ट्रपति कैनेडी ने सोवियत संघ से तुरन्त उन्हें वापस बुलाने को कहा और चारों ओर से अमेरिकी नौ सेना ने क्यूबा को घेर लिया। सोवियत संघ ने तुरन्त अपने जहाज वापस बुला लिए। संकट तो टल गया, परंतु यह अनुभव हुआ कि संसार परमाणु विनाश के कगार से वापस मुड़ आया था।

इस बीच, संयुक्त राष्ट्र द्वारा गठिन 18-देशीय निरस्त्रीकरण समिति की जिनेवा में हो रही बैठक में परमाणु परीक्षण का प्रश्न विचाराधीन लाया गया। इस समिति में परमाणु अस्त्र राज्य

और गैर-परमाणु अस्त्र राज्य दोनों मिलाकर 18 सदस्य थे। निरस्त्रीकरण प्रयास में भारत उन देशों में से एक था जिनके पास परमाणु अस्त्र नहीं थे।

आंशिक परीक्षण निषेध संधि, 1963 क्यूबा प्रक्षेपास्त्र संकट के तुरंत बाद परीक्षण निषेध के लिए वार्ता की गति तेज कर दी गयी। सोवियत राजधानी मॉस्को और अमरीकी राजधानी वाशिंगटन के मध्य सीधा दूरभाषा सम्पर्क स्थापित किया गया ताकि दोनों देशों के राज्याध्यक्ष सीधी बातचीत कर सकें। मॉस्को में परीक्षण निषेध के विषय पर एक सम्मेलन हुआ। इस सम्मलन के परिणामस्वरूप ब्रिटेन, अमेरिका और सोवियत संघ के विदेश मन्त्रियों ने एक आंशिक परीक्षण निषेध संधि पर 5 अगस्त, 1963 को हस्ताक्षर किए। इन देशों की सरकारों द्वारा पुष्टि के पश्चात् यह सन्धि 10 अक्टूबर, 1963 को कार्यान्वित कर दी गयी। इस सन्धि द्वारा धरती पर, वायुमण्डल में तथा जल पर या जल के नीचे तथा खुले सागर और महासागर तथा सभी जल परमाणु परीक्षणों पर प्रतिबंध लगाया गया। इस संधि ने सभी परीक्षणों, जिनमें शांतिपूर्ण कार्यों के लिए परीक्षण भी शामिल थे, रोक लगायी, जो संधि पर हस्ताक्षर करने वाले देशों के क्षेत्राधिकार में आते हैं। इनमें जो क्षेत्र निषेध सीमा में आते हैं वे हैं वायुमण्डल जिसमें बाह्य अन्तरिक्ष भी शामिल है, तथा भूगर्भीय जल जिसमें देश के सीमावर्ती सागर तथा खुला सागर दोनो ंशामिल हैं। संधि में धरती के नीचे किए जाने वाले परीक्षणों पर प्रतिबंध नहीं लगाया गया। खुला सागर का उल्लेख विशेषकर इसलिए किया गया ताकि नहीं कोई परमाणु सम्पन्न देश किसी सागर या महासागर में यह कर कर परीक्षण न करे कि वह तो उसके क्षेत्राधिकार में है ही नहीं। यद्यपि धरती के नीचे किए जाने वाले परीक्षणों की अनुमति का प्रावधान था, फिर भी यह व्यवस्था की गयी कि ऐसा कोई परीक्षण नहीं किया जायेगा जिसकी रेडियोधर्मिता का प्रभाव किसी अन्य देश पर पड़ता हो।

यद्यपि तीन ही देशों ने इस पर प्रारम्भिक हस्ताक्षर किए थे तथापि सभी अन्य देशों को इसमें शामिल होने के लिए आमंत्रित किया गया। यह भी व्यवस्था की गयी कि कोई देश जो इस संधि पर हस्तार करताा है, परंतु बाद में किसी असाधारण कारण से इससे अलग होना चाहता है, उसे ऐसा करने की छूट होगी। इस संधि में कोई भी संशोधन किया जा सकता था, परन्तु यदि कुल सदस्य-देशों (ब्रिटेन, अमेरिका और सोवियत संघ) की स्वीकृति आवश्यक होगी। उनमें से किसी एक ही अस्वीकृति का अर्थ होगा उसके द्वारा निषेधाधिकार। वह संशोधन नहीं हो सकेगा। इस प्रकार आंशिक परीक्षण निषेध संधि के द्वारा (धरती के नीचे छोड़कर) सदा के लिए सभी प्रकार के परमाणु अस्त्र विस्फोटों पर प्रतिबन्ध लगा दिया गया था। इसने और अधिक प्रभावत अस्त्र-नियन्त्रण उपायों के लिए मार्ग प्रशस्त किया। कुछ ही समय में संधि के तीनों प्रारम्भिक हस्ताक्षरकर्ता ने, तथा भारत सहित संयुक्त राष्ट्र के 98 अन्य सदस्यों ने इस आंशिक परीक्षण निषेध संधि का अनुमोदन कर दिया। इनके अतिरिक्त सात अन्य उन देशों ने भी इसका अनुमोदन किया जो संयुक्त राष्ट्र के सदस्य नहीं थे। अतः भारत भी इस संधि के प्रावधानों से बाध्य हो गया।

परमाणु अप्रसार संधि, 1968 आंशिक परमाणु परीक्षण निषेध संधि (1963) के द्वारा पर्यावरण अत्यावश्यक समस्या का समाधान कर लिया गया परंतु परमाणु अस्त्रों की गुणात्मक

तथा मत्रात्मक दौड़, और परमाणु प्रसार की समस्या वैसी ही बनी रही। परमाणु शक्ति में बढ़ती हुई विश्वव्यापी रुचि ने परमाणु प्रसार के संकट को और भी गंभीर बना दिया। भारत सहित बहुत से देश केवल शांतिपूर्ण कार्यों के लिए परमाणु ऊर्जा में रुचि रखते थे परंतु, समस्या यह थी कि शंतिपूर्ण उद्देश्यों के लिए परमाणु ऊर्जा तथा परमाणु अस्त्र उत्पादन के मध्य बहुत ही पतली सीमा रेखा है। अतः, विश्व जनमत ने परमाणु प्रसार के निषेध की मांग उठानी आरम्भ की। सन् 1967 में प्रकाशित एक रिपोर्ट के अनुसार, पांच परमाणु अस्त्र सम्पन्न शक्तियों के अतिरिक्त सात अन्य देश ऐसे थे जो शान्तिपूर्ण कार्यों के लिए परमाणु ऊर्जा पर अनुसंधान कर रहे थे। अतः वे सरलता से परमाणु अस्त्र निर्माण कर सकते थे। भारत इनमें से ऐसा एक प्रमुख देश था, जिसके पास परमाणु विकल्प उपलब्ध था। ऐसा अनुभव किया गय कि इन परिस्थितियों में यह आवश्यक था कि परमाणु अस्त्रों के प्रसार पर प्रतिबन्ध लगाया जाए। इसलिए, संयुक्त राज्य अमेरिका और सोवियत संघ ने परमाणु प्रसार को रोकने की एक संधि पर हस्ताक्षर किए। संयुक्त राष्ट्र महासभा में अमेरिका और सोवियत संघ ने दो अलग-अलग परन्तु एक जैसी संधियों का प्रस्ताव किया। महासभा ने सोवियत-अमरीकी प्रस्ताव का विशाल बहुमत से 12 जून, 1968 को अनुमोदन कर दिया। इसे सदस्य देशों के हस्ताक्षरों के लिए 1 जुलाई, 1968 से प्रस्तुत कर दिया गया। परमाणु अप्रसार संधि पर शीघ्र ही ब्रिटेन, अमेरिका, सोवियत संघ तथा 50 से अधिक अन्य देशों ने हस्ताक्षर कर दिए। भारत ने इस आधार पर इस संधि पर हस्ताक्षर नहीं किए क्योंकि यह भेदभाव पर आधारित है। जहां यह संधि परमाणु-अस्त्र विहीन राज्यों को परमाणु अस्त्रों का निर्माण करने से रोकती है, वहां यह परमाणु अस्त्र सम्पन्न राज्यों को अपने अस्त्रों को समाप्त करने या उनका विघटन करने के लिए नहीं कहती। फ्रांस और चीन, जो स्वयं परमाणु शक्तियां हैं, उन्होंने भी कई वर्ष तक इस संधि पर हस्ताक्षर नहीं किए। चीन ने तो 1992 में जाकर इस संधि का अधिग्रहण किया। इससे अनेक वर्ष पूर्व अनुमोदन की औपचारिकताएं पूरी हो जाने पर 5 मार्च, 1970 को परमाणु अप्रसार संधि प्रभावी हो गयी थी।

परमाणु अप्रसार संधि आरम्भ में 25 वर्ष तक लागू रहती थी। उस अवधि की समाप्ति पर उन सभी देशों का एक सम्मेलन होना था जो इसके हस्ताक्षरकत्र्ता थे। यह सम्मेलन, यह तय करने के लिए होना था कि इस संधि को असीमित अवधि के लिए, या किसी निश्चित अवधि के लिए बढ़ाया जाए। ऐसा सम्मेलन 1995 में संधि के 25 वर्ष पूरे होने पर बुलाया गया। इस सम्मेलन ने अनिश्चित काल के लिए संधि को लागू रखने का निर्णय किया। भारत ने संधि का हस्ताक्षरकर्ता न होने के कारण इस सम्मेलन में भाग नहीं लिया।

50

अन्तर्राष्ट्रीय आतंकवाद (International Terrorism)

आतंवाद दो प्रकार का होता है, जो आतंकवाद एक देश में उत्पन्न होता है और वहीं कार्रवाई करता है, जैसे नेपाल में माओवादी और भारत में पीपुल्स वार ग्रुप (पी डब्ल्यू जी), यू. के. में आइरिश रिपब्लिकन आर्मी (आई आर ए) उस आतंकवाद से भिन्न हैं जिनकी जड़ें एक देश में हैं और वे अपनी उत्पत्ति के देश की सहायता करता है परन्तु यह दूसरे देश में आतंक पैदा करने के लिए हिंसा का प्रयोग करता है। एक दूसरे किस्म के आतंकवाद को सीमा पार के आतंकवाद के नाम से जाना जाता है क्योंकि इसके सक्रिय कार्यकर्ताओं को उनके अपने देश से भिन्न दूसरे देश प्रायोजित और प्रशिक्षित किया जाता है, जिस आतंकवाद का भारत 1980 के दशक से सामना कर रहा है, उसकी उत्पत्ति, प्रशिक्षण और पूरी सहायता पाकिस्तान में शिविर है, जहाँ युवकों को बहकाकर ले जाया जाता है, नकदी दी जाती है और अस्त्रों-शस्त्रों से लैंस किया जाता है। इस सीमा पर आतंकवाद के परिणामस्वरूप भारत में हजारों निर्दोष लोग मारे जा चुके हैं। इसी प्रकार इजरायल के विरुद्ध आतंकवादी कार्यवाहियाँ उसकी सीमाओं के पार से की जाती हैं। इसी प्रकार रूस में चेचेन्या आतंकवाद देश के अन्दर से ही है, भारत के विरुद्ध आतंकवाद निश्चित रूप से सीमा पार किस्म का है।

आतंकवाद के विरुद्ध संयुक्त राष्ट्र संघ का संघर्ष

संयुक्त राष्ट्र अन्तर्राष्ट्रीय आतंकवाद से काफी चिन्तित है। इस बुराई को परास्त करने के लिए संयुक्त राष्ट्र संकल्प सितम्बर 2001 में वर्ल्ड ट्रेड सेन्टर पर आक्रमण के परिणामस्वरूप स्वीकृत सुरक्षा परिषद संकल्प संख्या 1373 में व्यक्त किया गया था। संकल्प ने अन्तर्राष्ट्रीय सहयोग द्वारा इस महाविपत्ति से लड़ने का आह्ावान किया है।इसी बीच संयुक्त राष्ट्र महासभा ने मानव जाति को संगठित होने और इस अभिशाप से लड़ने की प्रक्रिया में मानव अधिकारों

का उल्लंघन नहीं होना चाहिए, यद्यपि कभी-कभी दो के बीच समाधान कठिन समस्या हो सकती है।

आतंकवाद के विरुद्ध अक्टूबर 2001 में संयुक्त राज्य के संचालित गठबंधन द्वारा जो कार्यवाही शुरू की गई थी, वह संयुक्त राष्ट्र द्वारा किए गए प्राधिकार के अनुसार था। शान्ति के लिए नोबल पुरस्कार स्वीकार करते हुए संयुक्त राष्ट्र महासचिव कोफी अन्नान ने दिसम्बर 2001 में कहा, कि संयुक्त राष्ट्र महासभा और सुरक्षा परिषद ने आतंकवाद के विरुद्ध संघर्ष के लिए ठोस आधार प्रदान किया है। कोफी अन्नान ने कहा 'मैं सभी सदस्य राष्ट्रों से उन 12 अभिसमयों पर हस्ताक्षर करें, उन्हें अभिपुष्ट करें और क्रियान्वित करें ताकि ऐसे ही हम आगे बढ़ें, हम सब की एक जैसे कार्य योजना हो।' तथापि अभी अभिसमयों पर हस्ताक्षर करवाना और अभिपुष्ट किया जाना सरल नहीं है क्योंकि अभी भी विश्व में ऐसे बहुस से तत्व विद्यमान हैं जो अभी भी संयुक्त राष्ट्र को कुछ धर्मों के लोगों का 'हत्यारा' कहते हैं।

अन्तर्राष्ट्रीय गठबंधन की आतंकवादी विरोधी प्रचार

सयुंक्त राष्ट्र संघ ने सितम्बर 2001 को आतंकवाद के विरुद्ध अभियान छेड़ दिया। 1980 के दशक में लिखते हुए कोलम्बिस और वोल्फे ने यह आशंका व्यक्त की कि हमने अभी तक विश्व ने जो कुछ झेला है, उससे अधिक बड़ा विनाश हो सकता है। वे कहते हैं, 'अपहरणों, पत्रबमों, विस्फोटों और हवाई अड्डों पर रक्तपात की घटनाओं की शृंखलाओं ने जिसमें दर्जनों लोग हताहत हुए, बहुत सी सरकारें को आतंकवादी गतिविधियों के लिए अन्तर्राष्ट्रीय विनिमय बनाने के लिए आवाज उठाई। अभी तक विभिन्न आतंकवादियों द्वारा क्या किया गया है, यह वास्तविक समस्या नहीं है। दाव पर क्या है, भावी दशकों में आतंकवादी गतिविधियों की संभावना विस्मयकारी और भयानक है।' यह भविष्यवाणी, वास्तव में इजरायज, भारत और अंत में, संयुक्त राज्य में सत्य हुई। भारत को ब्रिटेन, रूस, फ्रांस, वियतनाम और कई अन्य देशों सहित कई देशों से 11 सितम्बर, 2001 से पहले और बाद में आतंकवाद के विरुद्ध अपनी लड़ाई में पूरा समर्थन मिला है। फिर भी आतंकवाद का भुक्तभोगी, इजरायल, भारत में आतंकवाद सहित इस संकट से लड़ने के लिए, संगठन का भाग होने का इच्छुक है। रूस जो चेचन्या विद्रोहियों से जूझ रहा है अब आतंकवाद के विरुद्ध लड़ने के लिए भारत के साथ है।

संयुक्त राज्य में 11 सितम्बर के आक्रमण के साथ बुश प्रशासन ने अन्तर्राष्ट्रीय आतंकवाद के विरुद्ध बहुत कठोर रुख अपनाया है और सभी रूपों में आतंकवाद को समाप्त करने के लिए संगठन को एक साथ रखा है। परन्तु अल कायदा और तालिबान का केवल दो महीने में अफगानिस्तान से समाप्त करने में उसकी उल्लेखनीय सफलता से कार्य पूरा नहीं हुआ। न तो अमेरिका द्वारा घोषित शत्रु ओसामा बिन लादेन पकड़ा गया है और न ही स्पष्ट रूप से समाप्त किया गया है। केवल यही नहीं, अपितु यह बुराई कई देशों को तंग कर रही है। भारत में समय-समय पर हत्याएँ, मास्को थियेटर में चेचेन आतंकवादियों द्वारा बहुत से उपकरणों में से कुछ हैं जो अफगानिस्तान में संयुक्त राज्य की सफलता के बाद भी हुए हैं। आतंकवाद ने

अन्तर्राष्ट्रीय आतंकवाद की मुख्य नर्सरी के रूप में मानता है, के साथ 'सभ्य और लोकतांत्रिक विश्व' को बचाने के लिए आतंकवाद के विरुद्ध युद्ध कैसे जीत सकता है? विभिन्न विश्वस्त सूत्रों द्वारा अलकायदा के पाकिस्तान में शिविर होने की जानकारी वर्ष 2002 के अंत में भी मिली।

यह समस्या अब वैश्विक स्तर पर बढ़ चुकी है जिसके परिणामस्वरूप सभी राष्ट्रों की सुरक्षा व्यवस्था को भारी खतरा उत्पन्न हो गया है। 2002 के अंत में आसियान ने इस संकट से लड़ने के लिए अपनी वचनबद्धता की घोषणा की। चीन, जापान और दक्षिण कोरिया ने आसियान के प्रयासों का पूरा-पूरा समर्थन किया। भारत ने वस्तुतः इस वचनबद्धता का स्वागत किया। इसी दौरान एशिया-प्रशासन के देशों, जापान से ऑस्ट्रेलिया तक के देशों ने संयुक्त राज्य के साथ आतंकवाद समाप्त करने का बिगुल बजाया। इस पर भी यह कोई सरल कार्य नहीं है। यहाँ पर केवल एक ही उदाहरण देते हैं, पाकिस्तानी नागरिक ऐमाल कांसी ने 1993 में संयुक्त राज्य में सी. आई. ए. के दो जासूस को गोली से मार डाला और उसे अंततः संयुक्त राज्य सरकार द्वारा 2002 में फांसी दी गई परन्तु उसे आतंकवादी युवकों के एक वर्ग ने नायक के रूप में माना, केवल इसलिए कि दिसम्बर 1999 में इंडियन एयरलाइन्स के विमान के अपहरणकर्ता के रूप में उसे पाकितान में स्वतंत्र रूप में घूमने फिरने दिया तथा भारत के विरुद्ध घृणा फैलाने दी।

यद्यपि कि संयुक्त राष्ट्र संघ तथा अन्तर्राष्ट्रीय संगठनों ने आतंकवादी विरोधी गतिविधियों को समाप्त करने के लिए काफी प्रयास कर रहे हैं, परन्तु दुर्भाग्य की बात यह है कि पाकिस्तान जैसे पड़ोसी राष्ट्रों की हठ धार्मिता, चीन की साम्रज्यवादी नीति तथा अमेरिका की दोहरी व्यवस्था वाली ढुलमुल नीति जिसकी यथार्थता स्पष्ट नहीं है के कारण आतंकवाद को पूरी तरह से समाप्त कर पाना यदि असम्भव नहीं तो दुष्कर अवश्य है। हालांकि भारत के आलावा कई अन्य राष्ट्र विगत कुछ दशकों से आतंकवादियों के द्वारा या बन्दूकों से आतंक का सामना कर रहे हैं। मानव अधिकारों के अत्यधिक उत्साही समर्थकों के होते हुए भी आतंकवादियों को यह मनवाना सहन नहीं है कि विश्व में बहुत बड़े जन समुदाय के निर्दोश बच्चों, महिलाओं तथा अशक्त के अधिकारों को फिदायीनों तथा अन्य आतंकवादियों के अधिकारों के मुकाबले वरीयता प्रदान की जानी चाहिए और सहयोगात्मक भावना से विश्व के सम्पूर्ण देशों को आतंकवाद को समाप्त करने के लिए एकजुट होना चाहिए।

51

विज्ञान एवं तकनीकी का अन्तर्राष्ट्रीय सबंध में प्रभाव

(Role of Science and Technology in International Relation)

विज्ञान और तकनीकी विकास ने नवीन प्रकार के हस्त्र-शस्त्रों तथा उनकी विध्वंसक क्षमात में वृद्धि की है। आज जिन देशों के पास परमाणु शक्ति हैं, नवीन प्रकार के मिसाइलें, बम और अन्य घातक हथियार हैं उनकी अन्तर्राष्ट्रीय राजनीति में धाम जमी हुई है। अमरीका, रूस, चीन, फ्रांस, ब्रिटेन विश्व शक्ति के रूप में गिने जाते हैं। कुछ देश इस ओर प्रयत्नशील हैं। इससे अन्तर्राष्ट्रीय राजनीति प्रभावित हो रही है। विज्ञान के कारण ही आर्थिक रूप से विकसित राष्ट्र अविकसित या विकासशील देशों को आर्थिक रूप से पराधीन बनाने के लिए प्रयत्नशील है।

रक्षातन्त्र और तकनीकी दोनों एक दूसरे पर निर्भर करते हैं सूचना तकनीकी प्राचीन समय में अविकसित थी, परन्तु आज इसका काफी विस्तार हो चुका है। जर्मन रक्षा वैज्ञानिक क्लासवित्ज ने 19 वीं सदी प्रारम्भिक दौर में कहा था कि राजनीतिक लक्ष्यों को हासिल करने की कूटनीति की भाँति युद्ध की एक विधि है। युद्ध की स्थिति तक उत्पन्न होती हैं जब कूटनीति काम नहीं करती।

युद्ध की तुलना एक अन्य रक्षा वैज्ञानिक ने किसी राष्ट्रीय मार्ग से की है। युद्ध और राष्ट्रीय माग्र दोनों का इस्तेमाल अपने उद्देश्य व लक्ष्य की पूर्ति के लिए किया जाता है। जिस तरह राष्ट्रीय मार्ग पर चलते हुए यात्री अपने प्राण कसिी दुर्घटना में गँवा सकते हैं, उसी प्रकार युद्धों में लड़ते हुए योद्धा भी प्राण गँवा सकते हैं। अर्थात, दोनों स्थानों परे प्राण जाने के खतरे हैं। हम राष्ट्रीय मार्गो को समाप्त कर इनपर यात्रा कर रहे यात्रियों के प्राण बचा सकते हैं, किन्तु क्या इस कारण से हम राष्ट्रीय मार्गो को समाप्त कर सकते हैं? फिर भला हम अपने लक्ष्य तक

कैसे पहुँचेंगे? और फिर राष्ट्रीय मार्गो पर मरनेवालों की संख्या यात्रा करनेवालों की संख्या की शायद 0.00001 प्रतिशत या इससे भी कम होगी। लगभग यही तर्क युद्ध के लिए लागू होता है।

जर्मन रक्षा वैज्ञानिक क्लॉसवित्ज द्वारा लिया गया उपर्युक्त तथा 20वीं सदी के अन्त में समीवता सामयिक न लग रहे थे, परन्तु आज के सौ वर्ष पूर्व तक यह कथन विदेशीय राजनीतिक के सन्दर्भ में उचित ठहराए जाते रहे हैं। विस्मार्ग के प्रशिया के नेतृत्व में जर्मनी के राज्यों का एकीकरण करने के लिए सन् 1864 से 1870 तक तीन बार युद्ध का सहारा लिया। हजारों वर्ष पूर्व भारत में मगध के सम्राट् चंद्रगुप्त के महामात्य कौटिल्य ने भी यही मंत्रणा दी कि यदि कूटनीति से बात बनती न दिखे तो युद्ध का सहारा लेना उचित है। इतिहास में तो ऐसे उदाहरण भरे पड़े हैं।

ऐतिहासिक दृष्टिकोण से प्रथम विश्व युद्ध सबसे बड़ा व तकनीकी युद्ध था इस युद्ध में जर्मनी के उच्च तकनीकी को पौलैंड के अनुच्च तकन्नलोजी पर विजय का पता का लहराने में किसी की समस्या का मुकाबला नहीं करना पड़ा 20 वीं सदी में लडत्र गया प्रथम युद्ध (1914-18) के खत्म होने के बाद सोवियत संघ के महापिता अथव संस्थापक लेनिन महोदय ने अपने स्पष्ट शब्दों में कहा था किआज का दौर एक ऐसा दौर है जिसमें विजय की प्राप्ति हेतु मात्र उत्साह व ललक से काम नहीं चलेगा बल्कि इससे लिए तकनीकी की गुणवत्ता ससर्वाधिक प्रभावशाली है।

सोवियत संघ के संस्थापक लेकिन महोदय द्वारा कहा गया तथ्यों के आधर पर यह कहा जा सकता है कि यद्यपि किसी भी सामरिक शक्ति के लिए नेतृत्व, प्रशिक्षण, अभिप्रेरणा तथा सिद्धान्तों आदि की सार्थकता सामान्यताः उसके शास्त्रास्त्रें से अकिध होती है, किंतु शायद ही कोई ऐसी सैनिक शक्ति होतगी जिसने उच्च-तकनीकी आयुधों की अनुपसिीति में अथवा अनुच्चच तकनीकों के आयुधों की सहायता से किसी युद्ध में विजयश्री प्राप्त की हो। बीसवीं शताब्दी में मध्य के दशर्को में विशेषकर वियनाम युद्ध के पश्चात् एक ऐसा समय अवश्य आया जब युद्ध में उच्च तकलॉजी के अनुपयोग पर एक प्रश्नचिह्न-सा लगने लगा था। यकही नहीं, उच्च तकनालॉजी का कटाक्ष करना भी एक फैशन-सा बनने लगा था। कुछ युद्ध-विश्लेषकों के अनुसार इस युद्ध में वियतनामी व्यूह-रचना तथा गुरिल्ला प्रणाली के सामने उच्च तकनालॉजी असफल सिद्ध होती प्रतीत हुई थी। ममूफोर्ड तथा मार्क्यूज जेसे विश्लेषण तो युद्ध में उच्च तकनालॉजी पर विश्वास रखने को हानिकारक भी प्रचलित करने लगे थे। किनतु इसके विपरती शूमेरक जैसे विश्लेषकों का दृढ़ विश्वास था कि युद्ध-स्थल के पर्यावरण एवं भू-शूमेकर जैसे विश्लेषकों का दृढ़ विश्वास था कि युद्ध-स्थल के पर्यावरण एवं भू-स्थिति में अनुसार थोड़े से अनुशोधन किए जाने के पश्चात् उपयुक्त तकनालॉजी का अनुप्रयोग निश्चय की अत्यंत लाभाकारी सिद्ध होगा। सन् 1991 का बयालीस दिवसीय खाड़ी-युद्ध उच्च तकनालॉजी की श्रेष्ठता एवं शूमेकर जैसे विश्लेषकों के अटूट विश्वास का सबसे अभिनव उदाहरण है। इस खाड़ी-युद्ध में तोपों, रॉकेटों, प्रक्षेपास्त्रों तथा विमानों के सम्मुख ईमराकी सेना, अपनी अनुच्च तकनालॉजी के आयुधों तथा उपस्कारों के कारण, अधिक समय तक न टिक सकी। केवल इतना

ही नहीं, ईरान के साथ लड़े गए आठ वर्षीय युद्ध की अनुभवी ईराकी थलसेना को भी अपनी बहुचर्तित एवं बहुप्रचारित समस्त युद्धों की जननी के जौहर दिखाने का अवसर ही न प्राप्त हो सका। प्रथम दस दिवसों की अल्पावधि में ही बहुराष्ट्रीय वायुसेना ने ईराकी आकाश पर अपना प्रभुत्व स्थापित कर लिया। इस युद्ध में अत्याधुनिक तथा उच्च तकनालॉजी पर आधारित स्टेट ऑफ द आर्ट आयुधो की चकाचौंध ने ईराक को ही नहीं अपितु समस्य विश्व को विस्मित एवं अचंभित कर दिया।

सन् 1997 के खाड़ी के विश्लेषण करने पर यह स्पष्ट होता है कि वास्तविक युद्ध में कम्प्यूटर और आधुनिक तकनॉली के यंत्रों के इस्तेमाल से युद्ध लड़ने की विधि में काफी बदलाव होता रहा है। इतिहास विभिन्न पन्नों का अध्ययन करने पर यह विशेष रूप से कहा जा सकता है। कि विज्ञान और तकनॉजी का युद्ध में हमेशा एक अलग आस्तित्व रहा है जो काफी सराहनीय है। वैसे यह एक विडंबना ही है कि सभ्यता के विकास में युद्ध सदा उत्प्रेरक रहा है। आदिकाल से युद्ध न अनेक ऐसे आविष्कारों एवं तकनालॉजियों को जन्म देने में सहायक भूमिका निभाई है जो सभ्यता के विकास में महत्वपूर्ण रहे हैं। विज्ञान और तकनीकी ज्ञान का परस्पर आदान प्रदान भी आज अन्तर्राष्ट्रीय संबंध को प्रभावित कर रहा है।

52

राष्ट्रों के बीच असमानता

(Inequality among Nation)

कोई भी आर्थिक तत्त्व या कार्य किसी भी प्रदेश में निरपेक्ष नहीं होता। एक और प्रदेश में पाये जाने वाले अन्य सजातीय-विजातीय तथा प्राकृतिक-मानवीय तत्त्वों का प्रभाव पड ता है, तो दूसरी ओर, संसार के अन्य भागों के भी अलग-अलग तत्त्वों एवं परिस्थितियों का असर होता है। किसी प्रदेश के कृषि या औद्योगिक वस्तु के उत्पादन की अवस्थिति, वितरण प्रतिरूप तथा अन्य विशेषताओं तथा विविध प्राकृतिक-मानवीय तत्त्वों का प्रभाव पड ता है। साथ ही, विश्व के अन्य भागों में उस वस्तु के उत्पादन एवं अन्तर्राष्ट्रीय व्यापारिक परिस्थितियों का प्रभाव पड ता है।

आधुनिक युग में यातायात के द्रुत साधनों की उपलब्धता एवं विशिष्टीकरण के कारण किसी भी प्रदेश का आर्थिक विकास अन्य प्रदेशों तथा राष्ट्रों से असम्पृक्त रह कर नहीं हो सकता। इस प्रकार अन्तर्प्रदेशीय (Inter-regional) एवं प्रदेशान्तरिक (Interaregional) अन्तर्सम्बन्धों का विश्लेषण भी कम प्रमुख नहीं है। वास्तव में, उपयुक्त तीन तरह के अन्तर्सम्बन्धों में बड ा सूक्ष्म भेद है। किन्हीं दो तत्त्वों में किस तरह का सम्बन्ध है, इसका निर्णय इस बात पर निर्भर है कि किसी परिस्थिति-विशेष में वे किस तरह एक दूसरे को प्रभावित करते हैं। यदि एक तत्त्व कारक के रूप में आता है और दूसरा कार्य के रूप में, तो इसे कार्य-कारक सम्बन्ध कह सकते हैं। किन्तु इसके लिए उनका ऐतिहासिक अध्ययन आवश्यक होता हैं। बहुधा हम प्राकृतिक तत्त्वों को ही कारक मान लेते हैं तथा मानवीय तत्त्वों को उनका परिणाम समझते हैं। बहुत हद तक वह युक्तिसंगत भी है, चूँकि प्राकृतिक तत्त्व किसी क्षेत्र में पहले से विद्यमान होते हैं एवं बहुत से आर्थिक तत्त्व या कार्य उनके आधार पर ही विकसित होते है लेकिन कभी मानवीय तत्त्व भी कारक हो सकते हैं। कारखानों तथा परिवहन मागों का सम्बन्ध क्रियात्मक होता है चूँकि दोनों ही औद्यगिक उत्पादन तथा आर्थिक विकास प्रक्रिया में साथ-साथ क्रियाशील रहते हैं। लेकिन ऐतिहासिक परिप्रेक्ष्य में देखने से यही कार्य-कारक सम्बन्ध भी हो सकता हैं।

यदि किसी कारखाना विशेष के लिए ही किसी परिवहन मार्ग का निर्माण हुआ है तो प्रथम कारक है एवं दूसरा नतीजा। इसके विपरीत यदि परिवहन मार्ग पहले से विद्यमान है तथा उसका लाभ उठाने के लिए कारखाना स्थापित हुआ तो परिवहन मार्ग कारक तथा कारखाना उसका परिणाम होगा। इसी तरह क्षेत्रीय अन्तर्सम्बन्ध भी एक तरह का कार्यात्मक सम्बन्ध है जिसमें एक ही क्षेत्र के दो तत्त्वों अथवा कार्यों के क्रियात्मक सम्बन्ध की जगह दो क्षेत्रों के बीच इस प्रकार का सम्बन्ध स्थापित होता है।

साफ है कि किसी भी अर्थतन्त्र में एक आर्थिक तत्त्व या कार्य का अन्य विविध तत्त्वों से जटिल अन्तर्सम्बन्ध होता है जिसका विश्लेषण आर्थिक भूगोल का सबसे ज्यादा महत्त्वपूर्ण पक्ष है। इस तरह के विश्लेषण के लिए भिन्न-भिन्न प्रकार की सांख्यिकी विधियों का भी सहारा लेना पड   ता है।

53

मानवाधिकार एवं अन्तर्राष्ट्रीय व्यापार
(Human Rights and International Trade)

विकसित एवं विकासशील देशों में मानव के अधिकारों को वैश्वीकरण ने प्रभावित किया है। विश्व में उदारीकरण निजीकरण एवं वैश्वीकरण के माध्यम से अधिक से अधिक आर्थिक विकास के लिए प्रयास किये जा रहे हैं। परन्तु इसी के साथ विश्व के पर्यावरण एवं भविष्य की परिस्थितियों को ध्यान में नहीं रखा जा रहा है। जिससे विश्व में पर्यावरण असन्तुलन, आर्थिक असंतुलन, सामाजिक विखराव एवं सांस्कृतिक मूल्यों में बदलाव के कारण परिस्थितियाँ विषय होती जा रही हैं। मानवाधिकारों पर वैश्वीकरण का पड़ने वाले प्रभावों पर नीचे के प्रकाश डाला गया है

1. वैश्वीकरण के दौर में सरकारों द्वारा अपने कार्य क्षेत्र को सीमित किये जाने के कारण सरकारी नौकरियों में कमी होती जा रही है। जिससे नागरिकों को प्राप्त होने वाली सामाजिक सुरक्षा में कमी आ रही है। निजीकरण के दौर में मालिकों द्वारा असमय ही श्रमिकों को कारखानों से निकाले जाने के कारण उनमें अविश्वास एवं कार्य के प्रति अपनत्व में कमी होती जा रही है। अतः उनके सब तत्वों का मालिक और श्रमिक सम्बन्धों पर विशेष प्रभाव पड़ रहा है।
2. वैश्वीकरण में तकनीकी का अधिकार प्रयोग किये जाने के कारण विकासशील देशों के श्रमिकों पर प्रभाव पड़ा है व जिसके अन्तर्गत अकार्यकुशल श्रमिकों को कारखानों से निकाले जाने के कारण उनके सामने आजीविका के साधनों की समस्या विकसित हो गयी है।
3. जीवन रक्षक दवाओं पर विदेशी कम्पनियों के आधिपत्य के कारण उनकी कीमतें गरीब देशों की जनता की पहुंच से दूर होती जा रही है जिससे उनके जीने के अधिकार का हनन हो रहा है।

4. आज के युग में मशीनों व तकनीकियों का प्रयोग विस्तृत स्तर पर किया जा रहा है जिसके कारण पर्यावरण प्रदूषण की समस्या सामने आ रही है। इससे मानव के शुद्ध वातावरण में जीने का अधिकार प्रभावित हो रहा है।
5. वैश्वीकरण के दौर में विभिन्न देशों में विश्व शक्ति के रूप में उभरने की इच्छा बढ़ती जा रही है। जिसमें दूसरे देशों के साधनों पर स्वामित्व प्राप्त कर उसे देश की स्वयं निर्णयन के अधिकारों को सीमित किया जा रहा है।
6. वैश्वीकरण के इस युग में प्रत्येक देश द्वारा अन्य देशों पर अधिकार करने के लिए अस्त्र-शस्त्र होड बढ़ती जा रही है जिससे विश्व शांति के संयुक्त राष्ट्र संघ के प्रयासों का हनन किया जा रहा है।
7. वैश्वीकरण महिला अधिकारों को भी प्रभावित किया है जिसने अपने उत्पाद की बिक्री बढ़ाने के लिए महिलाओं को भोग की वस्तु के रूप में प्रस्तुत किया जा रहा है। विभिन्न प्रकार के विज्ञापनों में महिलाओं को इस प्रकार से प्रस्तुत किया जाता है कि महिला अस्मिता में कमी आई है जो कि सीधा महिला अधिकारों का हनन है।
8. विदेशों में कार्यरत कर्मचारियों पर दुर्व्यवहार किया जाता है। उनके साथ साथी कर्मचारियों द्वारा असमानता का व्यवहार किया जाता है। विशेषतः महिला कर्मचारियों के साथ उचित व्यवहार का अभाव पाया जाता है।
9. वैश्वीकरण में बड़े उद्योगों की स्थापना हेतु एक बड़े भू-भाग की जरूरत होती है। इसके लिए विभिन्न क्षेत्रों में छोटे-छोटे गाँव व बस्तियों को हटाया जा रहा है। इन विस्थापितों के लिए अन्य जगह पर रहने के लिए भी कोई समुचित व्यवस्था नहीं की जा रही है। जिससे उनका निवास करने का अधिकार विशेष रूप से निधारित हो रहा है।
10. वैश्वीकरण के इस युग में कॉपी राईट के अन्तर्गत विकसित देशों द्वारा प्रतिदिन की आवश्यकता वाली वस्तुओं पर कॉपी राईट लेने एवं उन पर एकाधिकार के माध्यम से ऊँची कीमतें वसूलने के कारण गरीब देश की जनता के अधिकार प्रभावित होते हैं।
11. उदारीकरण के दौर में अमानवीय पद्धतियों के उपयोग के कारण मानव मूल्यों में ह्रास आर रही है जिससे मानव क्लोन का निर्माण, आधुनिक संस्कृति के नाम पर भौतिकवाद को प्रोत्साहन मिल रहा।
12. वैश्वीकरण के कारण बेरोजगारी में वृद्धि होने से आतंकी गतिविधियाँ बढ़ती जा रही है। जिससे मानव अधिकारों का अतिक्रमण किया जाता है। जिसमें विशेषतः महिलाओं एवं बच्चों के अधिकारों पर अधिक प्रभाव पड़ता है।

अन्तर्राष्ट्रीय व्यापार

आज प्रत्येक राष्ट्र व्यापार को बढ़ावा देने तथा अन्य राष्ट्रों से सम्बन्ध स्थापित करने का प्रयास कर रहा है जो व्यापार आज वैश्विक स्तर पर हो रहा है उसका प्रारम्भ सभ्यता तथा संस्कृति के आधार पर हुआ।

यह ऐसा व्यापार है दो या दो से अधिक राष्ट्रों के मध्य आयात-निर्यात किया जाता है। उदाहरणार्थ भारत द्वारा अमेरिका के साथ किसी प्रकार का व्यापार किये जाने पर उसे अन्तर्राष्ट्रीय व्यापार कहा जाता है।

राष्ट्र के अन्दर एक शहर से दूसरे शहर के बीच होने वाले व्यापार राष्ट्रीय या घरेलू व्यापार माने जाते हैं। उदारहण के तौर पर कानपुर एवं लुधियाना के बीच होने वाला व्यापार देशी व्यापार है। जबकि भारत और रूस या ब्रिटेन या अमेरिका के बीच होने वाला व्यापार अन्तर्राष्ट्रीय व्यापार है। अन्तर्राष्ट्रीय व्यापार तीन रूपों आयात व्यापार, निर्यात व्यापार, पुनर्निर्यात व्यापार के रूप में होता है।

आधुनिक समय में अन्तर्राष्ट्रीय व्यापार का महत्त्वपूर्ण स्थान है, किन्तु इनके बीच दो ऐसे विचार हैं जो परस्पर विरोधी है।

1. व्यापारवाद वाणिज्य के रूप में अन्तर्राष्ट्रीय व्यापार की वैचारिकता ''व्यापारवाद'' के रूप में हुई थी। इस व्यापारवाद की उत्पति 17वीं और 18वीं सदी में यूरोप में हुई थी। इस काल में अर्थशास्त्रियों का मत था कि व्यापार का मुख्य लक्ष्य ऐसा होना चाहिए कि उससे अनुकूल व्यापार संतुलन की स्थापना की जा सके।

2. अनुकूल व्यापार संतुलन अनुकूल व्यापार संतुलन का उद्देश्य एक ऐसी व्यवस्था से है जिसमें निर्यात की गयी घरेलू वस्तुओं का मूल्य आयात की गई विदेशी वस्तुओं के मूल्य से अधिक होता है। दूसरे शब्दों में हम कह सकते हैं कि वह व्यवस्था जिसके अन्तर्गत आयात की अपेक्षा निर्यात अधिक होता है अनुकूल व्यापार संतुलन कहलाता है।

किसी एक देश द्वारा किये जाने वाले आयातों का मूल्य निर्यात के मूल्य से कम होना आर्थिक लाभ का सूचक है या कहें कि किसी देश के लिए लाभदायक स्थिति वह है जिसमें वह देश अपने यहाँ से किये जाने वाले निर्यात की मात्रा में इतनी वृद्धि करे कि उससे प्राप्त राशि उस देश द्वारा किये जाने वाले विभिन्न वस्तुओं के आयात की राशि से ज्यादा हो, इससे व्यापार आधिक्य का संतुलन (Balance of Trade Surplus) बना रहेगा।

यद्यपि अनुकूल व्यापार संतुलन में वैचारिक मतभेद है परन्तु व्यापारवादियों ने हमेशा एक ही विचार अपनाया कि "आयात प्रतिकूल होता है जबकि निर्यात अनुकूल होता है।"

किस सामान का आयात-निर्यात किया जाय इसके सम्बन्ध में वाणिज्य विशेषज्ञों का मानना था कि निर्मित (तैयार) माल का निर्यात अनुकूल होता है, जबकि कच्चे-माल का निर्यात हानिकारक है। इसके विपरीत कच्चे-माल का आयात अच्छा है और निर्मित माल का आयात करना हानिकारक है। इस तरह के विचारों का कारण यह था कि कच्चे माल का प्रसंस्करण देश में ही करने से रोजगार के अवसर बढ़ेंगे और साथ ही मूलभूत वस्तुओं का उत्पादन भी देश में ही हो सकेगा और उपरोक्त तथ्यों के आधार पर देश में उद्योगों का विकास होगा तथा राष्ट्रीय अर्थव्यवस्था सुदृढ़ होगी तथा आर्थिक क्षेत्र में राष्ट्र की आत्म निर्भरता बढ़ेगी।

54

अमेरिकी शक्ति में बदलाव

(Changing Nature of American Power)

1930 से पूर्व अमेरिका पृथकतावादी नीति का अनुसारण कर रहे थे। उसके बाद से उसकी नीति में परिवर्तन आया। 1930 में आर्थिक संकट का समय का एवं अमेरिका इस समय भयंकर आर्थिक संकट से गुजर रहा था। 4 मार्च, 1933 को फ्रैन्कलिन डी. रूजवेल्ट अमेरिका के राष्ट्रपति बने। अतः उन्होंने अपनी समग्र शक्तियां 'नई व्यवस्था' नीति के द्वारा अमेरिकन अर्थव्यवस्था को सुव्यवस्थित करने में लगा दी। परन्तु जापान के मंचूरिया आक्रमण तथा यूरोप में फासिस्ट और नात्सी साम्राज्यवाद के उदय ने शीघ्र ही उन्हें विश्व समस्याओं की ओर ध्यान देने पर विवश कर दिया। रूजवेल्ट जैसे प्रवीप राजनीतिज्ञ को यह समझते देर नहीं लगी कि फासिस्ट शक्तियों की आक्रामक गतिविधियां अमेरिका की सुरक्षा के लिए भी उतना ही बड़ा खतरा है जितना कि यूरोपीय जनतन्त्रों के लिए। अतः रूजवेल्ट ने एक ऐसी नीति को अपनाना चाहा जिसके द्वारा आक्रामक राष्ट्रों का प्रतिरोध कर विशव की स्वतन्त्रता और सुरक्ष की रक्षा की जा सके। अमेरिकी लोग एक अकुशल नेतृत्व और चातुर्यपूर्ण मित्रराष्ट्रीय प्रचार द्वारा प्रथम विश्व युद्ध में घसीट लिए गए थे। वे ऐसी घटना की पुनरावृत्ति को रोकने के लिए दृढ प्रजिज्ञ थे। अतः उन्होंने उद्देश्य की प्राप्ति के लिए अनेक तटस्थ तटीकों को अपनाया।

(क) 31 अगस्त, 1935 को पारित तटस्थता विधि के द्वारा किसी युद्धरत राष्ट्र को शस्त्रों और युद्ध सामग्री का निर्यात निषिद्ध कर दिया।

(ख) पारित तटस्थता विधि द्वारा 1937 में "नकद दाम दो और माल ले जाओं" के सिद्धान्त का प्रतिपादन किया गया था, इसके अनुसार यह व्यवस्था की गई कि युद्धरत राष्ट्रों को निषिद्ध युद्ध-सामग्री के अतिरिक्त अन्य सामग्री का निर्यात भी केवल तभी किया जा सकता था, जब वे उस सामग्री का नकद मूल्य दें और गैर-अमेरिकी जहाजों में सामग्री को ले जाएं। राष्ट्रपति रूजवेल्ट को इन विधियों की विवेकशीलता पर संदेह था, परन्तु

काफी समय तक उन्होंने पृथकत्ववादी विचारधारा के विरुद्ध जनमत का जाग्रत करने की चेष्टा नहीं की; एबीसीनिया युद्ध के समय उन्होंने इन तटस्थतावादी को पूरी तरह कार्यान्वित किया। स्पेन के गृह-युद्ध के सम्बन्ध में भी लागू कर दिया।

राष्ट्रपति रूजवेल्ट द्वारा अपने विवेक के विरूद्ध तटस्थतावाद पर आचरण करने का मुख्य कारण इसकी तात्कालिक लोगप्रियता था। 1937 के एक गैलप पोल में 64% अमेरिकीयों ने प्रथम विश्व युद्ध में अमेरिका के भाग लेने को एक भयंकर भूल माना था। परन्तु यूरोप में हिटलर की आक्रामक गतिविधियों ने तथा 1937 में चीन पर जापानी आक्रमण ने रूजवेल्ट को यह विश्वास दिला दिया कि पृथकत्ववाद के विरूद्ध जनमत को जागृत करने का समय आ गया था। अतः 5 अक्तूबर, 1937 को शिकागो में अपनी प्रसिद्ध 'क्वारन्टीन वक्तृता' में उन्होंने जनता से अन्तर्राष्ट्रीय अराजकता को समाप्त करने का आह्वान किया। परन्तु अमेरिकी जनता द्वारा उनके इस आह्वान को ठुकरा दिया और तटस्थता नीति पर अड़ी रही।

सितम्बर, 1939 में द्वितीय विश्व युद्ध के छिड़ जाने पर भी अमेरिकी जनता नाजी विरोधी होते हुए भी युद्ध में भाग लेने का विरोध किया। परन्तु अमेरिका के तटस्थ रहते हुए भी ज्जवेल्ट के आग्रह पर नवम्बर 1939 की तटस्थता विधि के द्वारा अमेरिकन कांग्रेस ने युद्धरत राष्ट्रों को शस्त्रास्त्रों के निर्यात पर से प्रतिबन्ध हटा लिया, बशर्ते कि यह निर्यात ''नकद दाम दो और माल ले जाओ'' के आधार पर हो अर्थात् क्रेता राष्ट्र उन शस्त्रों का नकद मूल्य चुका दें और जहाजों में उन्हें ले जाएं। इस संशोधन से केवल ब्रिटेन लाभ उठा सकता था, जर्मनी नहीं। क्योंकि ब्रिटेन की नौ शक्ति जर्मनी से काफी अधिक थी। 24 जून, 1940 को फ्रांस के पतन के पश्चात् रूजवेल्ट ने सितम्बर, 1940 में न्यूफाउण्डलैण्ड से ट्रीनीडाड तक के 8 ब्रिटिश अड्डों के 99 वर्षीय पट्टों के बदल ब्रिटेन को 50 डेस्ट्रोयर प्रदान किए, जो एक सर्वथा तटस्थता विरोध कार्यवाही थी।

अप्रैल, 1940 में अमेरिका ने ग्रीनलैण्ड पर तथा जुलाई, 1940 में आइसलैण्ड पर कब्जा कर लिया। सितम्बर, 1940 में रूजवेल्ट ने जर्मन पनडुब्बियों को दिखाई पड़ते ही डुबा देने का आदेश दिया। 29 दिसम्बर, 1940 को रूजवेल्ट ने अमेरिका को ''प्रजातन्त्र का शस्त्रागार'' की संज्ञा दी। 11 मार्च, 1931 को उधार पट्टा अधिनियम पास हुआ जिसके आधार पर अमेरिका तेजी से मित्रराष्ट्रों को समुद्री जहाज, वायुयान, टैंक, मशीनों आदि प्रदान करने लगा। जर्मनी द्वारा जून 1941 में रूस पर आक्रमण के बाद 7 नवम्बर, 1941 को रूजवेल्ट ने उसे भी उधार पट्टे के अन्तर्गत सहायता प्राप्त करने योग्य घोषित कर दिया था।

इस प्रकार वैधानिक रूप से तटस्थ रहते हुए भी अमेरिका वस्तुतः मित्रराष्ट्रों का सहयोगी बन गया था। फिर भी नवम्बर, 1941 तक अमेरिका के केवल 20% लोग ही युद्ध में सम्मिलित होने के पक्ष में थे परन्तु 7 दिसम्बर, 1941 को जापान ने पर्ल हारबर पर आक्रमण करके अमेरिका को युद्ध में सम्मिलित होने के लिए विवश कर दिया। 8 दिसम्बर, 1941 को सीनेट ने जापान के विरूद्ध युद्ध की घोषणा कर दी। 11 दिसम्बर, 1941 को जर्मनी और इटली ने अमेरिका के विरुद्ध युद्ध की घोषणा कर दी जिसके जवाब में अमेरिका ने भी उनके विरुद्ध युद्ध की घोषणा कर दी जिसका जवाब अमेरिका ने भी उनके विरुद्ध युद्ध की घोषणा करके दी।

55

चीन का विश्व शक्ति के रूप में उद्भव

China as an Emerging Power

चीन का उदय द्वितीय विश्वयुद्ध के परिणामस्वरूप हुआ। प्रथम विश्वयुद्ध के दौरान सोवियत संघ की साम्यवादी क्रान्ति एक शक्ति के रूप में उत्पन्न हुई तथा द्वितीय विश्व युद्ध के पश्चात् ही चीन में क्रान्ति होना पश्चिमी राष्ट्रों को आश्चर्य में डाला था। अक्तूबर, 1949 को चीन के इतिहास में कभी नहीं भूला जाएगा।

इस चीन के बारे में नेपोलियन बोनापार्ट ने सच कहा था, "वहां एक दैत्य पड़ा सो रहा है। उसे सोने दो, जब वह उठेगा तो पूरी दुनिया को निगल जाएगा।" यह सब सच के रूप में परिवर्तित भी हुआ। चीन में अक्तूबर, 1949 की क्रान्ति में दो सरकारें बनीं।

1. माओं-त्से-तुंग के नेतृत्व में साम्यवादी सरकार जिसकी राजधानी पीकिंग में स्थापित की गई थी।
2. च्यांग-काई-शेक के नेतृत्व में फारमोसा में पूंजीवादी समर्थक सरकार जो कि निर्वासित सरकार भी कही गई थी।

साम्यवादी चीन की स्थापना और चीनी क्रान्ति के पीछे माओ-त्से-तुंग की भूमिका मार्क्सवादी विचारधारा की स्थापना के रूप में सबसे भयंकर मानी गई थी। इसलिए हम कह सकते हैं कि संसार की क्रान्तियों में चीनी क्रन्ति भी हमेशा याद रखी जाने योग्य रही है।

यहाँ चीन के सन्दर्भ में एक विश्लेषण ऐसा भी रहा कि कुछ राष्ट्रों ने साम्यवादी चीन को मान्यता प्रदान की तो कुछ राष्ट्रों ने च्यांग-काई-शेक की सरकार को मान्यता देकर द्वि-चीन के सिद्धान्त को अपनाया जिसके कारण विश्व राजनीति में चीन का प्रभाव महाशक्ति के रूप के साथ-साथ साम्यवादी गुट और पूंजीवादी गुट (अमेरिका) के लिए अहम् भूमिका रखने लगा था।

चीन के उदय का प्रभाव विश्व के देशों की नीति पर भी पड़ा। यहाँ हम यह कहना चाहते हैं कि जो दृष्टिकोण सोवियत रूस के प्रति राजनीतिक मान्यता को लेकर अपनाया गया था वही दृष्टिकोण चीन के साथ भी दोहराया गया। लेकिन चीन अपने खतरनाक इरादे रखता था।

चीनी क्रान्ति व साम्यवादी सरकार की स्थापना का प्रभाव एशिया, अफ्रीका, लैटिन अमेरिका के देशों पर भी पड़ा। इसी तरह पश्चिमी यूरोप के देशों पर भी इसका प्रभाव पड़ा। वैसे चीन की विदेश नीति का प्रभाव सबसे अधिक इसके पड़ौसी राष्ट्रों पर पड़ा एशिया की राजनीतिक भूमिका में चीन आज भी बड़ी शक्ति माना जाता है इसलिए भारत जैसे राष्ट्र की विदेश नीति पर भी चीन का स्थायी प्रभाव देखने को मिलता है।

56

मध्य एशियाई गणराज्य का उद्भव

(Emergence of Central Asian Republics)

द्वितीय विश्व-युद्ध के बाद राष्ट्रीयता की जो लहर एशियाई देशों में चली उससे फारस अछूता नहीं रह सका। फारस यद्यपि एक स्वतन्त्र राज्य था, फिर भी प्रत्येक दृष्टि से उस पर ब्रिटेन का प्रभाव था। इस देश के आर्थिक जीवन का आधार पेट्रोल की खाने हैं और इस पर आंग्ल-ईरानी तेल-कम्पनी का पूर्णतया अधिकार था। 1 मई, 1959 को फारस की संसद् (मजलिस) ने इस कम्पनी का राष्ट्रीयकरण कर दिया। डॉ. मुसद्दिक उस समय फारस के प्रधान मन्त्री थे। ब्रिटेन ने उसकी सरकार को उखाड़ फेंकने के अनेक प्रयास किए। जब उसको इस कुकार्य में सफलता नहीं मिली तो इस विवाद को सुरक्षा-परिषद् में ले जाया गया। सुरक्षा परिषद् इसका कोई समाधान नहीं निकाल सकी। यह मामला अन्तर्राष्ट्रीय न्यायालय में भी गया। न्यायालय ने यह फैसला दे दिया कि यह मामला उसके क्षेत्राधिकार से बाहर है।

जब साम्राज्यवादियों ने देखा कि किसी तरह उनकी दाल नहीं गलती तब वे मुसद्दिक सरकार को उलटने का षड्यन्त्र करने लगे। इसके लिए शाह का समर्थन पाना आवश्यक था। शाह षड्यन्त्रकारियों के चकमें में आ गया। 15 अगस्त, 1953 को कर्नल नासिर के नेतृत्व में मुसद्दिक सरकार को उलटने का प्रथम प्रयास था। यह विद्रोह असफल रहा। विद्रोही कुचल दिए गए। शाह रोम भाग खड़ा हुआ। जाते-जाते उसने मुसद्दिक को बर्खास्त कर दिया और उसकी जगह जेनरल जहदी को प्रधान मन्त्री नियुक्त किया। 19 अगस्त को मुसद्दिक के विरुद्ध एक दूसरा हो गया। यह विद्रोह सफल हुआ। मुसद्दिक कैद कर लिया गया। उस पर मुकदमा चलाया गया और तीन साल की सजा दी गई। अगस्त, 1956 को उसे मुक्त कर दिया गया।

8 अगस्त, 1954 को तेल विवाद का 'समाधान' हो गया। इसके अनुसार फारस के तेलकूपों का संचालन अब आठ अन्तर्राष्ट्रीय तेल कम्पनियों की एक संयुक्त संस्था द्वारा होता है। फारस को मुनाफे का लगभग पचास प्रतिशत हिस्सा मिल जाता है।

अन्तर्राष्ट्रीय राजनीति और ईराक

युद्धोत्तर काल में एशिया में पश्चिमी साम्राज्यवाद का सबसे जबर्दस्त गढ़ ईराक था, जहाँ पर शाह फैजल और उसके प्रधानमन्त्री नूरी सईद साम्राज्यवाद के एजेन्ट के रूप में अपना स्वेच्छाचारी शासन कर रहे थे। मध्यपूर्व में बगदाद अमेरिकी सुरक्षा-पद्धति का केन्द्र था। कुख्यात 'बगदाद-सन्धि' का संचालन वहीं से होता था। 14 जुलाई, 1958 को उस सन्धि-संगठन की एक बैठक इस्ताम्बुल में होने वाली थी। कहा जाता है कि जिस समय शाह फैजल और नूरी सईद इस्ताम्बुल जाने की तैयारी कर रहे थे, उसी समय ईराकी सेना के प्रगतिशील अफसरों ने सरकार के विरुद्ध विद्रोह कर दिया। यह क्रान्ति पूणरूपेण सफल रही। ईराक का प्रतिक्रियावादी तानाशाह नूरी सईद शाही परिवार के साथ मौत के घाट उतार दिए गए। कर्नल कासिम के नेतृत्व में ईराक में एक गणतन्त्र की स्थापना की गई। नई क्रान्तिकारी सरकार ने 'बगदाद सन्धि' के प्रधान दफ्तर में अपना ताला बन्द कर दिया।

युद्धोत्तर-काल की क्रान्तियों में इराक की यह क्रान्ति सबसे महत्त्वपूर्ण क्रान्ति थी। बगदाद पश्चिमी साम्राज्यवाद का गढ़ था और इसी गढ़ में आग लग गई। नूरी सईद-जैसा वफादार भाड़े का टट्टू पश्चिमी देशों को आज तक नहीं मिले थे। 'बगदाद-सन्धि' उसी का सृजन था। उसकी मौत के साथ-साथ ऐसा प्रतीत होने लगा कि अरब-जगत से पश्चिमी साम्राज्यवाद की अन्तिम निशानी मिट चुकी है। अमेरिका और ब्रिटेन इस स्थिति को कबूल नहीं कर सकते थे। ठीक इसी समय लेबनान में एक गृह-युद्ध चल रहा था। विद्रोहियों को दबाने के लिए लेबनान की सरकार अमरीकी सैन्य-सहायता की याचना कर रही थी। ईराकी-क्रान्ति के तुरन्त बाद अमेरिका ने लेबनान में अपनी फौज उतार दी। उधर जोर्डन के शाह से ब्रिटेन को अनुरोध कराया गया कि वह भावी संकट को टालने के लिए ब्रिटेन से सैनिक मदद ले। कुछ ही घण्टों में ब्रिटिश फौज भी जोर्डन में उतर गई। अमरीकी और ब्रिटिश फौज को लेबनान और जोर्डन में लाने का असल उद्देश्य यह था कि मौका पाकर ईराक पर आक्रमण कर नई क्रान्तिकारी सरकार को खत्म कर दिया जाए। राष्ट्रपति नासिर ने इन शब्दों में कह दिया कि यदि ईराक पर कोई आक्रमण हुआ तो मिस्र चुपचाप नहीं बैठा रहेगा। वह दौड़ा मास्को गया और ख्रुश्चेव से बातें करके सोवियत आश्वासन प्राप्त कर लिया। सोवियत संघ ने भी घोषण कर दी कि यदि ईराक में हस्तक्षेप हुआ तो तृतीय विश्व युद्ध छिड़ सकता है। अमेरिका और ब्रिटेन को पता चल गया कि ईराक में उनकी दाल नहीं गलेगी। अतः कुछ ही दिनों के बाद उन्होंने अपनी सेना को वापस बुला लिया। इस तरह एक महान् अन्तर्राष्ट्रीय संकट टल गया।

1963 की क्रान्ति 1958 से 1963 के मार्च तक ईराक में कासिम के नेतृत्व में सैनिकतन्त्र कायम रहा। शुरू में तो ईराक के क्रान्तिकारी नेताओं को कर्नल नासिर की सहानुभूति प्राप्त थी, लेकिन वे मिस्र के प्रभाव से अपने को मुक्त रखना चाहते थे। अतएव मिस्र और ईराक का सम्बन्ध तुरन्त बिगड़ गया। इसका एक और कारण था। कर्नल कासिम साम्यवादी विचारधारा से कुछ प्रभावित था और ईराकी कम्युनिस्टों का समर्थन भी उसे प्राप्त था। इन सब बातों को लेकर ईराक की आन्तरिक राजनीतिक बड़ी तनावपूर्ण रहती थी। सेना भी दो दलों नासिर पक्षी नासिर

विरोधी में बँटी थी। मार्च 1963 में नासिरवाद के पक्षपाती सैनिक अफसरों ने एक-दूसरी क्रान्ति करके कासिम की सरकार को उलट दिया और उसकी हत्या कर दी।

अन्तर्राष्ट्रीय राजनीति और संयुक्त अरब गणराज्य

अरब देशों में राष्ट्रीयता का अर्थ अरब राज्यों की एकता भी है। द्वितीय विश्वयुद्ध के बाद इस आन्दोलन ने जड़ पकड़ ली है और अरब राज्यों में अपने को एक सूत्र में बाँधने की इच्छा बड़ी प्रबल हो रही है। 1945 में अरब लीग की स्थापना इसी एकता की भावना का परिणाम था। अरबों के मध्य में इजरायल के सृजन से इस भावना को और भी बल मिला है। अतएव अरब देशों में एकता के लिए सरकारी और गैर-सरकारी स्तर पर एक आन्दोलन चल पड़ा है। स्वेज युद्ध के इर्द-गिर्द जोर्डन, सीरिया और मिस्र को मिलाकर एक संघ कायम करने की बात चल रही थी। जोर्डन पीछे चलकर इससे अलग हो गया। तब 1957 में सीरिया और मिस्र को मिलाकर एक संयुक्त अरब-गणराज्य (U. A. R.) बना लिया गया। सीरिया और मिस्र एक ही देश हो गए। इसके तुरन्त बाद जोर्डन और ईराक ने मिलकर अपना एक अलग संघ कायम कर लिया। लेकिन 1958 की ईराकी क्रान्ति के फलस्वरूप इस संघ का अन्त हो गया।

सीरिया और मिस्र का संयुक्त अरब गणराज्य वस्तुतः एकता का परिणाम न होकर सीरिया में साम्यवाद के बढ़ते हुए प्रभाव को रोकने का प्रयास था। पश्चिम एशिया में सीरिया एक ऐसा राज्य था जिसका सोवियत गुट के देशों के साथ बड़ा अच्छा सम्बन्ध था और इस अच्छे सम्बन्ध में निरन्तर वृद्धि हो रही थी। इस कारण यह भावना पुष्ट होने लगी कि सीरिया तुरन्त ही साम्यवादी व्यवस्था अपना लेगा। वहाँ की कम्युनिस्ट पार्टी में बहुत शक्तिशाली थी। इस स्थिति में यह अफवाह बराबर उड़ती थी कि पश्चिमी देश किसी-न-किसी बहाने सीरिया में हस्तक्षेप करेंगे। इस सम्भावना से बचने के लिए सीरिया ने मिस्र के साथ मिल जाने का निर्णय किया।

मिस्र के साथ मिल जाने से सीरिया को राजनीतिक और आर्थिक घाटा हुआ। इस संघ के निर्माण से सीरिया को कोई लाभ नहीं पहुँचा और उसकी आर्थिक कठिनाइयाँ बढ़ गईं। अतएव सितम्बर 1961 में सीरिया में कुछ सैनिक अफसरों ने क्रान्ति करके संयुक्त अरब गणराज्य से निकल जाने की घोषणा कर दी। राष्ट्रपति नासिर ने पहले तो इसका विरोध किया और सीरिया में इस "विद्रोह" को दबाने के लिए सेना भी भेजी गई। लेकिन जब सीरिया ने प्रतिरोध करने का निश्चय किया तो सेना वापस बुला ली गई। संयुक्त अरब गणराज्य में सम्मिलित होने के कारण सीरिया की संयुक्त राष्ट्रसंघ की सदस्यता समाप्त हो गई थी। लेकिन मिस्र से अलग होने पर उसने फिर संयुक्त राष्ट्रसंघ की सदस्यता प्राप्त करने की इच्छा प्रदर्शित की और उसे पुनः राष्ट्रसंघ की सदस्यता दे दी गई।

मार्च 1963 में ईराक की क्रान्ति के तुरन्त बाद सीरिया में भी एक क्रान्ति हो गई। इस सैनिक क्रान्ति के नेता नासिर के पक्षपाती थे। अतएव फिर यह चर्चा चल पड़ी कि ये तीनों अरब राज्य (ईराक, सीरिया और मिस्र) मिलकर एक संघ बना लें। लेकिन इसका कोई नतीजा नहीं निकला।

अरब-लीग का गठन अरब एकता को कायम रखने तथा उसे पुष्ट करने के उद्देश्य से 22 मार्च, 1945 को काहिरा में अरब राष्ट्रों ने एक सन्धि पर हस्ताक्षर करके एक संघ का निर्माण किया जिसको अरब लीग (Arab League) कहते हैं। इस संघ में पहले सात राज्य शामिल हुए थे : मिस्र, ईराक, सीरिया, जोर्डन, सउदी अरब, यमन और लेबनान। बाद में लीबिया भी इसमें शामिल हुआ। 1956 में सूडान, 1958 में ट्यूनिशिया और मोरक्को, 1961 में कुवैत तथा 1962 में अल्जीरिया इसके सदस्य बन गए। अरब लीग का प्रमुख उद्देश्य सदस्य राष्ट्रों के बीच हुए समझौतों को क्रियात्मक रूप देना, उनके आपसी सम्बन्ध को सुदृढ़ बनाना, समय-समय पर इसकी बैठकें बुलाना, राजनीतिक क्षेत्र में सहयोग, सदस्य राष्ट्रों की स्वाधीनता एवं प्रभुसत्ता की रक्षा, अरब राष्ट्रों से सम्बद्ध कार्यों पर विचार-विमर्श तथा आर्थिक, वित्तीय सांस्कृतिक एवं परिवहन सम्बन्धी क्षेत्रों में पारस्परिक सहयोग करना है।

लेकिन अन्तर्राष्ट्रीय राजनीति में सदस्य राष्ट्रों के आपसी झगड़े, बैमनस्य तथा कटुता के कारण अरब लीग अभी तक कोई महत्त्वपूर्ण कार्य नहीं कर पाया है। अरब राज्यों में एकता का सर्वथा अभाव है। पश्चिमी शक्तियाँ अपने स्वार्थ-साधन के लिए उनमें हमेशा फूट डालती आई हैं। फलस्वरूप इस संघ में वह मजबूती नहीं पाई जाती जिसकी आवश्यकता है। कुछ अरब राज्यों ने आइसनहावर सिद्धान्त को मानकर इस संगठन की जड़ को खोखला बना दिया है। मिस्र की महत्त्वाकांक्षा से भी इसको आघात पहुँचा है। राष्ट्रपति नासिर इस संघ पर अपना प्रभुत्व कायम रखना चाहता था और अन्य अरब गणराज्य इसका विरोध करते थे। इसलिए 1959 में ट्यूनिशिया इससे अलग हो गया था, लेकिन 1961 में पुनः लीग में शामिल हो गया।

57

एन.जी.ओ. की भूमिका

(Role of NGOs)

गैर-सरकारी संगठन एक ऐसा शब्द है जो बिना किसी सरकारी भागीदारी या प्रतिनिधित्व के प्राकृतिक या कानूनी व्यक्तियों के द्वारा बनाए गए विधिवत् संगठित गैर सरकारी संगठनों को संदर्भित करने के लिए व्यापक रूप से स्वीकार किया गया है। उन मामले में जिनमें गैर सरकारी संगठन पूरी तरह से या आंशिक रूप से सरकारों द्वारा निधिबद्ध होते हैं, NGO अपना गैर-सरकारी ओहदा बनाए रखता है और सरकारी प्रतिनिधियों को संगठन में सदस्यता से बाहर रखता है। शब्द इंटरगवर्नमेंटल ऑर्गेनाइजेशन के विपरीत, "गैर-सरकारी संगठन" एक आम उपयोग का शब्द है, लेकिन एक कानूनी परिभाषा नहीं है। कई न्यायालयों में इस प्रकार के संगठनों को नागरिक समाज संगठन के रूप में परिभाषित किया जाता है या अन्य नामों से निर्दिष्ट किया जाता है।

एक अनुमान के आधार पर अंतर्राष्ट्रीय स्तर पर सक्रिय गैर सरकारी संगठनों की संख्या 40,000 है। राष्ट्रीय संख्या और भी अधिक है। रूस में 2,77,000 गैर सरकारी संगठन हैं। भारत में एक मिलियन और 2 मिलियन के बीच गैर-सरकारी संगठन होने का अनुमान है।

एन. जी. ओ. को परम्परागत रूप से कई नामों से जाना जाता है, जैसे स्वयं सेवी संगठन, स्वयं सेवी एजेंसियां, स्वयं सेवी विकास संगठन तथा गैर-सरकारी विकास मंत्रालय। एन.जी.ओ. का प्रमुख उद्देश्य मानव कल्याण हेतु प्रशासनिक तौर पर कार्य करना होता है। औद्योगिक राष्ट्रों के अन्तर्गत ये गैर-सरकारी संस्थाएं हैं जो अंतर्राष्ट्रीय विकास के लिए सहायता प्रदान करती हैं। यह सहायता प्रादेशिक स्तर पर या राष्ट्रीय स्तर पर गठित देशीय ग्रुपों और गांवों के सदस्य ग्रुपों को भी प्रदान की जाती है। एन.जी.ओ. के तहत कुछ इस प्रकार की कल्याणकारी, धार्मिक, आध्यात्मिक संस्थाएं सम्मिलित होती हैं जो विकास कार्यों, खाद्य सामग्री के वितरण और परिवार नियोजन सेवाओं के निमित्त सामुदायिक संगठनों को प्रोत्साहन देने के लिए प्राइवेट तौर पर फंड

एकत्रित करती हैं। इनके अंतर्गत स्वतंत्र समितियां, सामुदायिक संस्थाएं, पानी का प्रयोग करने वाली सोसाइटियां, महिला ग्रुप और पास्तरल एसोसिएशन भी शामिल हैं। नागरिकों के जो ग्रुप नागरिकों में जागरूकता पैदा करते हैं और प्रभावकारी नीतियां अपनाते हैं, उन्हें भी एन.जी.ओ. की संज्ञा प्रदान की जाती है। गैर-सरकारी

एन.जी.ओ. में विभिन्न विशेषताएं पायी जाती हैं, जिनमें से कुछ प्रमुख विशेषताओं को निम्नलिखित पंक्तियों में स्पष्ट किया गया है

1. यह स्वतंत्र लोकतांत्रिक और गैर-साम्प्रदायिक व्यक्तियों का एक ऐसा संगठन है, जो आर्थिक या सामाजिक स्तर से नीचे के स्तर के लोगों के ग्रुपों को सशक्त समर्थ बनाने का काम करता है।
2. यह एक ऐसा संगठन है जो किसी भी राजनीतिक पार्टी से जुड़ा नहीं होता और आमतौर पर जन समुदाय को मदद देने, उनके विकास और कल्याण के कार्यों में जुटा रहता है।
3. एन.जी.ओ. समाज और समस्याओं के मूलभूत कारणों की जड़ों का पता लगाने और विशेष रूप से गरीब, उत्पीड़ित, सामाजिक स्तर से नीचे के स्तर के लोगों, वे चाहे शहरी हो या ग्रामीण इलाकों में हो, के जीवन स्तर को बेहतर बनाने के प्रति वचनबद्ध है।
4. इस संगठन का निर्माण समाज या समुदाय द्वारा किया जाता है जिसमें प्रशासन की कोई भूमिका नहीं होती या बहुत ही कम होती है। ये धर्मार्थ संगठन ही नहीं होते बल्कि सामाजिक एवं सांस्कृतिक गतिविधियों का भी आयोजन करते हैं।
5. यह एक समाज विकास प्रेरित संगठन है, जो समाज को सशक्त और समर्थ बनाने में विशिष्ट भूमिका का निर्वहन करता है।
6. एन.जी.ओ. जनता का एक ऐसा ग्रुप है जो स्वतंत्र रूप से काम करता है और इस पर किसी तरह का कोई बाहरी नियंत्रण नहीं होता। प्रत्येक एन.जी.ओ. के अपने कुछ खास उद्देश्य और लक्ष्य होते हैं, जिनके आधार पर वे किसी समुदाय, इलाके या परिस्थिति विशेष में उपयुक्त बदलाव लाने के लिए अपने निर्दिष्ट कार्यों को पूरा करते हैं।
7. एन.जी.ओ. लाभ अर्जित न करने वाला स्वयं सेवी, सेवाभाव वाला, विकास प्रवृत्ति वाला एक ऐसा संगठन है, जो अपने संगठन के मूल सदस्यों या जन समुदाय के अन्य सदस्यों के लाभ व हितों के लिए कार्य करता है।
8. यह निजी व्यक्तियों द्वारा बनाया गया एक ऐसा संगठन है, जो कुछ मूलभूत सामाजिक सिद्धान्तों पर विश्वास करता है और अपनी गतिविधियों का गठन समुदाय के एक ऐसे वर्ग के विकास के लिए करता है जिसकी वह अपनी सेवाएं देना चाहता है।

राष्ट्रीय गैर सरकारी संगठनों की शुरुआत प्राचीन काल से हुई थी। अंतर्राष्ट्रीय गैर सरकारी संगठनों के इतिहास का तिथि निर्धारण कम से कम 1839 से है। रोटरी (बाद में रोटरी इंटरनेशनल) 1905 में स्थापित किया गया था। अनुमान लगाया गया है कि 1914 तक 1083 गैर सरकारी संगठन स्थापित हो चुके थे। लेकिन 20वीं सदी के दौरान वैश्वीकरण ने गैर-सरकारी संगठनों के महत्व को बढ़ावा दिया। कई समस्याएं एक राष्ट्र के अंदर हल नहीं की जा सकती। अंतर्राष्ट्रीय संधियों और संगठनों जैसे विश्व व्यापार संगठन को पूंजीवादी उद्यमों के हितों पर

बहुत अधिक केंद्रित माना गया। कुछ लोगों का तर्क था कि इस प्रवृत्ति के समभार के प्रयास में गैर सरकारी संगठन मानवीय मुद्दों, उन्नतिशील सहायता और वहनीय विकास पर जोर देने के लिए विकसित हो गए हैं। इसका एक प्रमुख उदाहरण है विश्व सामाजिक मंच जो दावोस स्विट्जरलैंड में प्रतिवर्ष जनवरी में आयोजित होने वाले विश्व आर्थिक मंच का एक प्रतिद्वंद्वी सम्मेलन जनवरी 2005 में पोर्टो एलेग्रे ब्राजील में पांचवे विश्व सामाजिक मंच में 1,000 से अधिक गैर सरकारी संगठनों के प्रतिनिधि उपस्थित हुए। कुछ का कहना है कि इस तरह के मंचों में जो गरीबों की प्रचलित गतिविधियों से संबंधित होना चाहिए उसका स्थान गैर-सरकारी संगठन ले लेते हैं। अन्य लोगों का तर्क है कि गैर-सरकारी संगठन अक्सर प्रकृति में इतने साम्राज्यवादी होते हैं कि ये कभी-कभी प्रमुख देशों में एक जातिगत तरीके से काम करते हैं और उच्च औपनिवेशिक काल के दौरान पादरियों द्वारा किये गए कार्य के जैसा कार्य पूरा करते हैं। दार्शनिक पीटर हाल्वार्ड का तर्क है कि ये राजनीति के एक भव्य रूप हैं। बहरहाल यह धारणा संकेत करती है कि स्वदेशी लोगों के संगठनों का प्रतिनिधित्व नहीं किया जाता जो गलत है। वास्तविकता कुछ भी हो लेकिन इतना अवश्य है कि गैर सरकारी संगठनों का अंतर्राष्ट्रीय नेटवर्क अब व्यापक है।

58

अन्तर्राष्ट्रीय सम्बन्ध में न्याय की अवधारणा

(The Concept of Justice in International Relations)

अन्तर्राष्ट्रीय सम्बन्ध को न्याय व्यवस्था भी प्रभावित करता है। आज वर्तमान वैश्विक परिदृश्य में कई ऐसे ममले ऐसे हैं जिनमें दो या दो से अधिक देशों का हित जुड़ा होता है। ऐसे में किसी एक अन्तर्राष्ट्रीय संस्था द्वारा न्याय के लिए पहल की जानी चाहिए। इस व्यवस्था को ध्यान में रख कर संयुक्त राष्ट्रसंघ के एक निकाय के रूप में अन्तर्राष्ट्रीय न्यायालय की स्थापना की गई है। यह वही पुराना अन्तर्राष्ट्रीय न्यायालय है जिसे राष्ट्रसंघ ने सन् 1922 में हेग में स्थापित किया था। नवीन न्यायालय अपने पूर्ववर्ती न्यायालय की अपेक्षा कई प्रकार से दोष-मुक्त है।

संगठन इस न्यायालय में सिर्फ 15 न्यायाधीश होते हैं जिनका चुनाव सुरक्षा-परिषद् तथा महासभा द्वारा 9 वर्ष के लिए किया जाता है और कार्यविधि की समाप्ति के उपरांत पुनः निर्वाचित हो सकते हैं। एक राज्य से दो न्यायाधीश नहीं लिए जा सकते। न्यायाधीश अगर वह सदस्यों की सर्वसम्मति से जरूरी शर्तों को भंग करने का दोषी पाया जाए।

न्यायालय के नियम के अनुरूप इसमें 15 स्थायी न्यायाधीशों के अलावा अस्थाई न्यायाधीश नियुक्त करने की भी व्यवस्था है। अगर न्यायालय में किसी ऐसे राज्य का मामला विचारणीय है जिसका 15 न्यायाधीशों में प्रतिनिधित्व नहीं है तो वह अपना एक कानूनी विशेषज्ञ मामले की सुनवाई के दौरान अस्थायी न्यायाधीश के रूप में नियुक्त करा सकता है। यह न्यायाधीश मामले की सुनवाई खराब होते ही पद से हट जाता है। उससे मामले के सम्बन्ध में कानूनी सलाह ली जाती है, परंतु निर्णय में उसका कोई हाथ नहीं रहता। अन्तर्राष्ट्रीय न्यायालय की गणपूर्ति (Quorum) 9 में रखी गई है। सभी निर्णय न्यायालय में बहुमत से लिए जाते हैं। बहुमत के अभाव में सभापति का निर्णायक मत मान्य होता है। विशेष स्थितियाँ पैदा होने पर

न्यायालय अपने निर्णय पर पुनर्विचार कर सकता है। न्यायालय की भाषा फ्रेंच एवं अंग्रेजी है। अन्य भाषाओं को भी अधिकृत रूप से प्रयोग किया जा सकता है।

न्यायिक निर्णय का निष्पादन संयुक्त राष्ट्रसंघ के निर्णयों को क्रियान्वित करने के लिए संघ के चार्टर की धारा 94 में व्यवस्था की गई है। इसके अनुसार संघ का प्रत्येक सदस्य यह प्रतिज्ञा करता है कि वह किसी मामले में विवादी होने पर अन्तर्राष्ट्रीय न्यायालय के फैसले को मानेगा। अगर एक पक्ष न्यायालय के निर्णयों को नहीं मानता तो दूसरा पक्ष सुरक्षा-परिषद् का आश्रय ले सकता है। सुरक्षा-परिषद् जैसा आवश्यक समझे वैसी सिफारिश या कार्यवाही करेगा। न्यायाधीश के निर्णय यद्यपि सर्वसम्मति के लिए जाते हैं, फिर भी प्रत्येक न्यायाधीश अपना पृथक् विचार निर्णय-पत्र के साथ नत्थी कर सकता है।

सुरक्षा-परिषद् के 9 सदस्यों की स्वीकृति न्यायालय के निर्णय को कार्यान्वित कराने के लिए जरूरी कार्यवाही निश्चित करते समय जरूरी है जिनमें से पाँच स्थायी सदस्य होते हैं। क्रियान्वित के उपाय धारा 41 एवं 42 में लिखे गए हैं। धारा 41 के अनुरूप सुरक्षा-परिषद् सैनिक बल-प्रयोग की छोड़कर ऐसे उपायों का प्रयोग कर सकती है जिनमें आर्थिक सम्बन्ध, समुद्र, रेल, रेडियो, डाक, यातायात के साधन तथा राजनीति सम्बन्धों का विच्छेद सम्मिलित है। अगर वे उपाय सफल नहीं होते हैं तो धारा 42 के अनुरूप सुरक्षा-परिषद् जल, स्थल तथा वायु सेना द्वारा ऐसी कार्यवाही कर सकता है जो अन्तर्राष्ट्रीय शान्ति और सुरक्षा के लिए जरूरी हो।

क्षेत्राधिकार अन्तर्राष्ट्रीय न्यायालय का क्षेत्राधिकार तीन वर्गों में विभाजित किया जा सकता है अनिवार्य क्षेत्राधिकार, ऐच्छिक क्षेत्राधिकार एवं परामर्शवादी क्षेत्राधिकार।

(1) अनिवार्य क्षेत्राधिकार (Obligatory Jurisdiction) को वैकल्पिक अनिवार्य क्षेत्राधिकार (Optional Compulsory Jurisdiction) भी कहा जाता है जिसके अनुसार राज्य स्वयं घोषणा करके विभिन्न क्षेत्रों में न्यायालय के जरूरी क्षेत्राधिकार को स्वीकार कर लेता है सन्धि की व्याख्या, अन्तर्राष्ट्रीय कानून के क्षेत्र से सम्बन्धित सभी मामले, किसी ऐसे तथ्य का अस्तित्व जिसके सिद्ध होने पर किसी अन्तर्राष्ट्रीय कर्त्तव्य का उल्लंघन समझा जाए एवं किसी अन्तर्राष्ट्रीय विधि के उल्लंघन पर क्षतिपूर्ति का स्वरूप और परिणाम। राज्य घोषणा करते समय कोई भी शर्त लगा सकता है। कभी-कभी तो ऐसी शर्तों के कारण यह घोषणा व्यावहारिक रूप में निरर्थक बन जाती है तथापि सशर्त होते हुए भी वैकल्पिक धारा अनिवार्य न्यायिक निर्णय की सर्वाधिक और महत्त्वपूर्ण व्यवस्था है।

(2) ऐच्छिक क्षेत्राधिकार (Voluntary Jurisdiction) के अन्तर्गत न्यायालय अपनी संविधि (Statute) की धारा 36 के अनुरूप उन सभी मामलों पर विचार कर सकता है जो सम्बन्धित राज्य प्रशासन के समश्त प्रस्तुत करे। केवल राज्य ही न्यायालय के विचारणीय पक्ष हो सकते हैं व्यक्ति नहीं।

परामर्शदात्री क्षेत्राधिकार इसके अन्तर्गत न्यायालय द्वारा सलाह देने का कार्य सम्पन्न किया जाता है। महासभा या सुरक्षा-परिषद् किसी भी कानूनी प्रश्न पर अन्तर्राष्ट्रीय न्यायालय से परामर्श माँग सकती है। संयुक्त राष्ट्रसंघ के दूसरे अंग एवं विशेष अभिकरण भी अपने अधिकार क्षेत्र में उठने वाले कानूनी प्रश्नों पर न्यायालय से सलाह प्राप्त कर सकते हैं। सलाह

के लिए न्यायालय के सम्मुख लिखित रूप में प्रार्थना की जाती है। इस प्रार्थना-पत्र में सम्बन्धित प्रश्न का विवरण एवं वे सभी दस्तावेज आबद्ध होते हैं जो उस प्रश्न पर प्रकाश डालते है। अन्तर्राष्ट्रीय न्यायालय का परामर्श सिर्फ परामर्श होता है यद्यपि सिद्धान्त रूप में सुरक्षा-परिषद्, महासभा अथवा अन्य संस्था इसकी उपेक्षा कर सकती है, तथापि व्यवहार में ऐसा करना हमेशा कठिन होता है।

अन्तर्राष्ट्रीय न्यायालय ने विभिन्न महत्त्वपूर्ण विवादों के समाधान में सहयोग दिया है। उदाहरणार्थ मोरक्को विवाद, ऐंग्लो-ईरानी विवाद, भारतीय प्रदेशों में से पुर्तगाल को मार्ग देने के अधिकार का विवाद, कोर्फ-चेनल विवाद, ऐंग्लो-नार्वेजियन मछलीगाह विवाद आदि को लिया जा सकता है। न्यायालय के कार्य-संचालन में अनेक देशों एवं गुटों ने समस्या खड़ी की है। राज्यों की अवहेलना, असहयोगपूर्ण दृष्टिकोण के कारण यह अधिक उपयोगी एवं शक्तिशाली संस्था नहीं बन सकी है।

59

मानव सुरक्षा
(Human Security)

आज मानव को केवल युद्ध से ही सुरक्षा की आवश्यकता नहीं है। और भी कई ऐसी समस्याएँ हैं जिनसे मानव को सुरक्षा चाहिए। वर्तमान राजनीतिक सम्बन्ध में इन तथ्यों को भी विशेष रूप से ध्यान में रखा जा रहा है। आज दुनिया के देश पर्यावरणीय चुनौतियों से निपटने के लिए एक दूसरे का सहयोग कर रहे हैं। प्राकृतिक आपदा, पर्यावरण सुरक्षा, शरणार्थी समस्या, लघु शस्त्रों का प्रसार, नशीले पदार्थों की तस्करी, आतंकवाद जैसे असैनिक चुनौतियों से भी मानव को सुरक्षा की आवश्यकता है।

प्राकृतिक आपदा एक असैनिक चुनौती है जो देश की आधारभूत संरचना को नुकसान पहुँचाती है। प्रतिवर्ष बाढ़, सूखा, महामारी तथा भूकम्प आदि से देश की आधारभूत संरचनाओं को क्षति पहुँचती है। आज विश्व अनेक प्रकार के प्राकृतिक आपदाओं का शिकार हो रहा है। इन आपदाओं के कारण अनेक राष्ट्रों को काफी बड़ी मात्रा में जन-धन की हानि उठानी पड़ रही है, जिसके कारण इनका विकास बाधित हो रहा है। इसका सबसे अच्छा उदाहरण 26 दिसम्बर, 2004 को दक्षिण एशिया एवं दक्षिण-पूर्व एशिया में आया सुनामी है। सुनामी के कारण इन क्षेत्रों में हजारों लोगों की जानें गईं तथा अरबों रूपए के संसाधनों की क्षति हुई। सुनामी के कारण इस क्षेत्र के सभी राष्ट्र को अपने संसाधन का एक बहुत बड़ा भाग पुनः निर्माण में लगाना पड़ रहा है, जिसके कारण अन्य क्षेत्रों में विकास बाधित हो रहा है। ऐसी ही स्थिति का सामना विश्व के लगभग सभी राष्ट्रों को कभी न कभी करना पड़ता है। इटली की भूकम्प त्रासदी इसी का उदाहरण है। ऐसे में आवश्यकता है कि दुनिया के सभी देश परस्पर सहयोग के द्वारा इसका समाधान करें।

आज कई ऐसी पर्यावरणीय समस्याएँ है जो किसी राष्ट्र विशेष को ही नहीं बल्कि सम्पूर्ण विश्व के लिए घातक हैं, जैसे ओजोन परत, अम्ल वर्षा तथा पृथ्वी का तापमान बढ़ना आदि।

ये समस्याएँ मानवीय क्रियाकलापों के कारण पैदा हुई हैं। अतएव, यह सुरक्षा सरोकार का एक आवश्यक अंग भी है। क्रमिक विकास की यात्रा में मानव ने प्रकृति पर नियन्त्रण कायम करने के साथ ही उसके साथ काफी छेड़छाड़ किया है, जिसका परिणाम यह हुआ है कि उसे अक्सर प्रकृति के प्रकोपों को झेलना पड़ रहा है। इसके बावजूद भी पारिस्थितकीय असन्तुलन की चिन्ता किए बिना मनुष्य अपनी विकास यात्रा जारी रखे हुए है। वर्तमान में ग्रामीण तथा शहरी दोनों ही क्षेत्रों में बढ़ते प्रदूषण, जल संक्रमण, भू अपरदन निर्वनीकरण तथा जैव विविधता में हो रही क्षति राष्ट्रों के समक्ष एक नए संकट का संकेत दे रही है। अब स्थिति ऐसी हो गई है कि वैज्ञानिक यह घोषणा करने लगे हैं कि यदि ग्लोबल वार्मिंग को नियंत्रित नहीं किया गया तो ग्रीनलैण्ड की 3000 मीटर वर्ग की पट्‌टी पिघलने से विश्व के बहुत से नगर समुद्र में डूब सकते हैं। ओस्लो स्थित सेन्टर फार इण्टरनेशनल एण्ड इनवायरमेंट रिसर्च के अनुसार आज की चिन्ता का विषय आर्कटिक का बर्फ पिघलना है, जिससे उत्पन्न खतरे से किसी भी राष्ट्र का बच पाना कठिन होगा।

आज की परिस्थितियों में सभी राष्ट्रों को पर्यावरण सुरक्षा के प्रति जिम्मेदार होना होगा। उन्हें अपने राष्ट्रीय व अन्तर्राष्ट्रीय प्रयासों को तेज करना होगा। प्राकृतिक संसाधनों के दोहन के प्रति अपनी सोच बदलनी होगी। पर्यावरण संरक्षण के लिए हर संभव प्रयास करना होगा।

लघु शस्त्रों का प्रसार एक ऐसी समस्या है जो हर राष्ट्र के लिए एक बड़ी चुनौती है। यों कहा जाए की आज सम्पूर्ण विश्व ही बन्दूक, स्वचालित राइफल, स्ट्रिंगर मिसाइल, राकेट लांचर, ग्रेनेड जैसे छोटे व हल्के शस्त्रों का दंश झेल रहा है। इन शस्त्रों के प्रसार में क्षेत्रीय हिंसा को बढ़ावा मिला है। मानव को इससे सुरक्षा की आवश्यकता है। आतंकवाद का पौधा भी इसी ताकत पर फल फूल रहा है। हलाँकि अब तो ऐसा देखने व सुनने को मिल रहा है कि आतंकवादियों ने तो अपनी ताकत बहुत बढ़ा ली है। हाँ इतना जरूर है कि इन हल्कें एवं छोटे शस्त्रों के प्रसार का कारण जहाँ एक ओर राष्ट्रों के अन्दर अपराध, हत्या, लूट, हिंसा आदि में बढ़ोत्तरी हुई है वहीं दूसरी तरफ इन शस्त्रों का प्रयोग गैर सरकारी सैनिक संघर्षों में जुटे जन समूहों द्वारा भी किया जा रहा है। आज विश्व में गृह युद्धों के साथ ही आंतकवादी कार्यवाहियाँ भी काफी व्यापक मात्रा में हो रही, हैं, जिसमें सैनिक एवं सुरक्षा बलों के साथ-साथ निर्दोष नागरिक मारे जा रहे हैं। इन आतंकी कार्यवाहियों को छोटे एवं हल्के शस्त्रों के प्रसार ने तीव्रता प्रदान की है, क्योंकि यह शस्त्र आसानी से उपलब्ध हो जा रहे हैं। आज विश्व में रोज ही कहीं न कहीं आतंकी घटनाएँ घट रही हैं। ये घटनाएँ केवल तृतीय विश्व या विकासशील राष्ट्रों में ही नहीं हो रही है बल्कि यह विकसित राष्ट्रों में भी घटित हो रही है। इन सबका प्रमुख कारण है कि छोटे शस्त्रों के प्रसार में कुछ विकसित देश महत्त्वपूर्ण भूमिका अदा कर रहे हैं, क्योंकि इन छोटे एवं हल्के शस्त्रों के व्यापार से इन राष्ट्रों की अर्थ व्यवस्था को काफी लाभ होता है। आज स्थिति यह है कि कोई भी व्यक्ति मात्र कुछ हजार रूपए व्यय करके ए. के. 47 जैसा शस्त्र अपने घर पर ही प्राप्त कर सकता है। विशेषज्ञों का मत है कि यदि आने वाले दशकों में इन छोटे एवं हल्के शस्त्रों का प्रसार और तेजी से हुआ तो खतरे की संभावना पूरी तरह से पुष्ट होगी। हमारे देश के लिए भी यह एक बड़ी चुनौती है। ऐसे में अन्तर्राष्ट्रीय सम्बन्धों में इन तथ्यों को विशेष रूप से प्रमुखता दी जा रही है। दुनिया के देश परस्पर सहयोग से इस समस्या को रोकने के प्रयास कर रहे हैं।